21世纪文化产业管理系列教材

总主编　向　勇

文化市场营销学

李康化　著

中国人民大学出版社

·北京·

总 序

文化产业是“文化”与“产业”的复合概念，是以精神产品的创造、生产、交换和消费为主要特征的产业。其中，“文化”是一个纵向历时性的维度概念，构成了一个国家和民族共有的知识谱系、价值观念、道德信仰和艺术审美，通过人的各种活动从远古走到现今。一般来说，文化分为三种形态，即精英主流文化、公共事业文化和大众娱乐文化。这三种文化或形成金字塔形状，塔尖是精英主流文化，塔底是大众娱乐文化，中间是公共事业文化；或形成靶心状结构，内核层是精英主流文化，外围层是大众娱乐文化，中间层是公共事业文化；或者形成三维立方体结构，由此三种结构分别作为立方体的三个维度，三种文化之间互相交织，相互影响。“产业”是一个横向空间性的维度概念，包含了技术化复制方式、规模化生产模式和资本化经营形态。在这里，产业具有按照现代市场和国际市场进行产品经营，通过资本运营按照项目经营和企业经营实现规模效益的最主要的特征。“文化”是一个模糊的概念，在“产业”的价值链中就变成一种基于创造性而生发的“创意”。这种创意不再是为了创新而创新，而是为了“合乎目的的适用”，要有价值；这种创意不再是一个思维灵感一发的结果，而是多元思维相互作用的过程；这种创意不再是个人的战斗，而是团体和组织的协同。在这里，创意行为与促使创意达成的非创意行为同等作用。在这里，消费行为的过程由于文化产品象征性的特征而变成一种文化消费。

当前，中国社会经济发展已经进入一个新常态的转型期。新常态的经济发展，不仅表现在经济增速的放缓方面，而且表现在发展模式、增长动力、发展目标的提档转型方面。根据世界银行的标准，一个国家和地区的人均国内生产总值（GDP）在 3 000～10 000 美元（后来调整为 12 600 美元）之间，就跨入中等收入阶段。这个阶段“既是中等收入国家向中等发达国家迈进的机遇期，又是矛盾多发的敏感期，这一阶段，经济容易失调，社会容易失序，心理容易失衡，发展容易掉进‘中等收入陷阱’”①。2014 年中国人均 GDP 为 7 575 美元，上海、北京、天津、广东、福建等 9 省市先后跨过人均 GDP 10 000 美元，进入中等发达阶段。2020 年，中国要实现全面建成小康社会的奋斗目标，意味着全国的人均 GDP 也要实现 10 000 美元。怎样才能避免“中等收入陷阱”？在经济学家林毅夫看来，“一个国家能否摆脱中等收入陷阱的关键点在于技术能否不断创新、产业能否不断升级”②。

因此，从现在起到 2020 年这段时间，是中国实现小康社会发展目标的关键期，也是中国经济社会发展的转型期。在这个转型期里，我们要调整经济发展模式和价值导向，推动产业结

① 熊澄宇，董鸿英．新媒体环境下规避“中等收入陷阱”的思考．北京联合大学学报（人文社会科学版），2015（2）．

② 林毅夫．中国怎样从“中等收入陷阱”突围．理论学习，2012（11）．

构升级和生产方式创新，促使人们的生活方式根本转变。文化产业已然成为21世纪上半叶驱动中国经济转型和产业升级的超能动力。一方面，文化产业是实现中国产业结构升级的主要途径，加快文化产业的发展，有利于中国通过产业升级摆脱“中等收入陷阱”；另一方面，文化产业经过十年的体制改革和产业发展的初期探索，自身也存在结构升级和比较优势优化的现实问题。因此，根据中国转型期过渡模式的发展特点，需要梳理中国文化产业不同行业的发展状况，重新规划中国文化产业的发展模式。

如果1998年文化部成立文化产业司标志着将文化产业纳入国家部委的治理范围，则至今中国文化产业发展经历了三个阶段。1998年至2002年为文创1.0时代，社会各界挣脱文化作为意识形态属性的一元思维的观念束缚，政府部门在文化事业的公益途径中开辟出文化产业的经营道路，学术界积极推动文化产业合法性建设，产业界注重单体文化项目（产品或服务）的创意策划和市场表现；2003年至2011年为文创2.0时代，国家文化建设一体两翼，包括公益性文化事业和经营性文化产业取得社会共识，政府部门大力推进文化体制改革，积极培育文化产业市场要素，学术界开启文化产业合理性的探索研究，产业界以产业价值链为塑造重点，推动文化产业的集聚发展；2012年以来为文创3.0时代，国家将文化建设置于政治建设、经济建设、社会建设和生态文明建设的一体化建设体系中，视文化力为综合国力的重要组成部分，政府部门积极推进文化产业的融合发展，发挥“文化+”的协同效应，产业界探索文化产业的全产业链发展模式，学术界进入文化产业范式建构的活跃期。

科学理论是对客观实践的抽象，又反过来引领实践的发展。文化产业的实践转型推动了文化产业的学术转型，文化产业的学术探索引领了文化产业的实践发展。美国科学哲学家托马斯·库恩认为，科学界是由一个流行的范式所控制的，那个范式代表科学界的世界观，它指导和决定问题、数据和理论的选择，直至另一个范式将其取代。如果说自然科学的发展呈现范式取代的特征，那么人文社会科学的发展则呈现范式转型的征候。纵观全世界的学术历程，自文化工业/文化产业的命题被提出以来，文化产业的学术理论经历了三次范式转型。文化产业元理论滥觞于马克思的社会再生产理论，在20世纪30年代与40年代之间，由本雅明的机械复制艺术的价值转换讨论开始，以阿多诺为代表的德国法兰克福学派提出“文化工业”的批判性命题，至70年代末80年代初伯纳德·米亚基将单数的“文化工业”(Culture Industry）转换为复数的“文化产业”(Cultural Industries)，西方学术界经历了从对文化产业的批判性研究到建设性研究，实现了文化产业学术研究的第一次范式转型（中国学术界大概在20世纪90年代末到21世纪初完成此次范式转型）；20世纪80年代西方学术界开始对文化产业展开基础理论研究，至21世纪第一个十年，文化研究、文化资本、体验效用、文化经济、产业价值、创意阶层等研究命题被创造、组合、挪用，成为文化产业研究的基础范式，构建了文化产业理论大厦的合理性基石，实现了文化产业学术研究的第二次范式转型（中国学术界大抵在2002年至2011年之间完成此次范式转型）；2010年至今，西方学术界开始“从文化学、艺术学、经济学和管理学等传统单一学科领域如同盲人摸象般局部探测文化产业的神秘构造，转向以价值评估、创意管理、艺术授权、故事驱动、符号生产、文化治理等整合性的原理突破和学理贯通来融合文化产业学科的核心理论和研究范式，达到知识协同和理论创新的学术新高地”①，开始了文化产业学术研究的第三次范式转型。推动这个正在发生的学术转型，尤以英国（以克里

① 向勇．文化产业导论．北京：北京大学出版社，2015：12.

斯·比尔顿为代表)、北欧(以布莱恩·摩尔安为代表)和澳大利亚(以戴维·思罗斯比为代表)的学术同行的学术成果最引人注目，而中国的学术同行得益于中国经济转型的现实需要，也开始着手于此次范式转型的探索研究。

文化产业实践发展、理论研究和学科建设的关键在于人才的培养。文化产业的实践发展和理论转型直接推动了文化产业人才培养的模式创新，迫切要求文化产业管理人才掌握文化产业运行的基本理论、知识结构和操作技能。自2004年教育部试点本科专业至2011年正式纳入修订版的本科专业目录以来，中国文化产业管理的本科专业建设经过十余年的实践发展已经脱离了稚嫩的孩童期，进入了壮实的成年期。各大高校文化产业管理专业的经验探索和发展实践为文化产业管理专业的创新探索提供了宝贵的资源和历史的借鉴。根据不同大学的层次分类和办学特色的不同，文化产业管理专业建设也正在经历综合复合型与专业技能型的实践分化。与此同时，文化产业管理专业的教材建设也应采取相应的分类建设。过去十几年以来，中国文化产业管理专业的教材建设主要针对综合复合型的人才培养目标，而较少关注专业技能型的人才培养目标。

“21世纪文化产业管理系列教材”的建设理念即以这种专业技能型的文化产业管理人才为培养目标。文化产业专业技能型管理人才培养的基本模式是创新理论教学与实践操作的双重模式。在理论教学环节，开设文化产业概论、文化产业经济理论与实务、文化产业管理理论与实务、文化创意策划、文化市场营销、文化项目管理、文化政策理论与实务等核心课程；在实践操作环节，增设文化产业案例研究、文化产业商业实战、文化项目设计与运营、文化企业实习与毕业作品等内容。本系列教材具有以下几个特点：注重系统性和前瞻性，紧扣第三次学术理论的范式转型中的理论系统和知识框架，涵盖了文化产业管理的基础课程与核心范畴，重点内容形象直观，篇章结构清晰明了；注重方法性与操作性，贴近文化产业的发展实践，直接面向文化产业的操作技能，强调创意管理的知识运用和技能塑造，案例结合生动翔实，操作流程图简洁易懂，便于运用；注重互动性与可持续性，充分采用互联网教学技术，构建文化产业管理移动学习社区和APP教学应用终端，逐步提供在线教育和MOOC课程，培养学习者自主学习、终身学习的习惯和能力。

中国的文化产业不仅正在造福于中国经济，而且也正在重构世界经济秩序。作为21世纪的朝阳产业，文化产业进入新时代更需要创新思维与实践技能兼擅的管理人才。本系列教材在编撰过程中非常重视适用范围的聚焦和适用对象的使用效果，得到了国内主要高校一线教师的积极参与、产业界知名经理人的诚挚关切和在校大学生的热情反馈。本系列教材期望能够成为国内文化产业管理专业教学与科研实践中有效实用的教学工具，让求学于文化产业管理专业的莘莘学子从中汲取理论养分、构建知识体系、拓展思维视野、打造美丽人生。

21世纪文化产业管理系列教材编委会

目录

第一章　市场营销环境 …… 1

第一节　宏观环境 …… 2

第二节　媒介环境 …… 10

第三节　竞争环境 …… 12

第二章　文化消费需求 …… 15

第一节　需求：企业发展的动力 …… 15

第二节　冲突：企业营销的实质 …… 19

第三节　转化冲突实现需求 …… 25

第三章　文化创意设计 …… 28

第一节　文化创意设计的特点 …… 28

第二节　创意设计与文化产品 …… 33

第三节　创意设计与文化市场 …… 37

第四章　文化市场定位 …… 45

第一节　传统时代的定位类别 …… 45

第二节　视觉时代定位的内涵 …… 48

第三节　视觉时代定位的策略 …… 52

第四节　视觉时代定位的陷阱 …… 60

第五章　市场营销伦理 …… 63

第一节　社会责任与营销伦理 …… 63

第二节　市场营销中的伦理问题 …… 70

第三节　市场营销伦理决策 …… 78

第六章　水平营销 …… 84

第一节　市场层面的水平营销 …… 84

第二节　产品层面的水平营销 …… 89

第三节　组合营销层面的水平营销 …… 91

第七章　免费营销 …… 95

第一节　免费营销的类型和市场 …… 95
第二节　免费营销的实施诱因 …… 103

第八章　故事营销 …… 115

第一节　故事及故事营销的内涵 …… 115
第二节　象征性故事的架构策略 …… 122
第三节　故事营销的效果与评估 …… 130

第九章　场景营销 …… 136

第一节　理解场景的三种角度 …… 136
第二节　场景的类型与特征 …… 139
第三节　场景营销的流程与策略 …… 145
第四节　场景营销的问题 …… 152

第十章　社群营销 …… 157

第一节　社群的特征与类型 …… 157
第二节　社群经营策略 …… 160
第三节　社群营销策略 …… 162

第十一章　电影营销 …… 168

第一节　电影、电影产业与电影市场 …… 168
第二节　电影市场营销的流程 …… 175
第三节　数字技术背景下的电影营销 …… 184

第十二章　演艺营销 …… 189

第一节　演艺市场的特征与分类 …… 189
第二节　演艺市场营销的流程 …… 194
第三节　演艺市场的营销战略 …… 200
第四节　演艺市场的营销策略 …… 211

第十三章　手作营销 …… 219

第一节　传统民间工艺品市场的供需矛盾 …… 220
第二节　基于供给侧改革的市场营销策略 …… 222
第三节　基于需求侧管理的市场营销策略 …… 227

第十四章　网游营销 …… 231

第一节　从游戏到虚拟游戏 …… 231

第二节 网游的市场营销 …… 240
第三节 网游营销的流弊与创新 …… 248

第十五章 地方营销 …… 255

第一节 地方营销的内涵 …… 255
第二节 地方营销的对象 …… 260
第三节 地方营销的策略 …… 271

后 记 …… 278

第一章　市场营销环境[①]

一种产品、服务的营销策略以及一个企业能否取得成功，往往与其所处的市场营销环境相关。市场是一个开放的巨系统，文化企业作为市场的一个组织细胞，也不是存在于一个真空环境内，而总是在一定的外界环境和内部小生境共同作用下为社会和消费者提供文化产品和服务——产品生产和市场营销，在营销过程中必然会与社会的生态系统、市场环境的各个方面发生关系。正如美国营销学家弗雷德里克·拉斯（Frederick Las）和查尔斯·柯克帕特里克（Charles D. Kirkpatrick）在其《营销学》中所说："企业的营销活动不管多么完美，都不可能在真空中实施，而要受到机遇的摆布及瞬间变化的影响和干扰。"企业外部环境条件是不断变化的，它既给文化企业创造了新的市场机会，又给文化企业带来某种威胁，因此，市场营销环境对文化企业的生存和发展具有重要意义。文化企业和文化产品营销者必须重视对市场营销环境的分析和研究，注意对市场营销环境的调查、预测和分析，根据市场营销环境的变化制定有效的市场营销战略和策略，并随时根据市场环境的变化及时地调整产品结构和营销方案，抓住机会，从而实现市场营销目标。

所谓文化市场营销环境，是在文化企业运营过程中，影响其产品或服务营销活动和营销目标实现的各种外部条件的综合，它对企业营销活动产生影响，而企业对其又无法控制。美国著名市场学家菲利普·科特勒（Philip Kotler）在解释企业营销环境时指出："企业营销环境，是由营销管理职能外部的因素和力量组成的，这些因素和力量影响着营销管理者成功地保持和发展同其目标市场顾客交换的能力。"从根本上来看，营销活动是文化企业面对环境变化而产生的市场反应，由于营销环境具有强制性和动态性的特点，它既能够提供机遇，也能够造成威胁，大凡成功的文化企业都具有能够持续不断地观察并适应环境变化的能力。文化市场营销环境的涉及范围相当广泛，因素很多，十分复杂。其中有有利因素带来机遇，有不利因素造成威胁；有可控因素引发文化企业营销的能动作用，也有不可控因素需要文化企业营销去把握去适应。但对文化企业活动的影响大致可以归结为两类：市场机会和市场威胁。分析市场营销环境的目的在于寻找环境变化中蕴含的市场机会，规避市场威胁。

---

① 全书每章的学习目标和综合练习请扫右侧二维码下载。

文化市场营销环境与一般市场类似，也可分为一般环境、策略环境、科技环境、国际环境和文化市场总体环境。按照杰罗姆·麦卡锡（Jerome McCarthy）的观点，又可以把文化市场营销环境分为企业目标及资源环境、竞争环境、组织与技术环境、文化与社会环境。科特勒则只把市场环境分为微观环境和宏观环境两大类。综合以上关于市场环境的分类，结合时代环境，在此将文化市场营销环境概括为三类：

一是宏观环境要素，是指影响文化企业行动的较大的社会力量，即政治的、法律的、人口的、经济的、技术的和社会及文化的力量。

二是媒介环境要素，是指由各种媒介营造的一种社会情境（包括符号、技术、文化等被感知的，并左右组织和个人行为的一系列的属性）。随着自媒体、全媒体环境形成，任何人或事均在这种媒介下工作、生活、交流，文化市场营销亦莫能外，甚至受到媒介环境的影响甚巨。技术的进步尤其是数字技术的发展极大地促进了媒介形态的多样化，文化产业已然受到媒介技术、媒介文化、媒介受众的影响，并将与媒介联姻，利用媒介开辟新的市场，形成有特色的商业形态，打造新的网络营销模式。媒介环境既从属于宏观又从属于微观，既不从属于宏观又不从属于微观，媒介是一种嬗变的环境。

三是竞争环境要素。从文化市场来看，文化企业位于一个竞争对手林立，受替代品、潜在竞争者威胁的市场情势。从文化产业链上看，随着我国文化体制市场化改革，文化产业链上中下游企业发展迅速，产业内部出现了细分和多元化趋势。

第一节　宏观环境

文化市场营销的宏观环境指对文化营销活动造成市场机会和环境威胁的主要社会力量，包括政治、法律、人口、经济、技术和社会文化等因素。宏观环境对组织的作用是间接的，但影响广泛。宏观环境因素是文化企业组织难以影响和控制的，但是组织必须监视它，对其变化作出反应。如何审时度势地把握外部宏观环境的变化是一个组织必须面对和应付的话题。

在此借助常用的PEST分析模型，从影响文化企业的政治环境、经济环境、社会环境和技术环境等多个方面入手（见图1-1所示），对当前文化企业营销活动的外部环境问题进行解构，以便于识别文化企业营销所面临的宏观环境要素的机会和威胁。

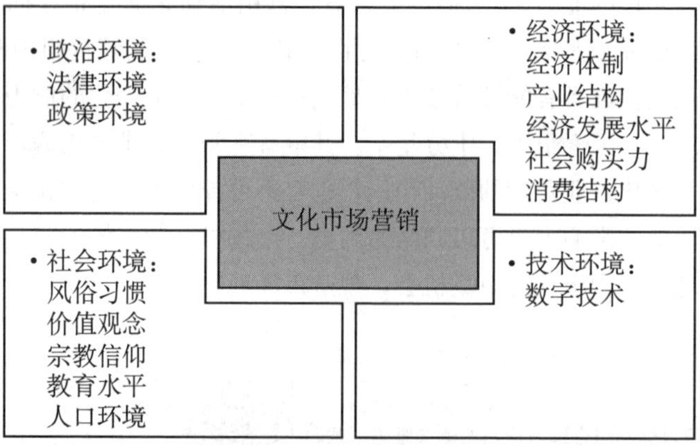

图1-1　文化市场营销的外部环境PEST分析示意图

一、政治环境

企业市场营销活动必须在现有法律政治框架下进行，文化企业因其所生产的文化产品、所提供的文化服务的特殊性，即涉及社会思想意识、社会舆论、社会价值观等核心内容的导向，在日常经营及营销活动中更要受到法律政治的监督。法律与政策是影响文化企业市场营销的重要的宏观环境因素。法律为文化企业市场营销活动提供行为准则，政策则是一只无形之手，调节着文化企业经营和营销活动的方向。法律与政策共同对文化企业的市场营销活动发挥影响和作用。

（一）法律环境因素对文化企业营销的影响

法律是体现统治阶级意志、由国家制定或认可并以国家强制力保证实施的行为规范的总和。对企业来说，法律是评判企业营销活动的准则，只有依法进行的各种营销活动，才能受到国家法律的有效保护。因此，文化企业开展市场营销活动，必须了解并遵守国家或政府颁布的有关经营、贸易、投资等方面的法律、法规。如果从事国际营销活动，就既要遵守本国的法律制度，还要了解和遵守市场国的法律制度和有关的国际法规、国际惯例和准则。这些因素对国际企业的营销活动有深刻影响。近年来，星二代、童星身影频频出现在电视屏幕上，星二代代言、明星亲子档节目层出不穷。为了整治过度跟风明星亲子真人秀，防止对儿童的过度消费，2015年9月，新《广告法》明确规定不满十周岁的未成年人不得以任何形式代言广告；2016年2月，国家新闻出版广电总局把“枪口”对准了“星二代真人秀”，虽然没有正式的“限童令”相关文件出台，但是明确提出限制儿童、未成年人参与真人秀节目的数量，严控明星亲子节目的播出时段等重要内容。这一条“非正式”的限童令的出台，对国内几大亲子类节目制作方的卫视来说无疑是当头一棒。以湖南卫视《爸爸去哪儿》为例，该节目在前三季取得令人惊叹的收视率成绩后，第四季还未上档，招商总额就达到了15亿元；但按照规定，《爸爸去哪儿》第四季就不能如期在电视平台播出，湖南卫视关于这档节目内容、广告招商等方面都必须重新策划，结果是《爸爸去哪儿》第四季由原来的六位全明星子女参加转变为四位“星二代”＋两位“素人子女”的儿童阵容，并由原来的电视平台播出转移到其网站“芒果TV”播出。

从当前企业营销活动法制环境的情况来看，管制企业的立法增多，法律体系越来越完善。为保证企业间的公平竞争，保护消费者的正当权益，保护社会的整体利益和长远利益，近几年来，我国在发展社会主义市场经济的同时，也加强了市场法制方面的建设，陆续制定、颁布了一系列重要法律法规，如《公司法》《广告法》《商标法》《经济合同法》《反不正当竞争法》《消费者权益保护法》《产品质量法》《外商投资企业法》等，对规范企业的营销活动起到了重要作用。对于文化企业来讲，除了上述一般企业通用法律外，还必须加强对其文化产品和服务的知识产权保护。2016年底，国务院发布了《“十三五”国家知识产权保护和运用规划》，以推动知识产权战略行动计划如期完成。同时政府机构执法更严，各个市场管理机构分别从不同方面对企业的营销活动进行监督和控制，在保护合法经营，取缔非法经营，保护正当交易和公平竞争，维护消费者利益，促进市场有序运行和经济健康发展方面，发挥了重要作用。因此，企业必须知法守法，自觉用法律来规范自己的营销行为并自觉接受执法部门的管理和监督。同时，还要善于运用法律武器维护自己的合法权益。当其他经营者或竞争者侵犯自己正当权益的时候，要勇于用法律手段保护自己的利益。

（二）政策环境因素对文化企业营销的影响

政策环境指企业市场营销活动中国家方针政策的变化对市场营销活动带来的或可能带来的影响。文化产业和文化产品所具有的意识形态属性和与生俱来的教化作用，使文化产业发展与文化企业的经营活动比其他产业或行业更容易受到政策环境的左右。关于文化产业的发展，国内文化产业政策脉络如下：1985 年国务院办公厅转发国家统计局《关于建立第三产业统计的报告》，列出文化服务业。1991 年国家层面正式提出“文化经济”（cultural economy）。1992 年国务院办公厅编著《重大战略决策——加快发展第三产业》，第一次提及“文化产业”。1998 年文化部成立文化产业司，首次设立文化产业专门管理机构。2000 年，《中共中央关于制定国民经济和社会发展第十个五年计划的建议》，“文化产业”首次写入中央文件，标志着对文化产业的承认。2002 年，第一次将“文化产业”写入党的报告中。2006 年国家统计局首次发布了文化产业的统计资料；同年，发布《国家“十一五”时期文化发展规划纲要》。2009 年我国《文化产业振兴规划》出台。2010 年，九部委联合发布《关于金融支持文化产业振兴和发展繁荣的指导意见》。2011 年 10 月，中共中央十七届六中全会审议通过《中共中央关于深化文化体制改革，推动社会主义文化发展大繁荣若干重大问题的决定》，第一次提出建设社会主义文化强国的奋斗目标，明确提出“推动文化产业成为国民经济支柱性产业”。2012 年党的十八大报告提出“建设社会主义文化强国，关键是增强全民族文化创造活力”。2014 年初国务院连发两个关于文化产业发展的意见：《关于推进文化创意和设计服务与相关产业融合发展的若干意见》和《关于加快发展对外文化贸易的意见》。2017 年初，文化部出台《文化部“十三五”时期文化发展改革规划》和《文化部“一带一路”文化发展行动计划（2016—2020 年）》。一系列报告、决议为文化产业发展提供了坚实的政策基础。

此外，国内国际政治形势和环境也对文化企业的营销活动产生重要影响。国际、国内的政局稳定程度，国家的方针政策的变动，甚至国家意识形态领域的倾向性，都会给文化行业、文化企业的发展及其市场营销活动带来决定性的影响。文化企业的生产经营活动、提供的产品和服务都必须符合国家的方针政策要求，按照国家的有关规定，生产和经营国家允许的产品。同时，文化产业所具有的意识形态属性，也使文化企业的营销活动受到国际关系的巨大影响。比如，中国的文化产品出口要受到进口国与中国外交政策的影响。如果该国与我国的关系良好，则对我国文化产品在该国的营销有利；反之，如果该国对我国政府持敌对态度，那么，中国的文化产品很可能就会遭到攻击或抵制，甚至直接被拒之门外，这对文化企业的市场营销活动是极为不利的。

二、经济环境

经济环境是指文化市场营销活动所面临的直接的社会经济条件及其运行状况和发展趋势。经济环境对文化市场营销有更直接的影响力，是制约文化市场营销的关键性因素。对经济环境的研究主要包括经济体制、产业结构、经济发展水平、社会购买力、消费结构等诸多方面。

（一）经济体制和产业结构

党的十八届三中全会审议通过的《中共中央关于全面深化改革若干重大问题的决定》指出，“经济体制改革是全面深化改革的重点，核心问题是处理好政府和市场的关系，使市场在资源配置中起决定性作用和更好发挥政府作用”。这一表述不仅明确了未来全面深化改革的重点所在，更对市场的地位和作用进行了重新定位，这对文化企业的发展无疑是利好消息。一方面发挥市场在文化资源配置中的决定性作用；另一方面，市场决定资源配置能够最大限度地提高资源配置效率。市场配置资源是通过市场机制的作用能动地实现的。市场机制是指市场各主要因素，即市场供求、价格、竞争之间相互联系、相互制约、相互作用的过程和机理。在市场经济环境中，企业是市场的主体。企业必须自主地做出经营决策并独立承担决策与经营风险，这一特点深刻地影响着文化企业的行为，为文化企业营销带来了发展的机遇，同时也带来挑战。因此，文化企业必须转变经营观念，调整营销管理方式和营销策略，才能在新的环境中生存和发展。

近年来，国家大力调整产业结构，推动文化产业成为国民支柱性产业，这为文化产业（企业）发展提供了重要契机。文化产业被称为继农业、工业和建筑业、服务业、信息业之后的第五产业，该产业主要提供的是满足人们在达到温饱后对提高生活质量的文化需求。文化企业营销人员应该抓住产业调整的契机，及时调整企业的产品结构，不断开拓新的市场。

（二）经济发展水平

自 1978 年以来，我国经济保持高速增长态势。GDP 增长成就显著，粗略计算 1978 年至 2006 年间，扣除物价因素，我国 GDP 年均增长率高达 9.7%，增速远远高于 2.8%的世界平均增速。2006 年以来，GDP 开始逐步超越英、法、意、德、日等传统发达国家，2010 年成为全球第二大经济体。自 2008 年全球金融危机以来，我国经济表现依然坚挺，成为全球经济复苏的重要推手。2012 年全国 GDP 总量达 51.9 万亿元，约占全球 GDP 总量的 11.95%；同期我国外汇储备余额为 3.31 万亿美元，是全球第一大外汇储备国。2016 年，世界经济复苏依然缓慢且不均衡，国际贸易和投资疲弱，增长动力不足，受贸易保护主义抬头、逆经济全球化趋势加剧、欧元区政治经济困局等影响，我国国内生产总值增速仍然保持在 6.7%左右。

一般来说经济发展水平越高，给文化市场营销带来的利好因素也越多。因为高速发展的经济必然导致人们的工作节奏和生活节奏快速紧张，人们在业余时间身心需要调剂、需要放松的欲望也就愈发强烈，这就给文化市场营销提供了消费良机；而经济高速发展同时也提高了人们的收入，这又为文化市场营销提供了消费可能性。当然，高速发展的经济也会加剧文化市场营销的竞争。这就需要文化企业看清经济形势，认准投资方向，把握营销时机，主动迎接市场竞争的挑战。

（三）社会购买力

经济环境最主要的指标就是社会购买力。社会购买力是一系列经济因素的函数，它与国民经济发展水平以及居民的收入水平、消费模式、信贷和储蓄、物价指数等密切相关。经济发展快，居民收入水平高，社会购买力就大，文化企业的营销机会就多；反之，经济衰退，居民收入降低，市场规模缩小，文化企业营销机会减少，被迫缩小经营规模，利益也就减少。

社会购买力的实现与市场供求状况密切相关。对于生产经营文化产品的企业来说，文化产品在市场上的供求平衡程度，会给文化企业带来明显的影响。当文化产品在市场上处于供不应求的状况时，文化企业扩大生产和销售这种产品的可能性就大得多；相反，当文化产品在市场上处于供过于求的状况时，文化企业扩大生产和销售就会困难得多。

社会购买力与消费者的收入水平和支出模式密切相关。消费者收入是指消费者从各种来源中所获得的全部收入。它分为个人可支配收入和可任意支配收入两部分。个人可支配收入指从个人收入中扣除税款和非税性负担后剩下的余额，即个人能够用于消费或储蓄的部分。再从个人可支配收入中减去日常生活所必需的费用（如衣食、住房、水电煤气等费用），余额就是个人可任意支配收入。这部分收入是消费者收入中最活跃的成分，具有很大的消费投向不确定性，因此也是文化市场营销者最应关注的部分。所谓文化消费能力，是指这部分收入投向文化消费的多寡，它直接影响到文化市场的容量和消费者文化消费支出的模式。任何社会中总是有高收入、一般收入和低收入这样一些收入层次的消费者，个人可任意支配收入也就有高、中、低的区别。因此文化市场营销就应针对这种差异性，确定文化产品和服务的开发战略和目标市场。就我国目前情况而言，工薪阶层占人口的绝大多数，这就决定了我国的文化市场还是以大众型文化消费为主。任何脱离这一具体国情的文化市场营销，至少在现阶段是没有出路的。

（四）消费结构

消费结构是指消费者的各种消费支出的比例关系。消费结构与国家经济发展水平、居民收入水平密切相关。恩格尔定律指出：一个家庭收入越少，其总支出中用于购买食物的比例就越大；随着家庭收入增加，用于购买食物的支出占总支出的比例会下降，而用于其他方面的开支（如文化、娱乐、教育、保健等）和储蓄所占的比例就会上升。文化产品和服务属于需求弹性较大的产品，随着家庭收入水平的提高，用于文化产品和服务支出的比例也会提高。结合2015年我国各地区居民教育文化娱乐消费支出水平来看，经济发达、人均收入较高的地区，文化产品和服务消费能力也越高。我国东部经济发达地区文化消费支出明显高于西部经济欠发达地区。比如上海，2015年居民平均文化消费支出为3 718.1元，位居全国榜首，而西藏地区居民平均文化消费支出仅为314.1元。除了东西部人均文化消费支出差异外，我国城市和农村之间存在的巨大收入差距同样导致二者在教育文化娱乐方面的支出差距。据相关研究表明，我国农村高收入居民在文教娱乐方面的支出只略高于低收入城镇居民的支出。

表1-1　2015年中国部分地区居民平均每人全年的文教娱乐消费支出　单位：元

全国	1 723.1	河南	1 337.2
北京	3 634.6	湖北	1 577.6
天津	2 096.0	湖南	2 049.7
河北	1 338.6	广东	2 117.3
山西	1 628.0	广西	1 280.1
内蒙古	2 067.1	海南	1 278.0
辽宁	1 973.3	重庆	1 513.4
吉林	1 683.6	四川	1 207.9
黑龙江	1 526.2	贵州	1 401.2
上海	3 718.1	云南	1 281.5
江苏	2 423.8	西藏	314.1
浙江	2 428.3	陕西	1 608.4
安徽	1 339.3	甘肃	1 315.9
福建	1 784.7	青海	1 383.4
江西	1 354.0	宁夏	1 707.9
山东	1 557.3	新疆	1 282.1

数据来源：国家统计局．中国统计年鉴2016．北京：中国统计出版社，2016．

三、社会环境

社会环境是承载文化产业发展、产品、服务营销的文化土壤，很大程度上与文化产品的质量和品位有很大的关系。社会环境的变化是文化市场营销必须面临的问题。从空间角度上看，我国地域辽阔且每个地域都有自己特色的文化习俗，相对于开放的文化市场来说，文化产品或服务在全国范围内会对当地文化社会环境造成冲击。文化产品或服务是否符合区域的文化风格是文化企业发展中必须回答的问题。从时间角度上看，随着社会经济的发展，我国社会结构和社会文化也在急剧地变化着。从城乡二元结构到城乡四元结构的变迁，收入差距的扩大，逐步形成了当前主旋律文化、精英文化、大众文化和边缘文化并存的文化格局。在文化市场分众时代，文化企业要选择不同的定位。文化市场营销既是商业行为，又是文化行为，因此不可能不同社会文化大环境发生千丝万缕的联系。这些联系处理得当，不仅文化市场营销本身得以有效运作，同时也有利于优化社会文化大环境；如果处理不当，那么文化市场营销同社会文化大环境就不是两利而是两伤。社会文化环境涉及范围相当广泛，如文化传统、社会习俗、价值观念、宗教信仰、教育水平、人口环境等，这里择其要者略作阐述。

（一）风俗习惯、价值观念、宗教信仰

风俗习惯是人们在一定的自然环境和社会生产生活方式、社会条件下长期形成的，并世代相袭而成的风尚和习惯等的总称。各个民族、各个地区的文化传统、社会习俗有许多相通相同的方面，也有不少相隔相异的方面。不同的国家、民族有不同的风俗习惯，它对消费者的消费偏好、消费模式、消费行为等具有重要的影响。例如每个民族差不多都有自己的传统节日，庆祝的方式各有不同，文化消费的形式也异彩纷呈。汉族人民过春节，买年画、贴春联、除夕夜看中央电视台的春节联欢晚会差不多是举国一致的习惯。文化企业在开展市场营销时，应尽量了解各个国家、地区和民族之间风俗习惯、文化背景、语言文字等方面的差异，这样才能使营销活动顺利进行。

价值观念、审美观念对文化市场营销的影响也是显而易见的。例如“文革”期间，古瓷器、古字画、线装书等被认为是“四旧”，一律在扫除销毁之列。改革开放以后，人们逐渐认识到这些文物的历史文化价值，不惜重金搜求购置以作珍藏，于是在国家政策允许的范围内，文物市场出现并兴盛起来。对文化产品和文化服务的审美要求就更高了，如影视的故事、情节、画面、音乐、表演；歌星舞星的形象包装；书籍的装帧、印刷、内涵；文化娱乐场所的建筑装潢、声光色彩、文化氛围等。不同的审美观念对文化消费的影响是不同的，文化企业应针对不同的价值观念和审美观念所引起的不同消费需求，开展自己的营销活动，特别要把握不同文化背景下的消费者价值观念和审美观念的变化趋势，制定良好的市场营销策略以适应市场需求的变化。

不同的宗教信仰有不同的文化倾向和戒律，也会影响人们认识事物的方式、价值观念和行为准则，影响着人们的消费行为，带来特殊的市场需求，与企业的营销活动有密切的关系。特别是在一些信奉宗教的国家和地区，宗教信仰对市场营销的影响力更大。文化市场营销面对各不相同的亚文化群，就应根据其不同的风俗民情、生活习惯、文化观念、消费特点，提供相对应的而不是相左相忌的文化产品和服务。

（二）教育水平

各个国家和地区的教育水平受经济发展水平的影响，往往差别较大。而教育水平的高低影响着消费者的消费心理、消费结构，不同的文化修养会产生不同的审美观，导致消费者购买商品尤其是文化产品和服务时的选择原则和方式也不同。一般来讲，教育水平高的地区，消费者对精神生活的要求较高，容易接受更多的文化产品和服务，对文化产品和服务购买的热情也高。同时，教育水平高低还影响企业营销组织策略的选取，以及销售推广的方式方法。例如，在文盲率高的地区，用文字形式做广告，难以收到好效果，而用电视、广播和当场示范表演形式，更容易为人们所接受。又如在教育水平低的地区，应选择适合大众化的、通俗易懂的、价格相对较为低廉的文化产品和服务；而教育水平高的地区，则需要高品位的、高质量的文化产品和服务。因此，在设计产品和制定产品策略时，文化企业必须考虑当地的教育水平。教育水平的高低，就其主观消费欲望而言，往往是衡量文化消费水平高低的一根标尺（实际的消费水平还要受其他因素制约）。文化市场营销要做的是针对消费者教育水平的高低提供相应水准的文化产品和服务。

（三）人口环境

人口是构成文化市场的第一因素。因为市场是由那些想购买商品同时又具有购买力的人构成的。文化企业生产经营活动的最终目的是为了满足人类不断增长的精神文化需求。人口的多少直接决定市场的潜在容量，人口越多，市场规模就越大。而人口的年龄结构、地理分布及其教育水平等因素，都会对文化市场格局产生深刻影响，并直接影响文化市场营销活动和文化企业的经营管理。正确认识与把握人口环境的发展变化，是文化企业根据自己的行业特点和资源条件正确选择目标市场、成功开展市场营销活动的重要决策依据之一。

人口规模指在一个国家（或一个地区）长期居住的总人数。人口越多，基本消费需求及其派生的精神需求的绝对量就会越大。对于企业来说，人口多，现实消费和潜在消费的可能性就大，文化企业的市场机会就多，发展空间也就大。作为世界上人口最多的国家，与当前发达国家的居民消费水平相比，我国居民的很多文化需求还远远没有得到满足，因此我国文化市场发展的潜力极大，文化企业的营销机会极多。

人口构成对文化企业的营销活动更具有直接意义。人口构成包括自然构成和社会构成，前者如年龄结构、性别结构，后者如民族构成、职业构成、教育程度等。以性别、年龄、民族、职业、教育程度相区别的不同消费者，由于在收入、阅历、生理需求、生活方式、价值观念、社会活动、风俗习惯等方面存在差异，必然会产生不同的文化消费需求和文化消费方式，形成各具特色的文化消费群，他们在文化产品和服务方面的需求程度和消费水平存在差异。这对于文化企业在细分文化市场和确定目标市场的营销活动时，具有重要的指导意义。

人口地理分布和流动是影响文化企业营销的重要因素。不同的地区，人们的文化消费需求、文化消费习惯和购买行为存在较大的差异。人口的流动也会影响文化企业的营销活动。我国农村人口众多，广大农村有着巨大的文化市场潜力。而文化经营者想赢得农村市场的先机，就必须根据农村和农民的文化消费需求和消费水平，开发出适应农民消费口味的价廉物美的文化产品和服务，以满足农民的需求。而从民族结构看，我国是一个多民族国家，有五十多个少数民族，各民族文化传统和生活习俗都有很大的不同。反映到文化市场上，就是不同民族对文化产品和服务的需求存在着很大的差异。因此，文化企业营销者又必须要注意各民族文化市场的不同特色，开发出适合各民族特性、受其欢迎的文化商品。人口的流动主要表现在农村人口向城市或工矿地区流动，内地人口向沿海经济开放地区流动上。另外，经商、观光旅游、学习等使人口流动加速。这些都会造成当地文化产品和服务的基本需求量和需求品种的变化，消费结构也会发生一定的变化，继而为文化企业带来不同的市场份额和营销机会。

四、技术环境

科学技术是激动人心的、对人类生活与社会发展最有影响的力量。人类历史上的每一次技术革命，都强烈地震撼和改变着社会经济生活的方方面面。技术环境不仅直接影响文化企业内部的生产与经营，而且还与其他环境因素互相依赖、互相作用，对文化企业的市场营销活动产生直接的影响。

（一）数字技术提升了文化产品的传播能力

文化产品是关于文化信息的具有传播性质的产品，数字技术主要从三个方面提升了文化产品和服务的传播能力。第一，数字技术加快了文化产品的传播速度。传统的文化创意产品是以原子为基础的，它们的流通速度受到运送原子的限制。以印刷品为例，从印刷厂到邮局再到终端用户的发行周期常常需要好几天的时间；电影影片的发行也需要运送笨重的拷贝。而当书籍杂志或影视中的信息被数字化为比特之后，它们就可以用光速来传送，瞬间到达目的地。第二，数字技术使得文化产品的传播影响范围扩大。今天的 Internet 已经到达了世界上的大多数地方，信息高速公路的含义就是以高速在全球范围内传送没有重量的比特。文化产品在数字化以后，可以放到网上方便地进行传播，其影响范围也就从过去的局部地域变成了全球网民。第三，数字技术丰富了文化产品的表现力。数字技术赋予文化产品的多媒体性和交互性是以前的技术所很难达到的，基于数字技术的文化产品可以采用丰富得多的叙事方式和媒体手段，这大大增强了它传播文化、科技信息的表现力。

（二）数字技术提高了市场营销效率

科学技术的发展不仅为文化企业设计生产文化产品和服务提供了技术支撑，也为文化企业的市场营销提供了科学的理论方法和技术手段。数字技术的发展，为企业提高营销效率提供了物质条件。例如，新的交通运输工具的发明或旧的运输工具的技术改进，使运输的效率大大提高；信息、通信设备的改善，更便于企业组织营销活动，提高营销效率。同时，市场促销措施更有效。例如，广播、电视、传真等现代信息传媒技术的发展，可使企业的商品和劳务信息及时准确地传送到全国乃至世界各地，这将大大有利于本国和世界各国消费者了解这方面的信息，并起到刺激消费、促进销售的作用。

（三）数字技术促使营销及时把握消费需求

数字技术的运用，可使文化企业及时对消费者的消费需求及动向进行有效的了解，从而使企业营销活动更加切合消费者需求的实际情况。科学技术的发展，推动了消费者需求向高档次、多样化方向的变化，消费者消费的内容更加纷繁复杂，尤其是属于精神消费层面的文化产品和服务更具有多样性、易变性特点。文化企业生产什么商品、生产多少商品去满足消费者需求的问题，应随时进行调查研究和综合分析来加以解决。利用高级电子计算机对消费者及其需求的资料进行模拟和计算、分析和预测，就能及时、准确地为文化企业提供相关资料，以作为文化企业营销活动的客观依据。

针对技术环境发展变化的影响，文化企业的营销策略和营销活动必须不断调整。企业要密切关注所在领域和相关领域的发展变化，分析所在领域科学技术的发展带来的影响，以利于及时调整本企业的营销方案。文化企业要以技术进步为契机，不断开发新产品来满足消费者的新需求，利用新的技术手段改善营销方式才能在不断变化的环境中提高自身的应变能力，立于不败之地。

第二节 媒介环境

媒介环境，就是那个“由真真假假的影像所组成的虚性世界”。当今的身外世界早已变得无比庞杂，远非个人所能全部亲历。“大众媒介把‘不可触、不可见、不可思议’的实性世界投射给人们，为人们提供一个可知可感并且仿佛也能亲身经验的虚性世界，即那个间接的、人为的、虚化的媒介环境。”[①] 简而言之，媒介环境即大众传播媒介所营造和建构的虚拟环境。尽管媒介环境在本质上是一种由信息流组成的虚拟的符号环境，但它作为符号的组合系列也是一种客观存在。无论受众是否能接触到，它本身都是客观存在的，不能因为受众感知能力的有限而否定它的存在或主观缩小它的范围。现代化程度越高的社会，媒介环境的公开性越明显，人们对媒介环境的依赖性也越强。目前任何产业的发展、商业模式的营造都离不开新兴媒介和媒介环境。特别是文化产业的迅猛发展，离不开网络媒介的催化和鼓励。

文化市场的营销活动更依赖于媒介环境，主要是因为媒介环境自身特点为营销活动提供条件。

一、主动双向与模拟现实

与传统大众传播环境的营销不同，媒介环境下的文化市场营销对人的主体影响和塑造是双向互动的。大众传播环境下营销是单向的，是被动的。而新媒介环境下营销是主动的，是双向的。主要表现在：一是消费者对文化产品信息有更旺盛的需求欲，对文化产品信息的选择更加自主化，并且能够通过一定渠道反馈自己的信息体验，如消费者通过大众点评网评价自己对某个产品消费的真实体验，进而会影响产品的销售和企业的经营。二是相对于现实世界和传统大众传媒的关系，媒介环境和现实世界之间的关系是平行并列的。可以说，在媒介环境中形成了另一个完整的超现实的客观世界。比如网络游戏中，一方面所有的交流都是主体真正参与的，这种游戏过程带来的尊重、兴奋等感觉是真实可感的；另一方面，这种网络游戏带来的感觉是消费主体在网络以外的世界根本寻觅不到的。对于网络消费主体来说，它就是客观世界的一部分。沃尔特·李普曼（Walter Lippmann）认为，现代社会越来越巨大化和复杂化，人们由于实际活动的范围、精力和注意力有限，不可能对与他们有关的整个外部环境和众多的事情都保持经验性接触，对超出自己亲身感知以外的事物，只能通过各种媒介去了解认知。文化企业可以通过此种超现实的界面进行产品的营销活动。

二、细分市场与精准营销

现代社会中，社会化生产中的分工进一步细化，促使社会成员的个人角色进一步细化，他

---

① 李彬．传播学引论．北京：新华出版社，2012：202.

们不可或缺的信息需求也随之细化，当前媒介环境的传播特征是“处处是中心，无处是边缘”(麦克卢汉)。信息权力分散到每一台电脑和每一部手机之中，每一个受众都开始成为广告传达的中心，受众不再是大众式的均一原子的分列排布，而是成为具备不同特征的“分众”。媒介受众的发展趋势为：大众（Mass）-分众（Demass）-适位（Niche）-一对一精准。在受众不断呈现异质化特征的同时，受众注意力资源则相对稀缺。网络媒介的诞生使得信息检索类别化、格式化，消费者在新媒介的作用下细分为不同群体，走向了分散化、细分化，由大众市场转为“分众市场”。文化企业可以根据这种细分市场进行精准化营销，以提高营销效率，节省营销开支。麦当劳在主要市场上推出烤鸡腿汉堡的时候，活动的目标是提高消费者对产品特征的了解、购买欲和了解购买的驱动轨迹。广告目标群体是成年人，尤其是 18～24 岁的成年人。麦当劳希望寻找到最有效的成本使用方式从而使得品牌效应达到最大化。最主要的挑战是通过新方法影响到目标人群，明确而“动情”地传达新汉堡的产品特征。在其广告媒体组合中除了广播、印刷品和电视，网络占据特别重要的地位。通过把网络广告的到达率提高 60%，麦当劳将产品的认知度在 18～49 个媒体目标中提高了 8.3%。这个上升使 600 多万消费者开始知道这款新产品。这种贡献是通过它对消费者的精准影响来体现的。原来模糊的大众有逐渐分化成明确的目标“分众”的倾向，大众媒体内容灌输型的“泛播”正在转变为针对群体或个人的需求设计传播内容的“窄播”，传播目标更加精准。新媒介不同于传统媒介，它能够有效地锁定目标消费人群，实现分众效应。对消费者个体特征的把握与选择，是新媒介环境下文化企业营销活动所必需关注的。

三、移动媒体与数字营销

媒介环境下，使用智能终端的人越来越多，截至 2017 年 6 月，我国手机网民规模达 7.24 亿。大家捧着手机看新闻、听音乐、读电子图书、玩指尖游戏、淘网店商品、与朋友聊天、上传照片和转发信息等，这些都已司空见惯。文化企业也悄然利用移动媒体进行产品营销，特别是企业微博，具有发布门槛较低和实时传播的特点，通过企业个性内容的展示来开展营销，探索良好的营销传播模式。文化企业将微博营销看作是开发新用户和维护老用户的有效工具。同时微信营销也是文化企业的创新营销模式。基于腾讯用户基数庞大、投放人群精准等突出优势，微信营销已经成为文化企业当前最快速、最精准、最有效、最新型的网络营销手段。文化的无形性和新媒体营销手段的媒介虚拟性相结合，有时候会使得文化产品的营销工作更加有效。因为数字营销手段本来也就是采用虚拟手段，因此可以将文化产品中所蕴含的文化内涵和精华表现得更加透彻，而线下实体店的销售在这一点上比较没有优势。但也正是两者的契合，会让有的文化产品显得过度完美了，这样反而不利于文化产业的发展，这其中的度需要文化产业从业者根据自己产品的真实情况来进行选择。

文化产业中的众多产品没有物质形态，而是以非物质形态的方式存在，例如电影、演艺节目等。这些产品的销售本身就是一种体验过程，体验就是一种消费。而数字营销方式在无形文化产业中的作用就是利用自身的高科技手段来不断完善消费者的消费体验过程，尽善尽美的体验过程将意味着文化产品的大量销售和高额利润。有形的文化产品很多时候都是无形文化产业的衍生消费品，就如电影和动漫的衍生品一样。通过为有形文化产品塑造出一种文化体验的氛围，能有效地促进产品的销售，提高产品的附加值。例如，在电影人物玩偶的卖场播放相应的电影就会起到很好的促销效果。

第三节 竞争环境

如果说宏观环境和媒介环境属于文化市场营销的背景和条件，那么竞争环境则是文化企业真正需要面对的。要将宏观环境和媒介环境为己所用，在市场上占有先机，就必须具体分析文化企业的竞争环境。下面将借助于迈克尔·波特（Michael E. Porter）的竞争优势理论中的竞争五力模型阐述文化企业市场营销的竞争环境，见图1-2所示。

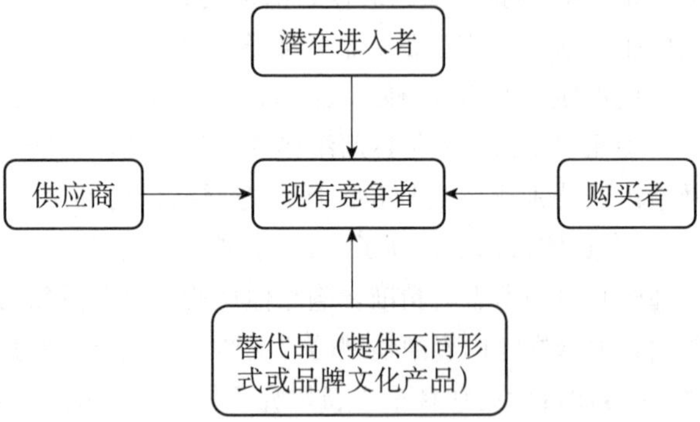

图1-2 文化企业市场营销竞争环境示意图

通过上图可以看出，文化企业市场营销的竞争环境因素主要来自三类，一是竞争者，二是供应商，三是购买者，而这三类组成了市场环境，或者说竞争环境就是市场环境。市场是现代企业经营活动的出发点和归宿，是企业得以生存和发展的根本，这种力量制约着文化企业营销决策的制定和服务能力的形成。

一、竞争者

文化市场营销的竞争者是文化企业真正的对手。现代市场营销管理所研究的竞争者，主要是从消费需求的角度，分析卖者与卖者之间争夺消费者的竞争。这类竞争者可以划分为愿望竞争者、平行竞争者、产品形式竞争者、品牌竞争者和潜在竞争者。

（一）愿望竞争者

愿望竞争者是指提供不同文化产品以满足消费者不同精神文化需求的竞争者。从消费者群体的购买决策过程来看，首先是认识需求，如“目前我需要休闲度假”。对于提供电影的电影院来说，话剧团、京剧团、黄梅戏剧团、主题公园就是愿望竞争者。如何促使消费者首先选择观看电影，而不是购买其他文化产品或服务，这是文化企业营销所必需关注的。

（二）平行竞争者

平行竞争者是指提供能够满足同一种精神需求的不同文化产品的竞争者。消费者在确定了需求的基础上，进一步判断选择，即“哪种文化产品能满足我的需求”。能够满足同一种精神需求的不同文化产品有很多，这些文化产品的提供者之间形成一种竞争关系，他们互相成为各自的平行竞争者。

（三）产品形式竞争者

产品形式竞争者是指提供同种文化产品但不同规格、时间、地点的竞争者。消费者在满足同一需求的文化产品中进一步选择某一种产品。例如选择看电影，是在万达影院还是在 CGV（星聚汇）呢？

（四）品牌竞争者

品牌竞争者是指文化产品相同，但是产品品牌不同的竞争者。消费者看重的是产品的品牌，对品牌具有特殊偏好。例如，消费者去万达影院观看电影，而不去一般的影院观看。

（五）潜在竞争者

潜在竞争者是指即将提供与本企业类似的文化产品或服务的竞争者。目前很多房地产企业开始转投文化产业，这些房地产企业将成为文化企业的潜在竞争者。

以上不同竞争者与文化企业形成了不同的竞争关系。这些不同的而且不断变化的竞争关系，是企业展开营销活动必须考虑的重要制约力量。

二、供应商

供应商是指向文化企业及其竞争者提供生产产品和服务所需资源的企业或个人。供应商所提供的资源主要包括设备、劳务、创意、资金等。如果没有这些资源作为保障，文化企业根本就无法正常运转，也就无法提供给市场所需要的文化商品。因此，供应商供货的稳定性与及时性、供货的价格变动性、供货的质量水平及售后服务水平等都会给文化企业的经营活动带来直接的影响。这就要求文化企业在寻找和选择供应商时，必须充分考虑供应商的资信状况。要选择那些能够提供品质优良、价格合理的资源，有良好信用，在质量和效率方面都信得过的供应商，并且要与主要供应商建立长期稳定的合作关系，保证企业生产资源供应的稳定性。同时必须使自己的供应商多样化，以免当与其中一些供应商的关系发生变化时，企业陷入困境。

三、购买者

这是文化企业服务的对象，文化企业的一切营销活动都是以满足购买者的需求为中心的，因此，购买者是企业最重要的环境因素，也是文化企业竞争的焦点。购买者可以从不同角度以不同的标准进行市场细分。按照购买动机和类别分类，可以分为为满足个人或家庭需要而购买文化产品和服务的文化市场，为赚取利润或达到其他目的而购买文化产品和服务以转售的中间商市场，为提供公共服务或将产品与服务转给需要的人而购买文化产品和服务的政府和非营利机构以及国外的消费者、中间商和政府等。上述每一种细分市场都有其独特的购买者。而在这些细分市场上文化产品购买者的不同的、变化着的文化需求，必定要求文化企业以不同的服务方式提供不同的产品或服务，从而制约着文化企业营销决策的制定和服务能力的形成。因此，文化企业要认真研究为之服务的细分市场，研究其类别、需求特点、购买动机等，使企业的营销活动能针对购买者的需要，符合购买者的愿望，不断给消费者提供更新更适宜的产品和服务。

结语

文化市场营销的宏观环境、媒介环境与竞争环境，三者并非孤立的，而是相互影响的，宏观环境和媒介环境制约着文化企业的发展和文化产品的提供，竞争环境是宏观环境下的子环境，各种竞争都必须在产业发展的宏观背景下进行。对于文化企业来说，其市场营销活动和行为，必须考虑到这三个方面的环境要素。文化市场营销环境是一个系统，在这个系统中，各个影响因素是相互依存、相互作用和相互制约的。这是由于社会经济现象的出现，往往不是某一单一的因素所能决定的，而是受到一系列相关因素影响的结果。例如，文化企业开发新产品时，不仅要受到经济因素的影响和制约，更要受到政治因素、社会文化因素和意识形态领域因素的影响和制约。再如，文化产品价格不但受市场供求关系的影响，而且还受到国家政治、经济、文化政策及科技进步等因素的影响。又如，文化市场需求不仅受消费者收入水平、爱好以及社会文化等方面因素的影响，政治法律因素的变化，往往也会产生决定性的影响。因此，要充分注意各种因素之间的相互作用。美国著名市场学者菲利普·科特勒正是针对该种情况，提出了“大市场营销”理论。该理论认为，企业为了成功地进入特定市场或者在特定市场经营，应该利用经济的、心理的、政治的或公共关系技能，赢得若干参与者的合作。科特勒举例说，假设某家百货公司拟在美国某城市开设一家商店，但是当地政府的法律不许你开店，在这种情况下，你必须运用政治力量来改变法律，才能实现企业的目标。“大市场营销”理论提出企业可以运用能够控制的方式或手段，影响造成营销障碍的人或组织，争取有关方面的支持，使之改变做法，从而改变营销环境。

推荐阅读资料

1. 凯林，哈特利，鲁迪里尔斯. 市场营销：插图第 9 版. 北京：世界图书出版公司，2011.

2. 科特勒，凯勒. 营销管理：第 14 版. 上海：格致出版社，2012.

第二章　文化消费需求

我们时常听到这样一句话：没有需求就没有市场。当然我们有时在公益广告中也看到过这样的口号：没有买卖就没有伤害。这两句话揭示了一个简单而又重要的道理：营销行为中的供求双方是互相促进的。需求方会因自身的心理或生理需要而刺激供应方对于物品的生产，而供应方大量的物品生产会反过来“加倍”满足需求方并使其感受到心理和生理上的愉悦。而这些需要，归根结底源于现实与预期的落差中产生的矛盾与冲突。

作为企业发展的动力，需求是每个企业最核心的课题。创业者们每时每刻都要琢磨如何发现使用户获得满足的需求，并且打造出与众不同的、能长久销售的优秀产品和服务。而在冲突这种普遍存在的社会现象中，聪明的企业家往往能从中看到消费者的需求，从而为消费者提供冲突的解决方案，也就是各种满足市场需求的产品。

第一节　需求：企业发展的动力

管理学大师彼得·德鲁克曾说过，企业的价值在于创造顾客。在经济发展日新月异的时代，所谓创造顾客即是创造需求。需求既是企业发展着力解决的核心问题，也是顾客消费欲望的满足。无论古老的农耕时代，还是互联网＋的信息时代，谈及市场营销都离不开对需求二字的探讨。需求，是每个企业要解决的最核心问题。企业的核心使命就是要竭尽全力满足用户的需求。可以说，发现了需求，一个企业就成功了一半。如果企业不关注市场和用户的需求，而生产出自以为良好的产品，那么在实践中必然会输得一败涂地。

一、需求的重要性

在《辞海》中，“需求”一词被如下界定：“需求是市场上作为生产资料和生活资料被购买的商品总量，同一商品的需求者或消费者（包括生产消费和生活消费）的总和。需求是有支付能力的需求，是消费者所拥有的货币量决定的能够购买的商品的能力……”在这一段解释中，我们可以对“需求”进行一些剖析。首先，“需求”的概念一定要放在市场上的买卖行为中才能被展现，也就是说，所谓的“需求”，可以量化为在市场中对于某种商品的交换频率或交换数额：交换频率越高、数额越大，那么该商品的需求就越大，反之则越小。其次，“需求”源于心理或生理的满足，但这种满足也是有边际的，它取决于是否可以通过支付换取满足感：柴米油盐是我们的生活必备品，我们可以通过劳动获得的收入进行购买，从而实现这一需求，而尽管我们对于遨游太空心向往之，但面对动辄数十亿美元的太空旅行成本与尚在探索中的太空旅游保障机制，除极小部分的富豪外，现实中的我们对于太空旅行的需求近乎为零。

需求，就是消费者的欲望，它源于对现状的不满，往往是由生理需求的有限和心理需求的无限的冲突所引起的。需求有软硬之分，硬需求是消费者必须被满足的需求，而软需求是人们可有可无的需求。企业的使命则在于推出相关产品和服务，解决消费者生活中的问题和冲突，从而创造消费者需求并令其无法拒绝，最终通过使消费者购买商品的方式获得盈利。在社会层面，需求则在各种领域发挥着十分重要的作用，它创造了无数就业机会，也帮助各行各业兴起和发展，可以说，需求推动了人类社会的发展。早在1776年，亚当·斯密就在《国富论》中阐述了需求的重要性："需求将鼓励生产，从而加剧生产者之间的竞争，而生产者为了战胜竞争对手，会想尽办法引入新的分工方式和工艺优化。而如果没有需求的增长，这些制度和技术的进步很可能不会发生。"①

从历史的角度来看，甚至可以发现，人类的历史，尤其是近500年来的历史，无时无刻不是由各种各样的需求推动的：由于对黄金和香料的需求，欧洲人开辟了新航路，从而开始全球化的征程；由于对工厂生产效率的需求，无数的发明让人类进入了蒸汽时代和电气时代；由于对通信的需求，无线电技术被深入探究并让我们的沟通不再困难，如此等等。从宏观层面看，这些需求，无不开拓着各自领域的市场，使得消费者和企业（甚至国家）获得双赢。可见，在现代社会中，需求是企业发展的动力。企业依靠挖掘消费者的需求，从而开拓自身的产品并推广到市场，通过市场交易的方式实现盈利和自身的发展。

二、创造需求的方法

需求是企业生存和发展的引擎，为企业注入无穷的活力。一件优秀的产品必须让顾客无法拒绝，让竞争对手无法复制。需求的创造者具有独到的眼光和洞察力，他们认识到人们实际购买行为与内心真实需要之间存在着一定距离，于是他们基于现实展开全新的想象，从而创造出新的产品。本书认为，对于企业而言，学会如何创造需求是必备的素养之一。通常而言，需求的创造可以从以下一些方向进行挖掘。

（一）创造情感共鸣

在市场营销中，仅仅将市场上原有产品的缺点进行改进是远远不够的，并不足以改变客户的消费行为。创造出的新的替代品，应该有足够的魅力以激发消费者的热情和关注。因此，一款优秀的产品，往往结合了消费者的情感诉求与功能需求。亚德里安·斯莱沃斯基（Adrian J. Slywotzky）和卡尔·韦伯（Karl Weber）在《需求》这本书中提到了"魔力产品"的概念②——产品好用、价格实惠、方便省事、减少麻烦，同时情感的介入也必不可少。作者提到："产品的魔力等于卓越的功能与强大的情感诉求的乘积。"③

皮克斯动画工作室在动画电影的市场上声誉斐然，观众提到其他动画片时可能会觉得"还

---

① 斯莱沃斯基，韦伯．需求——缔造伟大商业传奇的根本力量．杭州：浙江人民出版社，2013：10.

② 同①30.

③ 《需求》的作者认为，优秀的产品不仅功能强大，也需要情感介入。就像iPod的设计一样，有1位普通MP3产品的用户评价自己的产品"能用"或"还行"时，就有10位iPod的用户称赞产品"太棒了!"。这种关系可以用一个简单的等式表明：M=F·E，魔力M等于卓越的功能F与强大的情感诉求E两者的乘积。

不错”，但是看了皮克斯的动画后会评价“非常棒”。皮克斯动画的创始人约翰·拉塞特（John Lasseter）曾被迪士尼公司辞退，之后他怀揣着对 3D 动画的美好梦想，建立起皮克斯的王国。皮克斯最受欢迎的电影包括《玩具总动员》系列、《怪兽电力公司》系列等，它们与一般的动画电影不同，不仅仅为了取悦儿童，而是宣扬了成人世界的命题与价值观，用温情和有趣的故事让观众在观看过程中寻找自我身份、友情与亲情、冒险与梦想等。皮克斯的“魔力产品”引起了观众的情感共鸣，一次次创造了票房奇迹。①

（二）解决未开口诉说的麻烦

在市场营销领域，用户潜在需求的信号和线索往往是用户使用过程中发现的麻烦和摩擦。随着新技术的飞速发展，消费者经常会在使用初级产品时体会到不便，而如何解决这些不便和摩擦则是企业需要解决的问题。企业需要站在用户的角度，切身感受他们的需要，才能创造出不败的产品。

从消费电子产品起家的索尼公司可谓经验丰富、资源充足，它占据了计算机领域、电信行业和媒体业等，但是这些行业彼此隔离，并没有一件产品能作为其中的桥梁，联系起所有的领域。用户拥有的索尼电脑，与他的索尼 MP3 并没有任何联系，他听音乐和看电影至少需要两件索尼的产品。苹果公司的乔布斯敏锐地看到了这种隔离给用户带来的麻烦，于是创造了“一键产品”。苹果公司的 iPhone 可以和 iPad、iPod 以及 iWatch 相互联合，使一件产品具有放音乐、看电影等多种功能②，而且操作快捷、页面简洁，很快打败了索尼成为用户的理想产品，吸引了全世界无数消费者。苹果创造出来的成果，让全世界的人将苹果产品当做了直观、简洁、优雅的代名词，其卓越的麻烦解决能力可见一斑。

（三）关注背景因素

一部受到观众喜爱的电影，被称赞的通常是观众在银幕上看到的明星、情节、特效等，但是这部电影真正成功的原因却主要是那些观众不了解的背景因素，比如混音师、配音剪辑师、灯光助理、特效处理师等，正是这些幕后工作人员的参与，才使得电影最后呈现出完美的效果。很多文化产品也是如此，背景因素在消费者选择产品时也起了非常重要的作用。优化不为人知的背景因素，往往是企业创造需求的关键之处。

在电子图书领域，索尼公司可以说是开创者。2003 年，索尼公司的日本设计师在一次会议上向在座的出版商们展示了新研发的电子书③：它小巧简洁、质感良好，重要的是它的屏幕上清晰地显示着干净利落的日本字，和以往电子设备上的文字截然不同，阅读起来毫不费力。出版商们非常惊讶，因为电子书和普通书籍几乎毫无区别，于是纷纷与索尼公司签订合约。然而，对现在的读者来说，索尼电子书在市场上几乎无人问津，更多的人用的是亚马逊 Kindle 电子书。毫无疑问，索尼公司经历了一场惨败，其原因就是忽略了产品的背景因素。

Kindle 的诞生比索尼晚了三年时间，但是很快就在市场上获得了大量份额，它的魔力也是

---

① 《玩具总动员 3》的票房达到 10.6 亿美元，成为当时史上最卖座的动画片。《怪兽电力公司》的票房则达到 7.4 亿美元。

② 苹果手机结合了 iTunes 这一全球最优秀的在线购买、整理和享受音乐与视频的软件，又将触摸屏技术与影视节目制片人创作的视频、图书报刊发行公司出版的数字读物，以及各种信息和娱乐方式整合为一体。

③ 索尼公司和 E-lnk 公司在技术结合下诞生了世界首款 Librie 电子书，于 2004 年 4 月底在日本发布，如今在电子书市场上已经销声匿迹。

因为那些不为人知的全面的、优秀的背景因素。索尼的电子书和日本的出版商虽然达成了合作协议，但是出版商们始终有所警觉，认为电子书可能会颠覆他们的传统图书市场，因此给索尼的授权只有一千本书左右，而且还有限时。也就是说，电子书的读者选择范围非常小，而且一段时间不看后书还会消失，让读者颇有抱怨。而亚马逊在电子书上市前做了近三十年的准备，使电子书可以无线上网，直接连接亚马逊图书网上庞大的图书资源和各种书评，甚至可以直接订阅杂志和报刊，使读者随时随地能阅读到最新的新闻资讯。虽然 Kindle 使用的电子墨水并没有比当初索尼电子书使用的墨水高级，但是亚马逊给一部拥有优秀显示技术的电子阅读器配上了完美的背景因素，一经推出立刻受到了消费者的追捧。[①] 由此可以看到，背景因素虽然无法直观地被消费者看到，但是在市场营销和用户体验上起到了关键的作用。

(四) 激发力：让“潜在需求”变成“真正需求”

人们的购买决定很大程度上受控于习惯、疑虑、懒惰等，而激发力可以让原本冷淡的骑墙派变得热情，从而自觉地成为产品的客户。一件产品可能在市场上有良好的口碑，但是很多顾客还是处于观望阶段，这就需要通过激发力吸引更多客户购买。激发力包括优化产品功能、绝妙的广告、促销手段等。而且相比一带而过的激发力，给产品带来持续影响的激发力更为强大。

由于租借的电影光盘到期未还，里德·哈斯廷斯（Reed Hastings）无奈地交了一笔罚金，由此受到启发成立了奈飞公司（Netflix），通过网站下单、DVD 寄送到家，开创了电影租赁业的新纪元。在奈飞成立初期，网站注册用户上升缓慢，但是公司总部所在的旧金山湾区的客户量却遥遥领先。哈斯廷斯和工作团队想了很多理由，最后通过数据调查发现，原因竟然是寄送 DVD 的中心就在旧金山湾区，因此当地的用户下单后很快就能收到电影，而其他地区则需要等上四五天。发现了这一点后，奈飞公司就开始打造高效便捷的送达服务，由此成了让客户兴奋起来的关键点。奈飞公司在各地建立了配送中心，让客户收到电影的速度大大加快，于是注册人数稳步上升。人们发现了在奈飞租赁电影的便捷后，纷纷转告给朋友和邻居，让更多人使用奈飞公司的服务。可见，激发力就是打开需求的钥匙，可以让骑墙派变得热情，心甘情愿地使用企业的服务和产品。

与此类似的还有奈斯派索（Nespresso）咖啡酿造机[②]，它通过运用新技术、新鲜的咖啡胶囊直销模式，以及在飞机机舱和大型零售商店提供试用等推销手段成功激发了客户的购买欲望，使销售量节节上升。又比如摩拜和 ofo 两款共享单车的全面普及，在共享经济理念下，一改以往公共自行车固定桩借还车的弊端，并结合智能手机简化借还车操作。在路边随处可见的摩拜单车或 ofo 单车，真正地激发了消费者骑公共自行车的欲望，使其在城市的街道、大学的校园随处可见。

---

① 2011 年，亚马逊在其网站发表声明说其 Kindle 电子书的销量开始首次全面超过其纸质书销量（包括精装书和平装书），而这一天的到来距离亚马逊推出 Kindle 平板还不超过 4 年。

② 奈斯派索是雀巢公司的胶囊式咖啡机及相关产品的品牌。胶囊式咖啡机是近年出现的新型咖啡机，其定位于家用和办公室用。胶囊式咖啡机最大的特点是不能磨豆，不能使用咖啡粉进行冲泡，只能使用专门的咖啡胶囊，也因此使它的推广受到极大的限制。胶囊式咖啡机比之半自动咖啡机和全自动咖啡机操作大大简化，往往只需一个按钮就可以完成操作。另外胶囊机因为其独到的工作方式省却了全自动咖啡机的磨豆等部件使其体积更轻巧、成本更低廉。

第二节　冲突：企业营销的实质

对企业发展来讲，制造冲突与创造需求同等重要。这是因为消费者在面对差异化产品或服务时常常具有“选择困难症”，而这种选择困难症是由内心的冲突所导致的。因此企业的任务在于通过创造顾客需求性消费以化解冲突，从而使产品或服务受到消费者青睐。需求源于对现状的不满，这是由生理需求的有限和心理需求的无限的冲突所引起的。对于商家而言，他们需要给客户提供解决这些冲突的方法，也就是找到了需求。在如今越来越多元化和复杂化的社会中，冲突是一种很普遍的现象。人与人之间、群体与群体之间，乃至个人的内心之中，每时每刻都在发生着激烈的冲突和对抗。在大的层面上，有国家和国家为了争夺有限的资源产生冲突；在个人层面上，每个人可能都会遇到面临多种选择而只能选其一带来的冲突。

一、冲突的不同类型

通过无数心理学家和管理学家对冲突的研究，人们对冲突的定义是：个人或群体内部、个人与个人之间、个人与群体之间、群体与群体之间目标、认识或感情互不相容，并引起对立或不一致的相互作用的任何一个状态。简而言之，冲突可以概括为对立的、互不相容的力量或性质（如观念、利益、意志）的互相干扰。在不同领域中存在着性质不同的冲突，其解决方法也大相径庭。比如在管理学中，冲突管理是很多优秀的管理者的必修课，因为在一个组织或者团体中，由于个体的差异，人们对于同一个问题会产生不同的意见和处理建议。为了减少团队的分歧并且提高效率，管理者往往需要通过减少沟通的噪声、完善组织结构、妥协退让等方式解决管理中的冲突。① 在此处，需要讨论的冲突主要是指在商业营销领域，消费者的心理冲突以及消费习惯的差异等。

从心理学来说，人类的行为通常都会本能地趋利避害，因此在面对选择时，往往会产生一些冲突。社会心理学之父库尔特·勒温（Kurt Lewin）在行为动力学中，按照人类趋和避的两种不同倾向的选择，将人们内心的冲突分为三种类型：双趋冲突、双避冲突、趋避冲突。②

双趋冲突是指在一个人的面前同时有两个具有吸引力的目标，但由于外部条件的限制，只能从中抉择其一而放弃另一个目标时发生的心理冲突。在《孟子》中有一个很典型的例子，即“鱼和熊掌，不可得兼”。在文化市场中也有很多例子，比如同一时间段有两场精彩的图书签售会，但是读者往往只能选择参加其中的一场，从而产生冲突；或者在消费者想要购买一张电影票时，美团网和百度糯米都会提供一定的电影票优惠，但是消费者只能选择在其中一个手机应用中购买，这些都是常见的双趋冲突。至于如何化解这类冲突，就需要见仁见智了，视哪一个选择能够实现自身利益的最大化为宜。

双避冲突是指一个人同时面临着两件不欢迎或令人讨厌的事物，两种都想要躲避，但是要回避其一就必然遭遇另一件时产生的心理冲突。比如“前遇断崖，后有追兵”“前有狼，后有虎”，便是严重的双避冲突情境。比如在大学生活中，有的学生既想逃课出去玩，不好好读书，

---

① Susan H. Shearouse. Conflict 101：A Manager's Guide to Resolving Problems So Everyone Can Get Back to Work. New York：Amacom，2011.

② 勒温．人格的动力理论．北京：北京理工大学出版社，2014.

又怕考试会不及格；或者在一个基础设施不够完善的地区，政府想要建立一所公共图书馆却没有足够经费，但是如果无法建立图书馆又会导致居民精神文化生活不能得到充实。这些就是双避冲突导致的心理冲突。至于如何化解这类冲突，“两害相权取其轻”或许是较为合理的选择方式，尽可能使自身损失降至最低。

趋避冲突是指一个人对同一目标采取矛盾的态度，既向往（喜欢）并想要接近这个目标，又拒绝（厌恶）和想要躲避目标时发生的心理冲突。例如：个人既喜欢吸烟，又怕损害健康。又或者很多毕业生在选择职业时，往往会考虑到职业岗位相应的利和弊，并且进行权衡，以决定选择这个职业还是选择其他职业。这些就是趋避式冲突。

以上冲突在文化市场领域比比皆是，消费者往往会因为这些心理冲突而在选择文化产品时犹豫不决。而对于文化产品的商家来说，他们在营销时更注重解决趋避式冲突。其原因在于：解决趋避式冲突能让消费者享受产品优点并克服缺点，从而解决主要矛盾。试想一下，如果把一个原本让你又爱又恨的产品进行改进，保留了让你爱的特点，而消除了让你恨的地方，这样的产品对消费者的吸引力有多大？比如对于上文提到的吸烟问题，精明的商家发明了电子香烟，既能让烟民享受“吸烟”的快感，又能不影响身体健康，可想而知，这样的产品会对整个产业造成怎样大的冲击，也会容易在行业中脱颖而出。而双趋冲突和双避冲突对于消费者而言，无论如何选择都会盈利或亏损，商家提供的方案对他们并没有太大吸引力。比如对于双避冲突，消费者无论怎么选择都已经遭受了损失，商家提供的解决方案可以说是雪上加霜，甚至会遭到消费者的弃置。因此，商家常常将重心放在解决趋避式冲突上，让商品在消费者最需要的时机以最恰当的方式出现，从而吸引消费者选择他们的产品。

和需求一样，社会上的冲突也有无数的种类，在此，依据当下社会生活状况，冲突可分为以下几大类。

（一）人性的冲突

每个人都是各种矛盾的综合体，每个人心里都有一面是善良的、积极的、仁慈的、和平的、美好的，也有一面是邪恶的、消极的、嫉妒的、暴力的、恶毒的，两种不同的灵魂每时每刻都会在斗争，而最终表现出的一面是由于人们受过的教育或者外部环境等因素决定的。因此人性的冲突可以被认为是人的社会性与自然性的矛盾、善与恶的矛盾、义与利的矛盾、肉体与灵魂的矛盾、物质享受与精神追求的矛盾等。而当人们面对诱惑时，人性的冲突就产生了。在人性冲突中找到平衡点，满足人性的不同面需求的产品，就能吸引消费者。

例如，在很多白领的心目中，一定存在着两个斗争的自我：一个想出去旅游，出去玩，出去开心，另一个却又害怕老板，害怕失去工作，害怕老板发觉自己心思放在“玩乐”而不是“工作”上。于是工作和享乐之间形成的冲突，成就了当时开心网的爆红。[①] 开心网的公司文化就是：做人嘛，开心就好。有了开心网，很多白领看似在电脑前认真工作着，让老板觉得干活很卖力，但是实际上却都在抢车位、偷菜、聊天，玩得不亦乐乎。开心网让人在上班时候解决了玩的问题，平衡了员工在上班和享乐之间的冲突。其带来的成果也是显著的，开心网在短时间内大受欢迎，在 2012 年，它的活跃用户就达到了 1.3 亿，可见开心网从一定程度上解决

① 开心网由北京开心人信息技术有限公司创办于 2008 年 3 月，是国内第一家以办公室白领用户群体为主的社交网站。开心网为广大用户提供包括日记、相册、动态记录、转帖、社交游戏在内的丰富易用的社交工具，使其与家人、朋友、同学、同事在轻松互动中保持更加紧密的联系。

了很多白领的心理需求。

（二）心理与实际需求的冲突

人们的欲望通常是无止境的，在心理上，他们希望能够拥有一切美好的事物，例如美食、金钱、地位，渴望能成为万众瞩目的英雄，或者能拥有无穷的魅力等。然而由于各种外部和内部条件的限制，人们被提倡要抵制诱惑，一些心理需求就不能被满足。而对于商家来说，他们希望能有这样一种商品，强大到能同时满足人的心理和实际的需求，让人面对矛盾和诱惑时可以不必取舍。这样的产品，对消费者的吸引力不言而喻。对于很多爱美的女性来说，减肥药无疑是世界上最伟大的发明，能够解决身材和胃口的冲突。也就是说，她们可以一边慵懒地躺在沙发上享受各种美食，一边又不用担心身材会走形，因为有各种减肥产品可以帮助她们轻松保持身材。看看淘宝网上琳琅满目的减肥药、大肚贴、瘦腿精油，以及它们令人咋舌的销量，就能知道商家通过这种商品已经赚了个盆满钵满。此外还有在春节期间很火的各种抢红包的活动，微信、微博和支付宝①等手机 APP 推出大量的免费红包供人们去抢，一时间大家都在一边看着中央电视台春节联欢晚会一边疯狂摇手机。这一活动利用了人们想要“天上掉馅饼”的心态，和劳有所得的传统理念不同，吸引了很多人想要获得“免费的午餐”。通过这一“免费”的活动，APP 运营商只需要付出较小成本，就可以让顾客主动做出下载手机客户端、升级客户端及绑定银行卡等行为，从而顺利帮助其完成此前可能一年都完成不了的业绩。

在文化领域，也有不少利用人们心理与实际需求的冲突的产品。2015 年 2 月底，柴静的个人纪录片《穹顶之下》在网络上发布，一时间引起了极大的关注。雾霾这一问题在中国已经逐渐成了环保问题的焦点，每个中国人都在为自己时刻呼吸的空气感到担忧。作为普通人，人们虽然忧心雾霾问题，但是似乎也很难从个人的角度改变大局。柴静的《穹顶之下》从一个普通中国人的角度，用将近一年的时间深度解析了雾霾的生成原因和解决之道，向人们解释了：雾霾是什么？从哪儿来？该怎么办？纪录片在网上迅速传播开，点击量节节上升，越来越多的人开始讨论她的纪录片和雾霾问题。通过纪录片，人们看到了面对雾霾问题每个人都可以做些什么来进行改变，原本的心理需求能够获得实际的成效。此外还有各种美国超级英雄系列电影，这些都满足了很多男性英雄主义的梦想，毕竟在现实生活中，没有几个人有超能力，也不会遇到各种灾难。但是在电影中，人们可以看到超级英雄通过热血打斗拯救世界，并且获得普通人的顶礼膜拜，男性可以通过角色带入满足自己的心理欲望。可以说，美国的超级英雄电影就是西方人的“武侠”，没有几个男人能够抵制当英雄的诱惑，因此此类电影往往能够在很多国家大卖，特别在男性观众群体中大受欢迎。

（三）心理年龄和实际年龄的冲突

很多人都会向往自己年轻或者童年时的生活，也许其中有一些怀旧主义在作祟，也有部分原因是很多人年轻时体力旺盛，因而能闯出一份事业，而步入中老年后就有不少人觉得体力不支，对于生活的热情逐渐丧失，因此很多人都想保持年轻时的体力或者激情。针对这种心理年龄和实际年龄的冲突，商家就很聪明地推出了一系列商品，让人们重新体验年轻时的激情和美好，甚至号称能将这些人的身体状况调整至年轻人的水平。比如如今在电视上常见的补钙

---

① 2015 年初，支付宝钱包新版本上线，增加了红包功能。被网友津津乐道的是，新版本推出现金红包、接龙红包、群红包、面对面红包和讨红包等新玩法。

广告，就构造了一些中年妇女在服用了补钙产品后腰腿麻利，甚至可以和年轻人比下腰的画面，让观众觉得服用了这些产品后好像真的能变年轻。还有就是一直在致力于打造给游客展现梦想和奇迹的迪士尼系列产品，近年来通过一系列公主电影（例如《冰雪奇缘》《灰姑娘》等）在很多国家的女性观众中掀起了观影热潮。人们纷纷涌入电影院，回忆起自己童年的公主梦和那些纯真美好的记忆。2015 年 5 月 20 日，迪士尼全球最大的旗舰店在上海开门迎宾，粉丝们疯狂排队购物，开门仅半小时就因为人数众多而停止排队[①]；2016 年 5 月 7 日，上海迪士尼乐园开始为期 40 天的试运营，在不收取门票、其娱乐设施不对外开放的情况下，其间迎来了破百万的游客大潮。[②] 无论是迪士尼旗舰店还是上海迪士尼乐园都获得了空前的关注，这固然有消费者喜欢凑热闹的心态，也能说明迪士尼的魅力之大，吸引了众多顾客来体验童年的美好和纯真。

（四）真实与社会身份的冲突

每个人存在于社会中都有特定的身份和地位，而人性和社会往往存在冲突，因此就导致了社会身份和人性本来的身份的冲突。比如一个男人可能是一位白领、老板的得力助手、工作团队的领导人，但他同时也是一位父亲、一位丈夫。作为前者，他就需要把精力和时间多投入到工作中去，联系客户、加班、应酬等等，但是作为后者，他又需要足够的时间给家庭，不然就会遭到孩子和妻子的抱怨。因此，人们身份和职责的不同，会产生一些冲突，而找到这些冲突中的平衡点，就是产品营销的关键所在。

其中最经典的就是全民 Cosplay 的文化，在 Cosplay 活动中，人们可以通过服装、道具、妆容，模仿和装扮成任何他们想要成为的人。最近很火的 Ladybeard[③] 就是其中的代表人物，他原本是一位浑身肌肉的大胡子大叔，但是却非常喜欢穿上日本少女的水手服和女仆装等等，模仿成日系的少女。他拍摄的照片往往都是穿着短裙，梳着双马尾，摆出各种妩媚的姿势。可见通过 Cosplay，人们成为任何想成为的人，不会受到社会身份的干扰和束缚。这一活动也带动了周边会展业、服装业、漫画业的发展。

此外，随着社会压力越来越大、人际关系越来越复杂，手机匿名聊天软件开始层出不穷。比如秘密、抱抱等软件虽然界面和功能不尽相同，但是有一个共同点就是能够和陌生人匿名聊天和互动。由于互相不知道聊天对象的身份，每个人的隐私都得到了相对安全的保护，而且不少人在聊天过程中可以虚构一个理想的身份，比如一个最近在事业上不太顺利的打工者，在聊天时可以把自己伪装成事业小成的大叔，这种伪装在聊天中无伤大雅，但是给使用者带来心理上的轻松和平等，成为不少人排解忧愁的聊天选择。

（五）男女的冲突

众所周知，男性和女性的生理和心理都是大相径庭的，有人说“男人来自火星，女人来自金星”，因此商家在进行产品营销时，要特别注意男性和女性消费习惯的差异。大众汽车广告

---

① 位于浦东陆家嘴的上海迪士尼旗舰店正式开业第一天，引来众多粉丝前往捧场。下午 2 时 15 分，迪士尼店对外营业仅过了一个小时，店方就挂出告示称“今日排队结束”，此时排在队伍最后的消费者进入商场还需等上 3 个小时。

② 上海迪士尼乐园试营业，游客人数已超百万．(2016-05-24)［2018-01-16］．http：//www. fortunechina. com/business/c/2016-05/24/content _ 262941. htm.

③ Ladybeard 以奇妙的女装样貌让观众变开心，他曾是重金属歌手、演员、特级替身演员和声优。2011 年首次到日本演出，被日本文化强烈吸引，有了以日本为活动据点的决断。

营销可以说是成功的案例，在广告中注意抓住男女对汽车不同的需求进行营销。大众朗逸的广告突出表现了三口之家其乐融融的画面（见图 2-1），同时打出安全、宽敞、性能好等特点。对于三口之家的消费群体，女性会更多考虑车型要足够宽敞，能够放下妈妈包和宝宝的儿童座椅等，而且要足够平稳才能保证孩子的安全，而男性则会考虑车子的性能、百公里加速度、油耗等。因此，朗逸的家庭车就要结合这些特点进行广告和营销，才能获得三口之家中两位家长的一致同意，从而提高销量。

图 2-1　上海大众朗逸汽车广告

二、制造冲突的途径

对于消费者来说，冲突无处不在，它就像一道道“选择题”一样，消费者在日常生活中在不同的抉择中进行着“消费”。而对于企业来说，他们的任务则是尽可能多地寻找并制造冲突，以便消费者在面对冲突时选择需求性消费，使企业达到最终的盈利目的。那么对于企业来说，如何在生活中制造冲突，抑或是在众多冲突中制造“优质”的冲突呢？

（一）找对比

现在步履匆忙的社会，做什么事情都要求快，快照、快速阅读、快速致富等等。原本有很多需要慢慢制作的产品，现在都被更快的产品取代。比如原本的茶需要一道道工艺精心泡制，现在则慢慢被各种茶袋所取代。但是在做市场营销时，“快”不仅仅要解决速度的问题，更要洞察和满足消费者的心理需求，否则会被其他更快的产品取代。

其中比较典型的是“真功夫”品牌的文化和理念。中国的餐饮制作往往比较复杂，需要焖、炖、煨等各种各样的方式，而且中餐的理念通常是“熬制”的饭餐会更加有营养。与之形成鲜明对比的是西餐，西餐通常讲究食材的新鲜和口感，烧制的时间不是很长。而且西式快餐如肯德基、麦当劳等，主要为工作匆忙的白领和工人们节省用餐时间，传入中国后深受大人和孩子的喜爱。于是就有人开始思考：如何将中国传统中餐像西式快餐一样量化生产？“真功夫”这一品牌就是建立在这种需求的基础上，将中餐像西式快餐一样进行量化的产业链生产，把中华饮食传统的30多种烹饪方法凝聚在一个技法上：蒸，并且以岭南饮食的原盅蒸品为特色，塑造以"营养"为核心的品牌文化。这样的产品既满足了"快"的要求，又结合了中餐富有营养的特点，一经推出马上受到了追求健康饮食的白领一族的追捧。可见，"真功夫"将中式简餐与西式快餐进行对比，找到了矛盾之处，结合了两者的优点，从而创造了成功的受人欢迎的产品。

除此之外，咖啡行业中的"漫咖啡"也正逐渐挑战龙头老大"星巴克"的行业地位。其成功的营销策略也同样是通过企业间的对比实现的。在大街小巷的各个星巴克里，不难发现，星巴克的定位始终是以白领群体为针对目标打造的小资生活场景：简约的桌椅摆设、明亮的落地窗、轻快的爵士乐，作为传统的社交空间还有足够的闲聊或畅谈的场景，这是公司白领们在生活和工作之间所希望获得的过渡感受……而因其选址多位于商业中心或写字楼附近，前来消费的人群多为穿着西装或是工作服的年轻白领们，甚至在曾经的一段时间里，星巴克成为一种身份的象征。然而，星巴克的消费群体定位却忽视了一点，即星巴克所能够提供的场景是否符合当下消费者所希望的：正因为星巴克开设在最繁华的地方，因而店内只有拥挤的空间，不舒适的桌椅，漫长的等待取咖啡的耗时，以及几十分钟的"谈判"，还有来也匆匆去也匆匆的咖啡外卖。星巴克是"商务人士"的星巴克，是"热门地段的产物"，跟咖啡无关，跟生活更无关。所以，它需要替代品，而这个替代品就是"漫咖啡"：如果星巴克的空间是"大家共有"的，那漫咖啡就是"你自己"的，你是这里的主人。漫咖啡是"你自己"的客厅，"你自己"的办公桌，甚至"你自己"的电影院。是真正的属于"你自己"的生活方式。点餐然后忙你的，只有餐有人送，而其他的一切都是自助，因为这是你的，你不能指望场地方来帮你。这就是漫咖啡自己的定位，即"场地提供方""环境供应商"，而消费者才是主人。除此之外，漫咖啡融入了自然的元素：为强调自然的感觉，漫咖啡将树"移"到了咖啡店里，甚至连墙面都大胆地用红砖作装饰，简洁的折叠木椅，高靠背法式单人沙发，美国西部风格软椅，高脚原木酒吧凳，这种看似"混搭"的风格在漫咖啡看来都是为"自然"而有意为之。而这样的体验是置身城市中为工作忙碌的人群所向往的，此时"漫"与"慢"联系在了一起，这就是他们心向往之的"慢生活"，一个不是自然却胜似自然的场景。

（二）树立矛盾

另一种发现冲突的方式就是树立矛盾，也就是故意违背人们传统的认知，例如利用季节上的冲突。如何让人们在夏季享受反季的清凉？很多在线旅游网站纷纷推出了反季旅游、夏季避暑的产品。热门的夏季避暑路线包括国内的青海、西藏，国外的新西兰、澳大利亚等。这些热门旅游地区在春秋季时人满为患，但是在传统的冬季淡季时也别有一番景致，因此现在越来越多的人选择冬天去这些地区。其好处也是显而易见的，游客稀少，因此服务更好更贴心，而且旅游网站也往往会打出促销优惠，因此价格也会便宜不少，吸引了越来越多的游客反季出游。

2016年初，在知乎上突然出现了一篇《吃鲱鱼罐头是怎样一种体验?》的文章，其随即在微信朋友圈内被广泛传播，这篇文章中介绍了鲱鱼罐头刺鼻难忍的气味以及体验者品尝鲱鱼罐头后的感受。出人意料的是，尽管这篇文章并没有使用十分精彩的表述，但却将鲱鱼罐头推上了电商热卖的食品行列中。与此同时，一篇有关于最难喝的前五大饮料文章也意外走红，推动电商以套装的形式进行销售，甚至因脱销而水涨船高地抬高了售价。上述这些现象或许与当今的审丑文化不无关系，但更多的还是对于“美食”概念的完美矛盾树立。对于饕餮珍馐，我们并不感到陌生，每年的米其林星级榜单和各民间组织发布的美食榜单都会吸引无数“吃货”竞相体验，然而鲱鱼罐头和所谓难喝饮料的出现，对于消费者的影响不亚于美食的诱惑：这些食物饮料竟然也有排名！巨大反差所产生的好奇心会促使他们品尝与购买这些食物饮料（即使只是一次性消费，依旧能够带动相关行业大赚一笔）。而商家正是利用人们对于食物的矛盾理解从而成功地实现了营销。

（三）利用差异

随着经济全球化的发展，每个国家都在积极展开跨国贸易活动，争取更多市场份额，同时扩大本国文化的影响力。在国际市场营销中，文化因素占了很大比重，而不同国家的文化产品差异很大，其中包括语言差异、价值观差异、风俗习惯差异、宗教信仰差异等。而文化产品在国际市场营销时一定要格外注意处理好文化冲突，否则会产生“文化折扣”的负面现象。

文化折扣现象是指文化背景的差异，导致国际市场中的文化产品不被其他地区受众认同或理解，从而导致其价值减低。扎根于本土的文化产品，比如电视剧、电影等，因为国内市场的受众具有相同的生活方式和价值观，因此在国内市场很有吸引力；但是出口到其他国家时，由于文化差异，会导致国外受众很难认同这种价值观和社会制度等，因此会失去很多顾客。本书认为，本土的文化产品向其他国家进行输出时，必然会存在文化差异。若是要成功地推销本土文化产品，不仅要融合当地的文化，而且可以将文化冲突作为新的卖点，借此吸引新的消费者。

在国内市场大受好评的古装剧《甄嬛传》在美国上映，成为首部在美国主流电视网播出的中国电视剧。其改编后在美国以 6 集美剧的形式播出，时段是傍晚的黄金时段，一时间引起了国内国外观众的热议。《甄嬛传》中的封建制度和美国的政治体系差异大，但是这种差异给海外观众的好奇心带来了满足感：将带有鲜明中国特色的清朝后宫的故事展现给美国观众，让他们体验截然不同的政治文化。因此吸引了大量观众。同时，剧中也有美国人能理解的地方，比如其中的钩心斗角，和美国的职场伦理有相似之处，情节也不难让人理解。剧中突出的女权主义也引起了美国妇女的共鸣，尽量减小了“文化折扣”带来的负面影响。因此可以看到，如今中国的电影和电视剧想要走出国门虽然还面临着重重困难，但是《甄嬛传》无疑为中国的文化产品的国际市场营销开了个好头。

同样，美剧《纸牌屋》进入中国市场后，向中国观众展现了美国的政治体系。中国的官场和美国的政治差异也非常大，但是剧中对美国政治阴暗面的刻画也让中国观众看得津津有味，甚至拿其中的情节与中国的官场做比较。可见，《纸牌屋》在中国市场的营销主要以政治体系的差异作为卖点，成功吸引了一批中国观众。可见，为了应对“文化折扣”现象，可以将产品结合当地的文化进行营销，最好能将东道国和母国的文化进行互补和融合，绕开一些宗教信仰方面的敏感地带，从而扩大全球市场。

第三节 转化冲突实现需求

想要发现冲突从而创造需求需要出色的洞察力，发现冲突并加以利用。而市场营销中真正的高手，则是努力制造和扩大冲突以扩大在消费者中的影响力，并且让冲突双方足够极端和激烈，才能最终将收益最大化。

一、喷嚏营销

早在2000年，塞思·戈丁（Seth Godin）在《喷嚏营销》一书中首次提到了喷嚏营销的概念①，也就是通过释放极具感染性的概念病毒，让客户之间相互交流品牌信息，相互营销，而营销人员退居幕后。当然，要吸引用户积极参与互动，选择足够幽默有趣或者富于争议的话题极为重要。雕爷牛腩就是一个很成功的喷嚏营销的案例。

雕爷牛腩是一家主打“轻奢餐”的餐饮企业，其创始人有着丰富的创业和互联网营销经验，给雕爷牛腩的品牌做了成功的营销。雕爷牛腩在2012年左右开业，但是并没有马上对外正式营业，而是采用半年的“封测邀请制”。在这段期间，在北京的多处能看到雕爷牛腩的店面，但是消费者还不能进店，只有一些受邀的名人能进行消费，并且利用名人的效应在网上打出了口碑。2013年5月20日，雕爷牛腩开始正式营业。2014年，互联网上突然有一篇文章《雕爷牛腩为什么不会成功?》火了起来，其内容主要是指出了作者认为雕爷牛腩为什么不会成功的原因。12月，雕爷撰文《雕爷亲身揭秘：雕爷牛腩为何失败了?》，用嬉笑怒骂的犀利语言对原文进行了反驳，一时间引起了网上的热议。许多微信、微博、公众号对文章进行了转发，文章转发量和阅读量很快达到了百万。② 人们纷纷开始议论，雕爷牛腩究竟是怎样的一家店，他们家的牛腩到底好不好吃。于是越来越多的人进店品尝，然后又在网上进行评价，有些人认为雕爷牛腩的确好吃，也有人认为雕爷牛腩华而不实。这些评价像喷嚏一样在人群中传播，形成了良性循环。这种营销的成果也是显著的，仅凭两家店，雕爷牛腩的估值高达4亿元。雕爷自己在网上也说过：“互联网最有意思的就是粉丝文化，往往某个产品做得不错时就形成死忠，一个产品越有人骂，死忠就越坚强。”雕爷深谙此道，借助互联网上扩大人们口碑的冲突，还积极在微博、微信上和用户互动，形成了不错的效果，吸引了更多客户亲自体验。

二、极端营销

当今社会存在不少矛盾和冲突，然而在现实生活中，冲突的双方对立并不极端，往往能找到妥协的方式。但是在一些影视剧中，社会热点问题却被极端化了，并且集中体现在人物上，这样才能制造足够激烈的情节，造成戏剧化的效果，从而引发观众的热议和观看。

获得第2届横店影视文荣奖“最佳电视剧”奖项的《虎妈猫爸》就将剧情聚焦于孩子的教育问题上，引发了观众对育儿观的全民大讨论。剧中展现了“精英教育”与“快乐教育”的碰撞，其中以虎妈为代表的主角教育孩子非常严厉，相信棍棒教育才能让孩子上到好学校，对于孩子非常重视，为了看管孩子不惜辞职；而猫爸则是乐天派，觉得孩子快乐学习就好，想把自己女儿溺爱成小公主。两者的教育理念可谓两个极端，因此不可避免地会爆发激烈的冲突，从而推动情节的发展，而在生活中不少家庭的育儿观是两者的结合，父母的教育虽然严厉但是也会宠爱孩子。很多观众通过剧中的两个主角都看到了自己或父母曾经的影子，再加上剧中的一

① 戈丁．喷嚏营销．北京：中信出版社，2003：85.

② 2014年底，“万能的大熊”宗宁在网上发了一篇《雕爷牛腩为什么不会成功?》，主要质疑雕爷牛腩做得难吃，预言其无法成功，引发巨大反响，雕爷不得不回应《雕爷亲身揭秘：雕爷牛腩为何失败了?》，随后宗宁又发了回应文《雕爷你好，雕爷再见》。

些接地气的情节引起了观众情感的共鸣，他们也针对剧中的一些夸张和极端的情节进行议论，表示支持或者批判。

《虎妈猫爸》的编剧通过将两位主角的育儿观极端化、脸谱化、集中化，加剧了两种观念的碰撞，引起人们对社会热点的儿童教育理念的议论，从而扩大了电视剧的影响力。事实证明，这种将社会热点问题激化表现的营销十分成功，《虎妈猫爸》平均收视率达到1.4%，并带动了东方卫视全天收视的提升与整体收视排名的提升。

结语

优秀的企业总能想客户之所想、急客户之所急，而且在用户还没意识到自己的需求前就能提出满意的方案，这就是真正的需求大师。在如今的文化市场中，充满了各种各样的产品，企业需要发现和创造消费者新的需求，才能避免同质化竞争，在文化市场营销领域脱颖而出。本文提到的创造需求的方法包括：激发人们的情感共鸣、增加产品的魔力；从解决未开口诉说的麻烦中提炼出需求；关注背景因素，构造与产品相符合的背景因素和条件；寻找能激发用户、激发行为的力量等。

在社会的各种冲突中也能发现需求。关注消费者心理和实际需求的冲突，企业家找到相应的解决方案，从而吸引消费者购买。除了挖掘冲突的价值以创造需求外，真正的营销高手还会通过网络平台或借助社会热点话题制造冲突、扩大冲突，在客户群体中进行喷嚏营销、极端营销，让更多顾客购买和使用他们的产品。

推荐阅读资料

1. 斯莱沃斯基，韦伯．需求——缔造伟大商业传奇的根本力量．杭州：浙江人民出版社，2013.

2. Susan H. Shearouse. Conflict 101: A Manager's Guide to Resolving Problems So Everyone Can Get Back to Work. New York: Amacom, 2011.

3. 戈丁．喷嚏营销．北京：中信出版社，2003.

第三章　文化创意设计

文化创意和设计服务具有高知识性、高增值性和低能耗、低污染等特征。推进文化创意和设计服务等新型、高端服务业发展，促进与实体经济深度融合，是培育国民经济新的增长点、提升国家文化软实力和产业竞争力的重大举措，是发展创新型经济、促进经济结构调整和发展方式转变、加快实现由“中国制造”向“中国创造”转变的内在要求，是促进产品和服务创新、催生新兴业态、带动就业、满足多样化消费需求、提高人民生活质量的重要途径。为推进文化创意和设计服务与相关产业融合发展，2014 年 2 月，国务院印发了《关于推进文化创意和设计服务与相关产业融合发展的若干意见》，提出了发展目标：到 2020 年，文化创意和设计服务的先导产业作用更加强化，与相关产业全方位、深层次、宽领域的融合发展格局基本建立，相关产业文化含量显著提升，培养一批高素质人才，培育一批具有核心竞争力的企业，形成一批拥有自主知识产权的产品，打造一批具有国际影响力的品牌，建设一批特色鲜明的融合发展城市、集聚区和新型城镇。

第一节　文化创意设计的特点

设计不仅仅是一种艺术的表现、功能的满足，更要融合人类学、心理学、社会学等多方面的内容，给人们带来新鲜体贴的感受与体验。文化创意产品为消费者提供的功能里已经包含了情感因素，在满足消费者使用功能的同时还满足消费者的情感需求，产品已经从过去的单纯实用物品成了具有精神和物质双重属性的东西。① 因此文化创意设计比起解决产品造型与功能问题，要更加注重用户体验、用户情感。在今后的发展当中，产品对于文化的延续作用会越来越大，人类的生活方式中会充满创意的身影。文化创意设计注重情感与创造性，是推动知识经济发展的强大力量，在今后人类社会发展的进程中将发挥更大的作用。

一、文化性

在传统的设计中，设计以技术为其主要支撑。但是在文化创意设计中，不仅要考虑到技术的要素，而且还要注重设计的文化性，要让文化来决定设计。

一方面，对于普通的民众来说，一提到文化，首先想到的还是一个国家与民族历史中传承

---

① 梁梅．信息时代的设计．南京：东南大学出版社，2003：144-145.

下来的共同的语言文字、风土人情、礼节习俗、艺术作品等等。这是文化决定设计的一个方面。文化是文明的一种表达，在设计中加入文化元素，也是将一个民族的数千年文明历史浓缩在设计产品上的体现。文化性的设计应该能让人感受到各种文明的特点，不同的文化元素让人们接触到不同的文明，能让人得到各种文化的熏陶，从而使人得到内心的满足。现代设计中越来越需要古代文化。现在消费者越来越能够体会到古代文化的美好与经典，因此也愿意选择富有文化内涵与文化特点的产品。

另一方面，在英国文化研究中，雷蒙·威廉斯（Raymond Williams）对于文化的一种定义是特定人群的一种生活方式。如果以这种定义来考虑文化对设计的决定性的话，在设计的时候就应该考虑设计作品该如何体现其解决问题的能力与如何反映社会的面貌。现在的有些设计过于强调创意而忽略设计本意，一些创意十足的设计可能根本无法解决问题。[①] 设计的前提就是它能够解决问题的功能性，要为人们的生活创造便利，用设计产品去改变一种生活方式。同时，人们现在也将注意力放在设计师如何用自己的创意来评价社会、反映社会面貌上，一个好的设计作品要与社会、与时代环境紧密相连。某种意义上说，社会大环境对设计的决定作用，也就是当代文化对设计所起的决定作用。

中国移动通信公司所做的3G标识就充分加入了中国的文化元素（见图3-1）。其整体形似一个太极八卦的图案，蕴含了3G生活的丰富多彩与包罗万象的意义；而字体又采用的是中国古代水墨丹青与朱红印章的线条，体现了中国特有的文化色彩与文化底蕴。把代表现代社会快速而精彩的生活方式的3G与古代的优美与简约联系在一起，其设计美感深得人心。文化创意设计不仅仅是一种吸引注意力的表现方式，更是一种含义与文化的表达。所以，文化创意设计不是随波逐流的即兴潮流玩意儿，而是深入文化的最深层内核，经过揣摩融合实验再造，并成为永恒的美学体验。[②]

图3-1　中国移动3G标识

① 刘小康，谢傲霜．从设计到产业．北京：中国人民大学出版社，2012：18.

② 同①58.

二、体验性

现在消费者在消费文化产品的时候会更加注重用户体验这一要素。用户在选择产品的时候，会因为产品在视觉、听觉、触觉等感官方面给人带来的舒适感，或者是产品能使用户更加方便地解决问题而最终决定选择某一种产品。设计现在并不是单纯地“解决问题”，更是可以成为对人类体验的提升。文化创意产业现在重点销售用户的“体验”，文化产品需要具有这种高层次的用户体验，文化创意设计的体验性也是其区别于一般设计的特点。

正确的产品形态绝对不是由“功能”所决定的，而是应该由“用户自身的心理感受和行为”来决定的。[①] 现在可以说每天都会有新的设计出现，不仅产品越来越多，产品所具备的功能也越来越齐全，例如手机已经从以前只是一个通信工具而升级成为现在的集通信、上网、社交、娱乐等多功能于一身的电子设备。在这个瞬息万变的设计世界中，能够设身处地地为用户着想，在产品设计中将用户体验纳入到设计考虑范围之内，才能在众多设计中脱颖而出。在生活中我们也经常因为一个积极的体验而去消费一个产品。人们在消费产品的过程中能够有更愉悦的感受或者体会到了设计带给生活的便利，这是一个设计师体现其对用户关心的最好方式。

设计的体验性不仅仅吸引了用户对设计的关注，更大的作用在于它能够提高用户对产品的忠实度。现在市场上产品繁多，功能齐全，想要解决问题，往往有多个产品可供选择。如果一个产品一开始就能够给用户带来良好的体验，用户对产品的印象很深刻，在其第二次消费的时候就很少再浪费时间去比对挑选其他产品，而是选择这个已经熟知的产品。真正高层次的体验效果也会为产品自己打造一群“铁杆粉丝”。最典型的例子莫过于苹果公司，经常有人说用过了苹果公司的产品就不想再用其他公司的产品了。这些“果粉”如此忠实的原因就在于苹果公司的产品给用户带来的高层次体验。现在在手机屏幕越来越大的趋势下，苹果仍然坚持其手机屏幕适度大小的设计理念。从 iPhone 4 的 3.5 英寸的屏幕到在 iPhone 5 的 4 英寸再到 iPhone 6、iPhone 7 的 4.7 英寸，苹果手机的屏幕虽有所增加但仍然是适度大小的屏幕范围内，目的在于使一般的用户在单手使用手机时，其拇指可以滑过屏幕的任意一处，更大尺寸的手机屏幕则会让用户在某些时候不得不两只手操控。当然，随着人们对手机功能要求的不断提升，手机代替平板电脑甚至电脑的趋势日益增强，苹果也适时完善手机屏幕尺寸设计，自 iPhone 6 以来，苹果专门推出屏幕尺寸为 5.5 英寸的 Plus 系列满足大屏需求消费者。此外，苹果产品中类似这样体贴的设计还有很多。正是由于苹果产品给用户带来这样舒适的体验效果，才使得更多的人选择苹果并且一直忠实于它。

在文化创意市场中，注重体验的现象越来越多。人们愿意花钱去购买体验享受或是感官刺激。2010 年《阿凡达》创下了全球票房 27 亿美元的惊人成绩，观众大多数是冲着《阿凡达》高质量的 3D 效果而去的，还有不少影迷为了寻找更高层次的视觉效果而选择 IMAX-3D。这几年，新上映的 3D 影片不断受到追捧的同时，类似《泰坦尼克》和《侏罗纪公园》这样的经典老片也进行 3D 版重映，这样不仅是对经典的重温，也给观众们带来了全新的视觉享受。3D 技术是一种科技的创新，通过数字化技术可将人的所有感官调动起来，不断创造新的体验。这样的创新为《泰坦尼克 3D》与《侏罗纪公园 3D》带来了 3.44 亿美元与 1.5 亿美元票房的不菲成

---

① 加瑞特．用户体验要素：以用户为中心的产品设计：原书第 2 版．北京：机械工业出版社，2011：8.

绩。由此可见，现在的人们愿意花钱去寻求一种非凡的体验与感官的冲击。今后的文化创意设计中，体验的力量将发挥更大的作用。

三、情感性

如果说文化创意设计的体验性与人的感官感受有关，那么文化创意设计的情感性就注重人的心理感受。当然，良好的体验能够给用户带来好感，所以体验性与情感性有时也有重叠的地方。

设计总是在强调“以人为本”“以用户为中心”，所以设计师偏向于关注设计中的产品功能与技术实现问题。但是现在，“以人为本”包含了深层次的含义，设计也需要考虑人的心理与情感，并且了解心理与情感怎样在用户对产品选择的过程中起作用。现在的设计产品更应该注重设计的艺术性与美学性，激发用户在使用产品的过程中产生喜爱的情感。技术与功能决定设计成败的时代已经过去了，对于情感的关注才是现代设计努力的方向。

唐纳德·A. 诺曼（Donald A. Norman）在他的《情感化设计》一书中将设计分为三个层面：本能层、行为层和反思层。本能层的设计关注的是外形，行为层的设计关注的是操作，反思层的设计关注的是形象和印象。本能和行为层在全世界都是相同的，尽管有迥然各异的文化，只有反思层在文化间有很大差异。① 这里的文化差异不仅包括国家差异，还包括年龄、职业、地理环境等方面的差异。不同文化群体的不同反应，要求设计师在设计的过程中考虑多方面因素进行设计，从而激发特定群体的积极情感。因此，本能层的设计基于人类的物理特征，注重人类的视觉、听觉、触觉等方面；行为层的设计关注设计的功能与效用，为了满足人们的日常生活需要；而反思层的设计更关注用户的情感，满足用户的精神需求，或者说为用户创造一个优秀的情感体验，唤起用户对美好事物的回忆。

现在深得人心的设计往往是注入了情感成分的设计，相比起理性来说，现在的用户更加倾向于让情感来领导自己的选择。在这个物质财富生产逐渐趋于饱和的状态下，精神产品的再生产是今后经济发展的方向。在精神经济中，情感、文化等要素就成了支持经济发展的重要力量。文化创意为了给人们提供更丰富的精神文化财富，就要在设计的时候对周围的环境做出判断，将自己的情感注入设计的同时，使产品给用户带来卓越的情感体验。

情感对于人可以说是与生俱来的，所以现代的文化创意设计也很难摆脱情感的因素。我们消费任何一个文化创意产品的时候都伴随着情感的产生。产品人性化的设计能够使我们产生舒适方便的感觉；个性化的设计能够使我们产生与众不同的感觉。相反，生硬的设计会给用户带来死板的感觉；复杂的设计也会使用户在使用过程中摸不着头脑。这种设计给人们带来的情感因素，不仅影响着其对产品的评价，而且会影响到用户对下次是否消费本产品的选择。正面的情感给人们带来的是对于产品使用的美好回忆，好的设计使用户拥有一种自豪感、成就感；而不好的设计则使用户对自己的能力产生怀疑，这种负面的情感可能使用户下次不会再问津这种产品。情感设计就是要带给用户愉悦感。相对那些不能给人愉悦感的产品，给人愉悦感的产品是人们的首选，会经常被购买，并会被更频繁地使用。② 所以，情感设计也是一种文化品牌的建设，是保持文化产品价值长期性的关键因素。

---

① 诺曼．情感化设计．北京：电子工业出版社，2005.

② 摩斯．性别、设计与营销．北京：企业管理出版社，2012：43.

2013年5月2日，中国香港的维多利亚港出现了一只大黄鸭的身影。它的外形就像普通家庭浴缸里供小孩子玩耍的橡皮鸭一样，只不过放大了数百倍。这只大黄鸭的出现吸引了不少人的目光，甚至有人专程从外地赶来为亲眼目睹这一新奇的设计。大黄鸭由荷兰艺术家弗洛伦泰因·霍夫曼（Florentijn Hofman）设计，截至2014年8月，已经在13个国家22个城市进行展览，每一次的展览都吸引了全世界各地的游客，在丰富了人们的娱乐文化活动的同时给所到之地带去了可观的经济收入。大黄鸭的这一设计使城市的海域、港湾变身成为一个巨大的浴缸，小时候的玩具使人们想起自己无忧无虑的童年。这个设计充满了童趣，为现代快速机械的生活带来了一抹轻松与快乐的气息。这样的文化创意设计就是诺曼所提到的反思层的设计，它引起了人们心中的共鸣，给予人们情感的慰藉，唤起了人们对于童年美好时代的回忆。很多人慕名前去参观，甚至也有跟随大黄鸭的脚步环游世界的人。

四、差异性

面对层出不穷的优秀设计与越来越丰富的产品选择，用户们的需求往往越来越细化，要求也随之增高。用户需要体会到与众不同的、非我莫属的用户体验，这就需要设计师们在差异性设计方面有所开拓了。差异性的设计应以了解用户需求为起点，为用户“定制”一种设计产品，这样防止千篇一律而无法对用户留下深刻的印象。

现在技术正在趋向同质化，设计就更要注重产品为用户带来的体验上与精神上的差别化。在实体产品差异化变得越来越困难的时候，设计所带来的非同一般的感受就会使产品脱颖而出，在用户脑海里留下“差别印象”。就像“定制”衣服一样，现在文化创意设计也针对一些特定的用户“定制”一些文化产品。因此可见，只有使产品多样化起来，满足更细分的市场，才更加具有竞争力。

差别化的文化产品给人们带来差别化的文化体验，使个人表达了某种拥有感和自豪感，具有一些个人感情。① 差异化设计包括两个方面。第一个方面，要注重消费者人群的细分，根据不同的因素将消费者分为不同的类别，其相对应设计的产品也需要有所不同，例如城市消费者与乡村消费者对文化产品的需求就不同。消费者细分有利于了解不同人群的不同需求从而进行差异化设计来满足尽可能多的人的需要。另一个方面，设计的差异化需要注意特殊人群的需求，例如未成年人群、高龄人群、残障人群等。而文化创意设计差异化所关注的目标消费者由人们的精神文化体验需求不同而分类。不同的产品为不同的精神文化需求而设计。

具有差异性的文化创意设计对企业与产品自身也是一种保护。它以它的独特性与其他的产品区分开来，为自己划定了一部分消费者群体，避免了与其他产品的正面冲突与竞争。同时不同种类的文化创意产品也大大丰富了文化市场。如果一个文化产品带给用户的差异性体验深得人心，那么这种差异化还会给产品带来品牌效应，有利于文化产品之后的发展。

现在文化创意设计已经从不同的方面为消费者创造差异化的体验。例如现在各地的包房式影院开始受到影迷们的青睐。南京、扬州等地开设的艾米1985影吧，与普通影院不同，这里是包房设计，观影人有自己私人的空间，不受其他人的打扰。同时这样的影吧如同KTV一样可以自行选择播放影片，影片范围不仅仅局限于正在上映的影片，还包括已经下映的影片，给观影者以更多的选择。在上海的繁华地带徐家汇开设的梦想空间私人情侣影吧在此基础上还加

① 诺曼．情感化设计．北京：电子工业出版社，2005：193.

入了不同的包间主题分类的设计，例如航海主题、卡通主题等，使观影人每次去都能有不同的选择。这就给消费者提供了差异化的体验，普通观影者选择去电影院观看电影，而影吧为消费者提供了有差异化的观影感受，更加狭小的空间，更加舒适的环境，并且为其和家人朋友提供一个特殊的温馨时光。这些因素都使有特殊需求的消费者们宁愿花更多的钱去享受这种差异化的体验。将来会有越来越多这样的文化创意设计出现，来丰富人们的精神文化生活。

第二节　创意设计与文化产品

创意设计的实践性很强，更多地和各种传统产业类别相关联，如设计类的平面设计、展示设计、服装设计、产品设计和环境设计，和印刷、展览建筑、服装生产和城市环境设施改造等是前端和后端紧密合作的关系。创意设计不是空想，一个创意从构想到实现，必须对相关的材料、工艺、成本、价格、市场、渠道等产业链上的各个要素有所了解，并和这些产业链上的其他环节密切配合。拿平面设计来说，创意设计者必须对纸张、油墨、各种印刷技术、装订方法等行业知识比较了解，才能更好地进行创意和构思。由此，很多学者认为创意产业不是一个独立的产业，而是把创意的精神和创意活动融入到已有的各个产业类别中，增强传统产业的活力和价值。

一、塑造形象

文化市场是文化产品生产、交换、消费的场所，文化市场是市场经济的一个组成部分。在现代市场环境，商品信息和选择极大丰富，文化商品的信息混杂在其他性质的产品中，若要吸引人们的注意力，从而导致消费行为，必然要在文化产品信息的包装和传播设计上精心设计。文化产品的商品属性决定了其需要包装和传播推广，而创意设计则可充分发挥其包装性功能，让文化产品能够拥有更加新鲜和完美的形象，更有利于吸引消费者的注意，和流通环节的推广。

文化本质上是精神属性的，文化产品是文化的物化过程，这个过程本身就需要创意设计的参与。创意设计之于文化产品，不但要吸引文化消费者的注意，而且要保证文化产品能最终到达消费者手中。哪怕是一本传统小说，不同的出版社可以出不同的版本，采用不同的纸张和版式设计，将会吸引不同审美取向的消费者。如《红楼梦》这样一本经典小说，在不同的年代里会被不断地重新出版和印刷，每一次的设计都会和当时的审美和市场喜好相吻合。民国期间，很多文人和艺术家参与了图书封面和插图的设计，那个时代特有的字体、版式、绘画的特色，完整地保留在当时的图书里，成为当时社会文化面貌的一个侧影。

书展是促进图书展示和销售的重要市场活动，各大出版社对每年1到2次的全国重点书展极其重视。书展不仅是书的内容的展示，更是书的设计、包装竞争亮相的舞台。和全国书展相比，国际上著名的法兰克福书展等更是图书和设计的嘉年华。德国莱比锡也因这里诞生的“世界最美的书”而成为国际文化重镇。“世界最美的书”评选活动最早起源于1961年的联邦德国，1991年后该活动移师莱比锡，成为“莱比锡书展”和全球书籍设计界的一项重要的活动。早在1959年，上海就第一次参加莱比锡设计评奖，共获得金奖2枚、银奖3枚、铜奖3枚。30年后的1989年，上海出版的木版水印《十竹斋书画谱》荣膺该年度莱比锡国际图书艺术博览会的国家大奖。2004年，《梅兰芳藏戏曲史料图画集》（见图3-2）荣获年度“世界最美的书”

唯一金奖。受此鼓舞，更多的设计人开始注意书的设计。在书的包装上集合了平面设计、印刷、摄影等多个创意设计相关领域的智慧。

图 3-2 《梅兰芳藏戏曲史料图画集》

不仅是传统的图书，数字化产品，如音乐大碟，甚至软件，同样需要包装设计来助其推广。Adobe 公司是美国著名的设计软件开发公司，其品牌下的 Photoshop 等设计绘图和排版软件是全世界设计人必备之物。虽然软件只有薄薄一张光盘，Adobe 公司仍然邀请了当时在美国的著名华人设计师王敏为其进行软件的包装设计。王敏出色的设计不仅凸显了软件本身的专业性，并使其与市场上普通的软件包装有鲜明的差别。王敏设计的包装和软件一起伴随了 90 年代成长起来的设计师十多年的时光。

大英图书馆是英国的国家图书馆，也是世界上最大的学术图书馆之一，拥有超过 1.5 亿件馆藏。长期以来，该馆依靠政府和赞助来维持经营，在老百姓心中，有着保守陈旧的印象。1997 年，布莱尔首相上台以后，推出了“Cool Britannia”（酷不列颠）的政策和理念，力求树立富有生命力、多元文化和前瞻性创意的社会和国家品牌形象，并成立专门国家机构推广英国年轻和充满活力的新形象。在政府的倡导下，英国的各大企业、海外领事馆纷纷进行形象革新推广，大英图书馆受到这个趋势的影响，决定重新定位并推出自己新形象，让该馆和老百姓更为亲近，与年轻人缩短距离。图书馆对视觉形象重新设计，包括色彩、字体、海报和宣传品、内外环境的指向系统、网页等，形成一个完整的视觉形象系统。新的形象有着活泼清新的色彩，简洁明快的编排和精心挑选的反映多元自然人文色彩的图片，大英图书馆的公众形象由此脱胎换骨，获得了社会的广泛认可，并成为公共机构形象更新设计的经典案例。

二、融合技术

文化商品的生产最终还是需要服务于文化市场的消费者，每个时代的消费特点在不停地变化，商品如果不能和所处时代的消费模式相匹配，不能和所处时代的消费形式渠道相嫁接，将最终失去市场。

20世纪是一个媒体改变世界的时代，媒体改变了人们的学习和消费方式，媒体也改变了整个时代的文化传播和营销方式。而20世纪末开始，网络作为技术渗透到社会和人们生活的各个方面，网络比大众媒体更加彻底地改变着社会的结构、人们群落的构成以及社会关系的连接方式。网络是个平台，更是一个超级媒体，它突破了边际，让文化的传播和交易也增加了无限的可能。文化商品的宣传和市场传播依靠一定的传媒形式，传统的报纸、杂志和电视三大媒体维系着一部分传统的文化消费市场，而更多的文化市场维系在网络空间，维系在基于手机和个人移动信息终端的APP和社交圈口碑的新的传播载体。当下传媒越来越向着精准化、个人化、即时化、轻量化发展。优势渠道和优质内容的结合，把文化商品的信息设计得短小、精炼，方便新的媒体传播阅读形式，这些都要依靠多媒体设计、界面设计等创意设计的辅助。

由网络带来的网购，以及借助于网络的朋友圈营销、移动终端支付、团购消费、包月支付这些新的消费模式直接影响到文化产品的销售和文化市场的业态。网购彻底改变了传统图书的销售模式，反过来，书店的设计则具有了其他的意义和价值。人们到书店的消费行为不同于以往以购书为直接目的的行为，优雅的店内环境，优秀的图书设计和装帧艺术，图书的精心选择和陈列，书店和咖啡馆、创意产品店的结合，增加了书店的功能，增加了顾客的黏合度和体验消费的丰富质感。很多店主自己设计店面、书签、海报，通过电子邮件、微博、微信进行情感联络和书籍推广，也成为凝聚客户的重要因素。电子书也改变了人们的阅读模式，良好设计的电子书阅读器如果和电子书库资源结合，就既能照顾到阅读者的阅读体验，又能让阅读者充分享受电子书的便捷和超大容量。消费方式的变化和生活方式的变化紧密相连。由于网络特别是移动网络的广泛使用，人们的消费已不受物理空间的限制，移动消费、在线消费成为日常生活方式。基于云技术的应用和及时配送的物流体系，将实现线上线下的联合，将为消费模式的变化带来更多不可预测的可能。

创意设计和文化产业都具有注意力经济的特点。创意设计能在当下以最快的形式将技术成果转化为人们生活中的各种产品，这些产品既可以是实用的，也可以是具有精神和审美价值的艺术设计品。如3D打印技术越来越普及，成本越来越低，很多创意人在3D打印技术的支持下设计出新的创意产品，如美国时尚内衣品牌“维多利亚的秘密”在自己的2014年内衣设计中，增加了很多由3D打印的立体镂空蕾丝装饰。

2013年9月，国内第一次由设计师发起的3D打印设计展亮相上海设计周。在“虚构”的主题下，18位设计师用代表先进技术的3D打印和代表传统材料工艺的竹子结合，演绎了他们对3D打印的理解，创意的光芒借助高技术的概念将梦想照进了现实（见图3-3）。创意的本质在于对现有事物的重新诠释与突破，设计师将创意独有的个性化内涵赋予无限的想象空间，而在3D打印技术出现之前，真正转化为创意实物作品受限于创作成本，更多的创意只是局限于图纸或设计师的脑海中。3D打印技术给了设计师一个更为广阔或可行的创意呈现平台，一切皆有可能。在这次“虚构”主题的设计中，利用每一个面孔或形象的特征，随机生成具有凹凸变化且不可控制的复杂形态，凸显设计主题，再将生成的造型与相应的产品结合，构成独特的概念新品。将设计师的创意更为直观地呈现给普通消费者，目前没有哪种技术比3D打印来得更为直接。

图 3-3 "竹+3D 打印"主题所创作的实验性设计作品

三、接续传统

中国历史上文化高度发展可能出于两种情况：一种是不同文化类型的充分碰撞和融合之下的爆发，如唐代的文化融合了西域等外来文化而变得丰富而蓬勃；另一种是在较为封闭的文化环境里充分向深度发展，如宋代的瓷器、绘画等都取得了极高的成就。当下的生活与文化，也都会融合到已有的文化系统中逐渐沉淀。文化需要像酿酒一样沉淀，也需要像做菜一样让不同的味道充分激荡融合，才能让醇美和酣畅兼而得之。创意设计可以将传统艺术和当下的生活与时尚更加紧密地结合，激发年轻一代对传统手工艺产品的认知和热爱，开拓出非传统的消费市场。

创意设计可以给历史文化传统和文化资源赋予新的形象，而便于在新的时代和新的文化氛围中传播。文化产业中有一大类是以个体化方式生产的艺术品和工艺品，如绘画、木刻、雕塑、刺绣等等，很多被作为手工艺和民俗文化列入了国家和省级的非物质文化遗产的名录，是我国传统文化的一笔宝贵财富。但这些产品很大程度上还停留在简单手工艺的生产阶段，近年来由于工匠和技艺的流失，产品的设计制作水平也日益粗糙，品种单一，相似度极高，包装简陋，价格低廉，很难激起当代年轻人的消费热情。有的手工艺品依靠材料本身的稀缺性，设计保守老套，和现代人的生活节奏、家居环境也不协调，很难拓展其产品的销售市场。传统文化资源如果没有市场，没有代代更新的消费群，即使有政府的扶植和保护，也难以焕发生命力而逐渐走向消亡。为了避免这样的情况出现，台湾推出了"一乡一品"和以生产性保护为基本指导思想的扶持引导措施，将创意设计引入传统的手工艺生产中，在产品多样化、时尚化、年轻化方面有所改进，并注重设计包装和渠道推广。在新的设计和营销力量的帮助下，这些以地域文化和传统文化为资源的产品，逐渐赢得市场和消费者，同时为其传统的纯粹性保留空间。中国目前很多传统手工艺亟待现代创意设计的参与，以增加产品的生命力和市场空间。以中国传统民间玩具玩偶为例，天津泥人张和无锡惠山泥人都是历史悠久的传统地域文化代表，也是中国知名的非物质文化遗产项目。但随着老一辈艺人逐渐离世，目前仅靠几个传承人维持。泥人张也采用了品牌营销策略进行定价和包装宣传，但产品本身缺乏创意设计的支撑以及和现代时尚的嫁接，使得这两个地域文化品牌的产品形象老套，品种更新变化少，都很难在年轻人中产生共鸣和反响，前景并不乐观。

反观邻国日本，其传统文化和我国有着深厚的渊源，但他们在文化产品的开发、包装、推广上兢兢业业。日本在20世纪中期以后，为了推广本民族的文化，以海洋堂为代表，企业自发设计了大量的日本本土的风景名胜、饮食、历史人物、习俗等玩具产品系列，放在当时十分盛行的食玩和扭蛋中，使日本民族的文化传统在青少年中得到了认知和传播。再如日本传统的和纸艺术应用在礼品包装上，结合优雅精美的设计，大大增加了礼品的文化附加值。

陶瓷一直是中国的代表性的传统手工艺，是中国传统造物文化的精粹，也是中国文化人的生活艺术的体现。元代以后直到康雍乾时期，中国的陶瓷文化在皇家官窑制度下发展到高峰，民间的陶瓷制品也因为传统文人雅士的参与设计而品位不凡。清末以后，随着官窑制度的没落，国外机器制造技术的引进，陶瓷制品的产量并没有减少，但陶瓷文化走向没落。陶瓷文化渊源在中国，传播到世界，但今天，日本、英国和欧洲其他地区的陶瓷产品因为创意设计的加入，反而成为中国学习的对象。过去几十年来，一方面日用瓷在大量生产，无论是茶具还是餐具，中国为国际高级的日用瓷品牌做加工；另一方面，按照传统的手工艺模式设计开发的陶瓷产品，大多款式老套，设计简单，不能满足现代人生活和审美的需要。一个开餐厅的老板由于找不到中国人设计制造的优美而又简洁的茶具和餐具，而决定自己开创一个陶瓷品牌，“spin”就是在这个背景下诞生的。

当代陶瓷产品设计既要保持工艺本身的纯粹性和文化的独特性，更要结合当下的创意设计，在发展中丰富传统文化的血脉。20世纪末开始，陆续有一些海外学成归来的设计人，重新用国际化视野下的现代设计意识拓展陶瓷产品的创意设计，经过十多年的积累，中国当代的陶瓷设计重新开始从形式上和精神上找到了文化的共鸣，也开始在国际上显示这种悠久文化的当代魅力。

和陶瓷一样，竹子也在中国传统文化中有着重要的地位。竹可食、可用、可筑、可赏，既有日用的功能性又有审美的精神性。在中国传统的诗歌、绘画和园林建筑中，它的形态和精神傲然挺立；日常生活中的桌椅、篱笆乃至枕席、箩斗等竹制品是中国人，特别是南方人常用的器具。竹文化亦俗亦雅，丰富而亲切。由于传统手工艺的萎缩，竹制品形制和艺术水准一度下降很多，粗糙简陋的同质化产品让人们难以想见传统竹制品的精美。一些对中国文化和中国民俗怀有眷恋之情的当代设计师，致力于竹制品的当代创意设计，开发出文具、家具、灯具等各种家居用品。这些富有创意的“新”产品融合了现代的加工工艺和当代的审美情趣，在功能上更符合当下的生活需要，在形式和艺术感觉上更追求和传统的神似以及气韵相承。这些结合了当代创意设计的产品一经问世，因为其强烈的中国文化气息而在国际上颇受瞩目。

第三节 创意设计与文化市场

由于创意设计，文化产品的包装和呈现方式、文化内容的演绎和传播形式等都在不断地发生变化，这些变化不仅能够激发文化消费需求，而且能够开拓文化消费市场。

一、扩大消费

文化消费给当代社会带来了一个新的概念，也就是“当代日常生活的审美化”。这种观念指的是将审美融入普遍的社会生活形式。而设计就是当代文化消费中将审美具体体现的手段，它能将商品符号化，使商品符合大众的审美需求，体现一定的文化内涵。

在如今大众消费的时代，与其说是人们对商品的消费，不如说是大众对设计的消费。设计是将审美情趣融入到产品中，赋予文化商品灵魂，并满足市场的需求。首先，设计让商品具有艺术特征，让它们使消费者能产生广泛的联想，起到符号化的作用，获得人们的社会认同感。其次，设计使商品获得了差异性和独特性，因而能够使消费者显示其审美和品位。千篇一律的商品已经让人们厌烦，而符号化的商品能够满足消费者的心理需求。另外，不少商品针对不同的年龄和层次还有不同的设计，满足了不同群体的消费需求。就拿一双普通的筷子来说，设计师可以通过独具匠心的设计，让儿童专用的筷子变得细巧一些，方便孩子的实际使用，同时加上明快的色彩、可爱的造型，以适应孩子们的童心。而对于父母们使用的筷子，则设计得朴素得多，同时也要高雅大气，选用优质的材质，彰显使用者的品位和情调。总之，文化商品的特殊性决定了文化消费不仅要满足消费者的实用性需求，更要满足人们的精神和心理需求。

不仅如此，高端的收藏品或艺术品经过创意设计可以生产复制品以满足大众的消费需求。绘画、摄影等艺术品是文化产品的重要类别，但无论是当代绘画还是摄影，其高昂的价格是普通爱好者难以承受的。艺术品是精神性产品，它的价值在于稀缺性和社会的认知度，稀缺的资源价格一定是昂贵的，且艺术作品往往是唯一的，即使是摄影也是有固定限量的，目前来说收藏家和收藏机构还是艺术作品主要的收藏者。但如果脱离了广大的受众，艺术作品的长远价值和艺术家的生命力将会受到影响。特别是当代艺术，其创作和当下的社会生活密切相关，甚至日常生活本身就是艺术家创作的素材。当代艺术借助当代媒体得到广泛传播，赢得了人们对当代艺术的认可，人们也逐渐希望拥有自己喜欢的艺术品。为了让自己的艺术更为贴近爱好者，很多艺术家开始开发自己的艺术复制品，或者结合创意设计开发系列衍生品来满足人们对拥有艺术的需求。比如热爱奈良美智的人们，如果能带走一个梦游娃娃（见图 3－4），也是极大的满足。

图 3－4　梦游娃娃

与此同时，世界各大美术馆和博物馆作为重要的文化机构，其纪念品商店日益成为人们热衷逗留的地方。热爱文化艺术的旅游者倾慕于馆内所藏的文化艺术的魅力，把带有艺术形象和文化符号的各种文具、服装、装饰和日用品带回家，可以满足自己不能拥有的遗憾，并为自己的旅途带回美好的回忆。每个美术馆都有以其馆藏的经典的艺术作品为设计素材的各种礼品，而每个重要的展览都要相应开发设计一系列礼品。礼品的销售收入，将是展览收入的重要组成部分。纽约的 MOMA（现代艺术美术馆）有很大一个空间销售各种纪念品，日本的新美术馆整整一层楼销售各种设计精美的纪念品和介绍日本传统文化的书籍等，巴黎的蓬皮杜美术馆也以新颖、时尚的创意产品深受潮人追捧。各大设计师也都以自己的设计能进美术馆而感到非常荣耀。和美术馆一样，世界各大博物馆也十分重视礼品和纪念品的设计和开发，其中台北“故宫博物院”尤为出色。很多年轻的设计者用新的视角，将当代的设计和中华悠久的文化相结合，其设计品位独特，形式新颖。官方还不断通过设计竞赛征集优秀设计，使其文化产品始终保持设计水准和时尚的新鲜度。世界知名的当代艺术家也乐于与商业进行跨界合作，通过将自己的艺术灵感和知名品牌产品的巧妙设计的结合，达到了两者的共赢，既推广了其艺术，又提升了品牌的艺术性，比较典型的就是爱马仕丝巾邀请中国和国际上知名的艺术家共同设计其丝巾的图案，成为每年的时尚事件而受到大家的关注。

艺术品属于高端文化产品，它的消费群体不但小，而且是需要长期培养的。大众对艺术的消费需求也是需要逐渐诱导的。艺术家们创作之外的这些活动，以及画廊、美术馆和各大艺术经营机构，都开始和创意设计工作者紧密结合，关注与艺术品相关的市场的开发，这不仅是对艺术这种特殊文化产品消费需求的挖掘，更是对长远艺术品市场的培育和引导。

二、激活产业

文化产品进入市场后就具有了商品的属性，其交易要受到市场规律的支配，讲求经济效益。文化商品的大量交易既是对创作者和经营者的回报，也是对文化人的鼓励。大量的文化产品以版权交易为核心，在知识产权保护意识和手段完善的市场环境里，围绕版权交易的量越大，文化商品的经济效益就越高；和版权相关的产品开发越多，创作者和版权拥有者就有越大的回报。

电影即属于典型的版权交易的文化产品类别。电影的制作投入大，周期长，影片的获利和市场收益则要靠发行和院线的支持。影片的收益首先来自于票房的收入。以美国为代表的影片制作发行模式，充分挖掘了影片版权的周边市场，特别是融合了创意设计的衍生品销售收入占据了影片总收入的很大份额。影片在开始创作和制作的同时，衍生品的设计和生产也展开，最终衍生品的销售周期却远远超过了影片的放映周期，有的甚至长达几十年。迪士尼的动画影片塑造了很多世界闻名的经典角色，迪士尼不仅开发了各种类型的影片和动画人物的衍生产品，包括书刊音像制品、服装、日用品、玩具、教具等诸多类别，形成了一个庞大的产业链，而且通过在全球重要城市开设迪士尼乐园的形式，将其市场触角和旅游业对接。每个新开迪士尼乐园都精心策划选址，建筑造型和娱乐设施都采用了一流的设计，借此继续维持人们对其影片和动物形象的忠诚度，版权边际效应进一步扩大，创造新的经济价值。

中国的动画片起步并不晚，20 世纪初，好莱坞和迪士尼的动画片开始传入中国，让中国人大开眼界，也激发了中国人动画电影创作的热情。1941 年，中国动画片的开拓者万氏兄弟完成了中国第一部动画长篇电影《铁扇公主》，影片放映后不仅在中国引起轰动，并被引进到日本等亚洲其他国家。阿童木之父手冢治虫当时还很年轻，看到这部电影时被深深地震撼了，由此开始了自己的动画创作生涯。20世纪50年代后，以上海美术电影制片厂为代表，中国电影人创作了一大批民族特色鲜明的美术电影（动画片）形象，如孙悟空、阿凡提、黑猫警长等，但由于版权意识的缺失和当时衍生品开发水平的限制，这些影片的人物形象被反复盗用。1999年，上海美术电影制片厂倾力打造的动画电影《宝莲灯》集中了大量行业资源，也曾试图进行衍生品的开发，但因为策划能力和执行体系的问题，市场效果并不明显。2005年开始播放的《喜羊羊与灰太狼》在剧本筹备工作开始就同步开展衍生品策划和生产，广东地区强大的制造业设计力量和快速反应能力，为其后继产品的开发提供了保障。如今《喜羊羊和灰太狼》的衍生产品收益已经超过了它的票房收益，而且这种收益是可持续的，毕竟同一部电影（或剧集）能看10遍的很少，但同样的玩具能买10个的却很多。

借助创意产业的思维逻辑和发展理念，人们有效地将科技和人文要素融入农业生产，进一步拓展农业功能，整合资源，把传统农业发展为融生产、生活、生态为一体的现代农业，即“创意农业”。

按照创意文化与农业的结合密切性与开发级别，创意农业可以分为以下四个层次。每个层次的打造手法各异，各有特色。(1) 创意产品。农产品的创意，是创意农业的第一层次。其打造目标是，让农产品由实用功能型消费向文化审美型消费转变，实现农产品的多种功能。其重点包括农产品的形态加工与农作物的科技改造。其中农产品的形态加工是最为常见的创意农业打造手法。对原生自然农产品，通过传统民俗技艺或现代科技艺术改变农产品的外观，为农产品注入独特外观个性，赋予农产品全新的艺术和文化价值，从而达到吸引消费市场，提升农产品价值的目标。如用激光技术在玫瑰上根据顾客需求雕刻个性化文字，价格就会翻几十倍；利用现代技术培育的迷你型、巨大型的农产品，往往能引起轰动效应，凸显市场营销价值。(2) 创意景观。景观的创意是创意农业的第二层次，在于营造创意化的自然与人文环境，重点针对农业田园与民居庭院。农业田园的创意，突出乡村田地的大地艺术化，以营造富有造型的、具强震撼性的乡野景观为重点。民居庭院的创意，通过挖掘乡土自然材料，以现代生态设计手法，表现民居庭院的原生态性。(3) 创意民俗。民俗的创意，是创意与农业深入融合的结果，也是创意农业可持续发展的保障。创意民俗的重点，在于以现代创意的理念，融入对传统民俗的继承之中，赋予民俗新的活力与生命力，达到改进化、创新化地传承民俗的目标。原生民俗丰富多样，但很多虽具有特色，却无法对现代都市民众产生吸引力，只有对接时代发展，秉持“创造未来的遗产”理念，采取既“严肃地传承”又“合理地创新”的态度，把时代文化与流行元素，融入民俗文化之中，创新民俗文化，让民俗伴随时代的变迁，活化发展。(4) 创意生活。创意乡村生活是创意农业的最高境界，其不是从乡村农业的点点滴滴着手，而是综合了农产品、农业创意与民俗的创意，通过凝炼乡村生活的主题理念，发展乡村创意产业，实现对传统乡村文化的改进与产业结构的调整，实现对乡村的创意改进与创新建设，最终达到现代新农村建设与可持续发展的目标。

三、创新城市

近年来，文化创意产业在各国都成为新的经济增长点，各国各地区为了更加突出创意产业发展水平，都在推出自己的创意城市和创意之都。全球创意城市网络（Creative Cities Network）是联合国教科文组织于2004年推出的一个项目，旨在通过对成员城市促进当地文化发展的经验进行认可和交流，从而达到在全球化环境下倡导和维护文化多样性的目标。被列入全球创意城市网络，意味着对该城市在国际化中保持和发扬自身特色的工作表示承认。创意城市网络分为设计、电影、音乐、文学、媒体艺术、美食、手工艺及民间艺术七大门类。中国目前被联合国认可的创意城市有北京、上海、深圳、成都等，尽管与国际知名城市创意之都伦敦、巴黎、纽约、东京比，中国这些创意城市的创意人口的比例和创意产业产值的比例还相差很远，文化的多元性和国际性也有待提高，但这些城市依然是中国目前最具文化活力和创意能力的城市。

中国的三个"设计之都"中，北京因其长期以来的文化中心地位，文化氛围更加浓厚；深圳由于背靠香港，加上强大的制造业基础和市场活力，创意产业的实践活动更强；而上海这个中国近代远东第一大都市，因为没有充分发挥自己的特点，创意的潜能和文化的魅力都没有得到充分的释放，倒是在香港和台湾的电影中不乏对20世纪上海文化辉煌的追忆。之所以如此，很大的原因在于上海没有与当代创意设计充分结合，一个以"上海滩"命名的服装品牌给上海的本土设计师上了一课。"上海滩（Shanghai Tang）"创建于1994年，以改良式现代中式服装和配饰为主要产品（见图3-5）。打着"东方遇见西方"设计主题的"上海滩"有着由外国设计人员领衔的设计团队，以一种全新的视角去观察这个城市曾经拥有的文化气质——这个由新外来文化和旧中国文化撞击融合而成的城市，自成一体的海派文化让她愈发迷人。"上海滩"品牌自问世之日起就受到西方时尚人士的狂热追捧。从香港到纽约，"上海滩"深受人们喜爱，每到换季打折的时候，店里都是门庭若市。甚至在现在的上海，"上海滩"服饰的顾客群中，还是以旅居本地的外国人和游客为主。

图3-5 "上海滩"上海商城精品店

受到外来品牌的影响，活跃在上海的中国本土设计师也开始在上海的城市文化记忆中寻找灵感，有的自创品牌，如王阳的"YYANG"；有的成为一个设计团体，如"晒上海"。他们坚持不懈地从上海这个城市的历史与文化中寻找灵感，他们的创意设计活动和产品，逐渐让世界和这个城市自身认识到自己的文化价值。

随着大众对创新设计商品的需求增加，以及民间许多设计师对于其创意表达的迫切，以创意为特色、以灵活多变的交易方式为主的创意市集出现了。文化创意市集是文化创意产业中的新兴现象，卖家们通过地摊、小摊位或者格子铺的形式，展示一些稀奇古怪又充满创意的文化商品，供人们挑选。创意市集不仅为追求独创性和个性化的消费者带来了理想的文化产品，而且也给众多有才华、有思想的设计师提供了一个很好的展示和交流的平台，这就是创意市集的核心：创造平台。

文化创意市集最早是在欧洲发源的。最初的市集指在特定时期人们聚集进行的商品交易活动，常常在宗教集会节庆期间在教堂或者一片开阔地举行。市集上人们贩卖的商品主要是手工原创的，比如乳酪、木雕、布料等。随着时代的发展，一些国家形成了一种新的市集形式，也就是跳蚤市场。每逢周末，人们把家中闲置的商品或者原创的工艺品拿出来进行交易，吸引了大量的人气。而在中国，类似的市集在古代就有出现，售卖的商品也多种多样，比如各种首饰、糖人、剪纸等，还有一些走街串巷的货郎，背着各种小商品进行贩卖。这些市集可以说是创意市集的起源，但是这些市集与现代的创意市集有所不同。

国外较为著名的现代创意市集主要有英国伦敦的 Spitalfields Market 和泰国曼谷的 Chatuchak。Spitalfields Market 有超过 300 个摊位，历史悠久，从它周围新旧建筑的交错中就可回溯。自 1666 年伦敦大火之后这里就一直是个市集集中地，交易热络不绝。每天都会开放摊位供人使用，可是只有星期天才会吸引大批摊位和人潮。在这里，新鲜蔬果、古董、自制食品、服饰、家饰、唱片和各式各样新兴设计师和艺术家的创意作品应有尽有。它 300 多年的历史和包容各类新兴设计师和艺术家的现状，对伦敦的时尚风向标地位形成了有力的支持。Chatuchak 是曼谷非常著名的周末市场，营业时间仅仅是在周六和周日，周末市场有一万多个摊位，最重要的是所有的商品都不重样，价格也非常的公道，所以这里成为很多人周末的好去处。

在中国，最早出现的创意市集是“IMART”，成立于 2006 年，由《城市画报》推出。IMART 是“I am ART”（人人都是艺术家）之意的简写，IMART 中国创意市集是创意达人展示和交流的空间，是买卖和艺术、创意、创新、创业结合的场所，是专业和非专业设计师把设计转为商业成果的舞台。IMART 让创意人聚集一起，做自己的设计，卖自己的原创，把创意变成商品，让作品找到喜欢它的人。随着操作模式的逐渐成熟和关注度的上升，迄今为止 IMART 已经在上海、广州、北京、深圳等各大城市举办了十多场创意市集的活动，成为中国最具代表性的创意市集。

如今的创意市集主要有两种举办形态。一种是在实体店或者实体市集上举办，通常由主办方确定活动主题、地点和时间后在各种媒体渠道发布消息，然后联系商家，或者吸引创作者申请参加活动。主办方会进行严格的审核，最终确定参与活动的商家名单。在一些大城市还有一种“格子铺”的销售模式，每位设计者用低廉的租金租用一个大约 150 平方厘米的格子以销售自己的特色商品，而消费者们也有了更多的选择余地，可以找到形形色色的小商品。另一种则是在网络上举办。其中最著名的就是 IMART 创意市集的网络平台，提供给设计者类似淘宝的交易平台，除此之外还给摊主们提供了个人主页，让消费者深入了解设计者们的理念。网络平台的好处是成本低、参与方便，也能找到不少情投意合的伙伴。许多创意者先在网络平台上将自己的产品做好打响，然后再发展实体店的销售，这也不失为一种好方法。

相比机械化生产的商品，创意市集上的创意商品让消费者们有了更多的选择。它们不仅散发着艺术气息和独特的设计韵味，更体现了设计师们的独特匠心，以及对其创意理念的坚持。这些创意理念赋予了作品生命和内涵，体现了现代设计的魅力。很多人在逛创意市集的时候都大开眼界，发现原来日常生活中随处可见的物件竟然能被设计得这么有趣，这在无形中给消费者带来了审美的享受，不仅满足了消费者的审美需求，更引导了人们的日常消费模式和审美趣味。

除此之外，创意市集还鼓励了更多有才华的人参与文化创意产业的生产和消费。在创意市集中，卖家和生产者大多是二三十岁的年轻人，他们怀揣着对艺术的独特见解和对设计行业的梦想，在创意市集中向人们展现他们的作品。与一些高大上的艺术展览不同，这些摊贩式的创意市集准入门槛更低、更自由开放，为大众设计师们提供了一个平台，让他们的各式作品能进入商业流通。同时，创意市集的集聚效应也吸引了越来越多对设计有兴趣的人参与。

除了这些卖家之外，社会广大群众也参与到创意市集中，和设计师们形成了良性的互动，这才使创意市集真正运行和火爆起来。消费者们在各种创意作品的摊位前驻足欣赏，体会设计师们的奇思妙想和独到见解，通过各自的审美品位挑选自己心仪的商品。这种购买行为也是对设计师们创意的肯定，形成了一种愉快和融洽的交易关系。

各地都有创意市集，但是各地的创意市集并不会出现同质化的现象，因为这些创意市集想要长期生存，就必须结合城市独特的文化以形成特色。比如在上海市泰康路田子坊内有一家名为“INSH”的本土原创服装店，由上海服装设计师李鸿雁创立于2003年。创立这一品牌的概念就是“in SH”（在上海），结合上海的城市标志以及海派文化，用鲜明的色彩和独特的剪裁诠释了上海女人衣着的优雅和风情，同时加入了新的创意和潮流元素。INSH原创的服装每一件都具有独特的上海元素，无声地阐述了设计师对上海文化独到的见解，受到了很多小资的年轻人以及喜欢原创服装的人的欢迎，获得了很好的口碑。

创意设计也为很多旅游城市增添了魅力，使这些城市的旅游吸引物除了山水风光，还有创意设计所带来的时尚和文化气息。杭州、厦门、成都等都是传统的旅游热门城市，这些城市有大量的精心设计的客栈、咖啡馆等文化休闲场所，有很多极具特色的创意小店。这些店家从品牌名称、店面设计装饰、产品设计和包装、营销宣传等方面都做得非常到位，特别是它们借助品牌形象传达的理念更是符合当下年轻人的生活观念，引发了年轻族群的追捧。厦门著名的张三疯奶茶店和赵小姐馅饼店，其品牌并没有很长的历史，产品也并不突出，但因为完整的策划设计，以及精准的市场定位，吸引了无数年轻的粉丝流连忘返。网上有一篇博文这样描述这个小店：

在厦门的鼓浪屿，邂逅了“赵小姐的店”，坐下来静静地品茶、阅读，时光就在安静的、无人打扰的氛围中流逝。这真是一家让我心仪的店。可能是因为不经意间会让人想到赵四小姐。里堂和二楼的阁楼可以喝茶、品咖啡、吃芝士蛋糕、安静地阅读古典书籍，比如《诗经》《楚辞》《红楼梦》之类；外堂卖些瓷器、木器工艺品、旅游手绘地图、鼓浪屿的纪念品，以及一些仿古的箱柜、斗柜，还有刺绣的包袋等家居饰品，看得出，都是店主人精心所选。每一样精选的古物既是摆设又是售品。最让人欢心的是，店主人在一些箱柜上、仿古的花架上仿佛不经意地放置了很多的中华古典文集，这是在其他的咖啡店里所看不到的。通常其他的咖啡店比较喜欢放置一些时尚类书刊，打造所谓的小资格调。而这里处处可见的古典氛围匠心独具，实在让我喜欢。

图3-6　鼓浪屿“赵小姐的店”

图 3－7　“赵小姐的店”内各类纪念品

创意设计结合体验营销让很多旅游城市在年轻人中大受欢迎，盖章是目前很多学生族热衷的旅游纪念形式。澳门著名景区大三巴下的一个创意礼品店，店面中用很大面积的桌面，放了当地设计师设计的各种代表澳门传统文化符号的印章，如狮子、糕点、吉祥的话等，顾客可以自己购买大小不一的空白本子，自己随性地在本子上面盖上不同的印章。顾客将盖好各种图章的本子带回家，这些集满了澳门风土人情符号的本子，作为礼品送人或自己留念，都是美好的回忆。

结语

当下的文化创意产品已经具有精神和物质的双重属性，这就决定了文化创意设计具有文化性、体验性、情感性和差异性的特点。文化性的设计能让人感受到各种文明的特点；体验性与人的感官感受有关，也是区别于一般设计的重要特征；情感性则注重人的心理感受；差异性能给人们带来差别化的文化体验，具有一些个人感情。从功能上来说，创意设计既可以让文化产品能够有着更加新鲜和完美的形象，更有利于吸引消费者的注意和流通环节的推广，又能在当下以最快的形式将技术成果转化为人们生活中的各种产品，还可以给历史文化传统和文化资源赋予新的形象，最终激发文化消费需求、开拓文化消费市场，实现扩大消费、激活产业、创新城市的社会意义。

推荐阅读资料

1. 加瑞特．用户体验要素：以用户为中心的产品设计．2 版．北京：机械工业出版社，2011.
2. 诺曼．情感化设计．北京：电子工业出版社，2005.
3. 摩斯．性别、设计与营销．北京：企业管理出版社，2012.
4. 冯彤．和纸的艺术——日本无形文化遗产．北京：中国社会科学出版社，2010.

第四章　文化市场定位

定位是一种非常重要的营销方式，无论做什么产品，成功的营销都离不开对差异化的定位，文化产业也不例外。如今文化产业作为一种新兴第三产业越来越为人们所关注，文化产业的发展同样离不开对产业的精确定位。

随着互联网时代的到来，人们的选择日益增多，竞争越来越激烈。之前“文字为王”的时代渐渐过去，视觉元素越发显现出它的重要性。依托于这一浪潮，2012 年，新一代定位大师劳拉·里斯（Laura Ries）出版了《视觉锤：视觉时代的定位之道》一书，首次提出了“视觉锤”的概念。在当下的视觉时代，如何理解“视觉锤”与定位的联系，成为摆在我们面前需要明确和解决的问题。

第一节　传统时代的定位类别

定位理论由美国著名营销专家艾·里斯（Al Ries）与杰克·特劳特（Jack Trout）于 20 世纪 70 年代提出。里斯和特劳特认为，定位要从一个产品开始。那产品可能是一种商品、一项服务、一个机构甚至是一个人，也许就是你自己。但是，定位不是你对产品要做的事。定位是你对预期客户要做的事。换句话说，你要在预期客户的头脑里给产品定位，确保产品在预期客户头脑里占据一个真正有价值的地位。

营销的定位理论在学术界的争论不算激烈，根据国内对定位理论的研究，我们将定位大致分为外延式定位和内涵式定位。外延式定位包括竞争定位、传播定位、渠道定位三类；内涵式定位包括属性定位、类别定位、利益定位三类。下面择要阐述。

一、竞争定位

竞争定位是根据某个或几个主要同类别产品在市场上的综合地位来确定本企业的市场竞争地位，即以竞争者品牌为参照物，通过品牌竞争提升自身品牌的价值和知名度。

中国地大物博，有非常多的民族传统文化资源，这些文化资源有许多共性，却也不尽相同。丽江、苏州、开封、西安是四个有代表性的古城，在古城定位上，丽江需要延续千年文化，苏州面对的是在保护古城风貌的基础上发展新城，开封则是运用经典记录，恢复古代的民俗风情，提升城市品位，而西安则是前三者的综合，此三者的发展对西安都有着参考意义。西安是座有丰富历史文化的古城，其开发却处处受到限制，于是西安走出一条将三者发展模式结合的道路，探索不一样的文化定位，既能促进文化发展，提升城市品位，又能发挥文化底蕴的优势，使历史活起来。

中国有很多古城，也有很多水乡，江南地区有周庄、南浔、朱家角等。江南水乡有相似的文化，相似的地理环境，对旅游者来说选择似乎类似，但也不尽相同。周庄是较早一批开发出的水乡，名声最大。周庄是古典与现代的结合，在这里有小桥流水，有渔夫撑舟载客，清晨鸟鸣，同时周庄被开发得非常现代化，当代最畅销的店铺入驻周庄。南浔则是名人故居地，充满厚重的历史文化气息，和珅一家还有其他江南地区的达官贵人都在此地有宅院，他们的宅院毗邻，占地面积很大，藏书万卷，鸟语花香。而上海青浦地区的朱家角在开发时考虑到了江南水乡的同质化问题，选择了另辟蹊径。朱家角地区开发了东方绿洲，东方绿洲是上海唯一的集拓展培训、青少年社会实践、团队活动以及休闲旅游为一体的大型公园。临近风景宜人的淀山湖畔，占地面积 5 600 亩，其中水域面积达 2 000 亩，由智慧大道区、勇敢智慧区、国防教育区、生存挑战区、科学探索区、水上运动区、体育训练区、生活实践区共八大园区组成。东方绿洲的发展模式取得了巨大的成功。

在营销领域中，竞争定位是企业制定产品属性、目标、发展模式等最重要、最常见的定位方式。所谓知己知彼，考察竞争对手成了最重要的环节。特劳特在定位理论中说，定位是刺向竞争者的刀子。必须寻找竞争对手的弱点，以对手的弱点为切入点。以定位为中心形成的战术，不是通过取悦顾客的策略获胜，而是选择竞争对手不悦的策略去进攻，这样的策略才是成功的定位。因此一般了解完竞争对手后，企业根据自身做出部署，要么比对手有更高的品质，要么有更新的亮点，再不济也会有更吸引人的价格，总之做到更能吸引人的眼球。百事可乐仔细研究可口可乐的缺点，发现了可口可乐瓶装的容量较小，年轻人喝一瓶不过瘾，于是使用了细长的塑料瓶，容量比可口可乐多 50%，而价钱与可口可乐一样，并在全国设自动售货机，这招在青年人身上奏效。蒙牛的崛起同样是十分成功的例子。蒙牛创办之时，伊利已经是中国奶制品业的龙头企业，因此，蒙牛最初提出“向伊利学习，为民族争气”“伊利第一，蒙牛第二”。通过竞争定位，受伊利的带动，蒙牛迅速地壮大起来。因此竞争定位是一种快速有效定位方式。

二、渠道定位

渠道定位是针对分销商而言的，应能反映公司的市场定位，以公司独特的能力为基础，通过提供比其他竞争对手更好的产品、服务、财务收入、项目和系统等而获得一种信誉，与分销商之间建立一个持续的伙伴关系，并以此获得竞争优势。

风靡世界的《哈利·波特》系列图书受到孩子们的喜爱，它的作者 J. K. 罗琳赋予它奇幻的魔法世界，这里有巫师，有各种奇妙的魔法，而《哈利·波特》的成功营销离不开它成功的定位。

《哈利·波特》的定位在于儿童市场，它以儿童的角度叙述这个奇幻世界：琳琅满目的糖果，巧克力蛙，比比多味豆，很棒的运动，霍格沃茨魔法学校，魁地奇，骑在扫帚上打球，讨厌的斯内普教授，友爱的小伙伴。价格也并不昂贵，第一本《哈利·波特与魔法石》只售 19.5 美元，都是孩子们可以承受的价格。在促销手段方面，也尽显《哈利·波特》的成功定位。为了成功炒作《哈利·波特》系列，布鲁姆斯伯里出版社与罗琳商定一系列的约定，小说出版和电影上映时间精确控制，在每次小说发布之前都故意剧透，换取更高的关注度，同时为防止结局提前泄露，《哈利·波特》出版商雇用大量保安人员，并出动警犬，甚至使用卫星跟踪系统，确保全球精确做到同步发行。对于不善言辞的罗琳，出版社也尽力争取其支持，二十年来，原本内向的罗琳为了《哈利·波特》抛头露面，总是显得十分得体，对《哈利·波特》系列的渠道支持使《哈利·波特》旋风刮了二十年，全球哈迷整整疯狂了二十年。罗琳曾经被十二家著名的出版社拒绝，布鲁姆斯博里出版社给了罗琳机会，罗琳与这家出版社相互信任，彼此亲密合作，是典型的渠道营销成功的典范。

三、属性定位

属性定位，其中包括产品的档次、质量、价格、特色等形式产品具有的各种属性。

比如在电影市场，就有不同类别的电影。从质量来划分，有制作精良、阵容豪华、斥资数亿的大制作，也有小成本小制作，小打小闹的电影；价格方面，高成本、利用3D技术等高科技的电影定价会相对较高；而至于产品特色，则是各有不同，恐怖悬疑、爱情迷幻、高难度动作片，或是轻松喜剧等。

不同类别、不同题材的电影定位不同人群，有其适合的群体。比如电影《小时代》，经调查，主要的受众群体是20岁左右的年轻人。片中豪华的场面，一群在大都市上海的年轻人之间的情感故事吸引着有共同背景的年轻人，又被很多老一代影评人批判纸醉金迷。虽然褒贬不一，但不影响其获得绝佳的票房。毕竟众口难调，在上了年纪的人看来毫无意义的故事却可以受到年轻人的欢迎。因此，影片热卖的很重要一点是准确定位了目标人群。

有些影片能够做到老少咸宜，有人喜欢悬疑，有人喜欢浪漫，但没有人不喜欢快乐。徐峥导演的“囧途”系列，无论是处女作《人在囧途之泰囧》还是《港囧》都大获成功，这两部影片皆以某个目的地为故事背景，诉说在其旅途中发生的搞笑故事，剧情简单却又贴近生活，影片从头到尾令人爆笑不止，结尾体现人间处处有温情又令人感动。又比如2015年国庆档电影黑马《夏洛特烦恼》起用话剧演员演电影，意外收获14.4亿元的票房佳绩。① 《夏洛特烦恼》改编自《开心麻花》同名舞台剧，讲述了由沈腾主演的男主角在大闹初恋婚礼后意外穿越，重返青春并最终领悟人生、找回真爱的故事。上述喜剧电影评分都非常高，产生了良好的口碑效益，每个人都在观影过程中欢笑多次，几乎所有的观众都非常喜爱这些给人带来温暖和快乐的片子。

也有一些失败的电影营销案例。曾经有部影片叫《黄石的孩子》，在营销中就犯了定位不清的错误：一会儿是南京大屠杀，一会儿成了爱情片，一会儿走慈善路线，让观众不知道核心的卖点究竟在哪里。虽有3 000万美元的制作，但票房不佳，最后使其中外合作制片方非常尴尬。

制作精良的电影观赏起来赏心悦目，但并非一定要花大价钱才能做好电影，关键是了解消费者的内心需求，针对不同的消费者，找准产品定位，不伦不类是注定会失败的。

四、利益定位

利益定位要求满足顾客的某一特定利益，这种特定利益能够使企业取得与竞争对手相区别

① 数据来源：中国票房网：http：//www.cbooo.cn/m/628183.

的竞争优势。

比如同样是咖啡馆，星巴克就给消费者一种不一样的体验。星巴克早先推出时，目标是让消费者舒心，有在家一样的放松体验，店内会有沙发，有无线网络覆盖，在满是咖啡芬芳的店里享受一杯下午茶、一份糕点，心情也会变得非常放松。正是这种体验式营销使得星巴克迅速抢占市场，并在全球流行开来，现在其他咖啡馆也纷纷效仿星巴克，给顾客营造无与伦比的环境体验。

如果说在星巴克喝的是环境，那么在哈根达斯吃的就是情调了。哈根达斯作为一种高档冰淇淋，价格是普通冰淇淋的数倍。在哈根达斯的门店，同样有舒服的沙发、芳香的冰淇淋和蛋糕味。哈根达斯的冰淇淋制作非常别致，有精致的冰淇淋火锅，有设计成巴黎埃菲尔铁塔形状的华夫饼干加冰淇淋，有硕大的巧克力冰球套餐。约上三五好友，在这样有情调的店内消费，感觉非常愉悦。

如今还有很多饼干店铺或是巧克力小作坊，顾客也是络绎不绝。在这里，店铺提供各种原材料以及所有的制作工具、模具等，顾客亲手制作饼干或者是巧克力，享受美味同时体验动手的乐趣。

顾客在消费的时候会有一些特定癖好，通过满足顾客的这些特定癖好，即特定利益，这些体验方式与竞争产品区别开来，能受到更多的青睐。

第二节　视觉时代定位的内涵

劳拉·里斯在《视觉锤：视觉时代的定位之道》一书中指出：定位是语言的钉子，需要“视觉锤”将钉子钉入消费者的心智中。[①] 视觉时代的定位可以简化为一个公式：定位＝语言钉子＋视觉锤子。

一、视觉定位的基本要素

（一）心智

从字义上讲，“心”指内心的、内在的，“智”即智力、智能。简而言之，心智是人们的心理和智能的表现。

只有理解了消费者心智的工作原理，才能更好地实施定位战略。[②]

心智容量有限。媒体的爆炸式增长和随之而来的信息量的增加，已经严重影响到人们接受或是忽略媒体提供信息的方式。消费者的心智每天疲于应付电子信息的狂轰滥炸。我们生理上的限制决定我们不能处理无止境的刺激。但是，我们的认知是有选择的，同时我们的记忆也是很善于选择的，这意味着在一个充满竞争的品类中，除非你的差异化是引人注目的，否则这种差异化是不够的。

心智憎恨混乱。心智痛恨复杂和混乱，这一点告诉我们进入心智的最佳办法就是简化信

---

① 里斯．视觉锤：视觉时代的定位之道．北京：机械工业出版社，2013：2.

② 特劳特，里夫金．重新定位：定位之父杰克·特劳特封笔之作：珍藏版．北京：机械工业出版社，2011：5-11.

息。不要试图将信息和盘托出，要聚焦在一个差异化的概念上，使其植入潜在消费者的心智中。

心智缺乏安全感。心智既是理性的又是感性的，仅靠纯粹的逻辑并不能解释消费者在市场中的行为。通常，人们以为自己在购买应该要的东西，其实是受从众心理的影响，像羊随着羊群盲动一样。这种行为的主要原因还是人们缺乏安全感。

心智不可改变。一旦市场对一个产品形成了认知，就很难改变。约翰·肯尼思·加尔布雷思曾说过："当面临在改变人的心智和证实没有必要这么做之间进行选择时，几乎每个人都忙于证实没有必要。"

心智会丧失焦点。当面临太多的品牌时，心智往往会无法聚焦，丧失焦点完全是由市场中品牌延伸造成的。一个品牌代表的产品越多，消费者越容易失去焦点。

(二) 视觉时代

德国学者奥斯瓦尔德·斯宾格勒（Oswald Arnold Gottfried Spengler）认为，人类的历史发展可以分为三个阶段：前文化阶段、文化阶段和文明阶段。将此文化形态学的理论运用于对媒介历史发展的分析，麦克卢汉将人类的历史分成"口传文化""印刷文化""电子文化"三个阶段。如果说口传文化和印刷文化都是"语言文化"的时代，那么，我们正在经历的电子文化时代则已经变成了"视觉文化"的时代。

具体说来，印刷媒体"读图时代"和电子媒体占据主导地位的"影像时代"的来临，诠释了正在进行的文化的"视觉转向"——由"语言文化时代"向"视觉文化时代"转变。①

显而易见，视觉时代最显著的特点就是视觉化，即把本身非视觉性的东西视像化。德国哲学家马丁·海德格尔提出世界图像的兴起。他指出：世界图像并非意指一幅关于世界的图像，而是指世界直接被构想和把握为图像了。②

(三) 钉子

在这一理论中，"钉子"就是植入消费者心智中的文字语言。比如广告词，一句耳熟能详的广告词更能让消费者产生联想。比如耐克的 Just Do It——想做就做，苹果公司的 Think Different——非同凡想，雪碧的 Obey Your Thirst——服从你的渴望，宝马的 The Ultimate Driving Machine——终极座驾。这些文字阐释了企业的理念和定位，耐克代表永争第一的精神，苹果代表与众不同的品位，雪碧代表激情、渴望，宝马代表自身的品质与价值。

在文化市场，也同样有语言钉子。例如，电影《变相怪杰》的海报广告词 From Zero to Hero（从小人物到大英雄）。电影中的主人公史丹利偶然在河边捡到一个古代面具，戴上之后产生奇幻的蜕变，从懦弱的凡人一跃成为超级英雄。那么这个广告词就是语言钉子，将这一蜕变的主旨表现了出来。电影《迷失东京》的广告词 Everyone wants to be found（每个人都想要被找到），正好体现出主人公在异国他乡想要拥有归属感和信念的主题。再如《读者》杂志，它的语言钉子是"选择《读者》，就是选择了优秀的文化"，由此可见它对自身的定位是"优秀"，这也是其希望区分于其他竞争对手的概念。

---

① 徐小立，秦志希．论"视觉时代"的阅读．广州大学学报（社会科学版），2008（3）．

② 海德格尔．林中路：修订本．上海：上海译文出版社，2008：35-36.

(四) 视觉锤

和“钉子”相对应的就是“视觉锤”。视觉锤，即视觉形象的锤子或者说产品和品牌的视觉呈现，它的作用是将语言概群的钉子敲进消费者的脑袋。例如，耐克的视觉锤是钩子，苹果公司的视觉锤是被咬了一口的苹果。而在文化市场中，电影制作公司米高梅的视觉锤是一头怒吼的狮子，《歌剧魅影》的视觉锤是白色的面具，QQ 音乐的视觉锤是黄底绿色的音符等（见图 4－1）。

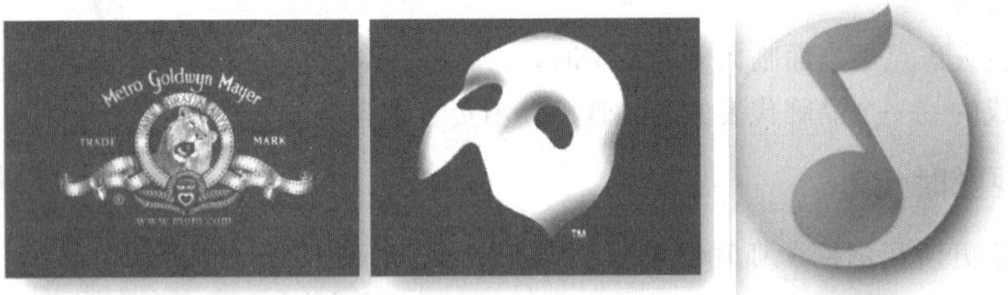

图 4－1　米高梅、《歌剧魅影》、QQ 音乐视觉锤

总的来说，“钉子”是锁定消费者的手段，“锤子”是刺激情感诉求的工具，两者相互配合才能塑造更好的品牌形象。

二、视觉时代定位的本质原理

在广告行业，一个团队通常是由两个职位组成的，一个是广告文案，一个是美术编辑，两者相辅相成使得广告逐渐发展进入黄金时代。但是我们不需要花高价钱请广告代理、美编或文案团队，同样也可以用这种方法使品牌获益。因为我们的大脑本身就拥有这种功能。

人有左右两个半脑，二者各有分工。左半脑是文案团队，负责处理连续信息，用语言思考，工作方式是线性、系统性的。右半脑是美编团队，负责处理平行信息，用意象思考，“看”整体全局。

而且，我们的右脑不是按照我们通常所说的“思考”方式运转的，它会不自觉地做出情感上的反应。而我们的情感是没有逻辑的。试着解释你所说的爱、失去、快乐或者恐惧，这些感觉虽然真实，却很难用语言准确地表达出来。视觉锤正是利用右脑的这一特性，首先在消费者的右脑形成情感影响，之后这种影响会激发左脑将概念用语言文字表达出来并存储在心智中。

当然，我们强调视觉时代视觉元素的重要性，并不是说文字不重要，文字也很重要，但是没有视觉的推动，文字很难进入消费者的心智。

因此在视觉时代，当营销活动需要把一个商品名或语言概念植入消费者的头脑中时，最好的方法不是依靠文字，而是依靠具有情感诉求的视觉信息。视觉信息引起右半脑的注意，右半脑会向左半脑传递这个信息，让左半脑去读或听这个与视觉相关的语言文字。[①]

(一) 与众不同——差异化

商业竞争已经白热化，细分法导致了品类的不断扩张，大家都专注于打造品牌，但是越来

① 里斯．视觉锤：视觉时代的定位之道．北京：机械工业出版社，2013：14.

越多的品类在不知不觉中陷入了同质化的泥淖。换言之，很少有品牌能做到与众不同。而在视觉时代，如果想要在市场中占据一定的地位，就必须要有差异化的特征来占据消费者的心智。正如定位的定义指出的，定位是在潜在消费者的心智中实现差异化，也就是与众不同。

在视觉时代，差异化当然存在。无论是在客观现实还是认知角度上，无论是在理性层次还是情感方面，它都存在于产品所拥有的价值基础之上，在顾客心智中真正占据一个位置，而不仅仅是消费者知道它而已。它在何种程度上拥有这种价值，以及这种价值对于顾客的意义如何，取决于它如何区分自己。

为了证明差异化程度和消费者心智之间的联系，来自纽约的 Brand Keys 公司，一家从事品牌忠诚度与参与度研究的咨询机构，综合采用心理探寻、主元回归、因果路径分析等方法，对 75 个品类的 1 874 项产品和服务进行了分析，得出的结论是：这些产品的差异化水平决定了消费者参与消费的程度。见图 4－2 所示，从线的左边移到右边，依次代表了从无差异化或低差异化程度到极度差异化。①

图 4－2　产品差异化程度与消费者参与消费程度关系图

最左边是货品，事实上，这类基础产品或服务除了价格之外，在消费者心智中没有任何差别。以文化旅游纪念品为例，在故宫周边，有很多类似的纪念品商店，但是这些品牌之间除了价格差异，对于消费者而言没有任何差别。

往右一些是品类占位者，处于这个位置的产品或服务能在品类中获得很强的关注，但是在顾客心智中它们无法区别于竞争对手，因此也无法在消费者心智中占据重要地位。例如最近几年火热的古镇旅游，这些古镇能在所有的旅游景点中获得很大的关注度，但是古镇之间的同质化程度太严重，因而依旧无法在消费者心智中实现差异化的成功定位。

再往右是差异化的品牌，这些产品或服务相比竞争对手有很强的差异化，属于能够成功定位的品牌。例如，为什么在众多的古镇中，乌镇可以脱颖而出，因为它不拘泥于同质化的商业竞争和景点布置，而是积极探寻戏剧基地的孵化模式，想用话剧这一文化形式来凸显自己的差异性。

最右边是差异化的顶点——个人品牌。例如孔府，每年有众多的游客前往孔府旅游，要么是为孔子的个人魅力所吸引，要么是为儒家文化所吸引。

根据以上的论述，视觉时代的定位就是要到达靠近右边的那两种程度：品牌或个人品牌，这样的产品和服务才是具有差异化的，是与众不同的，也是能代表定位本质的。

（二）显而易见——简单化

要使消费者能在众多的选项中记住并选择你的产品或服务，除了要满足以上的差异化概念，还有一个本质的因素就是要“显而易见”。正如心智的工作原理中提到的，心智憎恨混乱。显而易见，简单且直白意味着易于看到或理解。顾客的心智能在第一时间理解你、认同你，进而更容易在心智中植入你的品牌。②

① 特劳特，里夫金．与众不同：极度竞争时代的生存之道：原书第 2 版．北京：机械工业出版社，2011：13-15.

② 特劳特．显而易见：终结营销混乱：珍藏版．北京：机械工业出版社，2011：2.

1916 年，罗伯特·奥普迪葛瑞夫（Robert R. Updegraff）写了一本名为《大师亚当斯》的书，书中他告诉人们为何显而易见的概念很难推销出去："问题是显而易见的概念和方法往往因为太简单而很难为人们所接受。人们会说：'这我们知道。'人们通常觉得答案应该具有高度的精密性和复杂性。"①

但是，在视觉时代，相比于复杂的创意或宣传，这种显而易见的简单更容易促成成功的定位实践。

例如，新西兰在发展旅游业时需要拟定口号，之前它将自己定位为"地球上最年轻的国家"，但是并没有很大的吸引力，因为人们一开始并不认同。但是，如果着眼于新西兰显而易见的自然美景，情况就不一样了。新西兰有两个岛屿，基于这个事实可以提出这样一个问题：哪个岛屿是最美丽的？因此，得益于本国显而易见的美丽风光，它的新的定位口号是："新西兰，世界上最美丽的两个岛屿。"这显然更能得到消费者的认同，更能深入消费者心智。

第三节　视觉时代定位的策略

企业在视觉时代寻求自身定位，一是要紧扣差异化，寻找并创造差异；二是要创造适合企业自身发展的视觉锤，结合形状、颜色、动态、名人、动物等要素，打造出与众不同又适应发展的视觉锤。有了视觉锤之后，企业发展应朝着行业领军人物或经典方向发展，争取做行业的第一或唯一。

一、紧扣差异化

正因为差异化是定位的本质，因此任何视觉时代的定位行为都要围绕着差异化的核心特征。实施差异化靠的不是创意、耍聪明或者想象力，这个过程需要的是逻辑，是一项运用合理思考的规则并进行测试的科学。②

第一步：在行业环境中具有合理性。论点不是在真空中提出的，竞争者们也在竭尽所能地提出他们的论点。你的信息必须在所处的品类背景下具有合理性。一方面，可以通过市场调研的方式了解行业背景。人们最喜欢的调研模式是把同某个品类相关的基本特性列出来，然后让人们针对每个竞争品牌用 1～10 分给各个特性打分，这样做的原因是找出哪个品牌拥有了这个品类的哪个特性，也就了解了所在行业的背景。另一方面，也要了解市场的最新动态，确定提出概念的时机是否恰当。这就像是冲浪，行动太早或太迟都达不到预期效果。恰当地把握时机，差异化策略就能在漫长征途中创造并保持利润。

第二步：找到差异化的概念。做到与众不同就是不要雷同，做到独一无二、自成一类。要找到让自己和竞争对手区分开的东西，秘诀就是差异化不一定要和产品相关。以马为例，马可以按种类很快区分开，有赛马、跳马、牧马、野马等，然而，还可以按照品种、表现、稳定性等因素把不同种类的马区别开。关键就是找到与众不同处。

第三步：拥有信任状。要为差异化整理合理论点，就必须拥有信任状来竭力支持差异化的概念，使之真实可信。如果产品具有某种差异性，就应该有证据能证明这一点，这个证据就是

---

① 奥普迪葛瑞夫．大师亚当斯．北京：中国海关出版社，2004：48.

② 特劳特，里夫金．与众不同：极度竞争时代的生存之道：原书第 2 版．北京：机械工业出版社，2011：79-82.

信任状。

第四步：传播差异化。当你为产品确立了差异化，并不意味着生意会自动上门，更好的产品未必立即就能获胜，更好的认知才能成为赢家。你应该从方方面面传播反映你的差异化，包括广告、宣传册、网站等。

以《奇葩说》这档爱奇艺自制网络节目为例。2014 年 11 月份开播，目前已播至第四季（见图 4－3）。

图 4－3　案例《奇葩说》

首先，节目将娱乐和辩论比赛结合在一起，并且是以当下年轻人关心热议的话题为辩题，符合年轻人口味，在整个娱乐节目市场以及当下社会中具有合理性。

其次，它差异化的概念是将自身定位成中国首档“说话达人”选秀节目，旨在寻找华人华语世界中观点独特、口才出众的“最会说话的人”。

再次，要让观众认同节目的差异化概念，就必须要有信任状来证明。节目中时不时爆出的经典的辩论观念、选手们奇葩但是又极具说服力的说话方式等就是证据。不仅如此，主持人马东以及两位团长高晓松和蔡康永的助阵也强化了这种信任状。

最后，要传播节目的差异化概念，让更多的观众知道这个节目，就需要在网络上进行传播。这些传播途径包括爱奇艺视频、APP、微信、微博等，还有嘉宾和选手各自的宣传和影响力。

二、使用视觉锤

（一）为什么要使用视觉锤

1. 仅靠语言钉子难以进入消费者的心智

竞争激烈。最近几十年来，几乎每个品类的产品的选择数量都有了惊人的增长。而且，以前是本土公司在国内市场相互竞争，如今市场已全球化，所有公司在全球各地相互竞争。不断蔓延和增长的竞争造成了“选择的暴力”。典型的观点认为，更多的选择能吸引人，但是事实上，更多的选择会成为阻力，抑制人们的购买和消费动机。

心智有限。如前文已论述过的，媒体的爆炸式增长和随之而来的信息量的增加，已经严重影响到人们接受或是忽略媒体提供信息的方式。然而，消费者的心智非常有限，最多只能为每个品类留下七个品牌空间。随着竞争的加剧，最终连七个品牌也容纳不下，只能给两个品牌留下心智空间，这就是定位理论中的“二元法则”。任何在消费者心目中没有位置的品牌，终将从现实中消失。

语言文字的弱势。相比于图像的直观性，语言文字枯燥、乏味、抽象。在快节奏的由碎片化时间堆叠的视觉时代，消费者越来越不愿意阅读大量的文字，语言的力量正在下降。

2. 视觉元素的重要性日益显现

人类的生存环境由三类环境构成：自然环境、社会体制环境和符号环境。麦克卢汉认为，媒体是人的延伸，某种意义上说，是各种符号系统通过传播构筑了社会现实。海德格尔在20世纪30年代也曾说过：我们正在进入一个世界图像时代，世界被把握为图像了。但是一直以来，视觉在商业营销中的应用通常被企业归入战术范畴，作为传播技巧之“术”，无法与定位、4C等营销战略并重，视觉传播长期不受重视。

但是现如今，面对一个选择众多、竞争激烈、信息爆炸的互联网时代，品牌或者企业要想成功，就必须利用好视觉元素，甚至将其提升到战略层面。对于一个品牌来说，消费者的眼睛需要视觉冲击，要想让消费者识别并记住你的品牌，你要通过视觉效果进一步强化你的品牌效应。①

视觉元素具有共通性。我们知道，国际奥委会在评选申办城市时，除了看各申办城市的文字材料外，重要的工作就是看五分钟的申奥宣传片。2008年申奥片中有一个画面：少女亲吻斑点狗。1993年中国申奥遗憾蒙特卡洛，那时申奥宣传片中有这样一个画面：在晨曦微露的公园里，老人哼着京味儿十足的曲子，提着鸟笼，悠然地溜达（见图4-4）。

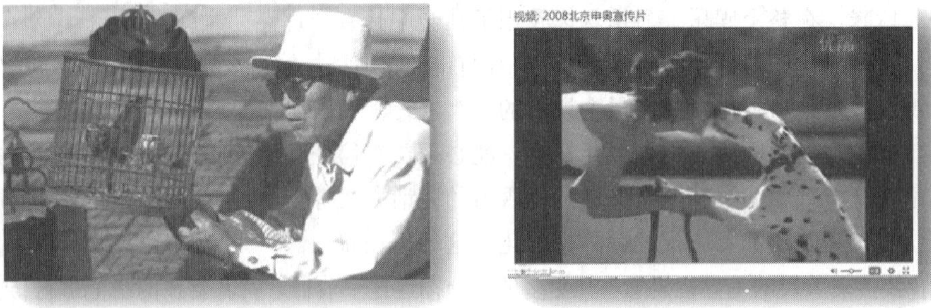

图4-4 中国两部申奥宣传片镜头图

这两个镜头在国人看起来没什么区别，都很美丽、温馨。然而在西方人眼中却大不相同。1993年申奥宣传片中的遛鸟画面，当时令众多的评委产生厌恶之感，怎么能把鸟儿关在笼子里？而且还那样地去“遛”？在西方世界的观念里，那是对动物与自然的不尊重。2008年在申奥宣传片中用“少女的亲吻”的视觉画面，改变了评委们对中国的印象。一个一闪而过的镜头，沟通了中西文化，这正是视觉传播的效力。

视觉具备情感力量。回忆一下，是什么让语言信息可以停留在消费者的心智中？是什么让某些概念可以存在人的记忆中长达几年，甚至几十年？是情感。想想过去那些印象最深刻的事，那些让人心跳加速、血压升高的事，都是带有情感的。

---

① 张渔. 视觉时代的营销. 品牌，2013（1）.

现如今，营销已经进入了情感营销时代。视觉具备独特的情感力量。观察在电影院里看电影的观众，他们会放声大笑，有时还会哭泣落泪。

那么为什么视觉是带有情感的？这就要联系到上文所讲的原理。视觉元素和右半脑联系在一起，而右半脑是会不自觉地做出情感反应的。

（二）如何找到合适的视觉锤

1. 形状：简单的就是最好的

如何设计电视频道的标志，使得其既具有代表性和独特性，又易记忆，是电视台首要考虑的重点问题之一。以湖南卫视为例（见图 4－5）。

湖南卫视的台标：橘黄色的有缺口的椭圆。台标的原意其实是鱼米之乡的意思，即湖南——鱼米之乡。外面的椭圆表示米，缺口和中间部分合起来像一条鱼，寓意鱼米之意。但是因为它的颜色和形状都和芒果很像，因此大家都戏称为芒果台。目前，湖南卫视也承认了这个说法，并且越来越多地使用这个名称，例如出了“芒果 TV”、《芒果新闻》。现在，一说起芒果台，大家第一反应就是湖南卫视以及与之相关的令人开怀大笑的娱乐节目。这个芒果形状的台标符号就是一个强有力的视觉锤，语言钉子则是湖南卫视的自身定位：快乐中国。

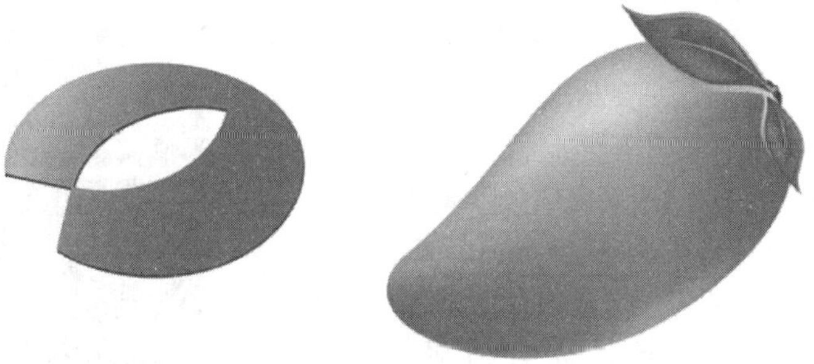

图 4－5　湖南卫视台标

当然，我们喜欢简单的形状，但是过于简单又往往丧失了代表性，无法占据观众心智。例如贵州电视台和湘潭电视台的台标（见图 4－6）。

图 4－6　贵州电视台台标（左）和湘潭电视台台标（右）

相反，有一些电视频道的台标形状由于设计过于复杂或者缺乏独特性，因而相对来说知名度较低。例如河北电视台和河南电视台的台标（见图 4－7）。

每个卫视设计台标形状时一定都是有自己的初衷和寓意的，但是为什么有些就能深入观众内心，有些却是看过就忘？频道内容的好坏优良是一方面，另一个不可忽视的就是它们的形状。简单易记且具有视觉亲和力的台标往往能被广泛认同，过于简单缺乏含义以及过于复杂难

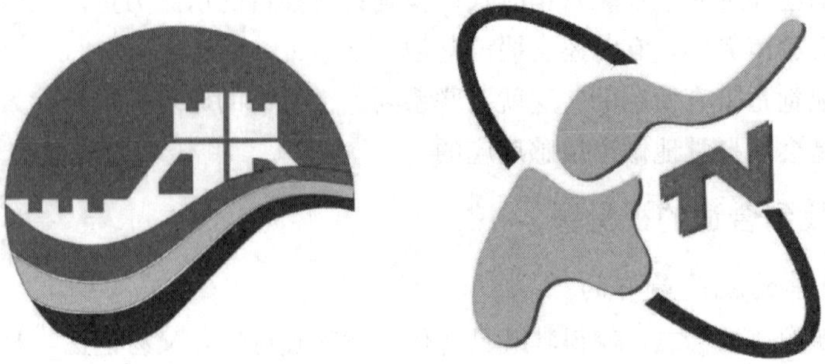

图 4-7　河北电视台台标（左）和河南电视台台标（右）

以记忆的形状，则无法进入观众心智。

2. 颜色：对立

颜色运用得好也可以成为有效的视觉锤。

（1）图书。

机械工业出版社 2011 年开始推出一套“特劳特定位经典丛书”，也是华章经管的畅销图书，有特劳特、里斯的原著，也有他们的中国合伙人运用定位理论剖析中国品牌案例的著作。这一套丛书就采用了一个强有力的视觉锤——红色（见图 4-8）。

全套丛书包括《定位》《重新定位（珍藏版）》《商战》《简单的力量》《什么是战略》《显而易见（珍藏版）》《与众不同（珍藏版）》《2 小时品牌素养（第 3 版）》《营销革命》《特劳特营销十要》《人生定位》《大品牌大问题》《视觉锤》等，累计已有 21 种。

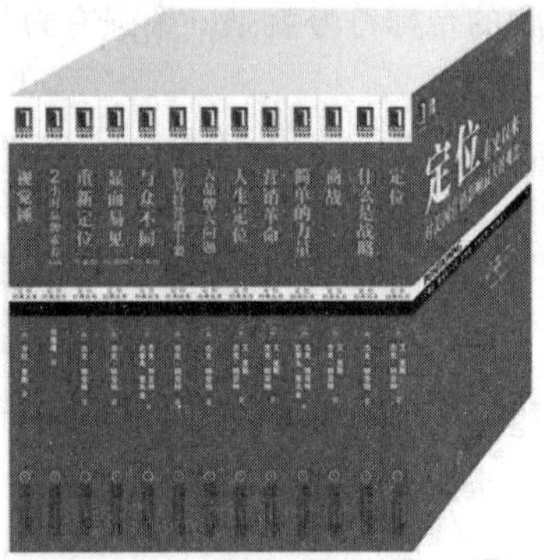

图 4-8　“特劳特定位经典丛书”视觉锤

在这里，统一、重复的红色作为视觉锤给人强烈的视觉冲击，使人们对这一系列图书印象深刻。消费者一看到这种颜色和包装的书本就知道它属于“特劳特定位经典丛书”。同时，红色寓意经典、热诚、激情，传达并强化了市场营销需要的内在精神以及这套书的定位“经典中的经典，大师中的大师”。

（2）蓝色光标。

作为中国本土公共关系行业最著名的品牌之一，蓝色光标从成立之日起，一直秉承“专业立身、卓越执行”的经营理念。公司用颜色命名品牌，极具特色，同时采用蓝色的 LOGO（见图 4-9），和品牌名相统一。不仅不会造成认知上的混乱，反而会起到强化品牌名的作用。试想一下，如果取名蓝色光标，却用红色的 LOGO，必然会给消费者的心智造成混乱。而且，蓝色一向预示着冷静、有序。由此“蓝色”的视觉锤将公司“专业立身、卓越执行”的语言钉子植入消费者的心智中。

图 4-9　蓝色光标视觉锤

将颜色作为品牌名的一部分通常是个好主意，尤其是品类中缺少“颜色”命名的时候。但是要注意，消费者看待品牌名是以字面为导向的。“颜色”品牌名需要使用和品牌名相同颜色的视觉锤。

3. 动态：比静态更有效

毫无疑问，那些包含了动态的视觉锤比静态的视觉锤或者静止的画面更有效。

每到 2 月 14 日情人节，全国各大媒体尤其是地铁、公交等公共交通站台平面媒体上都会出现德芙巧克力的广告，其广告语有“此刻尽丝滑”等，但其视觉锤一直都是一条褐色的丝绸带（见图 4－10）。2015 年 8 月底，电视上播出的一条由当红影视演员李易峰、杨颖拍摄的德芙广告，画面中德芙巧克力因其丝滑将男女主角距离拉近，男女主角都被一条褐色的丝绸带包围着，口中品味着巧克力的香甜。德芙巧克力选用褐色的丝绸带作为其视觉锤，在电视动态画面和杂志静态画面中，利用丝绸的柔美动态充分展示巧克力在舌尖上的丝滑感受。

图 4－10　德芙巧克力视觉锤

4. 名人：双刃剑

一则营销信息不能完全是信息内容，而没有任何诱惑。我们需要一些东西将消费者的注意力吸引到要表达的信息上。名人常常可以充当这个角色。相对于有形的产品，在文化市场上一些无形的产品或者服务，选用名人视觉锤更加有效，因为名人可以将其视觉化、人格化。

旅游胜地乌镇选择了刘若英作为代言人（见图 4－11），她本人的形象与气质就和乌镇给人的感觉有共同之处。

有人这么评价刘若英，犹如一杯温暖的奶茶，内蕴荡气回肠的丰富滋味，越品便越迷恋这种久远的芬芳。她清新脱俗的气质和乌镇给人的淳朴与宁静的感觉相得益彰。而且，刘若英与乌镇渊源极深。2003 年，刘若英与黄磊在乌镇携手完成了二十六集电视剧《似水年华》，隐忍儒雅的乌镇式爱情深深地感染了观众，剧中的一句对白“我知道你会来”，仿佛成了到乌镇的召唤。雨巷、书馆、双桥……水乡古镇的美景和刘若英温婉细腻的表演相映生辉。在宣传片中，刘若英娓娓道来她与乌镇的那段不解之缘，她说，“如果你想要让自己能够休息一下，然后希望去的那个地方会有浪漫跟奇迹发生，我觉得你可以去乌镇。”“乌镇，来过，便不曾离开。”总的来看，选择刘若英作为乌镇旅游的代言人，不仅定位了乌镇的形象，而且极具说服力和感染力。刘若英作为一把有效的“视觉锤”，将乌镇“来过，便不曾离开”的定位植入消费者心智中。

图 4－11　乌镇形象代言人刘若英

但是，选用名人作为视觉锤也有弊端：名人的代言费很高；名人人性的弱点或者负面新闻有时可能有损于品牌。因此，在使用名人的视觉锤时要多加谨慎和小心。

5. 动物：把动物人格化

我们对于动物的熟悉和喜爱在平日里显而易见。

我们常用动物来比喻人类的一些特质。我们称勇敢的人是“勇猛如虎”，怯懦的人是“胆小如鼠”，贪婪的人是“贪食如猪”。正是这种亲切和熟悉使得动物常常可以成为非常有效的视觉锤。

例如2008年北京奥运会的吉祥物——福娃（见图4-12）。

图4-12 2008年奥运会吉祥物——福娃

“福娃”是五个拟人化的娃娃，其中涉及动物有鲤鱼、熊猫、藏羚羊和雨燕，他们的原型和头饰蕴含着与海洋、森林、大地和天空的联系。

具体说来，这五个福娃具有以下的含义。

贝贝：传递的祝福是“繁荣”。她是一条小鲤鱼。在中国传统文化艺术中，“鱼”和“水”的图案是繁荣与收获的象征，人们用“鲤鱼跳龙门”寓意事业有成和梦想的实现，“鱼”还有吉庆有余、年年有余的蕴涵。因此鱼的视觉锤强化了其语言象征的定位。

晶晶：传递的祝福是“欢乐”。她的灵感来源是我国濒危珍稀动物：熊猫。晶晶是一只憨态可掬的大熊猫，无论走到哪里都会带给人们欢乐。熊猫的这种憨憨的形象更明确地传递了欢乐。

欢欢：源于中国传统火纹图案、敦煌壁画中的火焰纹样。欢欢是福娃中的大哥哥。他是一个火娃娃，象征奥林匹克圣火。欢欢是运动激情的化身，他将激情散播世界，传递更快、更高、更强的奥林匹克精神。欢欢所到之处，洋溢着北京2008对世界的热情。它代表奥林匹克五环中红色的一环。

迎迎：象征的意蕴是“健康”。他的灵感来源是我国特有的珍稀动物：藏羚羊。迎迎是一只机敏灵活、驰骋如飞的藏羚羊，他来自中国辽阔的西部大地，将健康美好的祝福传向世界。

妮妮：象征的意蕴是“好运”。她的灵感来源是北京的传统：北京雨燕。妮妮是一只展翅飞翔的燕子，放飞梦想，收获好运。

正是这些巧妙的设计，使得以动物为原型的吉祥物的形象深入人心，更加有助于人们理解北京奥运会所要传达的理念和内涵。运用动物的视觉锤将“同一个世界，同一个梦想”的大主题和无数个小理念敲入观众的心中，使得我们对这次奥运会印象深刻，难以忘怀。

对于一场文化活动、一个体育比赛而言，选用一种或者几种动物作为代表还比较简单，那么，对于一家市值380亿美元、涉及各行各业的大型文化娱乐企业来说，应该选择哪种动物呢，特别当它涉及行业有电视、动画、主题乐园和消费品等时？用一只老鼠如何？

以迪士尼为例，其品牌的米老鼠的形象在沃尔特·迪士尼（Walt Elias Disney）的卡通片《威力号汽船》中首次亮相（见图4-13）。从那时起，米老鼠出现在120部迪士尼的卡通片中。沃尔特·迪士尼曾说过："我希望我们不要忽视一点：那就是我们都是从一只老鼠开始的。"要找到一个有效的视觉锤将整个公司用符号表现出来，几乎是不可能完成的任务，特别对一家超级大型的联合企业来说，更好的方向是找到点亮这个品牌的最原始的火花。现在一提起米老鼠，相信没有人会认为这仅仅是一只长相可爱的老鼠，更多人想到的就是迪士尼这个企业、这个品牌。这就是最强有力的视觉锤，有利于企业传达想要传播的快乐和幸福。

图4-13 迪士尼形象——米老鼠

又比如刘与刘设计的"载象"抗压纸箱（见图4-14）。

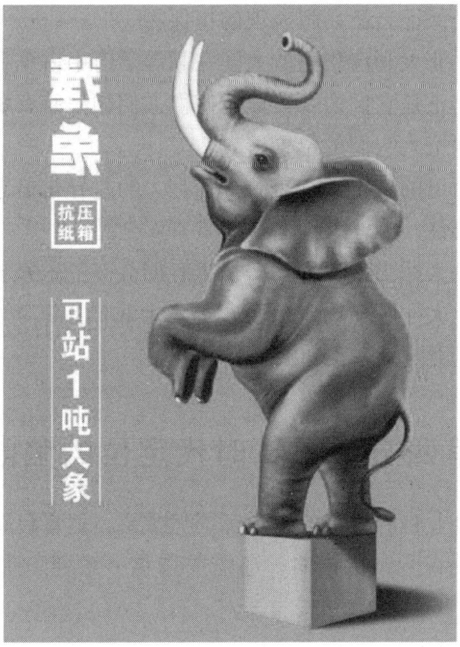

图4-14 "载象"抗压纸箱视觉锤

在纸箱包装行业，由于码放高度的增加，经常会出现"塌箱"现象，但实际上选用较好的纸板材料，能够增强其抗压能力。刘与刘在设计之前，事先了解到这家企业的纸箱品质一直得到客户的高度评价，甚至是同行的推荐；纸箱的最大边压承重在 1 000 公斤以上，相当于体重是 1 吨以上的大象重量，于是突出该纸箱良好抗压性能成为其设计的关键。刘与刘选用大象作为其视觉锤，大象是非常重的动物，如果纸箱能承载一只大象而完好无损，可见其抗压能力。随后新的品牌名“载象”也就呼之即出了。一头大象站在纸箱上作为“载象”纸箱的视觉锤，实现名字、标志、视觉锤、语言钉子四位一体。

三、成为第一或唯一

以一个新概念、新产品或新利益进入心智具有巨大的优势，因为心智不喜欢改变。①

例如在教育界，哈佛大学是美国第一所大学，现在人们仍然认为它是领导者。

再如，《时代》杂志诞生于 1923 年，比它晚出现的《新闻周刊》现在在美国的影响力始终落后于前者。

在人们的心智中，这些品牌是首创者，这使得它们区别于跟随者，从而巩固了在消费者心中的地位。

以某个唯一的特性广为人知，也可以令一个人或一个产品独一无二。②

例如浙江卫视的特性——中国蓝，江苏卫视的特性——幸福中国。拥有一个唯一的特性可能是为一个产品或一项服务实施差异化的第一个方法。

四、成为领军人物或经典

领军人物地位是为品牌实施差异化的最强有力的方法，因为它是一种品牌确立信任状的最直接的办法，而信任状则是保证自己品牌表现的担保物。③

例如在中国的教育界，北大和清华两所大学在高等学府中占据重要的领军地位，每年都有众多的学生想要在此求学。正是它们的领军地位使得人们相信其有雄厚的师资力量和丰富的教学资源，进而在心智中深深植入它们的位置。

经典具有让产品脱颖而出的力量，它是一个强有力的差异化概念，因为拥有悠久的历史自然而然地具有心理上的重要性，能让人们选择时具有安全感。④

以奥地利的维也纳金色大厅为例。为什么每年有那么多音乐家想在金色大厅演出，为什么那么多消费者专程跑去金色大厅听一场音乐会？基本上靠的是其沉甸甸的经典力量和历史感，这也是它区分于其他同类型竞争对手的重要特征。

第四节 视觉时代定位的陷阱

在视觉时代打造属于企业自身标识的视觉锤固然重要，但盲目跟风、一味寻求独特有时会适得其反。因此企业在使用视觉锤的同时，还需要避免一系列陷阱，从而在视觉时代科学地定位。

---

① 特劳特，里夫金．与众不同：极度竞争时代的生存之道：原书第 2 版．北京：机械工业出版社，2011：96.

② 同①108.

③ 同①122.

④ 同①130.

一、“盲目求新”陷阱

以往的经验告诉我们，较快地抢占市场以及消费者心智的战略之一是开发某一品类中最新或者新一代产品。但是一味地追求最新未必是有用的，“新一代”定位战略中也存在一些陷阱，如果希望通过“最新”这一策略定位，就必须要避开这些陷阱。

（1）不要解决一个不存在的问题。新一代的产品必须能解决一个真正存在的问题，而非一个无关紧要的问题。

（2）不要改变传统。有些虽然是真正的问题，但是人们不想解决它们，他们就是喜欢传统的方式。

（3）产品或服务必须更好。如果产品或服务不是更好，那人们为什么要用新一代的产品和服务呢？①

二、“品牌延伸”陷阱

所谓品牌延伸，就是把一个知名产品的品牌用在一个新产品上。

随着许多企业做大做强的增长欲望越来越浓，品牌延伸也变得越来越普遍，但是大多数的品牌延伸最后往往适得其反，不但没有加强品牌的印象，而且还丧失了原先品牌的位置。可以说，品牌延伸是明确又固执的由内而外的思维结果，是企业单独从自身出发想要扩增的结果。

换一个思路，我们也可以用由外而内的思维方式，从潜在顾客的角度出发看一下品牌延伸。在人们的心智中，拥有定位意味着什么？意味着某个品牌名称变成了通用名称的替代物或代名词。但是品牌延伸使这类品牌在顾客心智里的清晰印象变得模糊，消费者的心智中逐渐丧失了焦点，这是最后无法正确定位、无法抢占消费者心智的重要原因。

既然品牌延伸有这么多的弊端，为什么还有这么多的品牌采取品牌延伸的做法？原因之一就是它在短期内确实有一定的优势。不过，从长期的角度看，品牌延伸绝对是一种抑制剂。

品牌的名字就像橡皮筋，它可以拉长，但不能超出某个极限，名字延伸得越长，它就变得越脆弱。直到最后，随着消费者的心智逐渐丧失焦点，品牌就失去了它在消费者心中的位置，更谈不上定位了。②

三、“丢了钉子”陷阱

钉子第一，锤子第二。

虽说只有语言钉子没有视觉锤难以成功实现定位，但是只有视觉锤没有语言钉子更不行。毕竟，语言钉子是营销战略的目标，锤子只是帮助钉子进入心智的工具。

为了避免踏进这种陷阱，需要处理好钉子和锤子两者的关系，不仅是之前提到的配合关系，还有孰先孰后的关系。

首先，启用左脑，尽量用一个词或概念来表达营销战略的本质。然后再启用右脑，要避免来自逻辑分析性思维的左脑的不断干扰。如果没有视觉创意的出现，那就要回到起点，找到营

---

① 特劳特，里夫金．重新定位：定位之父杰克・特劳特封笔之作：珍藏版．北京：机械工业出版社，2011：83-84.

② 同①158-159.

销战略的另一种语言表述。有时候，为了找到一个可以与视觉锤一同协作的定位，常常还要牺牲一个先定的语言定位的效力。

总之，要发展出一个视觉锤，不可忘记可靠的语言钉子，一个可以将视觉锤通过视觉表现出来的狭窄的概念。

结语

我们正在步入一个视觉的时代。一个新的品牌除非包含甚至植入了一个有力的视觉锤，否则就不太容易在这样一个竞争激烈的时代成功定位。在视觉时代，品牌的定位必须要牢牢把握住它的本质——与众不同以及显而易见，同时基于左右半脑的工作原理，采取特定的合适措施。当然无论是使用新型的视觉锤，还是沿用传统的定位策略，差异化始终是要紧紧扣住的核心。

在此改写一段古老的谚语：

少了一个锤子，丢了一颗钉子，
丢了一颗钉子，坏了一个战略，
坏了一个战略，损了一个品牌，
损了一个品牌，亡了一家公司。

总的来说，在视觉时代，钉子更重要，但是锤子更强大，想要利用好视觉锤，品牌和企业还有很长的路要走，而所有的这些也需要时间去检验其正确性。

推荐阅读资料

1. 特劳特，里夫金. 与众不同：极度竞争时代的生存之道：原书第2版. 北京：机械工业出版社，2011.

2. 特劳特，里夫金. 重新定位：定位之父杰克·特劳特封笔之作：珍藏版. 北京：机械工业出版社，2011.

3. 里斯. 视觉锤：视觉时代的定位之道. 北京：机械工业出版社，2013.

4. 特劳特. 显而易见：终结营销混乱：珍藏版. 北京：机械工业出版社，2011.

第五章　市场营销伦理

市场营销伦理是市场经济的伴生物。随着文化企业活动的不断深入及文化企业的影响日益扩大，人们普遍认识到伦理对文化企业营销活动的重大价值。在市场经济条件下，文化企业需要具有社会责任，遵循市场营销伦理，正确处理文化营销活动中的伦理问题，必须在市场营销中做出道德性决策。

第一节　社会责任与营销伦理

伦理和道德具有大体相同的含义，都是指人际行为应该如何规范。因此，文化营销伦理基本可以表述为文化营销道德。伦理是评价某决定或行为正确与否的价值判断，并用来评价某决定或行为是否为大众所接受。文化营销伦理则指文化消费者对文化企业营销决策的价值判断，即判断文化企业营销活动是否符合广大文化消费者及社会的利益，能否给广大文化消费者及社会带来最大的幸福。这势必涉及文化企业的社会责任、文化营销伦理的判定标准问题。

一、文化企业的社会责任

文化营销伦理的主体是文化企业。因而，文化企业的营销伦理是建立在文化企业的社会责任之上的。任何企业均具有双重身份。企业作为独立自主、自负盈亏的商品生产者和经营者，具有自己独特的经济利益，其经济利益在于追求利润的最大化，从这个意义上说，企业是“经济人”。作为“经济人”的企业，势必以利润大小为标准衡量自己的经营成果，企业的这种社会性决定了它是“社会人”。企业的生存与发展所需的各种资源（包括人、财、物等）及企业生产产品的现实条件都有赖于社会提供，因而企业应当承担一定的社会责任，其经营行为应当受到社会的约束和限制。企业的社会责任是指企业的经营决策对社会的影响。企业经营者的社会责任是扩大企业对社会的积极影响及减少对社会的消极影响，这亦可视为企业履行对社会所承担义务的一种行为。文化企业的社会责任所包含的内容众多，可概括为三大类：保护文化消费者权益、保护社会的利益及促进社会的发展、保护自然环境及维护生态平衡。

（一）保护文化消费者权益

保护文化消费者权益是文化企业的主要社会责任，具体地说，即要求文化企业为广大文化消费者提供品种多样的、优质的文化产品和服务，以满足其各种不同的需求。为此，要求文化企业树立起以文化消费者为导向的经营哲学，并根据文化市场需求的变化，不断调整营销策略，以适应文化消费者不断变化的需求。在现实中，随着市场经济的发展，众多文化企业为广大文化消费者提供了日益丰富及品种多样化的文化产品，大大提高了人们的生活质量，并考虑了广大文化消费者的权益。但是，文化消费者的权益受侵现象还是比较普遍。由于文化产业的特殊性，对于有些文化产品和服务，文化消费者明知上当受骗却又难以投诉，更不要说进行维权了。比如，在演出业，演出方拖延或更改演出开场时间，“假唱”流行，有的甚至“偷梁换柱”，雇用他人冒充明星进行欺骗性演出；在影视业，有的作品粗制滥造，经常犯历史性、常识性的错误，字幕错字连篇；在网络文化业，网站强迫网民接受网站单方面制定的不平等用户协议；在图书报刊业，大众传播媒体对商品做虚假宣传，误导消费者；在文物和艺术品业，假冒伪劣产品充斥市场。另外，在文化娱乐业、艺术培训业、文化旅游业等方面，缺乏诚信的现象也是屡见不鲜。为了保护广大文化消费者的利益，西方国家的文化消费者自发地成立了保护消费者协会，有组织地开展保护消费者权益的活动，从而促使文化企业承担这方面的社会责任。

保护消费者权益运动的主要目标是要求文化企业承担以下的社会责任或执行四项基本义务：第一，使文化消费者具有获得安全产品与服务的权利。即要求文化企业保证售出的文化产品或服务不会危及文化消费者的身体健康及生命安全。为此，要求生产者及经营者对其所生产和出售的文化产品或服务所产生的后果负责任。第二，使文化消费者具有获得有关文化产品的充分信息的权利。即要求文化企业向文化消费者提供充分的关于文化产品优劣、使用方法及使用效果等方面的真实信息，以避免误导文化消费者做错误的购买决策。第三，使文化消费者具有自由选择文化产品的权利。即要求文化企业在任何时候都让文化消费者自由选择自己所需要和所喜爱的文化产品，反对文化企业对文化消费者采取高压推销及垄断政策，反对诱导文化消费者购买其并不需要的文化产品的行为。第四，使文化消费者具有申诉的权利。文化企业对文化消费者因不满意购买的文化产品或服务而向有关部门进行申诉的行为，应持欢迎及支持态度，并对文化消费者的损失进行赔偿。

（二）保护社会利益及促进社会的发展

保护社会利益及促进社会发展是文化企业义不容辞的社会责任。文化企业从事生产经营活动，一方面应为社会创造日益丰富的物质和精神财富，即为保障社会利益及促进社会发展提供使用价值形态的财富；另一方面，文化企业应为国家及各级政府提供一定的税收，即从价值形态上为国家做贡献，以增加国家积累资金，促进国家建设事业迅速发展。此外，文化企业还应当对社会公益事业进行支持和捐赠，帮助教育行业、文化行业及贫困地区的发展，这是近年来文化企业社会责任的延伸。在实践中，许多文化企业认真地履行了为社会提供丰富优质的财富及照章纳税等社会责任，但有些文化企业由于经营指导思想不端正，一味追逐利润最大化，或生产和销售不符合社会要求的文化产品，或偷税漏税，严重地违背了法律及道德原则。由于诸多原因，许多文化企业还不可能对社会公益事业进行支持和捐赠，更不能将这些活动纳入社会责任的范畴。

（三）保护自然环境及维护生态平衡

保护自然环境免遭污染、维护社会生态平衡是文化企业重要的社会责任。随着市场经济的发展，一些文化企业在为社会创造巨大财富、给广大文化消费者提供物质福利的同时，严重地破坏了自然生态平衡，污染了环境，并形成了恶劣的社会环境，严重地威胁着人类的生存环境。因此保护自然环境、治理环境污染、净化恶劣的社会环境、实施社会可持续发展战略势在必行。实施绿色营销进而保证文化消费者的绿色消费亦成为企业的社会责任。

1. 实施绿色营销

绿色营销是在绿色消费的驱动下产生的。所谓绿色消费，指文化消费者意识到环境恶化已经影响其生活质量及生活方式，要求文化企业生产和销售对环境冲击最小的绿色产品，以避免破坏环境的消费。所谓绿色营销，指文化企业以保护环境的观念作为其经营哲学，以绿色文化为其价值观念，以文化消费者的绿色消费为中心和出发点，通过制定及实施绿色营销计划，满足文化消费者的绿色需求，实现文化企业的经营目标。绿色营销体现了四种绿色理念：(1) 文化企业在选择生产何种文化产品及应用何种技术时，必须考虑尽量减少对环境的不利影响；(2) 文化企业在生产产品过程中要考虑安全性，并降低文化产品在消费中对环境的负面影响；(3) 文化企业设计文化产品及包装时，要减少原材料消耗，并减少包装对环境的污染；(4) 从产品整体概念考虑文化产品的设计、产品形态及售后服务以节约资源并保护环境等。所以说，绿色营销是满足文化消费者绿色消费、保证文化消费者身心健康、提高文化消费者生活质量的根本途径，亦是文化企业主要的社会责任。

2. 实施社会可持续发展战略

可持续发展战略是指社会经济发展必须同自然环境和社会环境相联系，使经济建设与资源、环境相协调，使人口增长与社会生产力发展相适应，以保证社会实现良性循环发展。可持续发展战略的实施，从宏观方面，要求政府重视制定实施可持续发展战略的总体目标、方针及政策；从微观方面，要求文化企业将营销活动同自然环境、社会环境的发展相联系，使企业的营销活动有利于环境的良性循环。这也是当今及未来文化企业的重要社会责任。

2006 年，国家环保总局有关负责同志向媒体通报了电影《无极》剧组破坏云南香格里拉碧沽天池生态环境的调查情况。调查显示，拍摄现场进行了部分清理和恢复，垃圾遍地的问题已基本解决，简易木桥、栈道、三个临时工棚和“海棠精舍”已拆除。但是，100 米长的沙石路尚未清除，因建设破坏的 500 平方米草甸、部分杜鹃花丛一时难以恢复。国家环保总局责成云南省环保局根据国务院《建设项目环境保护管理条例》第 25 条规定，对剧组为拍摄活动修建的道路和建筑物造成生态破坏的行为进行处罚，限期由责任单位恢复拍摄地的生态植被，强化环境管理，并及时向社会通报情况。由于我国生态保护法律法规尚不够健全，对生态环境的破坏尚缺乏相应认定标准和处罚依据，亟须明确生态破坏程度、生态补偿、处罚依据等法律界定，切实加强对生态环境的统一监管，实现生态保护从单要素管理逐步向功能、系统管理方式的转变，维护国家生态安全。

二、营销伦理的判定理论

营销伦理就是营销主体在从事营销活动中所具有的基本行为准则，也就是处理营销过程中利益各方的相互关系的准则。[①] 这一准则可以用来判断市场营销活动正确与否，即营销主体的相关活动是否符合消费者及社会的利益。在企业、社会、消费者这三者关系中，经济关系是最主要的，这种关系的正确处理除了依靠法律的监管，也需要伦理观念的指导。

---

① 郭国庆．营销伦理．北京：中国人民大学出版社，2012：10.

文化企业营销伦理标准的确定，在很多情况下并不像人们想得那么容易。有些违背营销伦理的行为，诸如虚假广告、合谋定价、贩卖盗版文化产品等普遍为社会所痛恨的行为，其违背道德是一目了然的。然而，对某些营销行为是否违背道德，囿于个人价值观及生活经历的不同，会存在不同的见解。比如，什么是欺骗性广告，在推销中哪些行为构成行贿，又如以顾客身份从竞争对手那里获取营销情报是否道德，再如对儿童做广告是否道德等。评价文化营销伦理的主要理论有以下几种。

（一）功利论

所谓功利论（Utilitarian Theories），是指判断某行为是否道德，主要看其行为所引起的后果如何。当某行为能够为大多数人带来最大幸福时便是道德的。反之，便是不道德的。一般认为，功利（或效用）是指事物的内在价值或内在的善，而不是外在价值或道德上的善。内在的善是指健康、快乐这类非道德意义上的内在价值，外在的善则是一种手段的善。

作为一种有重大影响的伦理学理论，功利论是 19 世纪初在英国形成的。这一学说最有影响的代表人物是英国的杰里米·边沁（Jeremy Bentham）和约翰·穆勒（John Stuart Mill）。迄今为止，功利论已经形成了多种流派，尽管这些流派存在分歧和差异，但其基本点是共同的，都是以行为所产生的效果为标准来衡量什么是善、什么是最大的善的问题，并以此判断行为的道德性。

某事物是否具有外在的善，需要通过它获取“内在的善”的能力来证明，如获得更多的财富是善的，如果它会使人们的生活更加幸福、快乐的话。边沁认为：“总计所有快乐和痛苦的全部价值，然后加以比较，如果余额在快乐的方面，则表明行为总体上表现为善的倾向。反之，则表现为恶的倾向。”现代许多功利主义者，倾向于把“内在的善”扩大到知识、友谊、爱情、美等方面，而不只将它理解为幸福和快乐。

功利论强调行为的功利后果，并以此判断行为的善恶。一种行为只有在善恶相抵后，净善优于其他行动方案的功利时，才是符合道德的。功利论对行为后果的看法，主要有两种典型代表。一种是利己功利主义，它以人性自私为出发点，但它并不意味着在道德生活中为了自身利益而不顾他人利益，因为这最终会损害自己的利益。另一种是以穆勒为代表的普遍功利主义，他抛弃了利己主义原则。普遍功利主义认为，行为道德与否取决于行为是否普遍地给大多数人带来最大幸福，并认为，为了整体的最大利益，必要时个体应不惜牺牲个人利益。当代功利论者大多倾向于采用普遍功利主义原则来确定行为的道德性。

功利论存在很大的缺陷：首先，对于“善”能否计算和客观衡量，人们是普遍怀疑的，如果仅仅以某集体或团体的偏好这一相对能客观予以衡量的范畴来构筑功利概念，很可能会产生不能将功利原则贯彻始终的问题；其次，个体能否具有预知其行为的可能后果及影响的能力也是值得怀疑的问题；最后，牺牲一小部分人的利益来换取更多人的利益，是否公平和道德，在很多人看来也是值得怀疑的。

（二）道义论

与功利论强调通过行为的后果来判断行为的善恶不同，道义论（Deontological Theories）从直觉和经验中归纳出人应当遵守的道德责任或义务，从义务的履行情况来判断行为是否道德。道义论或义务论认为，某行为是否符合道德不是由行为的结果决定的，而是由行为本身的内在特性所决定的。也就是说，判断某一行为是否具有道德性，只需要根据本身的特征就可以确定，而不一定要根据行为的“善”“恶”后果，即行为符合义务原则的要求时，便是道德的。

1930年，英国伦理学家戴维·罗斯（David Ross）提出了显要义务理论。在1930年出版的《正当与善》一书中，他系统地提出了关于“显要义务”或“显要责任”的观念，指出在大多数场合，一个智力成熟、神志正常的人往往不需推敲就能认识到自己应当做什么，并以此作为一种道德义务。他归纳出诚实、感恩、公正、行善、自我完善、不作恶六条最基本的义务，违背其中任何一条义务的行为都是不道德的。

道义论还强调行为的动机或行为的善恶意愿的道德价值。例如有三个文化企业都进行对同一工程（“希望工程”）的投资，甲文化企业是为了树立企业的良好形象以便今后打开其经营之路；乙企业是为了捞取政治资本；丙企业是为了履行企业的社会责任。很显然，丙企业的投资行为是来自尽义务的动机，因而更具道德性。

道义论从人们在生活中应承担责任与义务的角度出发，根据一些被普遍接受的道德义务规则判断行为的正确性，是有现实意义的。例如文化企业之间签订经济合同，它们必须有履行合同的义务，否则经营活动会瘫痪，又如负债要有偿还义务，这些都是人们必须承担的义务。事实上，诚实信用、公平公正、不偷窃、不作恶、知恩图报等，已经被大多数人视为一种基本的道德义务并付诸行动，而且这些义务准则已经被较广泛地应用于各个国家的法律、公司政策及贸易惯例等方面。

作为一种道德评价理论，道义论也有其自身的局限。人们在履行义务时，对哪些义务是基本的道德义务的界定是有分歧的。不同的文化背景会造成人们对事物对与错或某行为善与恶的判断标准的不同。例如，有些非洲国家实行一夫多妻制，大多数国家则严格实行一夫一妻制，前者是其法律允许的，并且是为社会所承认的，被认为是道德的。但对大多数国家而言，只有一夫一妻制是合法和道德的，前者则是不道德的。又如在商业经营活动中，某些国家对贿赂行为深恶痛绝，法律上是禁止的，有些国家则允许贿赂，认为这是开拓商务不可缺少的方法。可见，对同一行为道德性的判断，不同国家是有区别的，说明了道德的相对性。当然，在不同国家，也存在着共同的道德观，如关心社会福利、保护儿童、严惩抢杀掠夺等，这些既是法律的要求，也是道德的反映。

文化市场营销道德的建构，可以借鉴一些较为成熟的模型，如亨特-维特尔模型、史密斯营销道德连续体模型。

1. 亨特-维特尔模型

1991年，亨特（Shelby D. Hunt）和维特尔（Scott J. Vitell）对1986年提出的模型进行了一些修正，扩充了各个环境因素的具体内容，并把情景约束因素（Situational Constraints）换成内容更多的行为约束因素（Action Control），修正后的“亨特-维特尔模型（The Hunt-Vitell Model）”见图5-1。

该模型的一个重要特点就是采用了描述性而不是规范性的形式，主要是用来研究现实生活中，营销人员应怎样对其营销行为根据道义论和功利论所确立的两大判断标准做出道德评价。其重点不是探寻营销人员应遵守哪些道德义务以及如何提高营销道德水平的问题，而是研究在决策过程中如何遵循道德规范的问题。

亨特等人于1992年运用实验法，考察了700多名营销经理如何应付以下与销售有关的伦理问题：一是销售人员为获得更好的交易条件对顾客夸大企业的生产和销售规模；二是尽管有较便宜的产品，且能更好地满足顾客的需要，但销售人员依然极力向顾客推销昂贵的产品。该

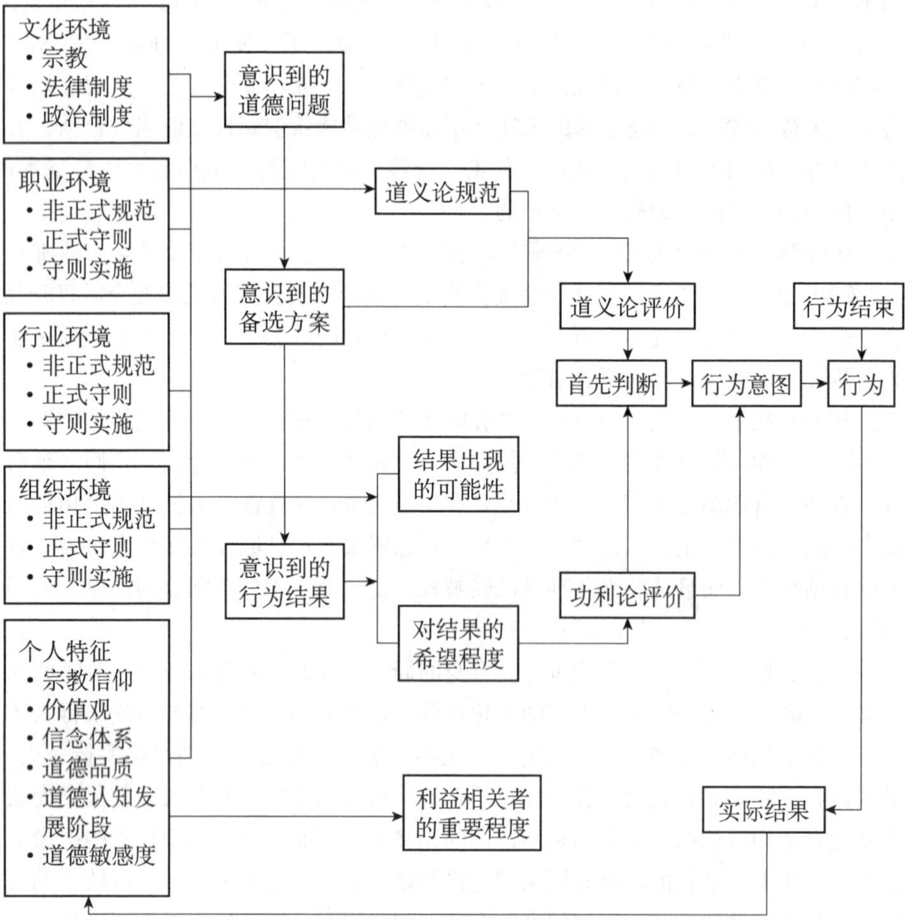

图 5-1　亨特-维特尔模型

研究采用结构方程模型对数据进行分析，结果发现，数据完全支持上述模型的结论。同样重要的是，至少在实验所调查的情形中，营销经理主要是依据道义因素，其次才是依据功利结果做出道德判断和形成行动意向的。同时，在进行道德判断时，女性较男性更倾向于考虑道义因素。总之，这些实证研究从不同的方面对模型的假设提供了直接或间接的支持证据。

亨特-维特尔模型揭示了三点：第一，整个营销道德的评价过程，受到个人因素、文化因素、法律因素、行业因素等各种因素的综合影响，因此，进行个人道德教育、改善个人特性以及创造良好的环境氛围对营销道德行为的形成是十分必要的。第二，亨特-维特尔模型是一个循环流程，对企业的市场营销行为的道德评价结果有反馈的过程，包括对个人因素、环境因素的反作用，最终反映的是某一种行为的评价结果对今后的影响作用。因而，依据这一原理，对企业市场营销行为是否符合道德标准应及时地予以评价。第三，此模型对道德判断依据的基本原理是道义论，因而对同一问题会由于依据的标准不同而得出差异很大的结论。而在形成行为和产生后果的时候，还会受道德判断的情境因素的影响。由此不难看出实际操作中营销道德评价复杂且不易把握，营销人员在判断过程中具体运用这些准则的时候可能侧重有所不同。

2. 史密斯营销道德连续体模型

1993 年，史密斯提出了从消费者自行负责到企业对消费者负责的营销道德连续体模型

(The Smith's Marketing Ethics Sequential System Model)，见图 5－2 所示。

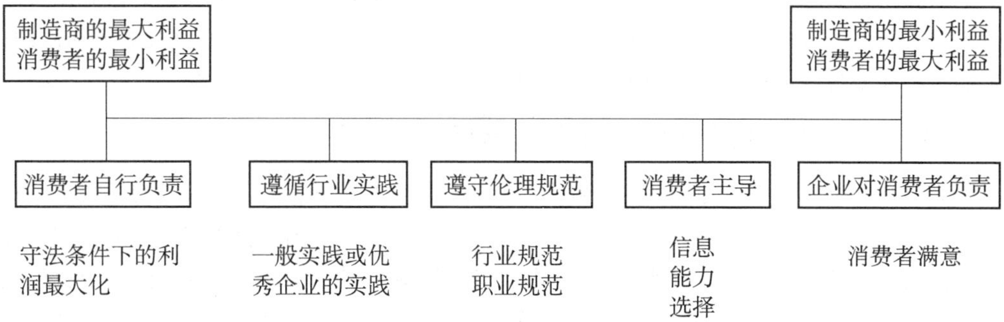

图 5－2　史密斯营销道德连续体模型

史密斯倾向于“消费者主导”观点，认为这一观点不仅有其合理性，而且相对比较简单直观，见表 5－1。

表 5－1　史密斯“消费者主导”观点

维度	衡量指标
能力：消费者的能力	易受伤害因素：年龄、所受教育、收入等
信息：可获得性和质量	应足以判断是否满足了购买期望
选择：转换的机会	竞争程度、转换成本

消费者主导要求营销者接受市场营销观念，即把消费者的利益置于优先地位。营销者有义务确保消费者的能力、信息和选择。选择维度指的是转换的机会，即消费者可以到别处去购买另一品牌产品。选择维度有两个衡量指标：竞争程度和转换成本，意味着营销者不应该寻求对市场的垄断和独占。

这一模型只考虑营销决策对顾客的影响，而没有考虑到对其他利益相关者的影响，虽然企业和顾客的关系是营销者面对的主要关系，但毕竟不是唯一的关系，营销决策也不仅仅影响顾客，还影响公众、社会等现代企业营销面临的宏观和微观环境及主体。

三、市场营销的伦理评价

营销伦理评价是指对某一文化企业营销行为是否符合道德，即是善的还是恶的，是人们可以接受和赞扬的，还是不可接受或应遭受谴责的等做出评估。在营销活动中，一方面要接受社会对营销行为的道德评价，另一方面，文化企业对自身营销行为的道德性也要做出评价。可见，对营销道德的评价可以从两方面进行：一是社会评价，二是文化企业对自己的营销行为做出评价。

（一）社会对文化企业营销行为的道德评价

社会对文化企业营销行为的道德评价是以社会上大多数人所接受和信奉的道德标准、信念来评价文化企业的营销行为。这种社会道德观是建立在一定社会文化基础上的。然而，各国的社会文化差异很大，因而反映出来的社会道德观很不相同。例如，商务活动中的贿赂在中国、美国受到法律的禁止，在某些国家则受到鼓励和期望。因此，在不同国家都存在各自评价营销行为是否道德的标准。如果文化企业的营销行为被某国人民认为是善的，并为社会所接受，该营销行为便是道德的。如果不符合某国的社会道德标准，不为社会所接受，甚至遭到人们的谴责，那么文化企业的营销行为便是不道德的。值得注意的是，每个国家的社会道德观以及道德规范不像法律那样以成文形式反映出来，也不像法律那样以制裁和惩罚的方式对人加以约束，但它们却存在于各国人们的意识和观念中，对行为人产生长久和深刻的影响。

（二）文化企业对自身经营行为的道德评价

社会对文化企业营销行为的评价一般不会影响文化企业领导者及营销人员的道德意识和道德观念，但领导者与营销人员对自身营销行为的评价必然受到各国社会主流道德的影响。由于各国不同的人在其成长过程中所处的环境不同，不同个体对社会主流规范的认同和内化程度会存在差别，因而往往有个人道德判断与社会道德判断不一致、相冲突的可能。因此，文化企业面临道德冲突时，需要根据各国公认的社会道德标准并结合个人的价值观对行为的道德性做出判断。

第二节　市场营销中的伦理问题

文化市场营销中的伦理问题，是指文化市场营销过程中违反伦理道德或者引起伦理争议、需要进行伦理评价的问题。伦理问题可能存在于文化市场营销的各个环节和各项策略中，文化市场营销中的伦理问题可能会直接导致市场营销活动的失败，因此需要对不同环节和营销策略组合中可能的伦理问题作出具体分析。

一、调研中的伦理问题

文化市场调研是运用科学的方法系统地、客观地辨别、收集、分析和传递有关文化市场营销活动的各方面的信息，为营销主体制定科学、有效的市场营销决策提供重要的依据。文化市场调研关系到营销主体能否准确获取相应的文化市场信息，直接关系到营销决策的制定和营销活动的成败。随着文化产品的丰富和市场竞争的加剧，越来越多的文化企业开始在市场调研中投入大量人力和财力，希望为自身文化产品的生产和投放提供准确的市场信息。但文化市场的调研中也因此会涉及各种有违伦理的问题，如调研者侵犯消费者隐私的行为、利用不正当手段获取商业情报、通过给第三方好处而索取竞争者的商业秘密、调研机构提供虚假调研报告给委托人等问题。

文化市场调研中的伦理问题主要涉及调研机构与调研对象之间的伦理问题、调研机构与委托者之间的伦理关系、委托者与竞争者之间的伦理问题。

（一）调研机构与调研对象之间的伦理问题

调研机构与调研对象之间的伦理问题可能分别存在于调研对象与调研者双方。首先从调研对象的角度来看，调研对象本应向调研者公正客观地反映问题、传递自己的真实观点，但在面临压力或者有利益驱动的情况下可能难以提供属实的反馈。如，对调研者的问题难以辨别或者难以做出回答却又不得不给出一个答案，抑或出于虚荣心的驱使时，就会给出一个与真实状况不符的反馈。

从调研者的角度来看，可能存在以下违背伦理的问题：一些调研者未经调研对象许可，将调研对象的资料泄露或公布，从而侵犯了调研对象的隐私及权利；利用调研作为促销手段或者以调研名义进行的促销行为；某类文化市场的调研在未告知调研对象的情况下私自使用录音设备、监视装置，在未经调研者同意的情况下公开调研的影音资料；调研机构故意向调研对象隐瞒身份或者提供虚假的身份信息，使调研对象处于蒙蔽状态。

（二）调研机构与委托者之间的伦理关系

文化市场调研通常是由文化组织委托专业的调研机构开展调研，由此在委托者与调研机构之间就可能产生伦理问题。

调研机构与委托者之间的伦理问题主要体现在调研机构能否向委托者提供真实有效的市场调研信息，委托者和调研机构在调研结果和调研费用上的公平性问题，调研机构能否对委托者委托的调研事项与信息予以保密的问题。

与委托者相比，在市场信息收集方面，调研机构往往处于优势方。因此，一些调研机构可能采取有悖于委托人利益的行为，如调研数据的造价、调研费用的挪用、刻意隐瞒信息、随意改变流程、为迎合委托人假设而故意歪曲信息等违背伦理的行为。如，某些省级卫视一年以数千万元请民营品牌推广公司进行所谓的品牌推广，而这些经费其实相当部分被用于对收视样本户的干扰造假。

委托者和调研机构在调研结果的公平性问题上主要是委托者要全面、公正地看待调研机构的调研结果，不能出现选择性地看待、断章取义地理解等不合伦理的情况，以免造成对消费者的误导和此后营销决策的失误。委托者和调研机构在调研费用上可能产生的伦理问题包括调研机构对委托者隐形加价或私自减少调研内容而减少调研成本，甚至出现在调研成本较低的情况下制定高价合同。此外，还有调研机构发觉调研费用超出预算，却不及时告知委托者，在结束时却向委托者要求增加调研费用等有悖伦理的问题。

委托者和调研机构之间是一种契约式的合同关系，双方都有为对方保密的义务。现实中，个别调研机构的调研人员在利益的驱使下，将调研成果及关系委托者的基本信息泄露给竞争对手，从而损害了委托者的利益，违背了伦理道德的基本要求。

（三）委托者与竞争者之间的伦理问题

委托者与竞争者之间的伦理问题主要体现在委托者在市场调研中，以欺骗、跟踪、贿赂、监视等不正当手段获取竞争者的商业秘密以及信息收集过程中主动泄露信息等方面。委托者以调研为幌子，雇用他人以合作、洽谈、面试等形式，乘机获得竞争者的商业机密和相关数据属于这方面的典型伦理问题。委托者委托调查机构跟踪、监视竞争者的发展动向，据此作出自身营销策略的调整是较为常见的违反伦理道德的现象。如，2009 年一家城市电视台向收视调查机构一次提交关于 9 户样本户收视率异动的怀疑。经调查机构跟踪调查，这 9 户样本户中有 6 户莫名长期锁定一家卫视。经过干涉，在样本户撤销后，该卫视在该城市的收视率即刻下降。

委托者通过贿赂竞争者组织的员工或者竞争者的用户，以此获得竞争者的秘密信息或竞争者的客户资源，属于市场调研中常见的悖逆伦理道德的行为。如西安市中级人民法院向媒体公布的“2009 年西安十大知识产权案”中，第十例案件便与此有关。一名索福瑞媒介研究有限公司的技术维护人员王某，涉嫌与西安电视台李某、电视短剧制作人张某等人收买相关样本户，被西安市检察院起诉。

二、产品中的伦理问题

产品策略是市场营销组合的基本策略。在文化市场中，有效且合乎伦理的产品策略有助于营销活动的开展和营销主体综合效益的提升。反之，仅注重眼前利益、忽视消费者需求的产品策略不仅不会持久，还会产生一些伦理问题，也终将为消费者和市场所抛弃。文化市场营销中文化产品中的伦理问题包括文化产品设计中的伦理问题、文化产品包装中的伦理问题、文化产品质量中的伦理问题和与文化产品知识产权相关的伦理问题。

（一）文化产品设计中的伦理问题

产品设计有狭义和广义之分。狭义的产品设计是指产品的物理性质设计，如产品的原理、结构、大小、工艺等方面的设计。广义的产品设计涉及从产品概念提出到产品生产销售的全过程，它不仅包括技术角度的物理性质设计，还包括产品的市场定位。[①]文化产品的设计应该是广义上的产品设计概念，除产品本身的物理性质外，还应综合考虑公众、环境、资源以及与产品相关的其他事物等因素。如果不能全面考虑这些因素，设计出的产品有可能出现伦理问题。文化产品设计中的伦理问题通常包括文化产品设计缺陷、文化产品定位问题、文化产品的生态环保问题。

有缺陷的产品设计轻则导致影响产品使用或接收，重则可能带来悲剧性灾难。如某视频网站推出的原创网络视频中含有大量低俗恶搞的段子，遭到网友的集体吐槽，属于明显的产品设计缺陷。又如，2015 年 7 月 26 日太原动漫展售卖的一些动漫周边产品包含国家禁止的管制刀具，一时引起伦理争议。显然，当初在对动漫周边产品设计时没有考虑到这一点，属于文化产品定位问题。

文化产品的生态环保问题是设计中的一项重要伦理问题，在环境保护日益受到重视的当下变得越发重要。相关伦理问题主要体现在产品设计对环境的破坏以及对生态的漠视。如备受关注的张家界“世界第一观光电梯”，从建成之日起，围绕它的争论一直没有停止过。人们的关注点在于观光电梯破坏了景区地质地貌和生态环境的真实性和完整性。又如泰国旅游景区的大象表演项目，该项目是泰国的特色旅游项目，每年为泰国旅游业带来不菲的收益。为使未被驯化的群居性大象顺从并“温顺”“聪明”地进行各种表演，象夫会采用一种名为“Pajaan”（意为打破、分离）的传统驯象手法。该手法表现为将小象强制从其母亲身边分离、给予极少的水和食物、限制活动、剥夺睡眠，不断用尖锐的“Bullhooks”（金属做的训练棒）去刺伤小象。该旅游产品的设计明显流露出产品设计方对动物保护的漠视。

（二）文化产品包装中的伦理问题

现代市场营销中，重视包装已成为常见的营销手段，良好的产品包装能够为生产者创造一定的溢出价值，为消费者带来便利、审美和情感价值。但产品包装中却经常出现过分强调外部包装而忽视内部质量、过度包装产生资源浪费、包装欺诈及包装材料污染环境等问题，其中很多问题涉及伦理道德。文化产品包装中出现的伦理问题主要包括文化产品有意欺瞒性包装对消费者造成欺骗或误导、文化产品的过度性包装导致价格虚高以及包装带来的生态环境的破坏

① 王宝森．企业伦理与文化．北京：经济科学出版社，2013：115.

问题。

如 EXO（行星团）于 2016 年在上海出席一场《K-friends Concert With EXO》的拼盘演唱会，演唱会上 EXO 仅仅唱了 5 首歌曲就宣布退场。身处演唱会现场的歌迷们纷纷表示：当时宣传文案都表示 B1A4（血型团）组合是作为嘉宾前来助阵而已，EXO 则会在演唱会演唱多达 10 首歌曲，B1A4 则会演唱 6 首。但歌迷进场之后才发现是一场拼盘演唱会。B1A4 唱了 8 首歌曲而且还做了互动访谈，之后 EXO 才出场，仅演唱了 5 首歌曲就结束了。而且张艺兴当天因拍摄电影未能到现场，但是主办方却未事先说明。主办方对演唱会这一产品进行包装后的宣传就属于故意欺瞒性的包装，以致伤害了歌迷们的感情。

（三）文化产品质量中的伦理问题

与其他产品一样，文化产品的质量问题也会涉及伦理问题。文化产品中的质量问题包括假冒伪劣产品、虚假认证问题、产品安全问题、粗制滥造问题。文化产品质量中的伦理问题集中表现为不符合市场规范或标准、对消费者故意隐瞒产品的真实信息。伦理问题的存在是营销主体利用文化产品信息的不对称，以不合乎质量标准的产品骗取消费者的信任，达到产品销售的目的，这是对消费者正当权益的侵犯。

近年来，文化产品质量中的伦理问题经常被曝光。如电影《捉妖记》在 2015 年取得优异的票房成绩后，部分企业在未取得电影发行方授权的情况下，开始生产或销售电影中胡巴这一形象的衍生品，部分玩偶类衍生品更是粗制滥造，甚至严重走形，然后以低廉的价格推向市场。这其中涉及的伦理问题包括相关企业没有取得授权就进行产品的生产和销售、产品的粗制滥造问题以及可能存在的安全隐患问题。

（四）与文化产品知识产权相关的伦理问题

文化产品所承载的知识产权是文化产品中的无形资产，也是文化产品不可分割的一部分。文化产品的知识产权包括了文化产品的著作权、商标权、专利权、设计权等相关权利。对文化产品知识产权的侵犯、盗用是文化产品出现知识产权伦理问题的根源，具体表现为对已有产品或内容的剽窃、未经授权的使用、对已有产品信息的挪用或伪造。

2015 年 7 月，国产动画电影《汽车人总动员》被曝光的原因是完全仿照并移花接木地使用了皮克斯动画《汽车总动员》中的人物形象。理由是两片不仅片名类似，《汽车人总动员》中的三辆车外形还酷似《汽车总动员》的闪电麦昆、士官长和法兰斯高。又如 2016 年末，电视剧《红高粱》的片方及播放该剧的媒体被东阳金百星影视文化传播有限公司告上法庭，理由是该电视剧剧本剽窃了电视剧《红盖头》剧本的内容，侵犯了《红盖头》剧本的著作权。上述两个案例中文化产品存在一个共同的伦理问题，即对已有作品或产品知识产权的侵犯。

三、定价中的伦理问题

定价是市场营销过程的重要环节。营销主体希望产品能够为其带来利润，就必须对产品恰当定价。不合理、不道德的定价可能会损害公众、社会的利益，导致产品市场份额的减少，甚至引发营销主体的信用危机，恶化其生存环境。文化市场定价策略中的伦理问题主要包括两类：一类是妨碍公平竞争的定价策略，即定价策略损害了正当公平的竞争；另一类定价中的伦理问题是针对消费者的不合理定价，如欺诈或误导性定价、暴力定价等。

（一）妨碍公平竞争的定价

妨碍公平竞争的定价行为包括垄断定价、歧视性定价、掠夺性定价、串谋定价、窃取性定价等。这类定价行为不仅是各国法律所禁止的，也是明显违背伦理道德的。

垄断定价是由处于垄断地位的少数企业经协商形成价格同盟，决定统一的产品价格。特点是他们将一类文化产品以统一的高价格推向市场，同时为获取廉价原料将价格压得很低。在文化市场中，采取垄断定价的营销主体通过其长期以来形成的特殊地位或者与其他市场主体的利益交换，往往掌握一定的市场话语权或市场评价标准体系，从而在某一市场中占据主导优势，形成垄断地位，其产品定价容易形成垄断定价。如部分电视台在黄金时段的广告投放定价由于特定因素容易形成垄断定价。

歧视性定价是对同一产品的不同购买者报以不同的价格，即所谓同一产品的价格因人而异的情形。歧视性定价出现在营销主体居于垄断地位甚至寡头地位的产品市场上，因此是垄断定价的一种延伸。文化市场的歧视性定价可能出现在居于源头控制性的文化企业以及市场稀缺性的文化产品上，如掌握某综艺类电视节目版权的节目制作方，可能会因节目版权的稀缺性而对不同购买者采取歧视性定价。

串谋定价主要发生在产品生产方与经营方之间，两者通过订立价格协议或采取其他价格串通措施，以达到共同占据市场、获取高额利润的目的。文化市场中出现的串谋定价包括协议定价、平行价格、交换价格信息等形式。串谋定价现象可能发生于具有利益往来或者市场份额相近的同类企业间。如具有一定利益往来或市场份额旗鼓相当的视频播放平台在付费下载中可能采取串谋定价的方式。

窃取性定价是营销主体在制定产品价格时采取窃取性手段取得竞争对手的定价信息，以此调整、确定自己同类产品的价格。窃取性定价通常发生在具有直接竞争关系的企业间，是营销主体为了以低于竞争对手的价格获取更多的市场占有率而发生的有违伦理的定价行为。这种定价行为违背了公平公正的伦理原则，扰乱了公平竞争的市场秩序，对市场中作为利益相关者的其他企业造成利益损失甚至威胁。

（二）针对消费者的不合理定价

价格欺诈或误导性定价是针对消费者的不合理定价的主要形式。价格欺诈或误导性定价是营销主体利用虚假的标价形式或者使人误解的表示和说法，欺骗、诱导消费者或者其他经营者与其进行交易的行为。在文化市场中，价格欺诈或误导性定价具体表现为文化产品营销中价格前后不一致或以诱导性语言故意遮掩真实价格。这种行为侵犯了消费者的合法权益，破坏了交易的公平性，无疑是与伦理道德相背离的。

暴力定价是另一种针对消费者的不合理定价形式。其特点是营销主体以不正当手段向消费者索取大大超过产品所需的购买价值，使自身短时间内获得巨额利润。暴力定价损害了消费者的选择权和知情权。部分文化产品由于其稀缺性，短时间内暂时短缺或因人为炒作等原因造成经销商或中介随意抬高价格，使价格大大超出产品的市场价值和消费者的接受范围，属于典型的违反伦理的营销行为。如 2016 年 12 月，王菲在上海举办的“幻乐一场”演唱会。在演唱会开始前，一直呈现“紧俏”的售票形势。主办方宣传称开售 30 秒内马上售罄，7 800 元的门票一度被炒到百万元一张。但后来却传出演唱会门票崩盘的消息，据称大量门票囤积在主办方白玉兰演出公司、罗盘文化和最大票务代理腾讯娱票儿手上。有知情人士爆料，主办方为了炒高价压票，导致积压太多，原价都卖不掉了。

从社会伦理角度审视，营销主体制定价格策略时需要考虑所应承担的社会责任，使其价格策略不仅能应对竞争需要，还要符合伦理道德标准的要求。① 具体而言，营销主体需要为消费者的购买决策提供准确、真实的价格信息，并要考虑确保消费者及自身的正当权益。

四、分销中的伦理问题

文化市场分销中的伦理问题主要包括营销渠道管理中的伦理问题以及不同分销方式中的伦理问题两类。营销渠道管理中的伦理问题体现在渠道管理中违背市场准则的人为操作以及该过程中产生的背离伦理道德的现象，如预先购买、内部购买、反向补贴等。

以内部购买为例，它是指销售方自己或动员利益相关者去购买自己销售的产品，并以此“刷流量”，提高市场活跃度和“占有率”，并以此“成绩”进行市场宣传，从而扩大市场份额。近年来，在电影票房的营销中，内部购买现象常常被媒体曝光，也屡屡受到公众质疑。如2015 年 7 月 16 日上映的电影《捉妖记》刷新和创造了多项影史纪录。与此同时，关于《捉妖记》票房造假的质疑声也不绝于耳。据爆料，某些电影院线出现了《捉妖记》包场的现象，但是这些场次一般都是早场或者午夜场，按照平常的情况这种场次的上座率一般都不会太高，但是《捉妖记》的这些包场上座率却达到了 100%。无独有偶，2016 年 3 月经电影局查证，电影《叶问 3》存在非正常时间虚假排场的现象，查实的场次有 7 600 余场，涉及票房 3 200 万元。同时，该片总票房中含有部分自购票房，发行方认可的金额为 5 600 万元。② 据中国电影发行放映协会和中国电影制片人协会发布的公告，2015 年共有 71 家影院存在严重违规现象，其中“偷票房”系违规的主要方式。违规活动涉及全国 20 余省、20 余条院线，三、四线城市成为重灾区。

分销方式主要包括零售、批发、授权经营和直销。因此，分销方式中的伦理问题也主要出现在这几种方式中。对文化市场而言，零售是伦理问题较为集中出现的领域。其中，零售中的伦理问题不仅关系到零售商与消费者之间的关系，也关系到分销商与生产商之间的关系。这些可能的问题具体体现在采购、定价、销售环节。为此，艾伦·杜宾斯基（Alan J. Dubinsky）和迈克尔·利维（Michael Levy）总结了零售商推销员所面临的八项伦理问题：（1）向消费者收取全额价款；（2）当价格已改变，仍旧向消费者索要高额的费用；（3）有目的地为消费者购买做出错误的指引；（4）没有将产品特性完全真实地告诉消费者；（5）对消费者的指责，认为消费者的目的是要求降价；（6）给予自己的朋友一定的折扣；（7）从一个推销员（渠道）那里抢生意；（8）让一个见习销售员承担重要工作。③

这八个方面虽然是对一般商品零售中出现的问题进行的概括，但对文化市场的零售同样适用。近年来电影市场营销中多地出现的偷票房事件，就属于没有将产品特性等基本信息完全真实地告诉消费者的零售行为。如，据网易娱乐 2015 年 7 月 11 日报道，有网友晒图曝光电影《西游记之大圣归来》被《小时代 4：灵魂尽头》偷票房。又如，2014 年 7 月 24 日，有网友在

---

① 郭国庆．营销伦理．北京：中国人民大学出版社，2012：88.

② 资料来源：新华网．《叶问 3》7 600 余场．3 200 万元票房被认定虚假．（2016-03-19）［2018-01-16］．http：//news. xinhuanet. com/finance/2016-03/19/C-128813584. htm.

③ 王宝森．企业伦理与文化．北京：经济科学出版社，2013：126.

微博中晒出各地观众吐槽《后会无期》被偷票房的证据。几位网友遭遇到的偷票房有两种：一种是说买的《后会无期》的票，结果给的是《小时代3》的票；一种是买的《后会无期》的票，结果影院给的是手写的票。此外，电视剧市场中出现私下贩卖片源，从其他渠道抢走正规销售渠道生意的行为。如电视剧《三生三世十里桃花》于2017年1月30日在东方卫视、浙江卫视首播，并在优酷、腾讯、爱奇艺等六家网络平台播出。该剧在内地播出后叫好又叫座，网络点击量迅速突破300亿大关。就在电视剧收视率和点击率不断升高的背景下，2月5日有人在淘宝公开贩卖片源，部分尚未做完后期制作的片源在网络流传，不仅给制作方带来损失，而且使正常播出渠道的利益受损。

五、促销中的伦理问题

文化市场促销的方式主要包括广告促销、人员推销等促进方式。因此，文化市场促销中的伦理问题也集中体现在上述几种方式中。

（一）广告促销中的伦理问题

广告是文化市场促销中的伦理问题最为集中的领域。背离诚信经营原则、背离公平竞争原则、背离公众利益至上原则、背离生态友好原则往往是广告产生伦理问题的原因。广告中的伦理问题主要包括广告内容的伦理问题和广告对特殊受众群体的侵犯。

对于广告内容而言，可以从两个方面对其是否符合伦理进行判断：广告内容真实与否以及广告所传递的信息是否完全。广告内容的真实性是指广告所反映的产品内容、功效用途、服务理念甚至企业形象是否真实。如果广告内容与产品真实信息不一致，出现明显的吹捧、夸张、虚假甚至欺骗信息，该广告可以被认为违背了真实性原则。广告所反映的产品信息是否完全是判断广告是否符合伦理规范的一个重要方面。很多情况下，营销主体为了宣传、包装自身产品的优点和物超所值的价值，诱导消费者去购买，刻意隐去产品或服务中存在的缺陷和不足，这就是不完全广告或半真实广告。无论是虚假广告、欺骗广告还是半真实广告，都带有一定的主观隐瞒性，都是在信息不对称的状态下，对购买者以不真实或不充分的信息说明或鼓动宣传，从而达到诱导消费者购买该产品或服务的目的。这类广告明显违背了伦理道德，甚至构成了违法行为。

在经济利益的驱使下，此类广告呈现出不断增多的趋势。近年来，文化市场中背离伦理的广告也频频出现在公众生活中。如2016年12月24日晚，“英皇决战食神巨星演唱会”在上海举办。该演唱会的广告在数月前就已通过多家媒体进行了投放，广告对演唱会主角谢霆锋及其在演唱会的现场独唱进行了重点宣传，以此吸引公众的眼球。经过几个月的广告宣传，可谓是吊足了粉丝的胃口。但演唱会举办当天，据现场粉丝爆料，谢霆锋登台的20分钟里，并没有独唱一首歌，只是秀了自己的厨艺。不少歌迷为见谢霆锋一面不惜购买高价票，有的更是驱车千里赶到上海，来到现场后大呼失望。从中可以看出，演唱会的广告宣传通过主打谢霆锋会现场演唱歌曲，使不少歌迷朋友为见证偶像开嗓而不惜购买高价门票。该广告属于典型的虚假广告，欺骗了广大歌迷的感情，践踏了伦理道德。

广告对特殊受众群体的侵犯突出表现为对儿童的侵犯以及对女性的刻板化。对儿童的侵犯又分为对儿童权益的侵犯以及以儿童为广告主角带来的负面影响。一方面，儿童对自我、社会的认知尚未成熟，对广告目的和影响的辨识能力不足，因此难以理性地利用广告及其经济资源满足自己，相对而言更容易对广告内容作出错误判断和不切实际的期望。另一方面，儿童对电视广告内容的高雅与低俗、是否重视伦理道德及其所体现出的价值观缺乏全面的认知，广告内容将会对儿童产生潜移默化的影响。如涉及暴力、男女亲昵的影视广告镜头无形中必然会对儿童的认知产生影响。以儿童为主角的广告在近年来有增多的趋势，特别是在儿童类综艺节目的带动下，不少儿童成为广告主选择产品代言或参与广告拍摄的主角。儿童自身对产品缺乏理性的认知，对产品的影响可能并不知情，因此广告效应可能会产生不当的诱导作用。此外，儿童作为广告主角参与其中，将会助长他们希望通过广告提高知名度甚至一夜成名的错误认识，从而不利于他们的成长。

当前，广告对女性刻板化的表现主要有两种倾向。一是女性被物化，部分专题展会如大多数的车展，将女性比附于车等物品，并对其进行广告特写。这种有违伦理道德的行为实际上是对女性尊严与个性独立的蔑视。二是在广告中被作为性对象凸显出来，希望以此达到吸引受众对产品关注的目的。如部分游戏广告界面以虚拟的袒胸露乳女性形象吸引观众眼球，有的甚至配有年轻女性娇嗔的声音，以此展现游戏内容的刺激，达到对游戏产品促销的目的。这些广告无形之中会对观众价值观以及目标市场内外的女性受众造成伤害。

（二）人员推销中的伦理问题

在促销活动中，除广告外，人员推销中违背伦理道德的行为也是遭到谴责较多的促销行为。人员推销中的伦理问题体现为推销人员以单纯的产品推销为目的，过多地考虑自身和企业的利益，而罔顾推销对象的需求和利益，采取有违伦理道德的手段进行推销活动。主要表现为误导性宣传、高压促销、款待提成、捆绑销售等违反伦理的行为。这些行为在文化产品的人员推销行为中都有所体现，尤其是误导性宣传和一定的返现提成形式。如部分电视剧为了提高宣传营销效果而刷分、刷流量、刷口碑的情形。

2017 年 2 月 21 日，在新浪微博、豆瓣论坛等多个社交网络页面，集中出现“《孤芳不自赏》买水军刷好评赖账不给钱”的评论，并在该剧的官微下强势刷屏。一时间，《孤芳不自赏》剧方被网络水军讨薪的“趣闻”，成为众人关注的焦点。后有网友翻出了豆瓣用户“没有偶像的人”发表于 2 月 18 日的一个帖子，里面详细统计了春节期间给《孤芳不自赏》刷好评的水军豆瓣名称，共计 200 个。帖子中称，这 200 个水军都是豆瓣老号，1 月 25 日后新注册的用户都没有统计在内——当然他们大多也是水军。[①]

电视节目在促销过程中通过私下购买收视数据而提高收视率的行为也是屡被曝光，为伦理道德所抨击和谴责。如浙江卫视收视率在 2016 年 12 月初突然断崖式下跌——在全国收视率为第 23 名，从常年全国前五一夜之间跌至 20 名开外，创下建台 50 周年来的最低收视纪录。这一反常，源于浙江卫视 2016 年 12 月 4 日开始播出的电视剧《美人私房菜》。

2016 年 12 月 4 日，浙江卫视播出电视剧《美人私房菜》，由于制作方没有购买收视数据，结果这个一直排名前五的优质播出平台，短时间内掉到了第 22 名。浙江卫视不得不将该剧在黄金时段停播，换上新剧《北上广依然相信爱情》。这一事件在业内引起了轩然大波，收视率俨然成为评价中国电视剧优劣的唯一标准。收视率高不论真假就可以领奖杯、拿奖金，获得高收益、高赞誉，否则便一败涂地、一无是处。这更加夯实了“用心用钱去做戏，不如花钱买收

---

① 《孤芳不自赏》遭水军讨债，揭露电视剧行业潜规则．文创资讯，2017-02-24.

视”的歪理。

2016 年 12 月 12 日，中国电视剧制作产业协会法务委员会发布《坚决打击收视率作假黑势力的声明》（以下简称《声明》），称浙江卫视收视率大幅下滑，是由于《美人私房菜》的制作方未购买收视率所致。《声明》痛陈当前收视率作假的泛滥与猖獗，并揭开收视率作假的行业潜规则，引起行业内外震惊。私下购买收视率、购买评分、流量等行为属于典型的破坏伦理道德的推销行为，因此必须进行坚决的治理，重塑促销市场秩序。

第三节　市场营销伦理决策

制定道德化的营销决策是文化企业营销伦理管理的核心问题。文化营销伦理决策对文化企业而言，既是一个过程，也是一个结果。作为一个过程，文化营销伦理决策表现为文化企业的营销活动。作为一个结果，它表现为文化企业在诸多文化营销伦理方案中选择其一作为自己最终的营销伦理方案。

一、道德性决策的影响因素

文化企业要尽到社会责任，必须在市场营销中做出道德性决策。为了弄清道德在营销决策中的重要性，就必须了解哪些因素会影响文化企业做出道德性决策。关于营销伦理决策的营销因素，很多学者做出了有见地的分析。如 1985 年，美国得克萨斯艺术与妇女大学市场营销系副教授欧・费雷尔和拉里・格瑞夏姆以社会和文化环境为外部变量，认为营销者个人的决策主要受个人因素与组织因素（重要相关者和机构）相互作用的影响。1987 年，迈克尔・布默等人提出了“道德和不道德决策的行为模型”，把营销者个人道德决策过程视为一个信息处理的“黑箱”，输入变量有政府、法律环境、社会环境、行业环境、直接组织环境、重要相关者和个人特征，输出变量是道德决策，最后导致道德的行为或不道德的行为，其中每一个变量都细分成多个亚因子。结合他们的研究成果，我们认为影响文化企业做出道德性决策的主要因素有四个方面，即个人道德哲学、企业价值观、组织关系及机遇。

（一）个人道德哲学

个人道德哲学观是指用来指导个人行为的原则或规则。个人道德哲学观，尤其是高层管理者的个人道德哲学观正确与否及其水平的高低，必然会在很大程度上决定着文化企业营销决策是否符合道德标准及营销决策道德水准的高低。

文化企业营销伦理决策中面临的伦理问题大体上有两类：一类是战略性问题，另一类是战术性问题。这两个问题实际上就是文化营销伦理问题的界定问题，即文化营销伦理决策的依据问题。战略性问题是文化企业营销资源的长远安排，由文化企业的高层营销管理人员确定，包括文化营销目标、竞争优势、核心能力等内容。战术性问题解决的是文化企业营销资源的短期利用，一般由文化企业的低层次营销管理人员做出决定，包括文化产品定价、分销、促销策略等。相较而言，不道德的营销战略性决策所造成的危害比不道德的营销战术性决策要严重得多。这是因为不道德的营销战略性决策立足于文化企业的长远营销目标，等于向文化企业员工暗示不道德的营销活动是被允许的，为了追求个人经济利益，文化企业营销人员极易做出不道德的营销行为。

文化营销伦理问题有简单和复杂的区别。对于简单的文化营销伦理问题，营销伦理决策方案制定起来相对容易，一般来说，制定一个文化营销伦理决策方案就足够了。然而，文化企业一般面临的都是复杂的文化营销伦理问题，特别是一些战略性问题，这就需要文化企业在制定方案时采取审慎态度，针对存在的道德问题设计集中备选的方案，以供进一步的决策。这些备选方案从营销伦理的角度来看，受到了文化企业营销管理人员个人道德观、文化企业营销政策等诸多因素的影响。如果文化企业营销管理人员道德感强，那么他在文化营销伦理决策方案的设计中会较多考虑文化企业的社会责任，因而会赋予决策方案更多的道德含量。与此相对应，文化企业的营销政策如果道德感强烈，那么它就会鼓励道德原则强的备选方案产生。反之，营销备选方案的设计就会出现更多的非道德因素，这对文化消费者是有害的。

个人道德哲学观是由人们的家庭教育、社会组织等教育影响而形成的。因而，应当重视家庭对子女的正确教育及社会对广大公民的教育内容。

（二）企业价值观

企业价值观是指企业职工共同拥有的价值观念。它是在企业经营哲学指导下构成企业文化的基础与核心，它决定文化企业的经营目标、管理风格及行为规范。因而，它是决定营销决策是否符合道德规范的关键。根据伦理的基本原则要求，文化企业在营销决策中应立足于长远目标，追求长期利益最大化。对文化企业而言，评估文化营销伦理方案的标准不能是单一的，要综合考虑政治、经济、社会文化、技术等多方面的因素，要以社会效益优先，做出道德的决策。如果文化企业只着眼于短期经济效益，就会做出不道德的营销决策。例如，当企业价值观是“实现利润最大化”时，文化企业的营销决策往往会忽略甚而无视文化消费者及社会的利益。反之，如果企业价值观是“为顾客提供最优质的产品和服务”时，文化企业的营销决策就会以文化消费者利益为立足点。

（三）组织关系

组织关系是指在文化企业中，领导与广大员工、上级与下级、同事之间的关系。在这些关系中要保持相互信任，履行相互的责任及义务等。一般说来，最高层管理者设计整个营销管理决策中的道德性基调，中下层领导干部则根据高层管理者的决策指示，结合自己的个人道德哲学观，去影响道德性营销决策的实施。广大职工在道德性决策中发生相互影响。职工们在营销道德性决策中的作用程度取决于个人受道德行为与不道德行为影响程度的差异。职工面临越多的不道德经营行为，他就越可能做出不道德的行为；反之，职工面临越多的道德经营行为，他就越可能效仿并做出道德的营销行为。

（四）机遇

机遇是影响文化企业营销道德性决策的另一个因素，是指对经营者有利的一些条件，它能够减少障碍或提供报酬，从而影响营销决策的道德性。报酬包括内部报酬和外部报酬。内部报酬是指为他人做某事后的良好感觉。外部报酬是指在等价交换基础上从他人那里获得自己想得到的有价值的东西，如获得领导者的提升和加薪、同事的赞扬等。但如果当某一经营者采用欺骗手段增加销售额从而增加个人提成，获得领导者的奖励，这就表明领导者肯定了其非道德行为，从而为经营者指明了未来的努力方向。可见，领导者为经营者提供的报酬或机遇对企业职工的营销道德以至对企业营销道德性决策起着十分重要的影响。

违背道德的营销决策会产生严重的危害。一是对广大文化消费者造成严重的危害，轻者造成文化消费者的经济损失，重者影响文化消费者的身心健康，甚至危及文化消费者的生命安全。二是严重地损害社会的利益，因为违背道德的决策不仅危及广大文化消费者的社会福利，还会对国家造成严重的经济损失，并从政治思想上腐蚀经营者及严重败坏社会风气。此外，违背道德的营销决策亦严重地损害文化企业自身的利益，因为违反道德的决策一旦被广大文化消费者识破，必然导致文化企业声誉扫地，从而损害文化企业的长远利益。

二、文化企业营销伦理缺失的原因

文化市场营销伦理的缺失有内部原因和外部原因。内部原因主要是管理哲学落后、企业文化失调。外部原因主要是道德无标准、集体无意识、监管无作用、舆论无压力。

（一）道德无标准——社会环境影响文化环境

我国当前正处于由计划经济体制向市场经济体制转变，由封闭走向全面开放的社会转型期，道德价值发生了重大变异，原有的居支配地位的道德观念受到来自不同方面的挑战，许多新的人生追求悄然兴起，不同社会成员的道德取向纷然杂陈，各种道德标准之间的差别、碰撞和冲突日益明显。由于制度的有效供给不足和人的观念失调，社会运行中的某些层面呈现短暂失序状态，人们的社会心理也会出现某种失衡现象。

（二）集体无意识——文化道德意识有待提高

首先，部分文化产业从业人员缺乏职业道德。一些报社、广告、出版社等招聘单位片面强调应聘者的职业背景和社会关系，重业绩指标、轻德行的表现，在客观上为滋生急功近利的不良职业心态提供了生存土壤。其次，行业自律意识不足。我国文化产业自律状况与美国、日本等发达国家的自律水平还有很大差距，难免出现行业不正之风，从而助长了不道德营销行为的滋生。

（三）监管无作用——相关法律制度不完善

首先，从业人员法律意识淡薄，一些从业人员素质低下、职业道德观念淡漠，无视国家法律尊严。其次，相关法律制度滞后。以广告行业为例，《广告法》部分内容并不完全适应新时期、新形势对市场秩序、市场平衡和公平的需要，广告法律制度还不够成熟和健全，有些法令、法规还不完善。再次，相关法律的层次较低，规范性文件、部门规章出台较多，而法律法规很少。从 2009 年以来制定修改的法律法规紧密涉及文化市场的仅有《著作权法》《互联网信息服务管理办法》《营业性演出管理条例》《进口影片管理办法》《广播电台电视台播放录音制品支付报酬暂行办法》等，其余的都是部门规章、规范性文件。这反映了目前文化市场快速发展，法律法规的制定因周期长无法及时出台，只能以部门规章、规范性文件来代替的现状。但因为部门规章、规范性文件效力层次不够，不少文件只是出于维护部门利益的需要。部分文件、规章与法律、法规冲突，给市场秩序造成混乱，不利于文化市场形成稳定的交易规则。最后，执法力度不大。现行和文化市场相关的法律中，有些规定不便执法者具体操作，使得文化营销活动在作决策时，可能使之处于合法但有悖伦理的“灰色”区域。这种行为或法律难以覆盖，或是否属正当行为很难判断，从而极富争议，不利于有效地控制不道德文化营销行为的产生。

(四)舆论无压力——社会外部监督失控

首先，新闻传媒监督缺乏社会责任感。很多新闻单位为了经济效益，为了短期的利润而忽视道德准则，不仅纵容本身的假新闻报道，更对文化市场营销者的不道德行为置若罔闻，丧失社会责任心。其次，消费者自我保护意识不足。消费者舆论监督是文化市场道德监督系统中非常重要的一环，它对于净化文化营销传播环境起到积极的作用。消费者法律意识不强，不懂得用法律保护自己，等于无形中纵容了各类问题的存在和泛滥。

三、改善文化企业营销伦理决策的途径

改善文化企业营销伦理决策的道德性，需要从文化企业的外部环境控制和内部的自律控制两个方面入手。文化企业营销决策违背道德的客观原因包括：缺乏实行“文明”经营的高度发展的物质基础；政府立法不健全，执法不严，对违背法律及道德的行为无严格的约束力；某些地方政府搞地方保护主义，往往掩饰或支持本地文化企业违法及违反道德的行为。因此，要创造客观条件，即迅速发展社会生产力，为文化企业实行“文明”经营奠定物质基础，通过转换政府职能，引导文化企业沿着法律及道德的轨迹运行，不断完善立法并强化执法力度，既要打击非法营销行为，又要保护和鼓励合法营销行为。

文化企业营销决策违背道德的主观原因包括：文化企业经营哲学不端正，片面追逐利润最大化；某些文化企业利用转轨时期国家政策的漏洞，进行违背法律及道德的经营行为；文化企业内部尚缺乏严格的约束机制。为此，文化企业需要做到以下几个方面。

1. 树立社会市场营销观念

1971年，约翰·罗尔斯（John Bordley Rawals）提出“社会公正”理论，其核心概念是“起始位置”(Original Position)。“起始位置”犹如游戏之前的状态，参加者并不知道自己要扮演的角色，也不知道输赢的概率，更不知道最后结局。例如在一个社会中，各人都不知道自己将来在社会中的地位，也不知道受教育的机会怎样，将来会处于社会中的哪一个阶层。罗尔斯认为，只有在这样一种假设状态下，人们才可以描绘出一幅纯粹公正的社会图景，他的决策才是毫无偏见的。①这一理论从道德公正的角度阐释了企业在市场营销中将处于弱势的消费者纳入营销决策的重要性。这就要求文化企业自觉树立社会市场营销伦理观念，其营销决策不只考虑企业利益，还要考虑文化消费者的长远利益及社会利益，即文化企业在追求利润时，要遵守国家法律、法规，要遵循营销道德，把社会责任融入企业目标中，既要讲“利”，也要讲“义”，自觉地履行应承担的社会责任，以树立文化企业良好形象，增强文化企业的竞争力及生存能力。可以说，只有这一经营哲学，才能真正地将文化企业利益、消费者利益及社会利益结合起来，并成为文化企业制定道德性营销策略的保证。

2. 塑造优秀的企业文化

在文化企业经营活动中，渗透着大量文化因素，它存在于文化企业经营的哲学思想、价值观念、群体意识、管理方式、道德规范及行为标准中。随着文化企业的发展，逐渐形成了企业自身的经营管理哲学及精神文化即企业文化。如果每个文化企业都重视塑造具有创造力、影响力、凝聚力和显示出鲜明个性的高水平的企业文化，将有利于领导者及广大职工树立正确的价

① 魏文斌．仁者无畏：企业伦理学理论与实践．长春：吉林人民出版社，2006：129.

值观，从而有利于文化企业做出道德性的营销决策。

3. 建立营销道德标准

自20世纪80年代以来，西方国家许多大型公司开始引入道德决策并建立执行机构，制定了用来约束职工经营行为的道德标准，如美国营销协会（AMA）制定出协会成员必须遵守的职业道德条例，并规定了相应的惩处办法。近年来，中国不仅在学术界开展了对商业伦理及企业伦理的研究，而且在某些文化企业中亦开始提出自律经营道德行为的守则纲要。要使文化企业遵循道德标准，更为重要的是将道德标准的实施纳入控制系统之中，即对营销道德标准的实施进行监督、检查及调控。否则，再多再好的道德标准也只不过是一种摆设而已。

【案例】 《太阳报》“行贿门”

2012年2月11日，默多克新闻集团在英国的畅销小报《太阳报》的5名雇员因涉嫌向警方及官员行贿以套取新闻线索，遭到逮捕。伦敦和肯特郡两地的警方证实，警方11日拘捕的《太阳报》员工中，包括该报副总编杰夫·韦伯斯特、首席记者约翰·凯伊、图片主编约翰·爱德华兹、首席国际记者尼克·帕克、新闻主编约翰·斯特吉斯。此外，英国国防部一名职员及其在英国陆军部服役的丈夫当天也被警方拘捕，另有一名在萨里郡警署工作的现役警官也被捕，这三人涉嫌接受媒体的贿赂等不当行为。2010年6月20日，英国警方已有证据显示，新闻集团旗下的小报记者向警察行贿。英国警方之前至少已逮捕了20人，其中半数来自《太阳报》。据英国《经济学家》报道，2003年，时任《太阳报》总编、后来作为新闻国际负责人，在窃听丑闻中辞职的丽贝卡·布鲁克斯曾在接受议员质询时就承认“曾为了获取信息向警方付过钱”。而她在《太阳报》的继任者安迪·卡尔森2011年也承认“报社在法律许可的范围内，向警方买过一些信息”。《经济学家》称，这次事件已将默多克旗下小报从窃听这样不道德的行为，上升到贿赂警方、军方的非法行为，让民众再也无法相信媒体的自律。①

结语

企业伦理是企业发展的伴生物，企业与社会相辅相成。企业从社会中获取谋求发展的人、财、物等“养料”，因此企业理应回馈社会，这种回馈表现为遵守市场伦理、实现社会效益、履行社会责任等多方面。文化企业往往因其产品兼具经济属性和文化属性而与其他企业相区别。文化企业不仅担负着经济与文化互动的任务，还肩负文化传承、文化创造的使命。因此，文化企业伦理在兼顾“经济人”和“社会人”角色的同时，要更加注重发挥企业“文化人”的功能。因此，在讨论文化市场伦理命题时，也必须把文化市场中社会性、文化性的伦理要素前置，并注重在市场营销的各个环节中（前期调研、中期生产及后期销售），以文化安全、道德准则为核心，严格控制文化产品和文化服务在创意构想、产品生产、产品出售、衍生品开发等上中下产业链中更大地满足人民日益增长的美好生活需要。

① 纪双城．《太阳报》“行贿门”再伤默多克．环球时报，2012-02-13.

推荐阅读资料

1. 费雷尔，弗雷德里克．商业伦理——伦理决策与案例．北京：清华大学出版社，2005.
2. 乔治．经济伦理学．北京：北京大学出版社，2002.
3. 郭国庆．营销伦理．北京：中国人民大学出版社，2012.
4. 李康化．文化市场营销学 .2 版．北京：清华大学出版社，2015.

第六章　水平营销

全球创新思维的权威人士爱德华·德·波诺（Edward de Bono）提出，横向思维是诞生创意的理想途径。2005 年，菲利普·科特勒（Philip Kotler）正式推出其最新营销理念——水平营销。水平营销是相对于传统的营销观念而言，传统的营销方式被科特勒教授称为纵向营销。水平营销是一种思维方式，通过横向思考，它跨越原有的产品和市场，通过原创性的理念和产品开发激发出新的市场和利润增长点。虽然相对于传统的纵向营销，水平营销还是一种较为新颖的营销方式，但是由于市场反馈的营销效果显著，水平营销已经开始广泛运用于许多行业。作为一种创造性的思考方式，水平营销本质上是一种基于直觉的创造，这与文化创意产业不谋而合，在文化产业发展日渐繁荣的今天，水平营销运用于文化市场的例子也屡见不鲜。

第一节　市场层面的水平营销

科特勒认为水平营销是一个过程，虽然它属于一种跳跃性的思维，但也是有法可依的。应用创造性研究的结果，他指出了水平营销的六种横向置换的创新技巧，并分别应用到市场层面、产品层面和营销组合层面上。这六种技巧分别是替代、反转、组合、夸张、去除、换序。水平营销的基本框架如下：

先选择一种产品或服务（当前投放市场的产品，要在发展中创新；竞争性产品，要寻找替代品）。

第一步：选择纵向营销策略的一个层面（市场、产品、营销组合）。

第二步：进行横向置换（三个层面各有不同技巧）。

第三步：运用评估技巧填补空白（想象购买过程，提取积极因素，找到一个情境）。[①]

文化及相关产业的概念界定是为社会公众提供文化、娱乐产品和服务的活动，以及与这些活动有关联的活动的集合。在文化产业发展逐渐受到重视并日益繁荣的今天，纵向营销已经不能满足文化产业发展的需要，于是水平营销这一营销手段便在文化市场上大放异彩，通过其三个层面六种技巧来颠覆我们对传统文化市场纵向营销的认识。

---

① 科特勒，巴斯．水平营销．北京：中信出版社，2005.

市场是需求、目标、时间、地点、场合、体验的结合体，任何产品都不能脱离这些维度而存在。因此，诸如“去除一个维度”“为某个维度换序”“组合两个维度”等都是改变维度的方法，即以市场的一个维度替代另一个被淘汰了的维度。在替代、反转、组合、夸张、去除和换序六种技巧中一般认为替代是其中最有效最简单的方法。下面我们就分别从市场层面的六个维度来分析水平营销在文化市场的运用。

一、改变需求

旅游活动与人们的价值观念、生活方式息息相关，同时也受到各种技术变革的冲击，始终处于快速变动之中。世界旅游组织的研究结果发现，由于受到更多的人比以前有更多的时间和可支配收入去旅游和参与型旅游开始兴起这两个因素的影响，旅游需求产生了重大的变化，呈现出多样化的特征。面对旅游市场的多样化发展特点，旅游业市场推出了一系列新型旅游产品来满足新的旅游需求，其中包括生态旅游、会展旅游、体育旅游、产业旅游、乡村旅游、休学旅游、探索教育旅游、猎奇旅游、城市旅游等。旅游的目的是为了放松身心，满足精神生活的需要，一般情况下是旅游服务行业提供给消费者良好的享受，但是农家乐乡村旅游却反其道而行之，游客在农家乐旅游的地方可以亲身体验到劳作的乐趣。这种旅游形式一经推出便广受欢迎，是因为它满足了游客的另一种需求，在大都市里生活久了的人缺少亲近自然亲身劳作的机会，而充满农家气息的农家乐旅游恰好涵盖了旅游的这种功能，具有其他旅游形式所不具备的特点与优势，所以才获得了成功。[①]

随着电影、电视、电子游戏、舞台剧的发展，马戏逐渐地失去观众，太阳马戏团[②]面临着严峻的生存危机。在这样的形势下，太阳马戏团用横向思维重新审视了马戏的生存环境，发现太阳马戏团的困境并非竞争对手所致，而是因为马戏行业整体遭遇到其他新兴娱乐业的冲击。于是太阳马戏团重新界定了问题本身，提出了横向营销的解决之道：即在向观众提供马戏表演的刺激和乐趣的同时，加入戏剧的复杂情节和艺术内涵，让马戏表演就像戏剧一样，有自己的主题和故事情节，甚至每次演出都配有自己的原创音乐、灯光和节目。通过引入戏剧、芭蕾舞等领域的表演元素，太阳马戏团创作出了精美绝伦的娱乐表演形式。它吸引了一个原本不是这个行业的全新顾客群——那些时常光顾戏院、歌剧院和观赏芭蕾舞的成年人与企业客户，他们愿意为一种前所未有的娱乐体验支付数倍于传统马戏的票价。而且由于上演的剧目多种多样，人们就有理由更频繁地来观看太阳马戏团的表演，从而提高了马戏团的收入。就这样，太阳马戏团仅用20年的时间就取得了全球顶尖马戏团——玲玲马戏团经历一个多世纪才取得的成就。但是太阳马戏团并没有跟玲玲马戏团竞争，而是走了另一条介于马戏、戏剧、舞蹈之间的道路，既非马戏，亦非戏剧，更非舞蹈，而是吸收了所有这些艺术形式中的元素并进行了再创造，开创了一个全新的娱乐领域，它成功了。太阳马戏团的成功告诉我们：打破产品类别的界限，以原创性产品来革命性地界定一个新市场，创造出新的需求，将带来比细分市场高得多的利润回报。

---

① 洪宇．浅谈水平营销对中国旅游业的影响与应用．商业经济，2010（15）．

② 太阳马戏团是加拿大蒙特利尔的一家娱乐公司及表演团体，与玲玲马戏团、纽约大苹果马戏团合称世界三大马戏团。

二、改变目标

非潜在目标群体是指那些不太可能购买或使用某种产品或服务的人，它与潜在目标群体不同，后者指的是那些目前不购买产品或服务但是却有这方面的需求，所以随时都可能成为顾客的人。潜在目标群体与现实目标群体都包括在纵向营销过程中，非潜在目标群体就是水平营销的研究范畴，确定非潜在目标群体的一个有效的技巧就是思考是什么因素阻碍了购买或消费，清除障碍就能吸引新的消费者，增加销量。

一般来说乞丐是不会买报纸的，但是19世纪末，法国政府专门给乞丐办了一张报纸，主要刊登重大节日和集会消息，报上还经常向乞丐介绍乞讨的办法，以及慈善家的地址和接受谒见的时间等，以便登门请求施舍。同时，该报纸还注意报道各地民风厚薄、人情善恶，以有助于乞丐在乞讨时心中有底，这样一来这份报纸就在乞丐中大受欢迎，把原本人们认为最没有购买力的乞丐也纳入了其消费群体。

现在模仿真人秀的节目有很多，收视率大都不错，但其实这一节目类型的出现也是水平营销的结果。在“老大哥”真人秀①节目推出之前，电视竞赛游戏节目的模式都是要求竞争选手回答问题，获胜者赢得奖励。但是“老大哥”真人秀节目却完全改变了套路：没有剧本、没有竞赛规则、没有停顿，竞赛的主要内容是记录12个人的室内生活，观众观察这12个人的生活、举止和性格，选出自己所喜爱的选手。这种“电视竞赛＋真实生活”的新模式吸引了许多青少年观众，使得综艺节目不再是中老年人的专利。

改变目标群体的例子还有很多，例如芭比娃娃的出现就是把娃娃的消费群体从小女孩扩大到了青少年。这个故事讲的是20世纪50年代末露丝·汉德勒看到女儿玩纸娃娃，灵感突发，设计出一种可以激发小女孩编织梦想的娃娃，这种外形不是婴儿的娃娃打破了人们对娃娃的刻板印象，穿着时尚性感的芭比是许多女孩儿的梦想，芭比娃娃消费者年龄范围的扩展必然会带来其销量的上升。

众所周知，游乐园的目标群体是小孩子，但是有的游乐园想到了在游客不多的冬季工作日里，将场地租给公司用以开销售会议，会议结束后公司员工可以在游乐园里享受一段美妙的欢乐时光。这样，游乐园的营业收入相应地就提高了，改变游乐园固定的消费群体的这一行为扩大了游乐园的目标消费群体。

给宝宝听古典音乐的创意使得“小莫扎特”和“小贝多芬”的VCD、DVD卖得很火，在这些产品中，作曲家的主要作品均配以图像播放。这种“图音并茂”的VCD、DVD成功地把本来是高山流水的古典音乐通俗易懂化，吸引了极其重视孩子教育的父母群体来购买。

通过上述例子我们可以发现，改变目标这一维度，一般都是在原有市场上扩大或通过细分市场，来吸引新的消费群体，从而达到扩大消费市场，增加营业额的目的。

三、改变时间

许多产品都是与特定的时段连在一起的，水平营销的部分工作就是发掘产品新的使用时

---

① “老大哥”真人秀，1999年诞生于荷兰且红遍全球的社会实验类真人秀节目，在数十个国家和地区播出几十种不同版本。

间。书店一般是白天营业的，不会超过晚上 12 点，但是在上海福州路就出现了 24 小时书店——大众书局通宵营业。店内提供免费无线上网、咖啡吧、创意产品区等服务，店内摆设也不像传统书店那样到处是书，而更像一间小型艺术馆，经常在晚上举办名人讲座、文化沙龙等活动。24 小时营业书店为越来越多的工作或娱乐至深夜的青年人提供了便利。这种在市场上以改变常规时间的模式来吸引消费者的也不在少数，如全家、生活等便利店就是水平营销很成功的例子。

四、改变地点

改变地点可以说是最简单的替代方法之一，而且收效甚佳。某些产品总与特定的地点联系在一起。我们可以选择某产品一个不可能发生的地点或场景来改变常规，会收到甚佳的效果。书籍通常是在书店里面出售的，但是在旅游景点里面也可以出售一些关于旅游和介绍该旅游景点等方面的相关书籍。既可以提升旅游景点的营业额又可以使游客更加了解甚至喜欢该旅游景点。

商业广告一般出现在电视节目的开头或者结尾，这很容易让大家厌倦，基本上形成了观众算好时间，等到节目开始才把频道调回来，节目一结束就立即换频道的现状，这样一来广告效果就大打折扣。将广告安插在节目中的这一创新想法促成了“植入式”广告的出现（见图 6 - 1)，将品牌的展示作为电视节目或电影节目的一部分，观众在不知不觉中就接收到了广告商想要传达的信息，高明的植入式广告不会引起观众的反感，反而在无形中达到了促销的目的。

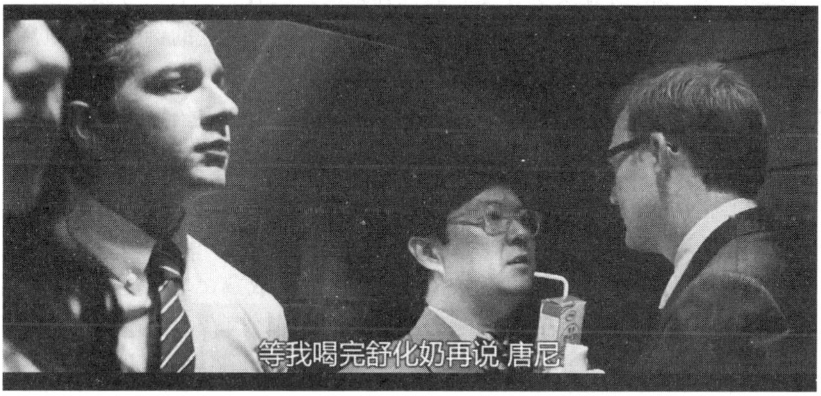

图 6 - 1 《变形金刚 3》广告植入截图

五、改变场合

人们总是把特定的产品与某些场合和事件相连，如庆功宴上喝香槟，过生日时吃蛋糕等。旅游营销人员所面临的挑战是为产品创造一些新的适用性场合和事件，我们都知道饭店大堂是为客人营造宁静幽雅、整洁美观气氛的场所，它与喧嚣、热闹的环境格格不入，而现在饭店大堂也可变得喧闹这一创意已被有些饭店采用且收到了良好的效果。他们在大堂开辟了一个区域，专供街头艺人从事诸如要猴等卖艺活动，如成都的“巴国布衣”餐馆就专门引入川剧中的变脸这一表演活动，以提升人气。这为经常出入饭店却很少观看这些街头活动的客人提供了一个与之接触的机会，满足了其好奇心，因此吸引了很多客人。

公园本来是为大家提供一个安静悠闲的场所，但是现在有些公园定期举行一些活动，例如由业余爱好者进行的相声表演、歌唱比赛等，游客可以根据自己的喜爱程度相应给予少量钱。这种做法既可以吸引更多的业余爱好者和游客，又可以增加公园的收入。

六、改变相关活动

改变相关活动是指选择其他产品所适宜而本产品目前却未考虑进去的活动，将产品置于各种形式的体验中。目前在旅游业中有一种新型的旅游方式——冒险旅游，它就是将冒险活动融入到旅游活动中而产生的一种极限运动，如蹦极和跳伞运动。这种冒险旅游活动吸引了一大批新型的旅游者，并且开拓了新的旅游市场。我们知道的旅游景点，一般都是先买票再参观，这样一来旅游者不确定自己花的钱值不值，因此就可能造成主观臆断。针对这种情况，就可以采用体验式营销的策略。例如，世界博物馆日，很多地方的博物馆都免费开放一天，借此吸引大量的游客。这些游客就可以将自身的良好体验告诉周围的人，从而带动更多的人来参观。

我们都知道报纸是用来看的，但是你想过报纸可以吃、可以用来当桌布吗？西班牙曾出版过一种用芳香、无毒的特殊油墨印刷在面粉纸上的报纸。读者看完报纸后，可把它卷起来当作点心吃掉。法国巴黎也有一种《椒盐报》，采用无毒油墨印刷在防水纸上，这种报纸可铺在酒家或餐厅的餐桌上当作台布，顾客可以一边就餐一边从桌布上看到当天新闻。这样第二天再换一张新的，如此延续不断。可以吃的报纸或者是可以当作桌布的报纸都是改变了人们对于报纸这种事物的固有体验，吸引了大批喜欢新鲜尝试的消费者。

除了替代之外，进行横向置换还有另外的五种维度：反转、组合、夸张、去除、换序。由于组合过多，这里就不一一列举，下面我们再举一个反转需求维度的例子——电影从默片发展到有声电影。1927年5月3日，美国著名的华纳制片公司推出了电影史上第一部有声电影，给世界电影界带来了一场翻天覆地的革命。无声电影一般是靠乐师来给影片配乐，有声电影的出现打破了原来伴音只是配乐的局面；环境音响和对白闯入银幕，使已趋成熟的影像艺术面临转型的危机；声音的闯入打破了原本的平衡，有声电影的发展初期虽然遭到许多艺术家的怀疑，但却受到许多观众的欢迎。发展到20世纪30年代时，声音已成为电影艺术中不可缺少的重要元素，在默片时代已经出现的类型片也因为声音的出现而更趋成熟，呈现更多样化的形式；至于音乐剧、喜剧片、警匪片，如果没有声音就无法出现和发展，声音也为电影表现提供了更具写实效果的条件。①

上面我们分别从六个维度的变化来举例分析，接下来我们就来具体分析如何运用水平营销开发全新产品的整个过程，以装饰用书为例。

服务：装饰用书。

水平营销技巧：反转“需求”维度。

改变需求后的新维度：想象买书的人只是纯粹地为了做装饰用，并没有阅读的需要。

空白：没有“无内容”的书，买真的精装书太贵且笨重多余。

填补空白方法：找出一个可能产生联结的情境，并想象使用过程。

可能的环境：“书店”只卖外观包装精美豪华的“假书”，书只是一个空壳子而已。

限制因素：可能不为大众所理解、接受，作为一种新产品在市场推广的时候会受到阻碍。

---

① 科特勒，巴斯．水平营销．北京：中信出版社，2005.

解决限制因素的途径：加大宣传力度，并纠正买假书是附庸风雅的观念，提出正确地对待假书的态度，列出假书的系列优点，如轻巧便宜，还可以作为置物盒，精美豪华的外观放在办公室很有面子等。

服务名称：装饰用书店。

填补空白产生的效果：创造了一个新的产品种类，扩大就业，增加营业额。

第二节　产品层面的水平营销

在这个层面，科特勒参考市场层面的维度划分，主张对现有的产品进行分解，分解后的主要层面包括：有形的产品或服务、包装、品牌特征、使用或购买，然后利用前面提到的六种技巧进行横向置换，接下来我们就用例子来一一说明。

一、替代包装

依然从旅游市场来看，外表华丽而没有内涵的产品包装已经不能吸引旅游者的眼球，作为旅游产品之一的旅游饭店以前都是追求豪华、尊贵，但是现在有的饭店以启发人们智力为目的的知识性包装更受到人们的推崇。如以知识性环境包装饭店的咖啡厅，将其布置成“图书馆”，在店堂的四周以书架装饰，上面摆满各种书籍，消费者在工作之余，悠闲地坐在咖啡书屋里，一边品尝咖啡，一边翻阅最近感兴趣的书籍，便可轻轻松松地获得知识。旅游者在这样的环境里来了一次心灵之旅。

二、组合品牌

品牌是旅游品质的重要标志，也是信誉的凝结，是旅游业可利用的重要的无形资源。一个旅游企业可利用这种连带效应，凭借其品牌优势，涉足其他相关业务，进行业务品牌的组合，拓展其经营领域。在中国，东星国际旅行社凭借其在旅游行业的品牌优势，成功地进入了航空业。国际上，法国的雅高（Accor）、美国的卡尔森（Carlson）饭店集团借助其著名的饭店品牌优势顺利地进入旅行业、餐饮业以及娱乐业等接待业，品牌组合后产生的经济效益更大了。

角色扮演的游戏曾风靡一时，但是近年来角色扮演却在培训运动员与组织者的课程上大放异彩。把角色扮演运用到培训课程上去，不仅能让受训者身临其境地体会到课程内容，更是增加了课程的趣味性、直观性等，能帮助他们更好地领会培训内容。把带有休闲性质的角色扮演元素添加到了严肃正式的培训课程里，不仅为培训增加了趣味性，而且取得了更好的效果。

三、反转使用或购买

反转是指对产品或服务的一个或几个元素进行反向思考或否定思考。网友戏称旅游是从自己活腻了的地方跑到别人活腻了的地方去，这恰恰说明了一般来说我们概念中的旅游是需要远离自己的居住地的，但是现在出现了一种虚拟旅游的旅游新形式。所谓虚拟旅游，指的是建立在现实旅游景观基础上，通过模拟或超现实景观，构建一个虚拟旅游环境，网友能够身临其境般逛逛看看，还可以体验触摸景观里的建筑。以对巴黎卢浮宫的参观为例，你可以通过鼠标点击逐层进行参观，不用办签证，不用坐飞机，在家里就可以轻松游览这些梦寐以求的景点。在浏览景点的时候还可以进行角色扮演。北京故宫博物院与 IBM 公司合作推出了“超越时空”虚拟旅游项目，利用 3D 技术，为那些不能实地到紫禁城的游客在网上打造了一个虚拟的环境，参观虚拟的紫禁城时，每一位游客可以以一种自己喜欢的身份进行游览，比如公主、禁军或皇室侍从等。还有不少“网络导游”会主动为你带路。如果你对某个景点特别留恋，还可以点击鼠标将网络中的自己和景点进行合影。一些虚拟旅游网站还可以给网友提供各种表演。虚拟旅游的出现实现了人们不出门便游天下景的愿望，让更多的没有足够时间和精力的人能够享受到旅游的快乐。

四、去除产品或服务

去除是指去掉产品或服务的一个或几个元素。我们都知道书是要用眼睛看的，不管是纸质书还是电子书，都需要阅读。但是可以听的电子书的出现打破了这一规律，不管是不识字的人或者是不愿意看书的人都可以享受到“阅读”的乐趣。在阅读这一领域，去除了“看”这个因素，阅读就变成了一种全新的体验。

五、夸张产品

夸张产品是指扩大或缩小产品或服务的一个或几个元素，它也包括设想完美的产品或服务。在很多游乐园里面都有恐怖城堡，里面有各种恐怖的图片或玩具，但是游乐园可以采用夸张产品的做法，即营造一个有真怪物的恐怖城堡。根据这个夸张的想法，游乐园就请来一些男女演员扮演恐怖片中的角色，最后使得一些生意清淡的游乐园营业额大幅攀升。

延长卡通片的播放时间（5 分钟）使得沃尔特·迪士尼创作了首部情节完整的动画片《白雪公主》，这在当时的人看来是一种近乎疯狂的行为。但是迪士尼的影片却有各种各样的元素：悲伤、欢乐、惩罚和歌舞等，这样一种新类别在电影业中问世并取得了巨大的成功。

六、换序产品或服务

换序指的是改变产品或服务的一个或几个元素的排列顺序。换序运用到有形的产品或者服务上的一个例子就是订阅广告邮件。在广告充斥着人们眼球的时代，人们对于广告基本上是熟视无睹漠不关心，但是有的消费者对某个品牌或者某个购物网站的产品特别感兴趣，希望能够及时了解到最新产品的信息，所以选择订阅广告邮件。订阅广告邮件的推出改变了人们先看到广告再有消费欲望的顺序，这样的营销也变得更加有效果。

我们在进行产品层面的横向置换时，可以对有形的产品或者服务、包装、品牌特征、使用或者购买这四个层面中的任何一个层面进行改变或者置换。也可以开动大脑，把新产品与可能的市场进行联结，通过寻找一个可能的情境或者提取积极因素或者想象购买过程等方法来进行水平营销。在进行水平营销时，我们可以选择一个自然限制作为突破口，也可以选择其他元素作为突破口。所谓自然限制，指的是为了创新而不得不从产品中去除的元素。选择自然限制作为突破口会帮助我们跳开原产品，而选择其他元素则会创造出更多的亚类别而不是新类别，因为在重组过程中我们改变的不是必不可少的元素。

第三节　组合营销层面的水平营销

在营销组合层面进行水平营销指的是以横向置换为焦点，其余营销组合因素（价格、地点、促销等）意味着改变当前向顾客呈现产品或者服务的方式，但不改变产品或者服务的本质，也不改变需求、目标或产品、服务的适用情境。多数情况下，在组合层面进行的水平营销置换将会促生亚类别或者创新性商业战略，而不是产生全新的行业或类别。选择营销组合层面作为焦点进行置换，其优点在于应用直接。原创的新概念和新产品的开发需要时间，而这种水平营销更讲究策略，更偏重短期效应，更快速地生成新点子。在营销组合层面进行水平营销时，我们会有两个不同目标，一是对产品或服务采取不同的营销组合战略，二是寻找新的营销组合战略。营销组合层面包括定价、分销渠道、促销、沟通四个因素，通常情况下，我们使用替代这个技巧来进行营销组合，即拿其他产品的营销组合为我所用。

一、定价

（一）替代价格

对于旅游产品，大多是按每人每次来收费，但是现在的旅游行业中，却产生很多新颖的定价方式，更加受到旅游消费者的欢迎，同时也促进了旅游地的营业收入。在旅游景点中，有的景点可以出售年票，即在一年当中可以无限次来访。这种定价方式只根据旅游者的人数来收费，并没有限制旅游者的旅游次数，例如：武汉植物园就有这种旅游年票，受到了广大旅游者的欢迎，因为买了一张年票就可以根据季节的变化欣赏不同季节的花卉和植物等美景，同时年票的价格也远远低于四次游览的价格。除此之外，在特殊时期如旅游淡季或对特殊群体如青年学生（其对价格较为敏感），政府和企业通过制定适当的旅游产品价格，可对旅游者的心理及购买行为产生影响，从而控制需求。

（二）去除价格

作为一个旅游目的地，它的营销主体是当地政府旅游组织。政府旅游组织的重要职责就是负责本地区旅游发展总体规划并协调旅游产品各要素的分配，站在整体性和长期性的发展高度上，政府旅游组织为了促进当地旅游业的发展，就可能采取对本地的旅游景点门票免费的政策。这种去除旅游景点门票的做法，虽然减少了旅游景点的收入，但是却吸引了大批的外地游客来访。等游客来访后，就产生了住宿、餐饮、购买旅游纪念品的需求，反而引起了旅游目的地更大的经济效应，使旅游目的地的整体旅游收入增加。但是，由于旅游目的地接待能力的有限性，这种定价策略一般只在旅游淡季实施。张家界武陵源风景区就在 2016 年 12 月到 2017 年 2 月实施了门票减免策略，吸引了不少国内外游客前往，提升了淡季营业额。

二、分销渠道

随着信息化时代的到来，传统的分销渠道逐渐向现代化的分销渠道转变。传统旅游分销渠道是建立在旅游企业产品基础上的模式，强调通过中间代理来克服由于旅游者集中度低而带来的分销障碍。而现代的旅游分销渠道是以顾客为中心的新型模式，顾客可以通过网络直接预订饭店、机票等，从而省去了很多中间环节。旅行社是饭店销售其产品的一个重要渠道，但由此产生的高额交易费用是令饭店经营者头痛的难题。去除分销渠道，避开旅行社而寻找一种直接面向消费者的营销方式的这一设想给经营者以启发，这也使得饭店全球分销系统应运而生。现代饭店将计算机信息技术应用到饭店营销系统，开发了一种开放的、直接面向客户的饭店专业预订系统——全球分销系统（Global Distribution System，GDS），这种新型的分销渠道既有效地展示了饭店的形象和服务，又方便了顾客直接购买饭店产品，同时也降低了饭店的销售成本，在很大程度上提高了其经济效益。

三、促销

现代营销中，企业不仅仅局限于开发一项好产品以及为产品制定一个很具吸引力的价格，还必须与顾客进行沟通或交流。其中沟通的内容及方式如何，已成为影响企业营销效果的关键因素。促销的实质便是信息的沟通。在沟通方式上，旅游景点可以采取一些方式进行加强，例如旅游景点可以定期举行一些促销活动，包括打折抽奖、公开参观考察、样品展示等，既可以吸引游客又可以面向广大的消费者介绍本景点的特色和历史文化情况。一些独具特色的旅游地可以赠送游客有纪念价值的小礼物，游客可以向周围的人宣传也可能怀念该旅游地从而第二次游玩。旅游饭店也可以选择一些具有创意性的沟通形式加强与客户的联系。例如饭店可把附有产品说明和广告的CD放入杂志，而不是通过常规的电视节目来宣传自己。或不拘泥于有时间限制的电视广告形式，利用户外大型电视屏幕反复播放饭店的宣传片，把饭店产品的信息不断传达给人们，强化人们对产品的认知度，为产品创造新的商机和市场。

四、沟通

在当今的竞争环境下，人成为商业活动中越来越活跃的因素。无论是制造业还是服务业，原材料、生产技术和产品本身等都已不再是影响竞争的最重要因素，人成为决定一个企业生存和发展的有力保障。旅游业作为服务业大类下的一种，人的因素显得尤为重要。在旅游业中，旅游从业人员与旅游者之间的联系贯穿于旅游者的整个旅游过程中，旅游服务人员的服务水平对旅游者的满意度有更大的影响。无论是传统的4P营销理论还是以4C为核心的整合营销理论，贯穿其中的不外乎沟通与服务。营销的核心是沟通，而沟通的本质却是服务。因此，提高旅游行业整体的服务水平和旅游从业人员的素质，就成了旅游营销策略中的重中之重。由于旅游企业管理者和员工对旅游服务的内容、营销范围和性质以及作为员工的职责和角色往往缺乏足够的认识，因此必须通过全面有效的培训，让旅游从业人员充分认识自身在行业中的位置，帮助从业人员提高与人沟通、协调的能力，培养他们的团队精神和服务意识。只有当他们具备了基本职业素养和能力了，他们才能发自内心地去为顾客着想，为顾客服务。

五、组合

组合手段应用在旅游市场上比较常见且收效甚好，芒果网曾与中国银联联合香港旅游发展局、中国农业银行、中国建设银行、中信银行、深圳发展银行、上海银行等成员银行整合商户资源，推出银联标准香港旅游信用卡。而芒果网则成为该卡唯一推荐的旅游产品供应商，为赴港旅游的持卡人提供机票、门票、住宿、交通，甚至手机电话卡购买等全套专业的、最优惠的服务以及过千家店铺的VIP折扣礼遇。交广传媒旅游策划营销机构认为，随着国内首张银联标准香港旅游信用卡的发行，叠加芒果网的港澳旅游优势资源，持卡人能享受到的将是整合的、跨行业的、更加便捷的金融服务与个性旅游服务，同时也意味着芒果网通过各大银行的渠道，迅速发展了一批拥有相当消费能力和全新消费观念的优质旅游客户，从而领跑线上港澳旅游市场。

2008年3月8日，格兰仕空调同时在北京、武汉、杭州、成都和南京五大中心城市，召开五地联动的“美梦之旅”新闻发布会。[①] 格兰仕宣布将联合云南、贵州两省旅游产业，推出大型文化旅游活动。消费者只需购买一款该公司生产的“光波美梦宝”卧室空调，就可获赠价值4 095元的云南旅游通票，以及价值4 235元的贵州旅游通票。凭此两本通票，消费者可以免费进入云贵两省的245个著名景点，涵盖了泸沽湖、梅里雪山、丽江古城、黄果树瀑布等所有著名景点，且通票有效期到2012年的12月31日，长达近5年。这种组合营销战略对于旅游景点以及格兰仕都是双赢的。

结语

水平营销大体上分为三个具体步骤，首先要选择纵向营销策略的一个层面，因为与传统营销惯例不同，水平营销起始于选择一种产品或服务。可以选择当前投放在市场的产品，在发展中创新；或者是选择一种难以竞争的产品或服务，来寻找其替代品。一旦选定了产品，最好的途径就是使用垂直营销方案将一种产品或服务分解成许多部分，这样既利于营销团队的合作，也能够从完整的商业角度来看待所有相关的因素。将垂直营销过程简化成市场、产品和其余营销组合三个主要层面，来配合水平营销。市场层面包括功能或需求、消费者和购买者，以及用途和情境；产品层面包括实际的解决方案；营销组合层面则是怎样去销售产品。

其次要进行横向置换，制造营销空白。制造空白是水平营销的基础，没有空白，就没有水平营销。制造空白的唯一方法是暂时中断逻辑思维。几乎所有的技巧都是以六种基本操作方法为基础的——替代、反转、组合、夸张、去除、换序。这六种方法可以应用于三个层面中的任何一个，因此，一旦选定了产品或服务，并确定了焦点，只需从这六种方法中任选一种并应用于你的焦点上，就可以制造出一个空白来。

再次，需要运用评估技巧来填补空白。因为运用上面六种方法制造出来的空白，很多是不合逻辑、没有价值的，纯属浪费时间。所以，必须分析这些营销空白的价值，对其进行评估。第一步，要逐步跟踪这些空白刺激所引发的整个购买过程，想象一个“假设”的购买者如何完成信息收集、购买决定、产品使用等整个过程，然后将想象的情境作为“历史”记录下来。第二步，在那些不合理的空白刺激中寻找积极因素，并思考是否能够运用其他的方法来产生那么积极的效果。最后一步，要找到一个可能的情境（如你身边的人、地点、时间、场合等）来使空白刺激产生意义，接着再移动或改变空白刺激，直到它适合那个情境为止。

通过这三个步骤进行的水平营销可能会产生三种结果，第一种是旧产品有了新功能，扩大了垂直营销的领域；第二种是创造出了新产品新功能，这样就有了一个新的市场或产品类别；

① 资料来源：格兰仕空调打响旺季“价值战”. 新浪财经，2008-03-11.

第三种是出现了一种新产品来发挥已有的功能，这种效果是创造了一种新的亚类别。从文中所举的例子我们可以看出，水平营销在文化市场应用最广的还是在旅游行业，表明我国旅游产业相对于其他文化产业发展较为成熟。总而言之，我国文化市场发展方兴未艾，但是整体来说还不成熟，文化消费尚不发达，因此在文化市场上引进水平营销意义重大，有益于促进我们文化市场的繁荣。

推荐阅读资料

1. 科特勒，巴斯．水平营销．北京：中信出版社，2005.
2. 穆恩．哈佛最受欢迎的营销课．北京：中信出版社，2012.
3. 斯莱沃斯基，韦伯．需求．杭州：浙江人民出版社，2013.

第七章　免费营销

在传统的市场营销中，价格是商家吸引消费者的重要手段。根据经济学原理，商品价格决定商品的销量，商品价格越低，销量就越高。[①] 按照这个理论，当商品价格为零的时候，其销量将达到最大化，但这时商家由于售价低于成本已经无法盈利。可以说在传统市场中，"免费"是一个"营销悖论"。

然而随着新媒体、信息技术和互联网科技的发展，这个"悖论"正逐渐演变为一种独特的市场营销手段——免费营销。在免费营销中，商家通过免费提供商品以争取消费者、占据市场份额，再利用其他渠道吸引消费者支付费用，获得利润。这种营销理念在文化市场中的应用更广——因为文化市场具有无形性和特殊性，其商品成本比正常的生产成本更低，更适合"免费"营销。在信息时代，这种看似并不合理的商品与价格关系成了文化市场最为重要的营销理念之一，"免费"也由此成了文化市场价格营销未来的发展方向。

第一节　免费营销的类型和市场

在日常生活中，我们总会看到这样的现象：走在街上有免费的英语课程发放，商场中有免费书券派送……这些不需要我们花费任何金钱就能得到产品的促销活动，指"对同业或消费者提供短程激励，以诱使其购买某种特定商品的活动（威廉·罗宾逊）"。如今，我们的大部分消费尤其新兴消费都是免费的，免费视频聊天、免费收发邮件，然而看似免费的背后却隐藏着巨大的营销"套路"。价格免费是一种营销方式，是当今大多数企业为了吸引受众而采取的一种策略。

一、免费营销的主要类型

时下，随着各种网络科技的盛行，营销渠道不断拓宽，尤其是伴随 Web 2.0 时代的到来，企业越来越善于借用这个平台，开拓并理解通往成功道路的规则。[②] 而这，也是当下免费营销的更高阶形式。美国学者克里斯·安德森（Chris Anderson）称这种新型的"免费"并不是以往左口袋

---

① 曼昆．宏观经济学：第九版．北京：中国人民大学出版社，2016.

② Tim O'Reilly. Web 2.0 Compact Definition：Trying Again. http：//radar. oreilly. com/2006/12/web-20-compact-definition-tryi. html.

出，右口袋进，让消费者感觉是一种诱饵的伎俩，当下的“免费”是一种把货物和服务的成本压低到零的新型卓越能力，是数字化时代的独有特征，是一种以电脑字节为基础的经济学。[①] 克里斯的这段话指出了传统免费营销（原子世界）与新型免费营销（比特世界）的区别。另一位美国学者威廉·庞德斯通（William Poundstone）则更为具体地指出，免费营销是建立在“用户愿意免费做值得的‘工作’（新闻、电影、政治评论）”之上的。[②] 从威廉的表述中，可以看到比特世界免费营销的另一特点，即以用户主导而生成内容的方式，体现了用户流量为王、内容为王的现状。

综合上述两位学者对免费营销的观点，可将当下更为高阶的免费营销总结为：为消费者低价格或零价格提供能体现用户价值的产品或服务，并通过其他渠道获得收益。因而，这种更高阶的免费营销的本质在于企业收益来源的根本性转移[③]，是一种长期可持续发展的商业模式。比如苹果 iPod 产品，苹果公司依靠网络为消费者低价格提供成千上万首 MP3 歌曲的下载，满足消费者对音乐内容的欣赏的需求，而通过消费者购买 iPod 产品来实现收益。

目前市场上企业使用的免费营销主要分为以下四种类型：“直接交叉补贴”模式、“三方市场”模式、“免费＋收费”模式和“非货币市场”模式。

1. 直接交叉补贴——天下没有免费的午餐

顾名思义，直接交叉补贴就是“羊毛出在羊身上”的一种免费模式。商家将产品 A 免费提供给顾客，然后通过产品 B 收费获得利润。这里的关键就是，免费赠送的对象与花钱消费的客户是同一人，所以这就是所谓的“羊毛出在羊身上”战略。

在这一模式中，最著名的就是吉利剃须刀的例子。金·吉利将剃须刀免费送给客户，然后通过对利润丰厚的随弃式刀片进行收费，取得了丰厚的利润。中国移动也“依样画葫芦”，向顾客免费赠送手机，通过预付话费来获得盈利。网购与运费之间也存在这样一种免费模式，比如亚马逊网站只要订单满 25 美元就可以免运费，国内淘宝、京东等购物网站也基本上采用满多少免运费的“套路”，实际上免去的运费也是由消费者增加购物数量或金额所支付的，故“羊毛出在羊身上”。

这一模式的最大优点就是，它是一种“开门模式”。在免费送出产品的时候，他们之间的生意关系才刚刚开始，它将“一生一次”的生意逐渐转向了“一生一世”的关系，这就是其独到之处。

2. 三方市场——天下真有免费的午餐

第三方付费模式，就是指生产商免费将产品或服务提供给消费者，其利润由广告商或者其他普通顾客支付，而广告商付费购买的是消费者会购买广告上产品的机会。如果消费者购买了，说明广告有所成效，广告商就能从中得利。另一种模式则是由于其他普通顾客为其支付了相关费用，而企业通过这部分人的消费就能够获得足够的利润。三方市场的形成则体现了商家盈利渠道的拓宽与转移，消费者可以享受真正的“免费的午餐”。

广告商作为第三方市场的这一模式在文化市场中被广泛运用。例如广播，我们每天都可以从广播中免费听到各种内容，而我们却从未为此付过费，那么广播又是靠什么盈利的呢？其中一部分就是靠广告商。又例如地铁中免费发放的报纸，它从未向群众收费，但却能盈利，那也是依靠的广告商。他们其实并不想把内容卖给消费者，而是把消费者卖给了广告商。

---

① 安德森．免费．北京：中信出版社，2012：8-9.

② 庞德斯通．无价．北京：华文出版社，2011：152.

③ 罗俊皓．免费经济学．北京：中国铁道出版社，2012：10.

其他顾客（普通顾客）作为第三方市场的模式也在文化市场中被广泛运用。比如许多艺术馆、博物馆、美术馆等收费方式往往是“成人收费，儿童免费”，就是通过让成人付费以实现儿童免费。又比如商家在七夕节时，推出男女同行，女士免单的营销活动，其中女士作为消费者，便由第三方与她同行的男士为其买单。

从上述案例中可以看到，商家的免费营销不再是变相地让大众消费者付费，而是瞄准特定的消费者群体，让那一部分付费的消费者为免费的消费者付费。若企业尚未独当一面，又想要在竞争激烈的环境中生存，那么最好能找到一个风险共担者，来降低企业自身的风险，这时第三方付费的模式可能就是最佳选择。

3. 免费＋收费——主动选择付费

免费＋收费模式指的就是，通过对普通消费者免费提供普通产品，对部分消费者有偿提供专业产品，用付费的收入来补贴免费产品的支出的模式。或许会有人问，一部分付费的收入能否补贴众多免费的支出呢？其实，在数字时代下，有一条“5％定理”，即只要有大于5％的人群使用该产品或服务，那么该企业可以基本实现盈利。

正是由于这条定理，在众多领域中，很多企业均选择“免费＋收费”的运作模式。其中最著名的就是Yahoo邮箱的运作模式，对大部分客户提供免费的邮箱，而对小部分付费客户提供专业的增值服务，例如增大邮箱空间、直接阻止垃圾邮件等等。这一模式不仅使自己拥有了庞大的客户群，同时也能够确保收益。除此之外，广泛运用的腾讯QQ系列也是深谙此模式的实践者。腾讯QQ旗下的QQ游戏、QQ空间、QQ邮箱等功能消费者都能免费使用，但是如果想要升级游戏中玩家的装备，或是扩大空间的容量，美化空间的布局以及其他特权，就需要付费升级为QQ会员，开通各种星钻级别。这种增值模式是基于免费营销吸引了足够的忠实消费者，针对忠实消费者提出的增值方案，让这部分消费者主动掏钱。

可见，免费可能是最佳定价，但不能是唯一定价。只有免费与收费结合，才能创造更好的环境与收益。

4. 非货币市场——远大于经济利益的收获

在传统的货币市场中，人们交易的载体就是货币。然而在数字化时代的今天，有越来越多的人关注的是自身精神的满足，而非物质的享受。于是在非货币市场中，我们就可以看到以点击率、关注度等为交易载体，来实现市场的运作，即生产者将产品或内容免费提供给消费者，消费者通过给予关注度或点击率来回报生产者，这就是非货币市场模式。

例如，在Facebook上，你的朋友向你免费提供了一种帮助或者给予你免费的内容或服务时，你首先想到的不是向他付费，而是点击他的页面，向他致以感谢。而你的朋友可能会从中感受到满足，从而下次你碰到困难时会更积极地帮助你，这就形成了一种良性循环，也是传统货币市场无法解释的。

可见，通过社群传播而形成的荣誉满足感，也具有类似货币化收益的效果，这类非货币的利益收获同样不容小觑。

二、传统免费文化市场

文化市场的免费其实由来已久。在传统的文化市场中，“免费”是商品营销的重要手段。当然，传统的“免费”营销与信息时代的“免费”营销大相径庭，但传统的“免费”仍然具有相当的参考价值——它们告诉我们免费的理念是怎样的，传统的免费如何影响商品的销售情况，以及传统的“价格转移”如何逐渐演变成真正的“免于付费”。

传统免费大致可以分为三种：免费赠品、免费试用和免费服务。和前文所说的有形商品的免费一样，这三种“免费”形式其实并不是真正的免费——免费赠品的价格被囊括在了成本里，免费试用则说明用户可以暂缓付费，免费服务则是转移成本和暂缓付费的结合。但无论是哪种方式，其最终目的仍然是希望消费者付钱进行消费。

1. 免费赠品：隐藏成本

杂志是一种典型的文化产品。在我们购买杂志时，往往能得到各种各样的赠品。比如，文学杂志会赠送一些信封、信纸或是贺卡，儿童杂志会赠送小玩具，游戏杂志会赠送音乐、游戏或视频的CD，旅游杂志会赠送折扣代金券，时尚杂志则会赠送化妆品的试用装。这些赠品不需要消费者另外付钱，杂志也不会因为附赠这些免费礼品而涨价。看起来这些赠品的确是免费的，但实际上，这些赠品的价格通过隐藏成本的方法，被转移给了第三方（见图7-1）。对于CD、小玩具等赠品，批量生产它们的成本其实并不高，折合下来可能只需要几角钱甚至几分钱的成本，这个价格被囊括在了杂志的价格里；对于化妆品和代金券而言，赠送它们的成本被转移给了提供化妆品试用装和代金券的商家，商家不但要免费提供这些赠品给杂志，甚至还有可能要额外付钱。因为读者会试用他们的产品，成为潜在消费者。

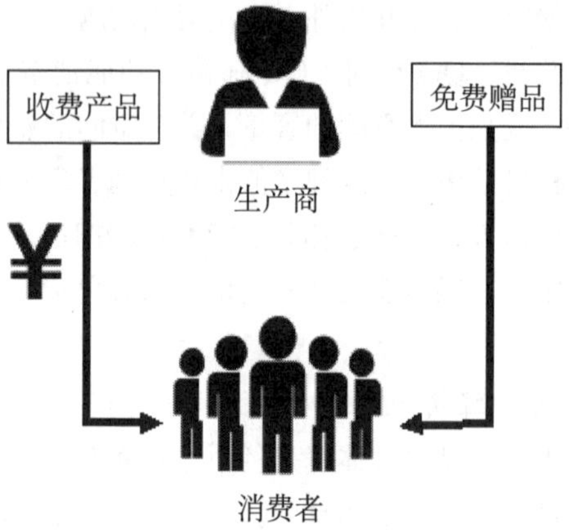

图7-1 免费方法一：隐藏成本

2. 免费试用：延缓付费

事实上，免费试用是世界上最早的“免费”营销。[①] 其核心理念是先免费提供自己的产品，在免费试用期间，培养消费者使用这种产品的习惯和意识，在免费试用结束的时候，消费者可能已经离不开这种产品了，从而愿意付钱继续享受服务（见图7-2）。

图7-2 免费方法二：免费试用

① 安德森．免费．北京：中信出版社，2012：3.

免费试用的手段听起来很不可思议，但是在文化市场中，却非常行之有效。

例如爱奇艺视频网站，网站上的视频往往是高清正版，并且提供免费试看。但如果你不是爱奇艺的会员，那么你在其网站上观看视频时只能看十分钟，接下来它会要求你成为会员或是缴费才能观看。由于爱奇艺提供的视频往往质量比较高而且资源比较少，因此不少消费者会选择支付十几元的费用来欣赏接下来的内容。

另一个被人们津津乐道的例子则是微软的办公软件。1998 年，比尔·盖茨在美国华盛顿大学演讲的时候提及中国猖獗的盗版市场，他说希望中国的消费者继续使用盗版微软软件。“这样他们对我们的产品就会着迷，而我们在接下来的十年中也会想出办法怎么从中国消费者那儿收到钱。”①

整整十年，微软并没有采取任何措施来打击中国猖獗的盗版软件。这可能是世界上最漫长的试用版软件了。几年前，微软突然宣布要整治中国的盗版微软软件，但其举措依然非常“温和”：使用盗版软件的微软消费者会发现，打开电脑后会屡屡跳出一个弹窗，提示这台电脑使用了盗版软件。同时，微软不断推出家庭版、学生版的办公软件，这些软件的功能更加有针对性，价格也更加低廉，任何人都可以消费得起。对于消费者而言，长达十年的“试用期”让他们发现自己已经离不开微软的办公产品。另外，他们会发现，购买正版软件的确很实惠，还能免去不少麻烦。这并不是一个免费试用的典型案例，但却非常典型地诠释了免费试用的本质——消费者在试用期间发现自己喜欢上了试用的产品，并愿意为此付费。

3. 免费服务

免费服务在经济学上被称为“互补商品”（Complements），即某种免费的商品或者服务，可以增加消费者对另一件付费商品的兴趣。例如咨询公司一般会提供免费的前期咨询，但是全程的咨询是收费的；广告公司为消费品公司设计的广告方案，展示他们是免费的，投放和制作他们就需要收费（见图 7－3）。

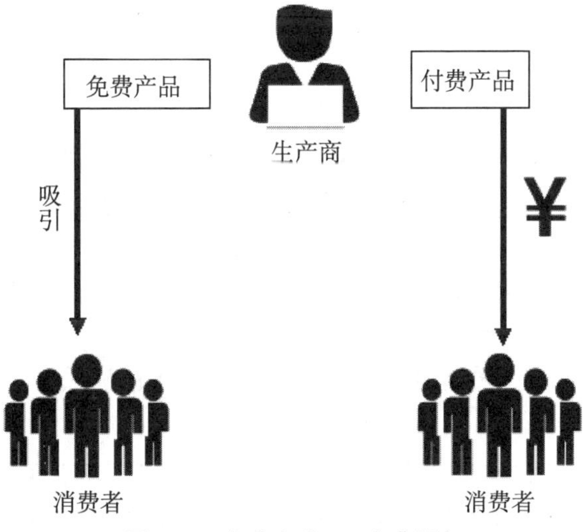

图 7－3　免费方式三：免费服务

① 安德森．免费．北京：中信出版社，2012：118.

另一个例子是提供文化服务的上海图书馆[1]。上海图书馆是一座现代化的研究型图书馆，拥有超过5 000万册图书、报刊和科技资料，还收藏有大量的古籍、碑帖、中外报纸和丰富的中外文献，是中国十大图书馆之一。2009年以后，上海图书馆免费对公众开放。这意味着所有读者可以免费使用图书馆的公共阅览空间、看书和杂志并且享受免费的空调和热水，上海图书馆免费为所有市民提供这些服务。但与此同时，上海图书馆的借阅服务、特定区域和高级信息检索仍是需要付费使用的。读者如果希望使用图书馆的检索功能或者借阅书籍的话，需要办理借阅卡（见图7-4）。

图7-4 上海图书馆阅览室

上海图书馆的借阅卡服务分为两种——100元的年卡和1000元的永久卡。拥有这些借阅卡，读者可以每次借阅10本图书，还可以进入免费读者无法进入的区域查阅资料（图书馆内的VIP区域）。对于上海图书馆而言，提供免费服务，例如热水和公共空间使用权的成本很低，但是这些免费服务可以吸引大量读者到图书馆来，从而增加他们办理会员卡（接受付费商品）的概率。

三、新兴免费文化市场

在信息时代，免费赠品、免费试用和免费服务仍然盛行——他们是免费“文化”的鼻祖。但是另一方面，信息技术、长尾理论和其他种种新兴的营销理念，使得文化市场开始向真正的免费大步迈进。消费者们发现，免费变成了货真价实的免费，不需要付钱就可以享受服务，而“付费”也不再是商家的最终目的；另一方面，这个真正免费的市场发展蓬勃，迅速瓦解和取代原来的付费市场。

接下来我们将简要解读三种新型的“免费”模式与其获利方法。

1. 5%和95%模式[2]——少数为多数买单

5%和95%模式（见图7-5）是新媒体时代文化产品免费最为常见和直观的模式。这种模式的核心理念，是文化产品的生产成本越来越低，增加新用户的边际成本趋近于零，因此只要有很少一部分人愿意付钱，就足以支付为大部分人免费提供产品的成本。这种免费模式的一个

---

① 本段信息整理自上海图书馆主页：http：//www.library.sh.cn/.

② 安德森．免费．北京：中信出版社，2012：9.

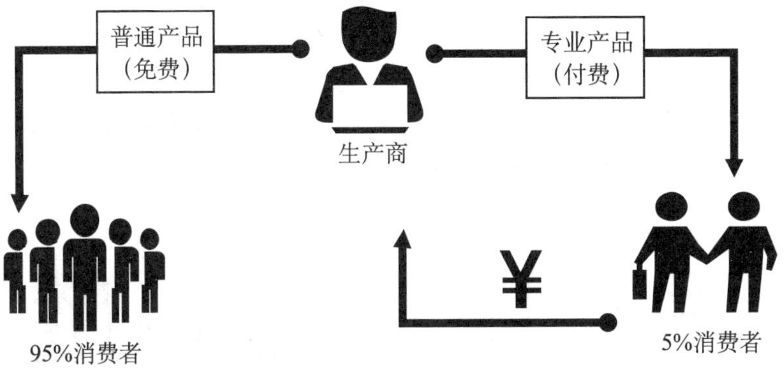

图 7-5 5%和 95%模式

典型例子是百度的网盘服务。

网盘，又称网络U盘、网络硬盘，是由网络公司推出的在线存储服务，向用户提供文件的存储、访问、备份、共享等管理功能。用户可以把网盘看成一个放在网络上的硬盘或U盘，不管你是在家中、单位或其他任何地方，只要你连接到互联网，你就可以管理、编辑网盘里的文件。数据不需要随身携带，用户也不怕数据丢失。以百度网盘为例，用户注册后立即获得5G的免费网盘，用户每邀请一个好友使用百度网盘即可获得512M（0.5G）的容量，最高可获得4G的容量；成功上传一个文件，可获得1G容量；体验手机或iPad端，可获得4G容量；分享一个文件，可获得1G容量。在一般情况下，用户完成上述任务后，所获得的容量完全够个人用户使用了。此外，在某些具有互联网特征的"节日"里，百度网盘还会推出特别惠民活动。比如2016年的"双12"，百度网盘推出下载手机客户端并绑定手机号立即获得1 000G容量，绑定银行卡至百度钱包再获得1 000G容量。如果用户觉得容量还是不够用，则可通过购买套餐进行容量扩充。

目前，百度网盘已拥有超过1亿用户。除了容量外，百度网盘还推出了会员制，会员制也成为百度网盘的主要盈利点。普通会员每月10元，超级会员每月30元，购买月数越多，折扣也会相应增多。开通会员将获得尊贵身份点亮、离线上传下载、更大的容量、更大单独上传文件的容量、更快的上传速度及手机备份等额外功能。对于专业的商务人士和公司而言，购买百度网盘会员甚至是超级会员可以切实提高他们的工作效率，改善他们的工作方式。而百度网盘盈利则来源于对网盘有专业需求的这部分人群，这少部分的5%用户正好为剩下的95%的大部分用户买单，于是在大多数用户看来，百度网盘即是一个完全免费的服务。

2. 第三方付费模式——广告商为消费者买单

第三方付费模式其实是一种历史悠久的免费模式。当我们看报纸、听广播、看电视的时候，在节目间隙中经常会出现各种广告。这些广告就是广告商作为第三方，为观众收看节目所支付的成本。在生活中，我们往往认为电视节目和广播节目是免费的（尤其是在国内没有完善的付费频道体系的情况下）；在中国，电视和广播具有特殊性，它们属于政府的公共服务产品而非私人电台，但是对所有的地方卫视而言，制作、播放节目的成本都需要从政府之外的渠道解决。从这个角度而言，其实广告商已经为我们收看节目支付过费用了。

在信息化时代的免费中，第三方付费的覆盖面更广了。歌手在推出新专辑的时候，往往会将一两首新歌曲免费放在iTunes（见图7-6）或是其他平台上，供消费者免费下载；游戏公司新制作的游戏会免费向市场发放内测号，吸引玩家免费来试玩游戏；软件公司也会慷慨地将新软件放在 App Store 上，让消费者免费使用。这些免费的文化产品是需要成本的，其制作、设计费用往往相当高昂。但是第三方例如唱片公司、软件公司等支付了这个成本，因为这些免费的产品可以起到广告宣传作用，大量的消费者得以更加熟悉原本陌生的歌手、游戏或软件，并且吸引消费者集聚，这使得第三方的付费有了极大的广告效能。

图 7－6　iTunes 的免费音乐下载排行榜

3. 声誉市场模式——声誉是最好的利润

声誉市场是免费文化市场的另一个获利方法。商家提供免费、高质量的文化商品和服务，最大程度吸引消费者集聚。这些集聚的消费者自身就是宝贵的财富，因为他们可以成为广告商的潜在受众；另一方面，这些消费者对于商家的商品和服务进行评价，这些评价可以进一步提高商家的声望，使得商家提供的其他有偿服务得到了免费的宣传（见图 7－7）。

TED 是 Technology，Entertainment，Design 的缩写，这是美国一家私有非营利机构，也是世界上最著名的分享性公开演讲 TED 大会的简称。每年 3 月，TED 大会将邀请全世界科学、设计、文学、音乐等领域的杰出人物，以分享他们对于技术、生活、社会、艺术的思考和探索。TED 现场演讲每次邀请的听众只有 1 000 人，并需要支付 7 000 美金的费用作为入场券。尽管如此，TED 大会的入场券往往还是一票难求。[1]

2006 年，TED 放弃了闭门开会的传统，将演讲放到了网上免费供大家下载。这个慷慨的举动让不少经济学家大跌眼镜——TED 入场券是一种绝对稀缺资源，无论其价格定多高，都不会影响消费者对其需求。那么 TED 为什么要将这个资源放到网上呢。答案其实很简单，TED 闭门会议期间，其辐射人数只有 1 000 人，然而放在网上后，其辐射人数变得无限扩大。

---

① 安德森．免费．北京：中信出版社，2012：134-135.

在不少国家，TED甚至成了网络课程的代名词。TED的声誉市场由此不断扩大，越来越多的消费者进入到这一市场，并迅速因为其高质量的免费产品成为TED大会的拥护者；TED的声望越来越好，也越来越容易请到优秀和著名的演讲者，形成良性循环。

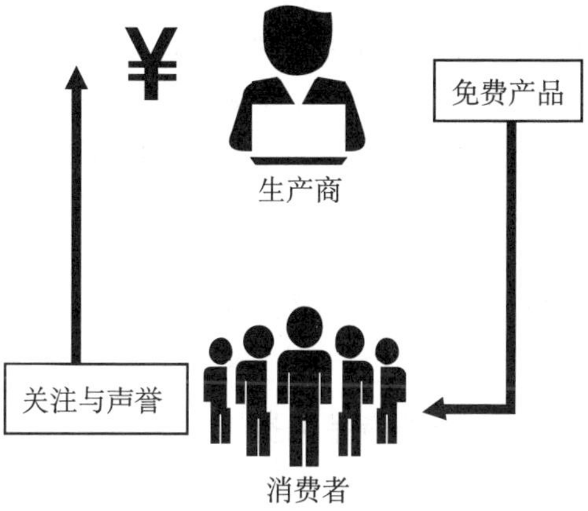

图7－7　声誉市场模式

第二节　免费营销的实施诱因

对于文化市场而言，由于文化产品或文化服务本身的特殊性，免费营销因其自身的优势而广泛适用于文化市场，是值得鼓励的但不应该是千篇一律的，不同的文化产业类别应该选择适合其自身发展的免费营销策略。

一、文化市场适合免费营销的原因

文化市场包括演出、娱乐、网络文化、电影、书报刊、旅游等多种形式，文化市场的产品除了报刊、书籍、艺术品等实体消费品以外，还包括演出、娱乐、旅游、电影、网络文化等非实体消费品或服务。文化消费品的不同性质，决定了文化市场相对于其他市场的特殊性，这一点在消费品成本方面表现得尤为突出。

相比较实体消费品，文化产业消费品的边际成本非常低。由于其边际成本低，因此其增加一个消费者的成本也很低，所以销售给这个消费者的消费品价格也可以随之下降，最后甚至可以趋近于零。

接下来我们将通过与有形商品对比、长尾理论分析和消费者心理三个角度，更加详细地剖析为什么文化市场适合免费营销。

（一）有形商品：资源稀缺性决定商品价格

文化市场中的消费品分为有形商品和无形商品两大类。有形的文化消费品包括书籍、报纸、唱片、游戏光碟等一切实体物品，与所有普通的有形商品一样，这些商品具有资源的稀缺性，这种稀缺性决定了其商品价格。

资源的稀缺性是经济学的第一理论。在这个理论下，大部分商品都是稀缺资源，因为生产它们意味着运用有限的自然资源，意味着成本；而成本则意味着商品必须要有价格，而且价格不能小于成本。[①] 因此在传统的商品营销中，商品的价格往往会在成本和消费者的意愿价格之间浮动。同行的竞争、商品的营销可能会导致商品无限逼近成本，因为价格决定销量，但商品不会低于成本，因为这意味着商家在赔钱销售，卖得越多赔得越多。

在传统的商业营销中，"免费"的存在形式是"折扣"。例如商场经常在节假日的时候进行促销优惠，但是这些折扣其实是包含在商品的价格里的，其定价依旧高于原始成本。类似的例子还有"买一送一"，赠品的价格其实囊括在付费商品的价格里面。类似的促销尽管让商家的获利更加微薄了，但是由于销量的增加，商家的总获利还是增加了。当然，这些"免费"的价格营销并不是真正的免费，而是商品价格的转移，商品并不会真的免费，这是由商品的原始成本决定的。

因此我们可以说，文化市场中的有形商品往往通过价格转移来实现"免费"，这是由于资源稀缺性造成商品的固定成本决定的。

(二) 无形商品：长尾理论推动商品免费

文化市场中的另一部分商品是无形商品，包括电影和网络文化产品，也包括旅游和演出等文化服务。无形的文化产品，尤其是网络文化产品往往是"长尾理论"的践行者。长尾理论[②]是克里斯·安德森提出的一种网络时代特有的营销理念，也是网络文化趋于免费的理论基础。长尾理论从一个角度，解释了那些互联网时代的无形商品可以免费的原因——科学技术的发展使商品的生产、发布和销售成本极低，相应的其售价也可以无限下降。如果你经常使用电脑和网络，那么这种理论其实很容易理解。

由于网络和新媒体技术的发展，商品生产的成本无限下降，甚至接近于零。在这种情况下，即使是需求极低的产品，都会产生供应和需求——因为商家供应它们非常便捷，只需要在销售的网页上增加一个条目或者一个链接，其成本可能为零；而消费者获得这些产品也非常容易，只需要点击购买即可。尤其是网上的视频、游戏和音乐等。这些需求和销量极低的商品占据的市场份额，与主流产品的市场份额相当。[③]

在这个理论的支持下，信息时代的免费变得可以理解了。互联网上，商家制造商品、销售商品和展示商品所耗费的时间相当少。例如爱奇艺的视频资源，一旦被放到网上，对于商家而言，提供这个视频的原始成本只是搜索引擎、网站年费和版权的费用，无论有多少消费者购买其产品，增加的边际成本都几乎为零。只要原始成本被支付了，那么销售视频的成本就为零，因此商家完全可以免费提供给消费者这个产品。

(三) 消费者：免费至上的市场

消费者的选择习惯往往会左右市场的发展，这并不是危言耸听。但事实是互联网时代的消费者已经逐渐习惯了免费消费品，因为它们价廉物美，能让消费者以几乎趋近于零的成本享受原本需要付钱才能享受的服务。

图 7-8 是一个关于消费者购买手机软件的调查问卷。当问及倾向于选择收费还是免费的手机软件时，94%的消费者会选择免费软件；当问及消费者手机上收费软件的数量时，超过

---

① 曼昆．经济学原理．7 版．北京：北京大学出版社，2015.

② 安德森．长尾理论．北京：中信出版社，2012.

③ 同②.

75%的消费者不会选择安装收费软件。

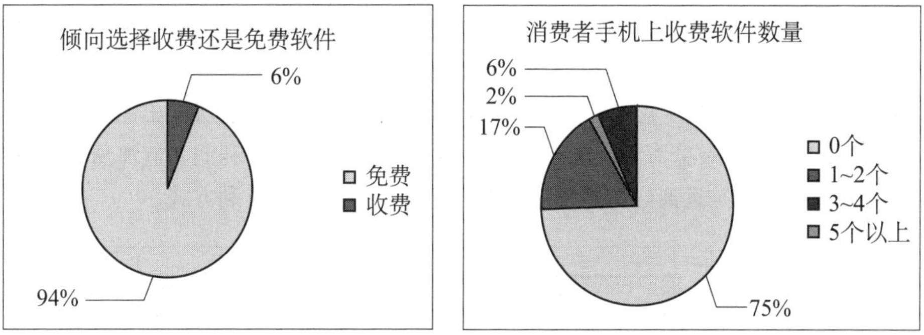

图7-8 消费者收费手机软件调查问卷①

消费者为什么会倾向于选择免费产品？主要有以下两个原因：

其一，免费规避了选择的成本。如果消费者需要在两个商品中选择一个付费，那么无论这两样商品多么便宜，消费者都需要付出选择的成本。这意味着当消费者要在付费商品中进行选择的时候，其实面临着双重成本——商品的价格和思考的成本。尼克·萨博（Nick Szabo）称之为“心智交易成本”（Mental Transaction Costs）②，指消费者在作购买决定时的思考的收费成本。换句话说，选择消费是一种投资，具有一定的风险。消费者作出付费决定的思考和支出是一种风险投资，而如果消费者选择了不喜欢的商品，心智交易的成本将会更高——消费者会惋惜花出去的钱。而免费意味着零风险，免费让消费者支出的成本为零，无论是心理上还是消费上，都不会吃亏。

其二，免费市场取代了收费市场。消费者倾向于选择免费的产品，这就意味着免费产品比付费产品更有竞争性。在同一消费品市场中，如果有保质保量的免费产品，那么消费者一般不会选择那些同样质量的付费产品。

事实上，免费已经成为我们日常生活的一部分，这使得这些领域的所有付费商品都失去了市场：免费的邮件取代了付费写信；微信和QQ软件让短信业务一落千丈；免费歌曲下载让音乐唱片变成了夕阳产业，游戏、图书等文化消费品面临同样的状况。当越来越多的文化消费品和文化服务保质保量地进入免费市场领域后，消费者就不会再愿意付费来追求这些日常服务了。这些进入免费领域的文化产品逐渐瓦解原来的付费市场，消费者变得越来越不愿意付钱——商家不得不另辟蹊径，让消费者掏钱。

二、文化企业选择免费营销的动因

都说天下没有免费的午餐，但是越来越多的企业选择免费营销，这其中包括早已成功的大企业，如美国谷歌，也包括正处于上升期的中小企业，如饿了么、滴滴打车等。究竟是什么让它们不约而同地选择免费营销？

---

① 数据来自51调查网．免费午餐能吃多久：手机软件调查问卷．(2015-05-01)［2018-01-16］．http：//www.51diaocha.com/w/1054856/stat.htm.

② 安德森．免费．北京：中信出版社，2012.

(一) 创造需求——开创蓝海新战局

蓝海，是相当于红海而言的。国外学者把市场比作海洋，红海代表已知的、已开拓的、已被瓜分的市场，企业间相互竞争争夺消费者；蓝海则代表剩下的尚未被开拓的市场，那里存在着被忽视的消费者。① 以下（见图 7-9）是学者通过定量的分析方法所得出的“蓝海的利润和增长效果”，可以看到，在蓝海设立的 14%的企业获得了 61%的总利润，蓝海所创造的绩效显而易见。而免费营销便是远离红海，创造需求，开创蓝海战局的有利方式。

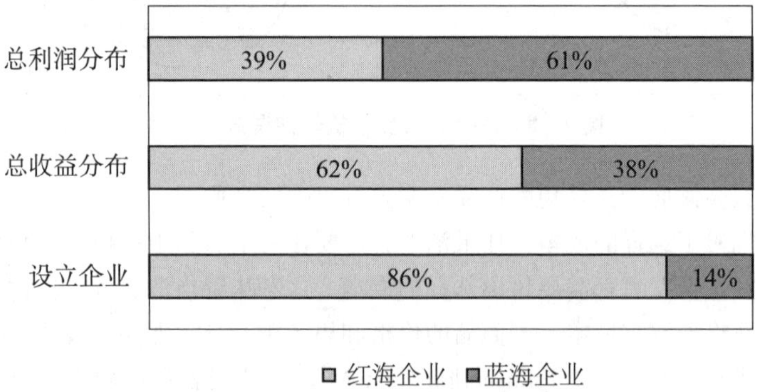

图 7-9 蓝海的利润和增长效果②

2008 年之前，中国的杀毒软件主要还是收费的，其中瑞星、卡巴斯基两家企业就占据了 72.6%的市场份额③，剩下不到 30%的市场则由其余数十家企业瓜分。收费杀毒软件陷入了残酷的红海搏杀，争夺为数不多的市场份额。

在这样的局面中，360 公司另辟蹊径，远离红海的厮杀，开创杀毒软件行业的蓝海新战局。2008 年 7 月，360 发布免费杀毒软件，经过一年测试后正式发布，其首席执行官周鸿祎称这是“全球首款真正永久、彻底免费的杀毒软件”④。2009 年的报告显示，有 31.6%⑤的网民通过网上下载获取安全软件，超过从零售店购买安全软件的用户。网上下载成为网民使用最多的渠道。而 360 公司在正式发布的第一个季度，其产品就成功突破重围，市场份额稳步攀升至 33.76%⑥，跃居行业第一，成为名副其实的黑马。

对于消费者来说，计算机内的信息十分重要，因而杀毒软件的消费支出必不可少。传统的软件公司也认准了消费者的依赖性，它们仅仅关注着“现有顾客以及被证明了的市场面”⑦。但周鸿祎却用了一个极端的价格——零、免费，动摇了杀毒软件公司的市场。在残酷激烈的竞争中，免费是争取消费者最有效的手段。当其他企业将产品价格视为重要收益来源的时候，免费可以创造出一个新的市场，并且创造新的消费群体，将原来对高价杀毒软件望而却步的消费

① 金，莫博涅．蓝海战略．北京：商务印书馆，2005：7.

② 同①9.

③ 中国互联网络信息中心（CNNIC）．2008 年中国网民信息网络安全状况调查研究报告．2009-3.

④ 新浪科技．360 推出永久免费软件 360 杀毒正式版．（2009-10-20）［2018-01-16］．http：//tech. sina. com. cn/i/2009-10-20/14053521995. shtml.

⑤ 中国互联网络信息中心（CNNIC）．2009 年中国网民网络信息安全软件使用行为调查报告．2010-3.

⑥ 中国新闻网．免费杀毒成主流力量 360 杀毒市场份额跃居第一．（2010-02-03）［2018-01-16］．http：//www. chinanews. com/it/it-itxw/news/2010/02-03/2108166. shtml.

⑦ 克里斯坦森．创新者的窘境．北京：中信出版社，2010.

者吸引过来。

其实利用低价甚至免费从红海的厮杀中退出，并开拓新市场的例子不计其数——谷歌战胜雅虎也是如此。当许多刚成立的中小型企业无力支付雅虎高额的广告费用时，谷歌推出的AdWords功能，为那些被忽视的消费者们开辟了一个新市场。相比雅虎动辄5 000美元、10 000美元的巨额广告费用，谷歌提供的自助服务式广告产品，价格可能低至1美元，创造了许多新需求。

免费的营销方式让消费者看到好的产品与服务不一定要花钱买，让那些惧怕消费后需要承担风险与成本的消费者没有了后顾之忧，从而创造了许多新需求，培养了更多的新消费者并且吸引了原来的消费者。

对文化市场来说，许多行业由于同质化、缺乏创新而处于饱和胶着的状态。比如不断衰落的唱片业，还有音像制作业、图书出版业。在这样的情况下，就有商家放弃价格竞争，开辟蓝海战局。例如QQ音乐为消费者免费提供各种音乐下载，豆瓣提供低廉的电子书，各大视频网站提供免费的视频内容。他们都利用免费开创蓝海战局，而通过其他渠道盈利。

（二）提升影响——扩大品牌知名度

毫无疑问，消费者对“免费”是热衷的。免费营销的初级形式即免费赠品的派送，其影响力不言而喻。例如湖南岳阳楼君山景区在2013年（蛇年）的大年初一推出“背《岳阳楼记》，领免费门票”新春活动，受到了游客的热捧，截至大年初十活动结束当天，有近万人“背”得岳阳楼免费门票；山东曲阜也推出了“凡是能够在10分钟内完整背诵出《论语》其中30条的游客，免费游览孔庙、孔府、孔林景区。”的活动。这些景区在免费营销上的不断创新激发了游客的出游热情，使游客积极走出户外，亲近大自然，更重要的是使游客在游览景区过程中做到寓教于乐，感受传统文化，同时提升了景区的文化影响力与关注度。

而免费营销的高阶形式效果更为显著。2000年百度正式推出中文搜索引擎，MP3搜索便是它吸引用户，扩大影响的利器。当年不少用户正是通过MP3搜索服务开始接触，进而开始习惯使用这个新兴的搜索引擎。2005年巨人网络推出《征途》网游，高举“免费”大旗，在网游行业引起了轩然大波，吸引了无数网友，尚未正式发布，就已经得到了极大关注。而上面所提到的360杀毒软件，也正是因为“免费”而声名鹊起。免费可以迅速地吸引消费者的眼球，并且在消费群体间扩散，提升品牌的影响力。

（三）创新模式——设计商业新模式

著名的管理学大师彼得·德鲁克（Peter F. Drucker）说过：“当今企业之间的竞争，不是产品之间的竞争，而是商业模式之间的竞争。”在互联网时代，更是如此。在淘宝出现以前，易趣一家独大，淘宝的成功便是其商业模式的创新——免费。易趣通过收取佣金盈利。在易趣网上，每件商品上架，卖家都需要交商品登录费，价格1～8元不等；每次交易成功后，收取相应佣金即交易服务费，价格按每件商品在网上成交金额的0.25%～2%收取。也就是说，如果一件商品在易趣网上以3 000元人民币的价格成交，交易服务费约为30元。[①] 而淘宝就是抓住了易趣“收费”的漏洞，开创免费的商业模式。免费入驻，免收交易费，淘宝一经推出，短短几月，就吸引了大批卖家入住。如今在C2C网络零售市场，淘宝占全部市场份额的96.5%，

---

① 易趣客服. http://www.eachnet.com/help/help.html.

拍拍网占3.4%，易趣网只占0.1%，[1] 可见商业模式力量之强大。

而在文化产业领域，商业模式的重要性更为凸显。文化产品可以带给消费者精神上的愉悦与体验上的满足，好的商业模式，可以让消费者的满足感更为强烈。比如，在音乐市场，一场演唱会带来的满足感绝对超过消费者购买专辑所获得的愉悦感，对歌手来说，演唱会的收益也更为可观。由于网络的发展，唱片行业逐渐没落，当有歌手埋怨网络音乐对他们的冲击时，也有歌手开创了新的盈利模式。2007年7月，与迈克尔·杰克逊齐名的著名音乐才子"王子"(Prince）将自己新唱片中的部分歌曲通过英国的小报《每日邮报》免费发放，这个举动将整个音乐行业闹得天翻地覆。许多人质疑还会有谁去原价购买可以免费发放的唱片呢？但王子的真正目的却不是唱片，而是他即将举行的伦敦巡回演唱会！王子打破了以往唱片公司惯常的收益模式，不再将唱片销量视为绝对的收益来源，而是通过发放免费唱片造成宣传效果：一是王子本身与他的新歌的知名度瞬间扩散；二是引发社会讨论，让更多人对他产生好奇。最终，王子2007年的伦敦21场演唱会场场爆满，通过免费发放唱片赚得了1 880万美元的大买卖，在当时音乐市场低迷的情况下简直是奇迹。[2] 王子改变了以往歌手的运作模式，既让自己获得收益，使得自己的音乐道路持续发展，也为消费者创造价值，使他们获得更多的精神愉悦。

三、免费营销的运营策略

企业要做免费营销，做好免费营销，必须要了解消费者为什么会接受免费营销。这里就涉及消费者对免费营销的心理因素。通过了解消费者对于免费营销的心理，便可对症下药，采取相应的营销措施。

（一）免费营销的心理因素

1. 免费影响消费者对产品的印象

消费者对免费的看法是相对的，而不是绝对的。在经济学中，产品的价值通常通过货币来衡量，成为价格，价格成为消费者衡量产品品质的尺度。如果某样物品或服务，原来是收费的，但现在却免费提供给消费者，那么消费者自然而然就会重新判断产品的价值，联想到是否是产品或服务的质量下降了。但消费者不会怀疑在网上免费搜索到的唱片音乐的质量问题，因为它自始至终都是免费的。想象一下一幅在画廊中待售的梵高的画作，价格高昂，但现在画廊工作人员表示这幅作品免费，大家会不约而同想到是否这幅画作是赝品。可见，大家对免费都有这样一个想法，只是我们没去正视。因而免费营销的使用必须有选择性，并非任何产品或服务都可以使用免费营销。但是，我认为文化产品具有文化性，而文化具有传播性与大众性，因而消费者会更容易接受文化市场的免费营销，例如对图书馆、博物馆的免费大家已习以为常。

2. 免费削弱消费者心智交易成本

消费者的消费过程一般包括五个步骤——确认需要、信息搜索、评估选择、购买决定和购后行为。[3] 在这五个步骤中，消费者会不断思考，思考自己是否需要付出费用，评价这个产品是否值得这个价格，这个思考的过程便是消费者的心智交易成本。毫无疑问，人们都倾向于选

---

① 中国电子商务研究中心．2013年度中国电子商务市场数据监测报告．http://www.100ec.cn/zt/2013ndbg/.

② 罗俊皓．免费经济学．北京：中国铁道出版社，2012.

③ 陈碧琼．消费者行为学．重庆：重庆大学出版社，2010：36-38.

择让自己更轻松的思考方式，而免费便削弱了消费者的心智交易成本（只是削弱并非消除，因为仍然会产生其他心智交易成本）。消费者不必考虑价格因素，不必再去思考“值不值”的问题，只需接受便可以，因而免费营销会带来更多的尝试者。比如巨人网络推出的《征途》网游，消费者可以免费注册登录使用，玩家们不必再像以往那样思考游戏的趣味性如何，是否值得为之购买点卡、购买的数量等问题。

3. 免费消除消费者的风险与恐惧

在消费者的消费过程中，还包括购后行为，即消费者购后的评价与满意度。人们本能地恐惧损失与风险。在选择观看的电影时，会思考购后可能承担的风险，即担心是否会因为电影质量的低下而认为不值票价，造成损失。这一点在网络消费中尤为明显。人们上网消费，拿到产品后发现不如预期，产生后悔感，并为此付出了一定的费用，因而在下次消费时会恐惧更甚。针对这个问题，淘宝网推出了运费险服务，许多网店卖家也提供免费运费险，消除了消费者的风险及恐惧。消费者不必担心遭受损失，因而会更果断地作出消费决策，不必担心消费后的成本。

4. 免费唤起消费者非理性的热情

消费者热衷免费，为了获得免费的机会，他们会更加疯狂地消费，免费会激发他们消费的热情。比如亚马逊网络书店推出了免运费优惠服务，如果在亚马逊网站一次性购书的金额超过 99 元，即可享受包邮服务，如果不满 99 元，就需要支付相应的配送费。为此消费者们即使只需要购买一本书，也会想尽办法将消费金额凑满 99 元，为此最终支付的价格已远远超过预期。免费营销会唤起消费者的消费热情，而这种情绪大多都是非理性的。

（二）免费营销的运营步骤

1. 注意因“地”制宜

人们对免费的心理各不相同，这取决于社会与个人的消费习惯，因而做免费营销必须因“地”制宜，考虑到产品与施行对象的实际情况。例如前文提到的王子免费发放唱片的案例，在英国取得了巨大成功，但在韩国却会遭遇滑铁卢。因为韩国的演唱会市场非常小[①]，不只是数量少，更因为韩国的演唱会举办的规模都非常小。在韩国，只有粉丝俱乐部的粉丝才会去现场观看演唱会。因而，王子的免费营销方式在韩国就无法通行，必须考虑当地实情，采取其他的方式。

再比如当下国内盛行的各种网络文学与网络音乐网站，一旦延伸到国外也必将失败，因为在国外网络内容的下载大多需要付费。妄想通过免费吸引流量赚取广告费的国内企业必须转变收益模式，以适应当地的实情。

因而免费营销的第一步便是评估免费营销实施的大环境，注意因地制宜。

2. 抓住顾客矛盾

免费营销的第二步，是要抓住顾客矛盾，找出阻碍消费者决定购买的因素，并且针对顾客矛盾给出解决方案。前文提到，消费者消费时都会产生心智交易成本，因而企业必须抓住消费者心智交易成本的关键，对症下药。

例如消费者购买纸书的矛盾在于纸书太重、携带不便、成本过高并且可能书中内容不尽如人意。而网络文学平台便针对消费者的矛盾，提出了免费＋收费的解决方案——电子书携带方

① 罗俊皓．免费经济学．北京：中国铁道出版社，2012：205.

便，有免费提供的非VIP章节供阅读，感兴趣后再付费购买想阅读的VIP章节，减少费用支出，最终整本阅读下来的成本是纸书的十分之一。

再比如史玉柱的《征途》网游。以往消费者担心付费注册后发现游戏不好玩而后悔，或者思考究竟购买多少时间的点卡才最合理，在这个过程中，消费者是矛盾的。但《征途》完全免费注册，消费者可以先体验，再决定是否购买升级装备。免费网游的提出就为消费者解决了矛盾，吸引了消费者。

3. 细分目标市场

在进行市场营销时必须对目标群体进行划分。但是有人会质疑，在免费营销中，价格近乎为零，客户量会非常多，还需要细分市场吗？答案是肯定的，而且相比其他营销方式，免费营销目标市场的划分更为重要。免费营销是收益来源的根本性转移，而这转移，便是建立在目标市场的研究之上的。细分目标市场，是为了追求关联收益、控制初期风险，只有细分好市场，免费营销才能做到成功。

例如美国一家名叫Freeload的出版社，是以大学生为对象免费提供教科书，再通过广告赞助而盈利的企业。由于大学教科书售价高昂，该企业便推出免费为大学生提供教科书的产品。但他们并不局限于此，而是将教科书的潜在大学生消费者大致分成了四类，并且根据这四种人群制定了商品的等级。很明显，这便是通过对目标市场的细分，形成了免费＋增值的收益模式。而这样细分的成效，便是29%的免费版本用户升级成了付费版本，拓宽了出版社的收益渠道，也成功地将传统的文化出版业与网络平台对接（见表7-1）。

表7-1　　Freeload提供的4种教科书版本①

版本	媒介	广告赞助	价格（参考）	目标对象
基本版	在线	√	免费	不介意广告；接受在线
升级版1	在线	×	9.95美元	介意广告
升级版2	PDF下载	×	14.95美元	想随身携带
升级版3	纸质书	×	34.95美元	想做笔记

4. 挖掘收益来源

免费营销的最大优势就是可以得到市场爆发性的关注和足够的消费者基础，但仅仅这样，是不足以创造收益的。企业做免费营销最关键的一步，就是将消费者的关注、满意度和消费者基础转化成真正的收益，这就需要创新收益模式，挖掘收益来源。首先，最简单的就是从互补品入手，例如以视频产业为主的乐视网，拥有丰富的视频资源，但是消费者要想看到海量的、高清的、极速的视频信息，还需要一定的硬件条件，于是乐视在2010年开始了针对互联网电视领域的研发，并在2011年推出了第一代乐视盒子。乐视免费提供视频内容，但从硬件销售与技术支持方面创造收益。其次，还可以从外部寻求对消费者需求或他们所追求的价值感兴趣的赞助者。通常爱看电视的都是宅男、宅女，于是乐视经常在视频播放前播出有关不逛街就能购物的各种电商平台的广告，这样，乐视就有了赞助商收益来源。再举一个例子，广播电台的主要收益来源是广告投放，而司机是电台的主要听众，那么谁会对司机这个消费群体以及他们的追求感兴趣呢？做车险的保险公司便是其中之一。

① 罗俊皓．免费经济学．北京：中国铁道出版社，2012：39-41.

5. 创造顾客价值

消费者面对免费营销的产品和服务一开始抱着尝试的心态，是非理性的决定，而要最终将他们转化为具有消费意愿的付费者，必须要提高消费者的忠诚度与黏性，要为他们创造价值。创造顾客价值，第一点就是要找到顾客的需求，提高顾客消费的满意度，正如“去哪儿”旅行网创始人兼首席执行官庄辰超所说的：“去哪儿是什么模式并不重要，关键是围绕用户的需求变化而变化。”① 正是为满足顾客需求，去哪儿网推出比价功能，为网上消费者们提供了快速便捷的消费比较工具，在一众在线旅游企业中脱颖而出。创造顾客价值的第二点在于互动，增加顾客消费的体验性与互动感。前文提到，免费营销为用户提供能体现用户价值的产品或服务，让他们做免费的“工作”。在这一点上，豆瓣社区便是佼佼者。豆瓣致力于打造社区文化，内容包括音乐、电影、图书，形式包括论坛、相册、投票、日记等，多形式互动。豆瓣中的内容都是消费者免费编辑的，就是依托着消费者免费的工作量，建造起了这样一个具有特色的文化社区。消费者在这里分享、讨论，参与互动，既为豆瓣创造价值，同时也享受着豆瓣为他们创造的价值，建造属于他们的个人社区。因而，免费营销真正的成功便是在于为顾客创造价值，最终实现双赢。

四、免费营销的未来

（一）免费与盈利的交织

盈利，是文化市场免费营销的第三步骤和最终目的。首先，我们必须要明确的概念是，无论多少人购买消费品，免费本身都是不会盈利的；如果想通过免费获利，就必须使免费的过程增值。这个概念构成了免费营销的核心理念——商家必须另辟蹊径来获取利益。

对于大部分生产商而言，通过免费赚钱主要有两种渠道：一是通过商品免费的过程来盈利，二是通过信息的再处理来盈利。前者是一种营销理念，即商家让免费本身吸引更多的消费者，在吸引消费者的过程中实现盈利。后者则是一种新的商业思路，其理念在于，尽管提供给大众的消费品免费，但是提供给小众的细化信息却有利可图。

1. 创造新的消费市场

新的消费市场并不是指一个全新的市场，也不是特指蓝海市场，而是指破坏收费市场后诞生的替代市场。在“大爆炸式创新”理论中，新的消费市场通过低廉收费和高质量服务来瓦解传统市场。例如百度音乐不仅仅是一个免费的音乐文化市场，而且还使一定比例的收费音乐市场亏损。换句话说，每项免费服务的市场，都会瓦解一个相应领域的“收费”市场，甚至创造新的消费需求。

Kindle阅读器是亚马逊生产的一系列电子书移动终端，用户可以借助它通过无线网络和移动数据两种方式，下载和阅读电子书、电子报纸杂志等（见图7-10）。Kindle是一个非常典型的免费文化产品。2007年，第一代Kindle发布，在美国掀起了图书市场的革命。

Kindle践行了文化市场的免费理论——Kindle的电子书大部分是免费的，哪怕新书售价也相当低廉。当然，无论这些电子书的定价是多少，生产这些电子书的成本都非常低——它们一般通过普通的电脑软件，只需要复制、粘贴代码就可以无限复制从而提供给消费者。这意味着

① 彭一郎，庄辰超．激发“鲶鱼效应”．经理人，2011（2）：64-65.

图 7-10 Kindle 电子书

对于亚马逊而言，提供给消费者电子书的成本几乎为零。只要一个消费者购买了 Kindle（在中国，Kindle 根据型号和性能的不同有四种价位：499 元、899 元、1 499 元和 1 999 元）[①]，那么他的所有购书成本其实已经囊括在了 Kindle 的价格中。通过 Kindle 电子书，亚马逊一方面规避了竞争激烈、日渐衰微的图书出版市场，另一方面转而利用 Kindle 开辟了需求极大的电子书市场，开创了一种新兴的消费市场。在纸质出版市场逐渐衰微的今天，Kindle 的电子书市场却日渐风行，这就是免费文化创造出的新兴市场。

2. 筛选信息：利用信息资源的矛盾性

信息资源的矛盾性可以成为免费文化未来的一种盈利手段。这种矛盾性质是，在信息时代，信息资源泛滥，但有价值的信息却稀缺。换句话说，充裕的信息想要变得免费，稀缺的信息需要变得昂贵[②]，这两种趋势在相互制衡。

首先，发布信息的成本在无限下降，信息资源无限扩张，大量的信息充斥在网络和新媒体平台上；其次，生产、发布和销售信息变得越来越容易，从这个角度来看，信息在不断变得更加便宜；再次，有价值的信息越来越少。当今信息之多，称之为信息爆炸一点也不为过，每天手机都会收到无数的信息，例如各个平台推出的手机新闻、广告、垃圾短信等等。这些信息是免费的，但是对大部分人而言并没有太大的价值。

尽管信息爆炸让信息不断贬值，但有价值的信息仍然属于稀缺资源。这些信息隐藏在茫茫的信息大潮中，想要把它们筛选、整理、分类，或是改编成大家都看得懂的信息则是一件麻烦事。换句话说，信息资源的矛盾性体现在：低价复制和传播的廉价信息可以免费，而需要投入资源整合的信息需要昂贵。

由此，筛选信息成了“免费”获利的方式之一。大量的信息是泛滥而且免费的，但是那些有价值的、定制的和处理过的信息，是收费的。这一点比较集中体现在西方的新闻网站，例如《华盛顿邮报》（见图 7-11）。作为全世界最大的新闻传媒集团，《华盛顿邮报》的网站提供全世界相关的新闻。浏览这些新闻的概览是免费的，你也可以免费读其中一两篇报道。但是如果你想继续浏览详细的相关新闻，或者是阅读《华盛顿邮报》资深记者撰写的社评，你需要支付 0.99 美金。[③] 这就是信息的稀缺性：当今世界，发生在一个国家的新闻转瞬就会被另一个国家

① 宋滟泓．Kindle 电子书带着迷惑上市．IT 时代周刊，2013，6（6）．

② 昝辉．网络营销实战密码：策略、技巧、案例．北京：电子工业出版社，2013．

③ Washingtonpost．（2015-05-30）[2018-01-16]．http：//www.washingtonpost.com/．

知晓——社交平台、新媒体正每时每刻地将这些信息传播出去；但是如果你想知道详细的信息，或者你希望知道权威专家对于这些新闻的看法和评价，则需要支付费用。再比如说百度文库的文献，它们可以免费阅读，但是如果你希望下载这些文献，就需要支付一定的“虚拟币”，这些虚拟币可以通过使用百度提供的其他服务获得，也可以通过金钱购买获得。但是总而言之，有价值的信息是需要付钱的。

图 7-11　《华盛顿邮报》网络版主页

（二）价格与价值的博弈

1. 如何将免费获得的影响力与消费者转换为现金

免费营销最大的风险便是最终无法将消费者基础转换为现金。企业的最终目的仍旧是需要取得收益，如何将免费获得的影响力与消费者转换为现金是企业最为关键的问题。针对这一点，在之前提到，可以通过创新收益来源与增强客户黏性来解决。仍旧拿之前的豆瓣网举例。许多人会质疑，豆瓣就是一个免费的在线文化社区，它凭什么获利呢？豆瓣的顾客价值前文已经提及，在创新收入来源上，豆瓣一直在探索。首先，是音乐、电影、图书的收入。豆瓣FM付费可以获得更高质量且无广告的音乐；豆瓣提供在线订购电影票服务，从中获取分成；豆瓣与亚马逊、京东、当当等在线图书销售商合作，收取分成，同时也开发自己的专用阅读器，向读者提供电子图书，收取费用。其次，当下是数据为王的时代，豆瓣社区中庞大的消费者数据，无疑是各大音乐商、影视投资商、出版商的重要参考数据，借此来做精准营销。

2. 如何平衡价格与价值之间的关系

免费营销的第二个问题在于价格与价值之间的关系该如何平衡。每一个产品或服务都有其使用价值与交换价值，交换价值是为获得产品或服务索要支付的价值，也就是价格，而使用价值是消费者通过使用体验该产品或服务后获得的满足感。在文化市场领域，使用价值无疑更为重要。许多市场上发放的免费杂志，内容毫无营养，纸张质量差，印刷不清晰，让人无法产生阅读兴趣。因而，企业在进行免费营销时必须注重产品的质量，不能因为是免费提供的，便粗制滥造，降低产品的价值。

结语

随着新媒体和互联网技术的发展，文化消费品的成本越来越低。根据经济学理论，商品的价格与销量成反比，意味着售价越低销量越高，“免费”由此成了文化市场营销的关键手段，也成了文化市场中非常有效的营销方式。

传统文化市场的免费营销延续了普通消费品的免费理念，以免费赠品、免费试用和免费服务等三种免费方式吸引消费者。在互联网技术和长尾理论的支持下，文化消费品又衍生出了三种真正的免费方式——通过小部分人付费支持大部分人免费的“5%与95%”模式、第三方付费的广告模式、声誉吸引模式。这三种免费都是“货真价实”的免费，消费者不需要支付任何费用就可以消费这些文化产品，生产商通过其他的渠道、理念和方法赚取利润。

在免费营销理念下，大量消费者被保质保量的免费文化商品所吸引，摒弃了原有的付费市场，使得免费营销的影响力迅速波及整个市场。免费市场无限扩张，收费市场不断崩解。在这种免费文化的冲击下，所有的生产商和销售商都不得不重新审视和再定义自己的消费品，重新考虑获取利益的途径。免费营销的步骤和获利方法也变得越来越容易让大众接受。

总而言之，在信息科技迅速发展的今天，商品的成本价格愈加低廉，一方面让消费者从中获益，但另一方面也增加了商家销售商品的难度。“免费”营销是从消费者本质心理出发的一种营销手段，既贴合了消费者的消费心理，也激发了商家的创新与竞争能力，是当下文化市场营销的重要理念之一，值得引起我们的注意。

推荐阅读资料

1. 安德森. 免费. 北京：中信出版社，2012.
2. 罗俊皓. 免费经济学. 北京：中国铁道出版社，2012.
3. 庞德斯通. 无价. 北京：华文出版社，2011.
4. 安德森. 长尾理论. 北京：中信出版社，2012.
5. 金，莫博涅. 蓝海战略. 北京：商务印书馆，2005.

第八章　故事营销

故事在人类理解、记忆与沟通等心灵活动中，一直扮演着核心的角色。奇普·希斯（Chip Heath）和丹·希斯（Dan Heath）兄弟在其成名著作《创意黏力学》中就指出，具有吸引力的概念或创意，通常以故事性的方式记载或流传。同时，故事也是打破“知识的诅咒”的好方法。对于某个观念或是知识娴熟的个人，很难体会其他人不了解该观念的感觉，因此他在阐述时，无法从未知的听者角度去说明。这个时候用讲故事的手法，引导听者建立该观念的架构并进而了解该观念，往往都有惊人的效果。“故事”不仅能够帮助人们学习、记忆、理解事物所要表达的核心意涵，还能够凝聚社群，成为近年来企业管理以及商业营销常使用的工具。“故事营销”可视为以故事与消费者进行沟通的方式，透过“故事”影响消费者情感，进而促进消费者对产品产生情感认同，最终达到消费目的。

第一节　故事及故事营销的内涵

作为体验营销的重要组成部分，故事营销是企业利用演绎后的企业相关事件、人物传奇经历、历史文化故事或杜撰的传说，激起消费者的兴趣与共鸣，并提高消费者对品牌关键属性认可度的一种营销方式。

一、故事的特点与结构

讲故事是人类的天性，人们常常将身边发生的事件以故事的形式加以表达、传播和记忆。罗伯特·麦基（Robert McKee）说“故事艺术已经成为人性的首要灵感源泉，因为故事在不断地设法整治人生的混乱，挖掘人生的真谛。我们对故事的嗜好反映了人类对捕捉人生模式的深层的需求，这不仅仅是一种纯粹的知识实践，而且是一种非常个人化的、非常情感化的体验”[①]。许多学者都尝试从不同的角度对故事进行定义，一些学者认为“故事是针对一个或者多个时间进行的描述，无论是真实的还是虚构的”；另一些学者则认为“故事是指不断出现在主角面前的困难，来说明主角追寻的目标。而故事的本身就是这些困难、人物和目标的综合体”。这些多是从故事结构的角度对其定义的，美国全国讲故事联合会（National Storytelling Network）的迪茨（Karen Dietz）这样定义故事：“故事是一种沟通行为，它包含的许多感性材料能够让听

① 麦基．故事．北京：中国电影出版社，2001：18.

众迅速、轻松地使之内化，理解它，并且从中产生出新的意义”。这则是从故事的发生过程角度进行的定义。由此可以看出，对故事的定义可分为三个层次：首先是故事的内部结构，包括时间、人物和事件等；其次是故事作为一种沟通行为，将其内部结构传递给受众；最后是这种沟通行为产生的效果，即故事将其内在蕴含的价值观传达给受众。因此，尽管故事是内容、知识与经验的承载物，但其归根结底传达的是一种价值观，也正因其价值观的存在才变得有意义。

在英文表达中，讲故事（Storytelling）意味着通过即兴表达或是润色修饰，用语言、形象、声音来达到传播事物的效果。故事叙述应用在每个文化领域，目的在于潜移默化地向受众灌输价值观念。正因为故事传达的是一种价值观念，在进行故事叙事时，这些故事首先需要满足象征价值（Symbolic Value）、审美价值（Aesthetic Value）和普世价值（Universal Value）。此外，故事还应具备以下六个特点。

1. 吸引性

故事内部本身有一定的组织结构，即情节。一个故事之所以引人入胜是因为人们被情节所吸引和牵制。由于好奇心的存在，人们似乎对具有情节的故事毫无抵抗力，一旦进入故事便被接下来的情节所控制，直至故事终结。假如期间故事戛然而止，人们便叹息不止，若有所失。这就是故事的魅力所在，它总是能在纷繁的感官体验中脱颖而出，得到人们的青睐，这种青睐在人们对情节完整性的期待中持续下来。

2. 认同性

故事中人物的情感在故事外都能得到真实的认同，越是贴近生活的情节就越能打动听者，因为这种熟悉的情节让他感到熟悉和亲切，移情就此发生。回想那些让人感动的故事，它们之所以动人，是因为人们觉得这是真实发生的，而那些听似亲切的细节印证了这一真实。《红楼梦》中，当黛玉听到《西厢记》唱段时不禁感叹：“双文双文，诚为命薄人矣。然你虽命薄，尚有孀母弱弟，今日林黛玉之命薄，一并连孀母弱弟俱无。古人云，佳人命薄，然我又非佳人，何命薄胜于双文哉!”黛玉的伤感之情，是因为她体会到崔莺莺的伤感，继而感伤自己，由人思己，体现了对《西厢记》故事的高度认可。故事能直指人心的核心正是通过影响，使人在情感的影响下对故事产生认同。一个优秀的故事往往就是将听众的情感牢牢地捆在故事人物的情感之上。

3. 传播性

在犹太民族的故事里，有一则关于真理的故事。真理，她一丝不挂，饥寒交迫却无人肯收留，它的赤裸让人无法直视。寓言发现了真理，将其带回家用故事装扮起来。身披故事的真理得到了人们的热情招待。索然无味的真理与简单易懂的故事相比，人们还是比较喜欢故事。通读《三国志》的人寥寥无几，但是能讲述《三国演义》的却大有人在，其中不乏许多目不识丁者。《大染坊》中的主人公陈寿亭虽然目不识丁，但是却通过听人说书了解到三国故事，这也反映了说书艺术的兴盛和故事容易传播之间存在着必然的联系。

4. 教育性

人类擅长从别人的故事中学习经验，获取灵感启发并指导自己的生活。所有故事都为人们提供了一个体验、学习别人生活的途径和平台。我国古代流传下许多优秀的成语故事，像田忌赛马、龟兔赛跑等，这些成语故事都包含了丰富的人生哲理和深刻的商战原理。田忌赛马，最重要的是对整体规则了然于胸，然后确定自己的比较优势。这表明，哪怕优势只有一点，运作好了也能取胜。第一次龟兔赛跑，乌龟侥幸获胜。如果在泥地里比赛，即使兔子不睡觉，乌龟一样能赢，在水里比赛兔子恐怕连命都没有了。这表明，优势和劣势都是相对的，比赛规则有时比优势本身更重要。

5. 激发性

罗斯·斯图特说："一个故事能改善与他人之间的关系，怡人性情，使人恍然大悟；一个故事可以使我们沉思生存之意义；一个故事可以使我们接受新的真理，或给我们以新的视野和方式去体察大千世界、芸芸众生。"除此之外，最重要的是它能激发受众的联想和期待。一个好故事是能激发听众联想和愿景的，"愿景是美好的，但是它是否能转化成人们的动力，就在于故事能不能在人们的心里植入'这是我需要的'念头"，故事中的暗示总能激励着人们向着它所讲述的愿景前进。迪士尼乐园就是文化市场中深谙故事激发性原理的产品，它以众多可爱的卡通人物以及它们背后生动形象的卡通故事吸引着人们前往。

6. 持久性

优秀的故事是不会被时间和空间所阻隔的，它具有时间穿透力，就像一瓶老酒，可以越久越浓。优秀的故事往往传达的是一种共通价值观，它不会因为地域、时间、种族、语言的不同而贬值，相反会亘古长存。哈姆雷特的故事流传到现在，仍被奉为经典；也正是因为故事较强的持久性让我国古代的优秀故事随着时间的流逝依然具有独特的魅力。

故事是因为一个事由，造成某个主角采取一定的手段来追求某个目标，过程中有帮助者，也有阻碍者，当主角追求到新的目标时，即达到新的平衡，也就是故事的结束。画成图来说明，会更容易明了（见图 8－1）。

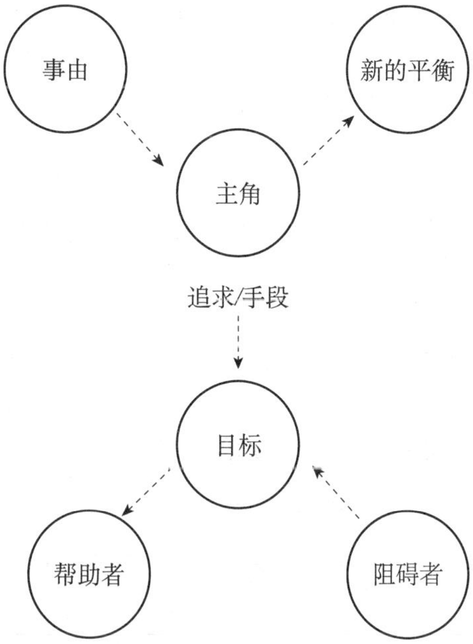

图 8－1 故事 DNA

比如长篇小说《魔戒》，虽然书有三大册，拍成电影有近十个小时的内容，但用故事 DNA 来解释，几句话就结束了——因为魔戒沦落世间造成伤害（事由），哈比人佛罗多（主角）必须将魔戒丢到火山熔化，旅程中有甘道夫与阿拉贡等人在旁（帮助者），也有白巫师萨鲁曼与半兽人等在破坏（阻碍者）。当魔戒丢入火山后，故事就结束了（新的平衡）。

故事里最重要的一条线是从"事由"到"目标"这一条，如果这条线连不起来，故事性就会像漏了气的气球，一点都弹不起来。原因在于事由提供了主角追求目标的动机，而且目标一定要跟主角有某种距离，让主角没办法立刻达成目标。如果主角可以立刻追求到目标，没有能力上的阻碍，就没有故事好说了。《魔戒》中佛罗多，就因为他不过是个小矮人，什么能力都没有，所以他离这个目标的距离是最大的，戏剧性也最强。如果是甘道夫担负这项任务，故事就没什么好讲的，他马上就乘着老鹰把戒指丢到火山，谁也拦不了他。同理，《西游记》中的唐僧，是取经队伍中能力最弱的，若是孙悟空担负西天取经的任务，他一个筋斗云就到了，那西天路上的八十一难就无法编排。需要注意的是，故事 DNA 中所有的框框，基本上都是功能项。换言之，不一定永远都是固定的人或事（也可以是物品或大自然），过程中可以变换框框里的内容，只要这项功能被满足就可以。所以，第一，可能有一个角色，他一开始是帮助者，后来可能变成阻碍者；第二，阻碍者比帮助者重要，一个故事可以没有帮助者，但若缺乏阻碍者，故事性的强度就会降低；第三，一定要有充分事由，事由赋予了主角去追求目标的动机，当主角追求到目标的那一刻，故事就结束了。

故事 DNA 主要是指故事的内在结构，并不代表说故事的方法。说故事的方式主要有五种：主观化、客观化、回忆、隐喻和想象。所谓的主观化，就是不论外在环境或内在想法，都用某个角色的主观感受来形容外在世界，甚至会导致世界的变形，有点超现实的味道。如电影《罗生门》中五个角色完全用他们的主观角度来说明一件事。客观化是小说、电影甚至历史（历史也是在讲故事）所采取的最主要方式，无论是《倚天屠龙记》还是《少林足球》，都是用一种客观的方式来讲述，好像那件事就在那里，然后用笔或镜头讲出来，不会让人意识或感觉到其中有主观的个人加料。回忆是一种倒叙的手法，电影中比较常见。回忆可以交叉使用，比如在客观化的故事里也可以有回忆，回忆也可以从主观化的角度书写。隐喻是建立在类似性上的，等于是用新的角度来讲一件事。比如伊索寓言都是隐喻，既不是主观化也不是客观化。想象通常是用虚拟的方式去描述事实上并不存在的事情，在讲故事的过程中一般采用梦境。

当代最重要的说故事媒体就是电影。故事说得好，观众自然觉得电影好看。但这并不代表情节之外的其他元素不重要，而是这些技术都应该辅助电影将故事说好。如果一部电影不能将故事说得好，即使女主角再美、灯光再好、剪辑再棒、配乐再动人，大多数观众走出影院时，依旧不会得到满足。

故事分析 2015 年电影《我的少女时代》

官方剧情摘要：

20 世纪 90 年代，林真心，一个平凡的高中女生，喜欢上全校最受欢迎的男神欧阳非凡。某天在学校时她收到了一封幸运信，因此意外地认识了徐太宇。又因为一次清扫泳池时，不小心听到心上人欧阳非凡和校花陶敏敏的秘密，在喜欢陶敏敏的流氓学生徐太宇的胁迫下，两人组成“失恋阵线联盟”，誓言拆散这对恋人，帮助彼此倒追心上人。

结构分析：

本故事其实是主副双线，第一主线很明显是林真心与徐太宇的爱情线。第二条较不明显的副线则是徐太宇自身的救赎线。

故事采用框架式叙述，先从长大后的林真心谈起，再回头讲高中生活。开头用 15 分钟左右交代完人物关系，20 分钟进入第一个冲突：男女主角徐太宇与林真心相遇，从此林真心变成徐太宇的小跟班，这也是故事中的跨越点，从此林真心就要展开一场不平凡的冒险。

本片长达130分钟，跨越时间点其实可以再快一点（开头被中年林真心拖到了5分钟），好在故事怀旧氛围有新鲜感，不会让人觉得闷。

接着发生冰宫打架事件，这是林真心第一次帮徐太宇说谎（关系增温），并发生故事主线的推手（动机），游泳池自暴自弃事件，也就是使者现身。

之后15分钟依序发生失恋结盟、小狗事件、徐太宇帮林真心顶罪事件、徐太宇被陶敏敏拒绝事件、书局事件（关系持续增温），两人的关系明显在跨越点之后出现一连串缓步上升。

看似顺利的缓步上升后，一定要有转折，不然缓步上升的甜蜜点很快就会失效，下一段便马上透露了徐太宇与欧阳非凡的国中憾事“好友意外溺毙”，了解徐太宇变坏的原因，随后林真心便靠着溜冰疯狂自摔劝告徐太宇要做回自己，这也是徐太宇救赎线的跨越点，第一个重大转折，让徐太宇开始当个好学生。

这段剧情发生在50分钟左右，因为一部电影通常都不会只有一个重大转折，所以这时间点其实刚刚好，让前一段的顺境加入一点刺激。

在跨越之后的15分钟内，则开始第二回的缓步上升，经历发奋用功事件、麦当劳约会、刘德华约定、送公仔、换发型，两人关系同样持续增温，这时所有观众都看得出他们互相喜欢了，只是没有人先承认。

还是老样子，在甜蜜的缓步上升后，马上又出现一个重大转折——新来的训导主任对徐太宇百般刁难，这是徐太宇救赎线的反转点，在此事件后坏事接连发生，徐太宇被诬陷作弊、罚跑操场晕倒、林真心想抗争却被发现，然后禁足，坏事不断。

连续挫折是故事中不可或缺的环节，到此时，不得不说前面的挫折除了“国中憾事”还算有力之外，其他的小挫折其实都不够痛，这段连续三个重拳才把观众的注意力又拉了回来。

熟知结构规则的读者应该都知道在情绪连续下降后，便会出现“反弹点”，故事中则是林真心在校庆上公然反抗训导主任，得到全校同学的响应。这段剧情发生在80分钟左右，反弹点之后应该会一口气重返胜利，而故事中发生的偏早是因为这是“徐太宇救赎线”的反弹点，到此徐太宇的救赎之路算是象征性成功了。

但别忘了，“爱情线”可是连反转点都还没出现，这才是故事的主轴。

最后一小段的顺境爬升，水球战、露营与流星下许愿将“救赎反弹点”与“爱情反转点”稍稍隔开，让读者喘口气，接着最后的高潮爱情反转点正式登场。

林真心与徐太宇闹翻形同陌路（反转开始）、徐太宇与陶敏敏在一起、徐太宇不告而别出国、徐太宇请欧阳非凡照顾林真心，但欧阳非凡很有义气地将真相告诉林真心。

连续四记重拳，约长达20分钟的爱情线反转下探，不断将林真心与观众的情绪拉低，是故事中的最大哭点（高潮）。

到此，过去高中时代结束，时间拉回长大的林真心，故事也开始反弹直冲胜利的终点，中年林真心回忆完高中生活后又重拾勇气，辞掉烂工作、甩掉烂男友、跟刘德华相见、终于见到失联多年的中年徐太宇，完成与刘德华的约定，两人爱情又将重新开始，故事终（见图8-2）。

将主角情绪线画出来是不是就能看出是一个老套的N形结构呢！虽然双线让起伏稍微复杂，但我们仍可以从中拆出起承转合，能看出主角情绪与剧情张力的关系。

编剧技巧一：两极呼应。

本故事是标准的“两极呼应”，男女主角互相从对方身上得到勇气、获得救赎。徐太宇因林真心而改变：开头因过往的遗憾而自暴自弃，中段受到林真心的鼓励再次振作，而中年林真心也因徐太宇而改变，开头懦弱，到结尾重拾勇气。

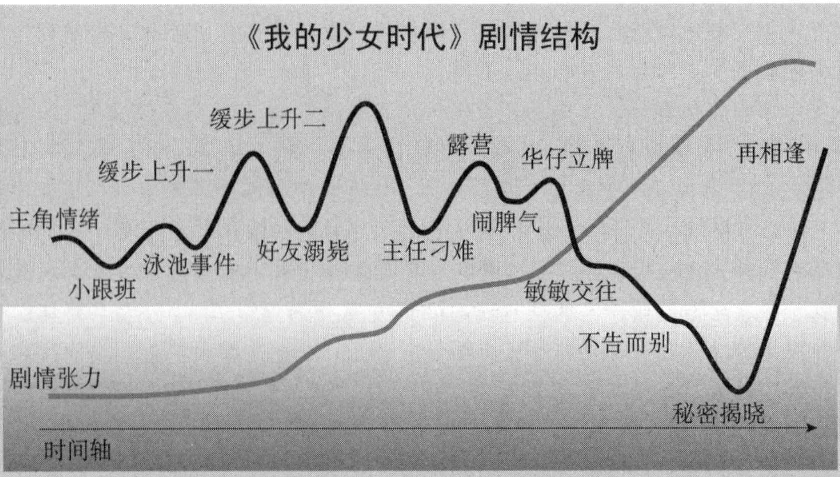

图 8-2 《我的少女时代》剧情结构起伏图

编剧技巧二：伏笔与意外。

最后一连串的泪点安排得相当好，运用伏笔：寄幸运信出车祸、冰宫被打头、操场晕倒，三者串联了徐太宇的脑伤秘密，道出徐太宇不得不离开林真心的原因。

利用遮蔽信息制造意外：徐太宇偷买华仔公仔、为了保护华仔立牌与林真心被打、为了安慰林真心从医院中跑掉、将林真心推给欧阳非凡时的哭脸，利用快速回溯的技巧（电影必备招式），表现出徐太宇不为人知的深情一面，徐太宇其实默默为林真心做了很多事，带给观众震撼，大赚热泪。

电影操弄得最好的就是：两个人明明相爱却又没说出口，都为了对方好而隐藏感情，最后错过彼此留下遗憾。编剧相当会营造“白马王子”的少女梦境，加上略带邪气的徐太宇，这简直就是女性观点的恋爱故事教科书。

二、故事营销的内涵与依据

故事和营销的联姻已经成为一种新的营销理念。在营销领域最早使用这一理念的是广告营销领域，故事型广告探讨的就是如何用故事来影响广告受众，达成预期的广告效果，由此产生了广告心理学和广告效果研究等。故事可以召唤关联性行动：首先，消费者设想自己是故事中的主角，与主角一起经历故事的体验；其次，消费者从假象的体验中抽身而出，对故事产生认同，由此认识到行动的必要——消费。故事营销就是通过此种方式进行营销沟通，加强产品影响力，从而促成消费行为。

在文化市场中，故事营销既是一种营销方法，又是一种营销思维。美国西北大学营销学教授西德尼·利维（Sidney J. Levy）曾提出：“大部分的营销活动是提供及消耗各种故事，故事被买进与卖出，故事是媒介交换的一部分，且故事是所有其他产品和服务的运输工具。”故事营销实质就是将故事所蕴含的价值观念出售给消费者，消费者因为对该价值观的认同，愿意付出高于产品物理价值的价格购买该产品。换句话说，产品因为一个故事而不再只是产品，还可以令消费者获取某种情感价值上的满足，消费者自然愿意以一定价格购买这种产品。故事的价值观念为产品增加了附加值，使其价格不再仅仅围绕产品的物理价值上下波动，还会受到故事带来的情感价值的影响，所有的加起来才是最终的价格标准。

一个好的故事既是产品的内涵物质，又是产品的传播载体。在文化产品中故事的力量尤为重要，故事为文化产品构建的是多重文化附加值，并将这种文化附加值转变为经济收益。在古玩市场中，一个打动人心的故事能促使消费者以高价来购买一件器物，因为故事不仅将与古玩相关的专业性知识、历史背景结合在一起，还令人体验到沧海桑田的世事变迁。在好莱坞电影中，情节的跌宕起伏、特效的绚丽夺目、明星的强大阵容、符号的象征意义都是为故事叙事服务，虽然这些故事的叙事模式多种多样，但核心永远是围绕着基于人类普世价值观的爱、和平、自由、正义等主题，而正是这些通过层层包装来讲述的故事，令受众感同身受。

那么，是什么特性使得故事营销建立了产品与受众之间的情感联结？也就是说，故事营销如何成为可能？

首先，学者 J. E. Escalas 于 2004 年提出：当消费者以故事的形式来了解和记忆一个品牌的时候，该品牌便已经与消费者的自我概念取得了联结。[①] 研究表明：阅读过品牌故事之后的消费者，并不仅仅对故事内容本身进行注意和加工，还会将自己的情感投射到故事内容上，并想象自己在使用该品牌时会伴随产生怎样的愉悦情绪，即所谓的品牌联想；同时还会额外地将自我概念与品牌形象进行对比，得出自我一致性与否的结论。

其次，故事是一种学习场所。故事伴随着人的存在而存在，人的一生是一个不断认识、不断发展的过程，作为社会性动物的人类若想获取发展就必须通过交流获取生存的资源，而故事是呈现和理解社会经验最好的方法。人类从他者的故事中获取生活经验，“我们向一些人讲述有关另一些人的故事，故事帮助我们洞察社会的每一步变化。安全、虚构的故事世界作为一种训练场所，可以使我们练习与他人交流的能力，熟悉社会习俗和规则”[②]。故事的存在是人类获取生存经验的重要途径，是社会继续存在和发展的必然结果。从这个角度说，故事的产生是伴随着人类社会出现和发展自然而然形成的过程，它已经被内化为人类生活和文化的一部分，与社会浑然天成不可分割。“故事存在于一切文化及亚文化中，可以被视为人类与实践、过程、变化达致协调的一种基本策略。”[③]

最后，故事具有移情作用。一个好故事能够引起受众的共鸣，受众进入故事的世界，故事不知不觉使受众在心底进行了角色转换。然而这一切又是怎样发生的呢？一些心理学家和神经学家对此事产生了兴趣。美国心理学家梅拉尼・C. 格林在 2004 年做过一个实验，内容就是让实验者阅读一篇有关男同性恋参加大学兄弟会重聚的小故事，最后发现，那些有朋友或者亲人是同性恋的实验者产生更为强烈的共鸣，感到故事中的时间、情节设计和人物更加真实；有兄弟会聚会经验的人也有此同感。格林最终得出结论是：熟悉情境有助于产生叙事转移，对角色的认同有助于转移产生。即先前的知识和生活经历会影响沉浸体验。

人类归根到底是一种情感性的动物，并且有着为他人着想的能力。当人听到一个故事，会在故事和自己的经历之间建立一种联系，正是人们有着自己的真实情感和生活经历，才使得人

---

① Escalas. Narrative Processing: Building Consumer Connections to Brands. Journal of Consumer Psychology, 2013, 14 (1): 168-180.

② 徐．为什么我们爱听故事．环球科学，2008 (11)．

③ David Herman. Narrative Theory and the Cognitive Sciences. Chicago: University of Chicago Press, 2003.

们能够理解和推理别人的生活经历和情感，从而对故事的情景和内容产生心理认同感，并沉浸在故事情节中，这种状态被心理学家称作“叙事转移”。

营销的最大关键点是想方设法地引导受众的情绪，因而最有效、最简单的方法莫过于为产品附上一个故事，为消费者讲一个动听的故事。心理学研究表明，理性的行为往往是由感性的因素来驱动的，人是感性的人，会由故事引发的感性的情感来驱使其理性的行动。故事营销正是一种从目标对象的心理和情感体验出发，聚焦受众更深层次内在需求，进而逐渐渗透和感染对方，使其逐渐认同并不断强化品牌精神和理念的一种有效传播手段。

第二节　象征性故事的架构策略

所谓象征性故事，就是象征企业的强项、与企业的策略方针一致、会忍不住想告诉别人的故事。“泰坦尼克”号是 20 世纪初建造出的世界最高级豪华客轮。1912 年 4 月 14 日深夜，在招待众多社交名流的处女航中撞上冰山，连同 1 500 多位遇难者一起沉没海底。当时乘客的行李中有只路易威登（LV）的皮箱没有沉入海中，有乘客便因抓着这只皮箱而获救。而且据说在沉船事件经过数十年后，打捞起遗留在船体内的 LV 皮箱一看，里面完全没有进水，行李完好如初……这故事本身可以说是轶闻，真伪难辨，但具有吸引人的力量，会让人想要告诉别人。这个故事清楚地告诉大众路易威登这家公司的强项。从当时最高级的豪华客轮“泰坦尼克”号上满载着 LV 皮箱一事可以看出，LV 在那时就已是深受社交名流喜爱的名牌。“不会沉”“皮箱里完全没有进水”象征着 LV 引以为傲的高品质和技术。而事实上，LV 的商品是由专属工匠亲手打造，还可以修理，品质有保证。更进一步说，被用于海上旅行的四方形平放式行李箱本身就是 LV 进步的象征。LV 创立于 1854 年，当时行李箱的主流为马车用的圆顶形式，在那样的时代中，很快地察觉到铁路和船舶今后将成为旅行的主要交通工具，设计出可以平放堆叠的四方形行李箱的，据说就是路易威登。时至今日，这一类“基本款”仍然占了 LV 营业额的很大一部分。

这个故事生动地传达出，顾客、品质及象征性的主力商品正是 LV 的强项，所以人们听到这则故事便马上觉得 LV 的行李箱看起来与众不同。这就是故事的力量。

除了凸显企业的强项，象征性故事还需要具备两个条件：一是要符合策略的方向性，就是故事要与企业所采用的策略方向性一致。比如 LV，除了高级，还要以可靠品质胜出。任何企业都有许多信手拈来的小故事，人们一旦被这样的小故事所吸引，就会想要散播与该企业相关的传闻。“什么都可以说”是很危险的事，与策略方向不相符的故事，无法成为强化竞争力的一股助力。二是故事要简明扼要，让人“想告诉别人”。告诉别人泰坦尼克号的路易威登故事并不需要花费很多唇舌。因为简洁、有趣，所以故事容易传播。

象征性故事的建构一般要历经三个阶段：“发掘”故事、“测试”故事的力量、“连结”商业模式。

一、“发掘”故事

能够萃取出象征性故事的故事种类繁多，和人有关的故事，和商品有关的故事，与顾客之间的小故事等，其主角从有形到无形，不一而足。但主要有三大类型：一是关于创业者、传奇技术人员、知名顾客等“人的资源”的故事；二是与改变时代的产品、令人惊艳的技术和服务等“物质资源”有关的故事；三是与作业流程、营运等“组织资源”有关的故事（见图8-3)。

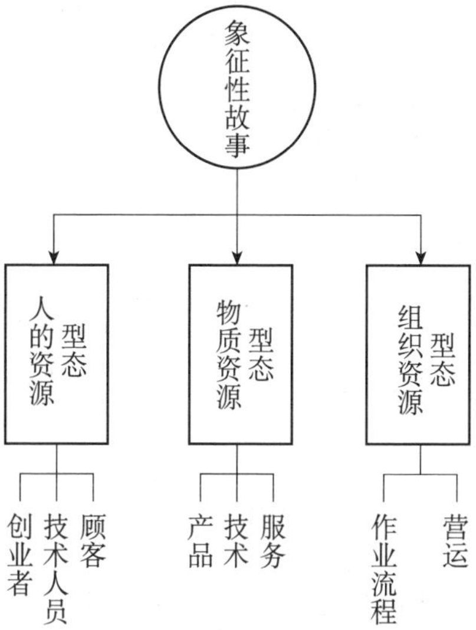

图8-3 象征性故事的三种类型

用这样的视角重新检视自己公司的资源，就比较容易找到“象征自己公司强项的故事”。由创业者、传奇技术人员和知名顾客等的故事衍生出的人的资源型象征性故事，在消除购买者对自己的决定到底正不正确的“认知差异”上，发挥了绝大功效。“幸好是在这家公司购买”“若是这家公司的产品就不会错”，对企业永续经营来说，获得这样的信任是无比重要的资产。改变社会的革命性产品，或是令人惊艳的技术等属于物质资源型的象征性故事，会因为那样“东西”成为象征，而为其他产品带来正面的“光环效应”。象征性故事如果运用得好，可以使消费者对企业的认识改观，认为其与其他公司不同，并因而带来巨大的效果。组织资源型的象征性故事（包括持续推动改善的组织生态以及运作方式），可以在企业内部发挥“使命效应”。当使命以“组织惯性”的形式在企业内扎根，成为行动依据时，这项使命便不但能赢得顾客的信赖，还能确实感染想在那里工作而来应聘的人。使命效应会对现场的运作方式带来持续的深化。

探索象征性故事有三种方法。第一种是从自己公司的成长史中去芜存菁。这时候不论是公司的历史或发展沿革都无妨，再次综观历史会有意想不到的发现。第二种是从公司各个部门中牵引出故事。也许在研究开发、商品企划、生产、物流、销售、售后服务等过程中，隐藏着不为人知的故事。第三种是向外部关系人探询。身处公司内部无论如何都无法保持客观，或欠缺与其他公司比较的观点。向有生意往来的客户或顾客等探询，常常会发现自己意想不到的魅力。

这时最容易犯的错误，就是把“佳话”与“象征性故事”混淆。最初的筛选标准是，“故事的传播者和接受者是否双赢”。传播者指的是对外传播故事的一方，也就是企业；接收者指的是接收到故事的一方，也就是顾客。首先，对于传播故事的企业来说，所谓的赢，就是“故事与策略的方向性一致”。在把故事当作核心纳入商业模式时，故事便与策略要素紧密结合，借以实现更强的商业模式。而对接收者的顾客来说，所谓的赢，一言以蔽之，就是故事有趣。也就是“会想告诉别人的那种故事”。传播者觉得“想要告诉别人”的故事未必有趣。判断故事价值的毕竟是接收者。若非独具一格、能够打动人心的故事，就不可能成为值得向人转述的故事。与传播者的策略一致，且让接收者想要告诉别人的故事，便符合双赢条件，才有可能成为象征性故事。与象征性故事完全相反，既不符合策略，又不会让人想与他人分享的故事，就是“废话”。对传播者和接收者双方都不具任何价值（见表 8-1）。

表 8-1　　“节选”故事

		与策略是否一致？	
		Yes	No
会想告诉别人吗？	Yes	象征性故事 象征企业过人之处的故事	无关紧要的事 虽然会成为话题，但对传播者来说没有意义
	No	自我吹嘘 传播者愈热情，接收者便愈感到困扰	废话 对传播者和接收者来说都没有意义

无关紧要的事，即是“会想告诉其他人，但不符合策略的故事”。它虽然会成为人们聊天的话题，但与自己公司的策略方针完全无关。假设有家高级饭店提出的策略方针是争取国外顾客，而如果这家饭店的员工餐厅是出了名的“有益健康又美味”，情况会如何呢？乍看之下似乎不是坏事。要解释成“为了提供优良的服务，首先是让工作人员吃得健康又美味”等也不是不可以。但是，至少这个员工餐厅的故事，不可能成为海外旅客选择这家高级饭店的关键性理由。这一类故事就属于无关紧要的事。

自我吹嘘，就是“虽然与策略一致，但不会想告诉其他人的故事”。就企业的立场而言，虽然觉得该故事具有策略意义，一定要传播出去，但若缺乏独特性又不有趣，没有人会愿意听。在大众传媒还是企业和消费者之间的主要沟通桥梁时，企业在一定程度上，可以将自己想传达的意思原原本本地传达出来。但如今消费者本身就是媒体。比方说，单纯地告诉别人“我们的美味程度远胜其他公司”“我们的员工提供宾至如归的服务”，消费者只会左耳进右耳出，应该不会分享给更多人知道。当然，如果持续不断地这么说，也许总有一天周遭的人会记住。不过，如果有人不断地把自己的功劳或强项（至少本人相信是这样）说给你听，你不会听到烦吗？就算本身是好人，“老王卖瓜自卖自夸”也不会给人好印象。

或许有人会说，就算是无关紧要的事，在媒体大肆报道或口耳相传之下，应该也能赚到曝光量吧。即便是自我吹嘘，只要大量打广告，相信也能获得大众认识。这对于以曝光量和认知度挂帅的广告、文宣等负责公关的部门来说，是很重要的成果。就短期性成果而言，不能说完全徒劳无功。不过若从它“是否强化了企业的商业模式”“有没有为企业带来长期的竞争优势”这样的观点来看，不能算是值得投入宝贵预算和时间的对象。

二、“测试”故事的力量

最好的故事也必须从经营资源和故事的角度，好好检视它对取得竞争优势能作出多大的贡献，以及是否具备让人想告诉他人的要素。

（一）检验“作为资源的力量”的 VRIO 分析

VRIO 分析是为分析企业拥有的经营资源而开发出的框架，即从以下四种角度，评估自家公司所拥有的经营资源是否具有价值和稀有性，是否容易被其他公司模仿，以及是否能够善于利用这些经营资源。

（1）Value（经济价值）。

（2）Rarity（稀有性）。

（3）Inimitability（模仿难度）。

（4）Organization（组织式应用）。

透过 VRIO 的框架检视故事作为经营资源的力量十分有效。将 VRIO 套用在有希望成为象征性故事的故事上，就能检视这个故事能否帮助企业获得竞争优势。

Value（经济价值）就是分析这个故事在市场上能否为企业带来经济价值。这个故事会让消费者的购买意愿提高吗？会感觉值得向那家企业购买吗？如果听了后并不能改变顾客的行为，这个故事便没有价值。

Rarity（稀有性）就是分析这个故事在社会上是否具有稀有性。这个故事真的独一无二吗？其他公司有类似的故事吗？不够稀有的话，就会在资讯泛滥的时代被湮没，不可能成为消费者选择那家企业的理由。

Inimitability（模仿难度）就是分析这个是否容易被模仿，也就是抄袭。其他公司很容易模仿的故事，即使现在感觉独树一帜，但竞争对手迟早会迎头赶上。

Organization（组织式应用）就是分析这个故事能否为组织体制有效利用。就算是十分吸引人的故事，若体制不完备，无法在现场重现，也无法让整个商业模式得以强化。

见图 8－4 所示，能够通过 V、R、I、O 这四个阶段检视的故事，即被认为是能真正带来竞争优势的经营资源。

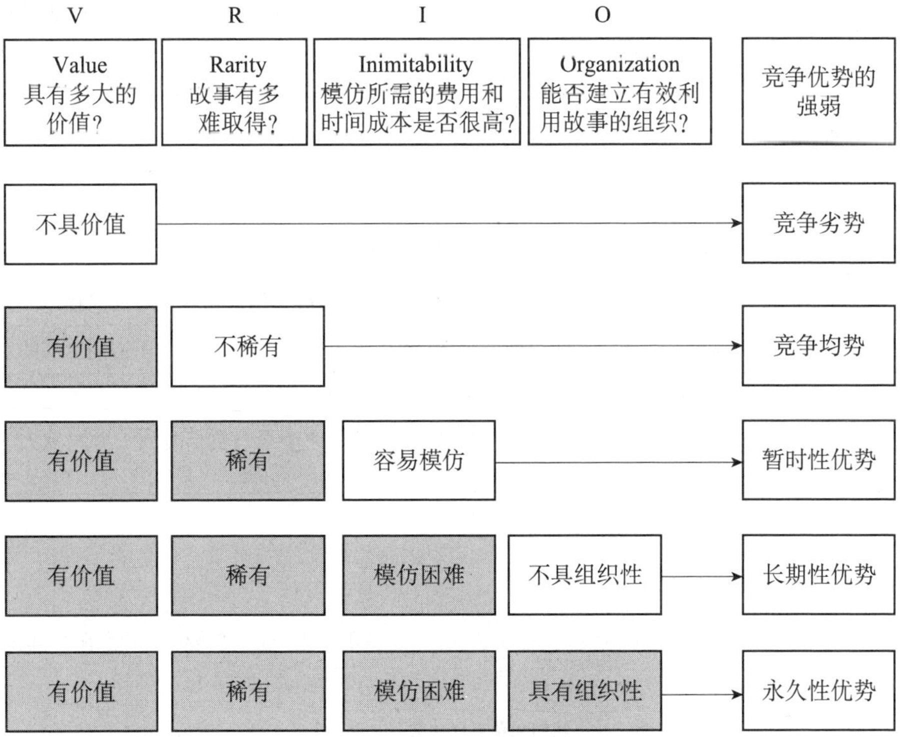

图 8－4　VRIO 分析的步骤

（二）检验“作为故事的力量”的英雄之旅分析

人们会觉得什么样的故事有趣而被吸引呢？什么样的故事会让人们想告诉其他人呢？首次发现迷人故事共通点的，是神话学者约瑟夫·坎贝尔（Joseph Campbell）教授。人类代代相传的故事，自古就被称为“神话”传承至今。神话鼓舞着人们，给予人们活下去的力量。坎贝尔教授发现这些神话存在一定的法则。他将该法则命名为“英雄之旅”①。他提出“故事就是一场填补缺憾的冒险，出发后缺憾被填满就会回来”这样的结构。具体而言，其发展即见表8-2所示，旅程开始，然后结束。

表8-2　英雄之旅的过程

场面	内容
日常	主角过着平凡的生活，但总觉得有些不满
分离	主角因为某个事件而脱离日常的轨道
挫败	主角性格上的缺点导致他一度挫败
试炼	主角克服缺点，或是茁壮成长后，向敌人做最后的挑战
胜利	主角突破试炼，赢得胜利
回归	主角成长后，回归日常生活

乔治·卢卡斯的电影《星球大战》即是运用这样的法则：主角卢克·天行者在遇到各式人物的同时，历经分离、挫败、试炼、胜利、回归的过程，并逐渐成长。《西游记》《哈利·波特》的故事结构也几无二致。日本的电视剧也符合这套神话法则，比如日本NHK电视台播出的连续剧《小海女》②，主角具有某些缺点，借由种种局面克服这些缺点，在成长的过程中逐渐抵达终点（见表8-3）。

表8-3　《小海女》的英雄之旅

场面	内容
日常	16岁的天野秋从小在东京长大，是个阴郁、内向的女孩
分离	她前往母亲位在北三陆的故乡，决心追随外婆的脚步成为海女
挫败	虽然意外走红成为地方上的偶像，但得意忘形的她因遭到母亲强烈反对而受挫
试炼	小秋决心前往东京发展，并加入偶像团体，但与经纪公司的方针不合而遭到冷淡的对待
胜利	因担任知名女演员的助理而获得主演电影的机会，大受欢迎
回归	因发生“3·11”大地震而返回北三陆，以当地偶像之姿参与灾后复兴，并与家人、亲友、伙伴一同成长

三、“连结”商业模式

企业的竞争优势不是来自产品、服务、人才、设备等策略的个别要素，而是来自将这些要

① 沃格勒，麦肯纳．编剧备忘录：故事结构和角色的秘密．北京：电子工业出版社，2013.

② 同①.

素搭配组合。这些要素之间的连结就称为商业模式。也就是“只要找出其他企业难以模仿的要素连结，就能在竞争中取得优势”。

构成商业模式的策略要素主要是：为顾客提供的价值、持续保有竞争优势和获利机制。象征性故事所指涉的并非商业模式本身，而是能提升商业模式中各个要素独特性的故事。将各个要素强力连结、调味、包装，以各种形式强化商业模式。

整理商业模式与作为资源的象征性故事之间的关联性，结果便见图 8－5 所示。

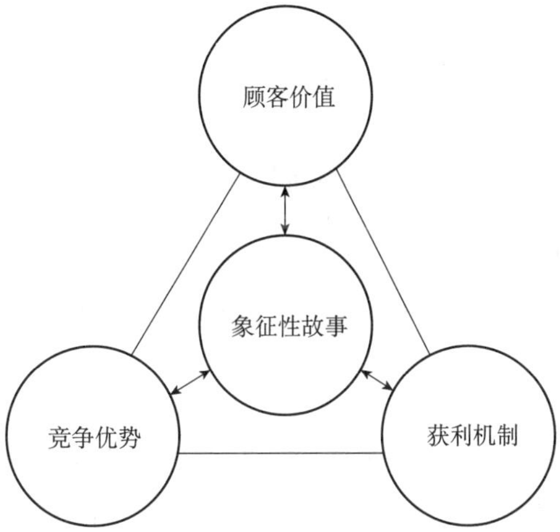

图 8－5 象征性故事是制造策略要素差异化的资源

【案例】 沃尔沃的故事营销

现在汽车普遍使用的“三点式安全带”其实是沃尔沃（VOLVO）工程师尼尔斯·博林（Nils Bohlin）的发明。1959 年沃尔沃推出的 PV544 车款，在世界上首次搭载这项技术。基于“希望这项技术能让所有人受惠”的想法，沃尔沃及博林先生进一步无偿开放了这项专利。这个故事充分显现出沃尔沃把安全的社会责任看得比自己公司的利益还重要的态度。今天，沃尔沃汽车以“拯救一百万人的工程师”作为象征性故事加以活用，但就算没有这个故事，沃尔沃汽车的商业模式依然成立。不过，若被问到“哪一家汽车企业最重视安全性”，相信大多数人都会选沃尔沃汽车。而象征沃尔沃汽车最重视安全性的，就是“拯救一百万人的工程师”故事。

1. 结合第一步，策略要素不自相矛盾

首先要具体找出顾客价值、竞争优势和获利机制，然后从两个视角检视其一致性。一是“故事测试”。测试三大策略要素的组合是否有一贯的逻辑，只要逻辑一致，应该就能写成一篇文章对人讲述。另一个是“数字测试”。也就是说，故事情节是否能增加收益。检测它实际转化为事业的可能性。故事再美好，若不能以数字模拟呈现有多少顾客，具有多大的竞争优势，最后能获利多少，那么它的策略方针就不合格。为了实际验证顾客价值，需要以市场调查、消费者调查来佐证。为了实际验证竞争优势，竞合分析不可或缺。而为了实际验证获利机制，则要预估销售额、产品开发、制造、展店等情况，有必要通过数字测试来提高商业模式实现的可能性。

2. 结合第二步，将故事藏在里面

若是与各项策略要素紧密结合的故事，其与商业模式的一致性也就很高。这里出现第一个检查重点，即“××（策略要素）正如××（故事）所象征的那样”的叙述句是否成立。

3. 结合第三步，思考策略选项

意思就是要保有“既然有了××，是不是也能××”这样的视角。要探究以下问题：将象征性故事置于商业模式的核心，是不是就能让周围的策略要素变得与其他公司不一样？验证是否可以利用故事强化商业模式并促使其进化。

相关链接 玉子屋“坏小孩们”的创意

株式会社玉子屋是1965年创立的便当店。玉子屋与东京、川崎和横滨的公司行号等签约，每天将午餐的便当送过去。年营业额为90亿日元，包括临时人员在内，员工人数达700人。

玉子屋创下许多惊人的数字：一是一天供应65 000份餐点。以这一行来说，平均一天3 000份餐点就算多了，可供应10 000份餐点的便当店在东京不到10家，据说这家玉子屋是世界上最大的便当店。二是便当的废弃率仅为0.1%。一般认为，便利商店的便当废弃率为2.3%。相较起来，玉子屋的便当废弃率远低得多。此外，玉子屋还有各种可显示其特征的数字，比如菜单只有一种，每天更换，不过两个月内不会出现同样的菜色。售价一律450日元（含税），但内容丰富到令人担心卖450日元是否有钱赚。

不过，在玉子屋独特的商业模式下，这些惊人的数字都一一实现了，而让这套商业模式得以顺利运作的，正是在第一线工作的员工，其核心在于“坏小孩的创意故事”。

首先介绍一下玉子屋的商业模式重点。玉子屋每天要在午餐时间前，及时将便当送到有合作契约的公司。订购数量每天并不固定，每年都要确认有合作契约的公司订单，准确将其订购的数量送达。

每天订购数量不固定，还能达成惊人的低废弃率，关键在于不使用一次性餐盒，而是选择可回收使用的便当盒。配送员回收食用完毕的便当盒时，会若无其事地收集各种情报，包括对便当口味和分量的感想、想吃的菜色、附近便当店和餐厅的动向、公司的活动和休假情况等。也就是说，玉子屋的便当配送员把可回收便当盒当作工具，同时兼做业务和市场调查。

由于平时就与顾客建立良好的关系，因而使隔天订单预测的准确度提升。不仅如此，玉子屋甚至会检查收回来的便当盒，确认剩菜。负责每个区域的小组互相交流这些情报，然后据此预测隔天的订单。借由反复彻底执行这项作业，累积经验值，将预测的准确度提到最高。

接着在零点到凌晨两点之间，采买比预测量略少的食材，并开始制作便当。早上9点到10点前接受电话和传真订购，再追加采买不足的食材，于中午12点前完成配送（见图8-6）。

此外，配送小组之间还会互通有无，以便应付突发性的数量变更。玉子屋便是靠着这套体制，顺利地将便当送达顾客手中。也正是这样的机制，让玉子屋创造出低得惊人的废弃率。废弃率降低，收益方面就会相应地增加。玉子屋又将增加的收益挹注于充实食材。换言之，就是将消除浪费所产生的利益当作资金，用以提升便当的品质，进而促进顾客的回流率提升。

作业流程	各个流程的竞争力
菜单、预测	→每天更换菜单，维持丰富多样性，避免顾客吃腻。 →450日元单一种类，降低定价和损耗率。
采购	→进货源不固定，分散在全国各地，靠大量采购维持议价能力。
制造	→单一菜单让作业单纯化，可以用较少人力大量生产（40人1小时做7 000份）。
订购	→上午10点结束订购作业。由于每张订单平均订购16份，面对如此大量的订购，必须提高效率。
配送	→30辆配送车互相合作，将损耗率压低在0.1%（业界平均为2%）。 →靠着标准化作业，让临时人员也能进行配送，降低人事费。
销售	→不设置专业销售人员，以配送员兼任的方式降低人事费。 →玉子屋的人事费为20%（业界平均为25%以上）。
容器回收	→借回收容器削减约10%的成本。 →检查剩菜，提高订购预测的准确率。

图8－6　玉子屋的营运制度

实现上述这套出色营运制度的是一群充满创意的员工。玉子屋对于这种能发挥高度组织能力的人才，有一项独特的录用标准。玉子屋的创始人菅原勇继表示，他录用人才的重要条件是“坏小孩”。理由是，“坏小孩”学得快，对各种状况的反应速度也快。比方说，玉子屋在配送便当时，一天之内会多次变更路线和配送数量，如此迅速的反应，靠的就是“坏小孩”们特有的创意和应变能力。菅原勇继说：“我找来一群让人完全没辙的坏小孩后就开始卖便当。之后也积极雇用这样的孩子。他们有些粗野，不常被人夸奖，所以听到客人或我的夸奖就很开心，很多孩子都很拼。”

他们预测便当订购数量，追求零浪费的配送，自己绞尽脑汁设法减少损耗率。公司方面则给予他们适当的权限，让他们承担责任、有所自觉，提升他们的工作热情（见图8－7）。

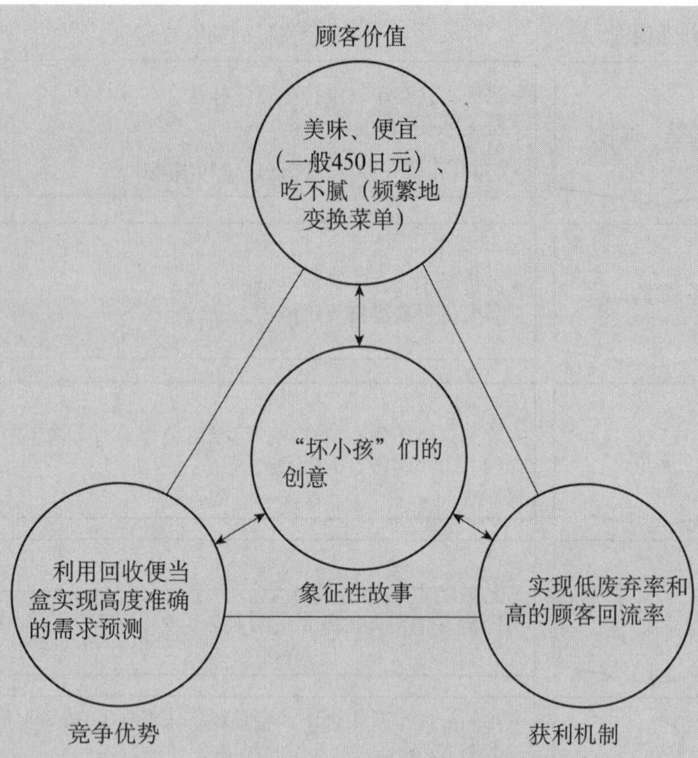

图 8-7　玉子屋的象征性故事与商业模式连结

第三节　故事营销的效果与评估

文化市场故事营销，归根到底是向潜在受众传达一种文化产品或者服务的附加价值。引起受众的心理好感和情感共鸣，继而产生偏好，激发消费。而像电影、电视、图书、动漫甚至游戏等文化产品，故事营销过程相较一般商品而言难度更大，因其要实现情感价值上的增值。文化市场的故事营销与文化产品的内在精神性存在错综复杂的关系。因此，评估故事营销是否成功需要从现场效果、销售效果、受众记忆效果、受众忠诚度等方面展开。

一、现场效果

故事的现场效果是衡量故事营销是否成功的首要标准。现场效果就是故事讲述时听者的接受程度、共鸣程度、认同程度。“一个好故事之所以能够引起读者的共鸣，就在于故事能使人不知不觉间从心底进行角色置入，由人及己，从而完成价值观及情感的无声输出。”[①] 故事营销的首要目标就是使人进行角色置换，产生共鸣，为之感动，将听者“摆渡”到预期的效果中。如果故事达不到这种效果则说明此次营销失败。以步步高点读机为例，那句经典的广告词“妈妈再也不用担心我的学习了！”之所以会如此深入人心，正是因为它讲述了一个巧妙的故

① 黄学焦，赵彤．卖故事．海口：南方出版社，2012：12.

事：一个名叫小雨的三年级小学生放学回家，她的妈妈正在拖地，她很乖地自己做起作业来，遇到了难题，她向妈妈寻求帮助，但妈妈也不会，一边拖地一边支支吾吾地告诉镜头："这个……忘记了……很多知识早忘了。"突然镜头一转，步步高点读机来了，小女孩拿着点读机，用笔点着英文单词，高兴地说："语文、数学和英语，哪里不会点哪里，妈妈再也不用担心我的学习了!"这个广告故事对家庭日常生活情境的描绘营造了一种很好的现场效果，有效增强了广告的说服力和亲和力，使产品形象深入人心。好的故事需要有直击人心的力量，它必须能唤起听者内心的共鸣，像润物的春雨一样渐渐融入听者的内心。而故事之所以成为故事，就在于它将读者内心深处的情感或者渴望调动出来，从而使其所表达的主题思想获得听者的高度认同。

二、销售效果

故事营销的首要目的就是达到预期的沟通效果，使顾客购买产品或服务。好故事能够直接刺激顾客的购买欲望。故事营销就是要锁住消费者的心，要实现这一点，必须要找到属于自己的独特定位，才能脱颖而出、抢占市场。消费者期望的故事、富有感染力的故事、热点故事以及爱情故事都能够触动消费者心底最柔软的角落，从而激发其购买欲望。台湾农产品品牌"掌生谷粒"在一片文创农产品中异军突起，从 2010 年台湾的"文创精品金奖"，到 2011 年香港"设计营商周"的"亚洲最具影响力设计大奖"，一路拿到德国的"红点设计大奖"，广受国内外媒体的采访报道。这是过去的中国农产品品牌所不曾有过的成功。除了严格控制的产品品质、新颖独特的包装设计，掌生谷粒品牌最为人称道的就是它独到的产品文案。类似于绿茶、金萱、鹿野、小情歌、早春、土地、可爱、简单、米、农民、百年、稻田、太阳、野鸟、人……这些能给人带来"小清新"感受的词汇，被大量、高频次地运用于掌生谷粒的文案故事中(见图 8-8)。这种文案以其淡雅、自然、朴实、超脱、静谧的文字特点，深深吸引着生活方式受清新风格影响的文艺青年。

图 8-8　掌生谷粒广告图片

掌生谷粒产品故事非常注重描写产品是以传统手工方式产制而成，强调商品的质朴感，将普通的农作物塑造成富含传统精神以及手作色彩的商品，借此增加产品的独特性，使之成功地在同类产品竞争中脱颖而出。品牌的附加价值在于品牌可以为产品创造的人文意义。举凡品牌所代表的性别意义、社会意义等，都是可以被灌输在产品中的人文意义，而这些人文意义是从大众文化中被挑选出来，借由广告转化到产品或品牌中，最后经由消费者以及消费过程，将产品或品牌的人文意义转化到自己身上。故事中包含了产品所具有的功能利益和无形利益，也就是所谓的“人文意义”，例如掌生谷粒常常在品牌故事中宣扬的“对土地友善”的观念及生活态度，能增加产品的附加价值和消费者的购买意愿，使消费者因认同这种文化而进行消费。只有站在消费者的立场，了解消费者的期望，为营销的故事注入可以满足这些期望的因素，或者直接用这些因素来讲故事，才能锁住消费者的心，达到预期的销售效果。

三、受众记忆效果

受众的记忆效果是指顾客对营销故事的印象深刻程度。优秀的故事具有很强的时间穿透力，受众的记忆不会因为时间的消失而模糊。打造让受众印象深刻的故事可以从两个角度出发：以产品为基础，围绕产品创造全新的故事；也可以借鉴知名的人物或现成的故事为营销增彩，并迅速获得人气。例如电影《失恋 33 天》的剧组除了拍摄电影本身之外，还同时拍了一部叫作《失恋 33 天》的纪录片作为预告片、宣传片，片中接受采访的都是一些普通人，有小说作者、婚礼策划师、电梯监理、歌手、人力资源部职员、平面模特、保安队长、前台等，以交替叙述的表现手法讲述了一个个关于失恋的故事，让普通人说出自己的情感经历，用真实打动了观众，颠覆了传统预告片的模式，围绕失恋这个核心话题展开了许多新的故事，使它真正起到了诱发精神消费欲望的作用。此外，在支付宝的一则新媒体广告中，支付宝以梵高为主要人物，叙述其生平经历，并最终将故事牵引至支付宝这个产品，宣传支付宝的理财功能，为梵高穷困潦倒无法理财而惋惜。故事内容虽不算新颖独特，但其与产品的连接可谓神来之笔，读来让人过目不忘。

四、受众忠诚度

受众忠诚度是衡量故事营销的重要标准，而故事的持久力是受众顾客忠诚度的重要力量。产品的购买都是始于受众对产品的关注。故事持续下去的意义在于强化和扩展产品或者服务的精神内涵，从而延续产品或者服务的生命，使受众深刻认知和认同产品价值。具有持续力的故事营销才能收获受众的忠诚。持续力的标准是生命力和魅力。一个故事的生命力主要依靠两点：人物和情节。只有拥有出众的人物形象和精彩的情节才能使故事具有强大的持续力。通过塑造一个形象鲜明、生命力强的人物形象来使营销故事能够持续下去的著名案例有迪士尼的米老鼠和唐老鸭、皮克斯的跳跳灯等。同时，一个有着强大持续力的故事必然拥有着强大的魅力。有魅力的故事要注意表现积极向上的精神和人类共同的情感诉求。一般而言，受众忠诚度的建立可依托下述原则：首先，价值追求“从一而终”。现代社会价值追求多元化，每个人都有权利追求自己认为合理的价值目标。然而作为营销者，需始终坚持一个价值理念，否则将丧失受众的信赖。因此，故事营销首先应明确价值追求，并一以贯之。其次，故事结构“绝对简单”。故事应尽可能以简单的言语表现丰富的意象和内涵，使故事在信息膨胀、纷繁复杂的环境中脱颖而出。2014 年 10 月，原淘宝旅行推出新独立品牌“去啊”，并将发布会内容浓缩为一句话："去哪里不重要，重要的是……去啊。"另一旅游品牌"去哪儿"随即回应：人生的行动不只是鲁莽的"去啊"，沉着冷静地选择"去哪儿"才是一种成熟态度！携程接过下一棒"旅行的意义不在于'去哪儿'，也不应该只是一句敷衍的'去啊'，旅行就是要与对的人，携手同行，共享一段精彩旅程"。几大旅游品牌都只用寥寥数语勾勒出了不同的旅行观和生活观，语句的背后是无尽的人生故事和不同的生活选择。此类营销虽简洁，却以独特的内涵吸引了特定的人群，并借助相同的价值观培养受众忠诚度。再次，故事内容"引领时尚"，具体可从语言习惯和价值观念入手。产品故事的背后是情怀，情怀的载体是符号，符号构成了意义与想象空间，消费者通过符号来接收意义，获得精神层面的愉悦与满足。台湾诚品书店的品牌故事，正是以文字符号为载体，构成了品牌文化的核心。下面是它们的两个文案故事：

用过即弃的爱情

李欣频

用过即弃的爱情，用过即弃的虚荣，用过即弃的问候。

现代人大量抛弃物质，凡事过了三个月的保存期限，就彻底失去忠诚。

在文化高度传染区里，办一场属于文化人的跳蚤市场，

在杂货堆里寻找艺术，带着发现宝藏的惊异，把永恒感找回去。

用过即弃的爱情，用过即弃的弹簧床，用过即弃的寒暄，用过即弃的保暖袋，

用过即弃的问候，用过即弃的雷诺原子笔，用过即弃的现代人大量抛弃物质。

凡事过了三个月的保存期限，就彻底失去忠诚。

期待这一场诚品跳蚤市场，让你我在旧货堆中找到艺术，

在旧鞋里发现脚的生命，在旧照片中体悟新情感。

在世事难料、风云不测中找到永恒感。

南京东路二六九巷，记录一段出走后的私生活

上午十一点五十分

胆固醇过高，胃肠长期欠安，离开排骨便当，基于自保的理由，

改吃淡口味的日式料理是健康的。

下午两点三十分

旋转木马式的偏头痛，没有咖啡的焦虑。丢开工作效率，Eslite Cafe 和你的办公室恋情小小出轨。

下午四点二十分

文件过量，享乐含量不足，离开二十六度的冷气，Yogen Fruz 的冰淇淋和你玩一场不设防的清凉游戏。

下午五点三十分

老是闯红灯的欲望，下班即是解严，用 Mandy's 的公事包提书香，是一种比爱还危险的勾引。

效率过高，焦虑过夜，办公室竞技场上人心莺居，不适者也要生存。

十月十二日诚品南京店全馆开幕，给每一个想在压力中假释的人，一个随时出走的私生活。

诚品文案故事中充满浓厚的人文艺术气息，人名、书名等词汇的出现频率很高，联想式引用是主要的写作手法，或许比起故事，更像是一种诗歌的表达，柏拉图在《理想国》里说，诗原来是写给神的，诗歌用“隐喻”和“象征”的方式表达对这个世界的感知。也许可以用符号学的观点来对这一类故事文本作出分析，符号学的观点认为：符号是由人自己创造出来的，人可以借由符号意指事件和表达思想，而且符号本身也可以反过来作为一个自律的文化生命体来控制人本身。叶茂中认为，符号可以解决策略、定位诞生之后所面临的表现问题、传播问题，伟大的符号的出现，可以使产品更加强盛。符号消费可以用来为我们探讨故事在消费中所产生的意义作一个参考的依据，故事借由符号来传达某一特定的价值，意义于作者的主观表达和读者的阅读理解共同建构起来。

诚品故事大量使用充满隐喻的符号，以“蒙太奇”式的叙事手法，强化了文案作品的文学性。奇特的构思，灵活多变、错综复杂的句式，提高了作品的欣赏性，给读者带来独特的审美体验，满足了对传统文化产品新型消费的需求。诚品广告故事体现出了品牌文化的核心内容，与“诚品”品牌文化的构建之间通过共同的特质和精神层面巧妙结合在一起。诚品的广告故事，虽然针对不同类型的需求有所不同，但故事风格、叙事方式都具有一致性，这种一致性使得“诚品书店”这一品牌具有很高的可识别性，有利于消费者的认知和认可。别具特色、充满情怀的文案故事，把诚品书店包装成一个高品位、高格调的地方，诚品在人们的心中早已不仅仅作为一个书店而存在，而是成了一种生活方式的体现。一则好的故事总是能精妙地表达出目标消费者心中的所思所想，或者能够唤起消费者潜意识中的渴望，使他们意识到自己原来存在这种需要，消费者从故事文案中找到了自己想要的东西，这则故事就真正取得了成功。

结语

文化产品或服务始终以精神性消费为主，主张顾客参与式体验，从而发生购买行为。因此如何吸引、引导、巩固顾客的消费行为便是文化市场营销学的重要命题。故事营销在讲故事的叙事方法上，将企业产品或服务恰到好处地嵌入其中，从而实现企业故事和企业品牌相得益彰的效果。故事营销的实质就在于将故事所蕴含的价值观念出售给顾客，以期获得顾客情感上的认同。这一点与文化产品或服务以传递价值观、满足顾客精神需求的特点完美契合。

一个好的故事往往蕴含着人类普世价值观，诸如爱、和平、自由、正义等；一个好的故事，能够增加顾客对产品或服务的关注和认同，使顾客为产品或服务支付高于物理价值的价格。通常认为，突出企业强项、与企业策略仿真一致的象征性故事更能够达到故事营销的效果。象征性故事注重将企业品牌与产品意义相关联，从而通过建构顾客价值、竞争优势及获利机制三个要素来连结企业的商业模式。说好一个象征式故事，首先需要立足公司内外资源“发掘”故事，并采用 VRIO 分析检验故事的力量，以便及时调整故事甚至重新“发掘”故事。最后，故事营销还必须接受市场的评估。故事本身同样是精神性产品，评估故事营销是否成功还必须回归顾客体验，即从现场效果、销售效果、受众记忆效果和受众忠诚度四个维度展开。

推荐阅读资料

1. 阿克洛夫，席勒．动物精神．北京：中信出版社，2016.
2. 南顿，迪克．故事营销有多重要．北京：中国人民大学出版社，2016.
3. 岩井琢磨，牧口松二．故事行销力．台北：东贩出版社，2017.

第九章　场景营销

腾讯开发微信红包功能，为消费者构建了发红包、抢红包的社交场景；蜻蜓 FM 构建了收听随时、内容随选的音乐娱乐场景；耐克夜光足球场构建了想做就做、富有个性的运动场景。无论是传统的文化内容产业，例如电影音乐行业、新闻业，还是文化服务行业，例如博物馆、娱乐演出、体育，还是文化附加值产业，例如文化旅游、主题乐园，都在积极构建文化场景，实施场景化营销。这些企业与产品的场景化营销获得了消费者的大量关注，在各大社交网站被分享传播，同时消费者生活的方方面面也逐渐被这些产品所渗透，生活与消费习惯被逐渐影响与改变。人们对产品文化内涵的消费倾向，让文化企业关注到构建富有文化意义的场景的重要性，而技术的发展与运用，有效地帮助文化企业完成场景的构建并实施场景化营销，加之传统营销方式对消费者的失效，让越来越多文化企业认识到场景化营销的必要性与有效性。

场景化营销并不是当下才有的营销概念，它已然被企业广泛运用。这离不开以下的现实背景：首先，人们的消费对象与目的发生了转变，消费的目的不再只是满足基本的生理需求，而是获得精神上的愉悦与自我价值的实现。文化企业精心的场景构建与场景化营销方式，有助于向消费者传达产品或服务的文化与价值，满足消费者个性化的需求。其次，企业应与科技拥有更多的结合。在场景化营销的过程中，各种新技术的运用，可以拉近企业与消费者的距离，增强文化企业与消费者的互动性。文化企业可以根据消费者的信息共享了解消费者的实际需求，让营销活动不再是单纯的单向性的促销活动，而是基于双方需求的互动过程。再次，企业间跨界合作机会大大增加。现如今“互联网＋”越来越被广泛运用，企业间的跨界合作让线下场景、线上场景进行恰当的转化、融合与叠加，使得场景的构建趋于立体化，尽可能多地覆盖到消费者的实际需求，增强场景化营销的效果。最后，传统营销效果呈现出不理想的现实状态。美国弗雷斯特研究公司（Forrester Research）在 2014 年发布了《顾客场景的力量》（“The Power Of Customer Context”）报告，其中指出，传统的以活动为主的营销方式在赢得和留住消费者的效果上越来越不理想，企业急需转变那些传统的营销方式，采取一种即时的、双向的、以洞察消费者需求为驱动的循环互动模式，弗雷斯特公司将这种创新的营销方式称为场景化营销引擎。

第一节　理解场景的三种角度

对于场景的一般理解，指影视剧中的场面或是人们日常生活的情境，它包含人、时间、空间与活动。不同领域的专家与学者们从不同的学科角度提出了对场景的理解，以下将从社会学、传播学领域阐释场景的内涵。

一、社会学角度：具有符号意义的集合空间

美国社会学家欧文·戈夫曼（Erving Goffman）对场景中的空间要素进行了阐释。

关于“场景”的理论，可以追溯到戈夫曼出版的《日常生活中的自我呈现》。书中提出了“拟剧理论”，该理论从人际关系的角度出发，借用戏剧中的术语，把人们生活的社会比作一个巨大的舞台，人们通过理想化的表演获得预期的他人的认同。他将“场景”定义为“任何受到可感知边界某种程度限定的地方”“有明确边界的区域”“通常还会附加上时间的限制”①。在这个类似舞台的场景中同样有道具、设施等硬性要素，也包括舞台的布局设计、整体氛围等软性要素，而人们就是舞台中的演员。人们通过对所处的场景的定义采取表演行为，这种互动过程构成了“在建筑物或房舍的有形界限内有组织的社会生活”②。戈夫曼着重描述了人与人面对面时产生的场景。

同为芝加哥社会学派的代表人物，特里·N. 克拉克对空间要素进行了深入分析，并将人看作是消费者而非一般个体。

以克拉克为代表的研究团队从城市发展的角度提出“场景理论”。该理论的提出是基于以消费为主的后工业社会③背景，即以娱乐、教育、保健、贸易、金融等行业为主的服务业成为社会的中坚力量。城市中的个体不再只是生产者或是居住者，而是消费者；城市空间也不再只是为了满足个体的工作或居住，而是让消费者可以在其间消费、娱乐、欣赏的场景。此时场景不再只是一个有着明确边界的地理概念，而是一个蕴含着特定文化与价值观念取向的都市娱乐设施（包括气候、山水等自然设施与博物馆、剧院等服务设施）组合。不同的都市娱乐设施组合会形成不同的场景，因而政府要考虑不同的都市娱乐设施组合的可能性，构建不同的场景，并凭借这些场景吸引创意阶层进入城市从而推动城市发展。④ 徐晓林等指出这些蕴含文化与价值观念的场景使消费者在采取消费行为时获得了生活方式与情感表达上的社会认同。⑤ 吴军评价克拉克所阐释的“场景”概念已经超越了生活娱乐设施组合的物化概念，成为文化与价值观的外化符号，且因此吸引并影响着城市中的消费者。⑥

可以发现，虽然两者的出发点不同，但考察的都是与我们日常生活息息相关的现实空间内的场景。戈夫曼与克拉克都肯定“场景”是一个具有一定物理属性的空间；同时“场景”不是单独的“场所”，克拉克更加深入地论述了场景是包括有形的物件、边界和无形文化与价值符号的“景”的总和；此外，场景中人们是作为消费者存在的，他们的消费行为正是出于对这些符号价值的认同。因而在社会学领域，场景是具有符号意义的集合空间。

---

① 戈夫曼．日常生活中的自我呈现．北京：北京大学出版社，2008：93.

② 同①1.

③ 贝尔．后工业社会的来临：对社会预测的一项探索．北京：新华出版社，1997：14.

④ Silver D，Clark T N，Rothfield L. A Theory of Scenes：The Structure of Social Consumption. Scenes. uchicago. edu. http：//tnc. research. googlepages. com/atheoryofscenes，2007.

⑤ 徐晓林，赵铁，克拉克．场景理论：区域发展文化动力的探索及启示．国外社会科学，2012（3）.

⑥ 吴军．城市社会学研究前沿：场景理论述评．社会评论，2014（2）.

二、传播学角度：实现信息传播的信息系统

传播学家将场景中的空间要素再次进行拓展，并阐释了场景中人们活动方式的转变。

在传播学领域，学者并不关心“场景”的物理性质，而是更关注场景中人们信息交流的传播渠道与方式。科技的发展、不同媒介的产生，改变了人们的信息交流方式。美国传播学者梅罗维茨（Joshua Meyrowitz）将电子媒介引入场景概念，研究电子媒介介入下场景的变化。

梅罗维茨认为电子媒介介入了原本属于物理概念的场景，改变了地点场景的信息特征，使得不同的社会场景相互交叉。例如电视中的真人秀或谈话类节目，公众人物的感情生活、衣帽间等原本后台场景与前台场景融合，即使观众的地理位置没有发生改变，也可以通过电子媒介观察他人的私人场景与行为。

因此，梅罗维茨将场景视为一种超越时空概念的“信息系统”。他认为对人们的互动行为起到决定作用的“并不是物质场地本身，而是信息流动的模式”①。电子媒介的介入使得人们之间的信息流动突破了地域限制，并使得人们的生活中产生了新的有别于面对面时的物理场景，这种新的场景使得人们的行为也发生变化。例如电视媒介介入公共演讲中，演讲者的受众不再局限于实体演讲厅的空间，而是变得更加公开，还包括其他使用电视媒介的人群，因而在电视媒介介入的演讲场景中，演讲者的行为需要调整、变化。

梅罗维茨从传播学角度阐释的场景，给了我们另外一个视角，即突破现实中面对面的交流，超越具体时空的限制，将场景解读为一个在媒介介入下形成的为实现人们信息交流的信息系统。

三、营销学角度：以消费为基础的多元空间

营销学中场景的主体应是文化企业，出发点与立足点是消费者的消费活动，方式是不同载体与消费符号组合，核心是文化与价值观念的体现，目标是满足消费者的生活与情感需求。其中仍旧可以发现与社会学、传播学中场景的共同点与联结性。

首先，营销学中的场景同样是具有符号意义的集合空间。文化企业可以通过各种消费符号的组合为消费者构建具有不同符号意义的集合空间，吸引消费者同时满足消费者个性化的需求与精神上的追求。法国学者波德里亚（Jean Baudrillard）曾提出，消费“建立在某种符号和区分”② 之上，体现了消费者与集体和世界的关系。消费者在文化企业构建的集合空间中采取消费行为时，同样表达了对集合空间中蕴含的文化与价值观念的认同并借这种消费行为获得他人的认可，形成自己的标签。

其次，营销学中的场景具有多样性。营销学中的场景既可能是一个人们可感知到边界的现实空间，也可能是一个无明确地理边界的虚拟空间，抑或是两者的结合。营销学中的文化场景强调的是文化企业或产品的文化价值的赋予。

总而言之，文化场景就是企业通过不同消费符号的组合，为消费者构建的能满足消费者的情感或物质需求、体现消费者生活方式与价值观念的多元空间。例如消费者在下班路上使用喜

---

① 梅罗维茨．消失的地域：电子媒介对社会行为的影响．北京：清华大学出版社，2002：33.

② 波德里亚．消费社会．南京：南京大学出版社，2006：50.

马拉雅 FM 收听音乐，就是企业通过音乐内容、音乐质量、播放器操作等不同载体与消费符号的组合，为消费者构建的满足消费者悠闲娱乐的需求，体现消费者喜爱音乐、热爱生活的多元空间。

第二节 场景的类型与特征

国内文化产业方兴未艾，进入了丹尼尔·贝尔（Daniel Bell）所预测的后工业社会[①]，个体作为消费者对生活中各种不同文化设施组成的场景越来越关注。同时，随着科技与社会的发展，文化企业构建的场景类型也呈现出符合时代特质的多样性，可满足消费者的多样化需求。

一、场景的类型

文化市场中，企业构建的场景一般分为基于人们日常生活的实体场景、基于技术手段的虚拟场景以及两者结合的融合场景，这样的分类也体现着科技在营销中的作用，见表 9－1 所示。

表 9－1　文化市场中的场景类型

类型	实体场景	虚拟场景	融合场景
定义	出现在消费者的现实生活中，满足消费者的生活与情感需求，有着较为固定的场所与明确的地理边界	互联网技术背景下催生出的有别于传统物质形态、突破地域的概念，一种新型的信息流动的场景	将消费者的消费环节拆解，虚拟场景获取消费者，实体场景让消费者真实体验的场景
案例	书店；博物馆、图书馆等文化场馆；电影院，演唱会；迪士尼等主题乐园	网络游戏；乐视网等视频网站；亚马逊网络书店等虚拟商店；微信等社交平台	携程旅行 APP；猫眼电影；咕咚运动；蜻蜓 FM＋小米手环

（一）实体场景

实体场景是最早出现的场景类型，也是文化企业最常构建的一种场景类型，它是真正出现在消费者的现实生活中，与消费者的生活息息相关，有着较为固定的场所与明确的地理边界，可满足消费者情感与生活的需要。正如克拉克所说的，场景是不同文化娱乐设施的组合。[②] 在现实生活中，文化企业会通过固定的场所及周边场所的整体布局设计，加之对场所内产品、环境、氛围、人员等的精心组合，使其具有不同的文化内涵与价值。因而，即使是同行业的文化企业，它们构建的场景也会给消费者带来不同的感受。

该类型的场景最普遍的便是各类艺术场馆与文化产业实体店。在类似诚品书店的这些实体书店中，文化企业通过对书店本身场所建筑的艺术设计与布局，增强场所本身对消费者的视觉冲击力，让场所不再是冰冷的建筑，而是具有观赏性、艺术性与人文性的空间，加之对产品图书的创意陈列，使得消费者进入场所，就仿佛进入了书的海洋；文化企业还在场景中加入了古

---

① 贝尔．后工业社会的来临：对社会预测的一项探索．北京：新华出版社，1997：14.

② Silver D，Clark T N，Rothfield L. A Theory of Scenes：The Structure of Social Consumption. Scenes. uchicago. edu. http：//tnc. research. googlepages. com/atheoryofscenes，2007.

典音乐、咖啡、兴趣俱乐部、艺术作品、娱乐表演等各种文化元素，使得整个场景又充斥着文艺且小资的文化氛围；文化企业还将书店与周围其他设施组合形成不同的文化场景，例如台北信义旗舰店位于繁华地段，与台北 101 大厦及周围的国际百货公司结合，体现的是国际性文化的荟萃，形成具有时尚、前沿潮流的文化场景，而台大店则与周围的台湾大学、台湾师范大学、世新大学、景美女中等院校组合形成具有浓厚学术氛围的场景。因而，消费者进入书店的场景中，不仅是对场景中图书的消费，不仅是为了功利性的知识的获取，更是对整个集合空间中整体文化意涵的享受与认同。消费者来到台北并且进入诚品书店，代表的是一种休闲而时尚的生活方式。

社会学家认为人们的日常生活便是由不同的场景组成的，每天经过的咖啡厅、休闲广场、商业办公区等等，这些实体场景充斥在消费者的日常生活中，并且在不经意间，就已经让消费者感受到企业在其中赋予的文化内涵。

(二) 虚拟场景

虚拟场景是在通信技术与互联网技术发展的背景下催生出的新的场景类型，对比实体场景，它突破了物理上地域的概念，并不以传统的物质形态呈现，而是一种新型的信息流动的场景。文化企业使用技术手段在电脑、手机等不同媒介终端，通过画面、音效、程序等呈现内容的设计，从视觉、听觉以及整体操作体验上向消费者传递企业、产品或服务的文化价值。

最典型的便是游戏公司为消费者构建的虚拟游戏场景。在游戏《三国志》中，企业设计了美轮美奂的山水自然景观与气势恢宏的中国古典建筑，配以或古风或激烈的音乐，完美逼真地将中国古代的三国世界重现在消费者面前，让消费者可以穿越时空，享受不同时代的文化内涵；同时，企业在场景中加入的性格身份迥异的人物角色、酷炫霸气的武器技能、难易不同的任务排行等程序，让消费者参与到场景中，实现消费者与消费者、消费者与企业之间的信息互动，从而让消费者感受到企业在场景中赋予的价值，即消费者不仅是在完成一个游戏任务，更是在享受从团队合作、排兵布阵、提升技能，到最终“统一中原”的过程，这种从无到有的场景体验给消费者带来了精神上的满足感。

此外，虚拟场景并非与实体场景没有联系，相反，虚拟场景还是实体场景的一种延伸与拓展。原本需要在电影院才能观看的影片，需要到现场才能观看的音乐会、体育赛事，通过文化企业虚拟场景的构建，让消费者可以摆脱实体空间的限制，选择任意时间通过媒介终端观看文化企业提供的信息内容。例如乐视网通过媒介客户端为消费者构建的虚拟娱乐场景，可满足用户随时、随地、随心观看任何一部大片、一场赛事的需求，让消费者体验到更人性化的娱乐消费场景。又比如微博与微信等社交媒介，消费者不必面对面，就可以通过企业构造的社交场景实现交流沟通。

显然，文化企业构建的虚拟场景在呈现效果上更加丰富酷炫，并且为消费者的消费提供了便利性。

(三) 融合场景

实体＋虚拟的融合场景并不是简单地在实体场景中增加虚拟场景，或是将实体场景拓展到虚拟场景，而是找到实体场景与虚拟场景的结合点，将消费者的消费环节拆解并根据效果分别将它们呈现在实体场景与虚拟场景中，发挥其各自的功能，其中虚拟场景获取消费者，实体场景让消费者真实体验。

实体+虚拟场景被O2O（Online to Offline，线上到线下）企业广泛运用。以电影院为例，一般消费者的消费过程是：产生需求—选择影院/影片—购买影票—观看影片—观后感悟。

实体场景中，文化企业通过良好的观影效果、独特的影院氛围、优惠的价格等消费符号，吸引消费者前往电影院购买电影票并观看影片。虚拟场景中，文化企业为消费者提供海量的内容与高清环绕的画面音效，让消费者足不出户就能享受电影。

而实体+虚拟场景，诸如猫眼电影，可为消费者构建虚拟场景，帮助消费者选择好影片、影院、座位并完成购票支付行为，在实体场景中观看影片，并最终在虚拟场景中将观后感悟进行反馈。这样实体+虚拟场景发挥了虚拟场景中文化企业与消费者的信息沟通的优势，企业可以根据移动互联网技术为消费者推荐距离最近的影院，同时通过消费者以往的消费行为推荐感兴趣的影片，或是提供具体的影片评分、评价等信息帮助消费者选择最优的影片；消费者观看影片的过程则在实体场景中完成，可以让消费者更好地享受电影院的氛围与其周边其他设施构成的场景；观看完影片后，企业会鼓励消费者在虚拟场景中分享消费感悟，满足消费者想与他人分享的社交需求，同时企业也可以更多地收集消费者的信息。

实体+虚拟场景可以发挥两者各自的优势，让企业为消费者创造更好的场景体验，显然已成为各大文化企业的首选。

随着科技在文化企业营销中的深入，场景的类型也越来越多样化，但总体上是实体场景、虚拟场景及两者结合的融合场景。

二、场景的特征

上文已经介绍了不同类型场景营销各自的内涵，由于实体场景、虚拟场景及融合场景自身呈现形式各有所不同，各有各的优势和劣势，因此本部分将进一步讨论不同场景类型的各自特点。

（一）实体场景的特点

实体场景是文化企业构建的出现在消费者现实生活中的不同文化设施的组合，因而消费者可以真实感受到，具有较强的体验感与信任度，但同时也因为传统物质形式的局限性，实体场景的时空局限性较大，缺乏多样性，相对的成本也较高。

1. 场景体验感强

实体场景具有极强的体验感，这种体验感一是来自对真实有形的客观存在的不同文化设施的消费，二是来自对实体场景内气氛、服务、价值等无形符号的感受。

在旅游产业中，文化企业最易打造场景的体验感。据统计，2015年中国接待国内外旅游人数超过41亿人次，同比2014年增长10%，旅游总收入突破4万亿元，同比2014年增长了12%。[①] 互联网技术的发展，使消费者在家就能欣赏世界各地的风光，但是消费者对旅游的热爱却没有因此而消退，正是由于景区开发商为消费者构建的体验感极强的实体旅游场景。在国内著名旅游景区云南玉龙雪山，当消费者置身于景区中，高大、绵延、起伏的雪山所带来的视觉震撼，气温、海拔的改变所带来的生理刺激是目前的虚拟场景无法比拟的。此外，企业还添加了实景演出，将演出场地设在海拔3 100米的甘海子，以雪山为背景。当几千名消费者共同

① 中国旅游研究院.2015年中国旅游经济运行分析和2016年发展预测.北京：中国旅游出版社，2016.

聚集在如此高海拔的场地中，当少数民族的演员身着民族服装在观众席间穿梭，当用少数民族语言演唱的歌声在雪山间回荡，此时的《印象·丽江》不再只是一部演出作品，玉龙雪山也不再只是单一的地理景点，《印象·丽江》与玉龙雪山的组合成为云南独有的文化符号，而这些元素组合形成的独特文化场景只有消费者真正置身于实体场景中才能感受到。

2. 场景信任度高

实体场景客观存在于消费者的现实生活中，企业构建的实体场景可以让消费者真实感知到，相比虚拟场景，消费者对实体场景的信任度更高。

实体场景中消费者对企业的文化感知更为直接，场景的规模、风格、氛围等，都会直接影响消费者对场景的信任度。同样购买一款工艺美术品，在实体场景中，消费者可以从企业构建的场景中感受到企业整体的设计风格，同时可以近距离观察产品的创意与工艺，还可以与销售人员沟通，这种面对面的交流与对场景真实感受增强了消费者对场景的认同感与信任度。

3. 场景局限性大

文化企业构建的实体场景具有体验感强、信任度高的同时，也面临着时间与空间上的局限性。

首先，实体场景有时间限制。许多实体场景很少可以全天二十四小时为消费者服务，尤其是许多博物馆、文化场馆等，每天下午五点左右就开始闭馆，消费者的消费行为也会因此受到限制。

其次，实体场景有空间限制。由于实体场景是在相对明确的地理边界内文化符号的集合，因而企业构建的场景中的文化符号数量受到空间的限制。在图书馆中，由于空间的局限性，为了可以陈列更多的书，图书馆中的桌椅与休息室会尽量占用最少的空间，书架一般都比较高，顶层的书因此很少被消费者关注，书架与书架间的距离也会比较小，同时大部分书采用书脊向外的陈列方式，这些都或多或少地对消费者的消费行为有一定阻碍。又例如布达拉宫、陕西省博物馆、故宫博物馆等场所，在旅游高峰期都会限制每日的客流以应对场景空间不够的问题。

4. 场景多样性少

由于实体场景的时空局限性，文化企业构建的实体场景主题性比较单一且固定，无法满足消费者多样性的需求。

首先，文化企业构建场景的目的是满足消费者的需求，实体场景中企业考虑的是消费者群体，而无法精确到消费者个体。其次，实体场景中企业与消费者主要依靠面对面的交流获取信息，只能尽量判断当下消费者的需求，无法对消费者更多的消费信息进行挖掘，而现实情况是每个消费者都有不同的需求，同一个消费者不同时间段又有不同的需求，因而实体场景中企业难以追踪消费者更精细化的需求，使得场景缺乏多样性。

例如旅游产业中，每一个相对固定的旅游场景，都安排有导游，他们都无法判断每个消费者之前是否来过这个景点、已经了解过哪些信息、想要了解什么信息等，因而他们提供的服务场景与带消费者参观浏览的旅游场景都是统一标准化的，缺乏对每位消费者不同需求的满足。

5. 场景的成本高

企业构建的实体场景成本较高，一方面是场景构建的成本，包括场景的租赁、设计、建造、装饰布局等，另一方面是场景的维护成本，尤其是像博物馆之类的文化场馆，运营维护成本更是使得企业入不敷出。例如宁波紫竹林博物馆，每年维护运营费用约 70 万元，而门票收入仅 50 万元[①]，出现了严重收不抵支的情况。实体场景的高成本限制了企业的进一步发展与创新。

（二）虚拟场景的特点

虚拟场景是文化企业运用技术手段构建的场景，场景的入口众多，丰富的呈现效果对消费者有着极强的吸引力，虚拟场景的宏大规模也可满足消费者的多样化需求，但同时虚拟场景的数字化形式，也使得虚拟场景的体验感较弱，且信任度低。

1. 场景的入口多

虚拟场景是文化企业通过互联网技术在不同的媒介终端构建的场景，因而相比实体场景，虚拟场景的入口更多。

虚拟场景的入口多一方面体现在媒介的丰富性上。从以往的电视到 PC（个人计算机），再到智能手机、掌上阅读器、智能手环、谷歌眼镜等移动终端，虚拟场景的入口越来越丰富。

另一方面，即使是同一媒介，企业也可以建立不同的虚拟场景入口。在智能手机终端，大众点评选择在通知栏推送附近影院的折扣优惠，消费者可以通过点击进入虚拟场景，进行影片的选择和购买。有道词典将入口设置在锁屏界面，每当消费者解锁时，屏幕就会显示之前学习或是浏览过的英语单词，消费者的学习场景因此被碎片化，随时随地都可以进入英语学习场景。

虚拟场景众多的入口使其可以在潜移默化间渗透到消费者的日常生活中，增加与消费者接触的机会。

2. 场景设计感强

虚拟场景借助计算机技术来建构，因而在场景的视觉呈现上相比实体场景拥有更多可能，设计感更强，效果更加酷炫。

完美世界推出的网络游戏《诛仙 3》，主战场河阳古城视野开阔而明亮，高精细的画面设计凸显了历史古城的气魄，消费者无论是俯瞰、平视还是仰视，视觉都极富冲击力；虚拟场景中设计的缥缈的建筑、路过的行人、街边伫立的摊贩，即使在虚拟场景中，也充满着人文化的生活气息；虚拟场景中构建的光感特效、对真实光线轨迹的模拟，加上技能特效与音效，使得竞技场面逼真而酷炫。

虚拟场景可以设计出实体场景无法呈现的视觉效果，拥有极强的设计感，刺激消费者的感官。

3. 场景的规模大

作为由互联网技术构建的信息化空间，虚拟场景的规模并不是传统意义上物理体积的概念，而是存储空间与运行空间的概念。相比实体场景的规模，虚拟场景依靠技术的进步拥有更大的规模且扩展起来更快。

虚拟场景的规模主要依靠服务器来承载，体现在虚拟场景中信息的规模以及同时在线的用

---

① 2015 年国内民办博物馆的发展状况分析.（2015-12-28）[2018-01-16]. http：//www. chyxx. com/industry/201512/373796. html.

户规模上。亚马逊网络书店，为消费者构建了上架超过700万种图书的虚拟书店场景，如此众多的产品品类是任何一个实体场景书店无法比拟的。这也意味着文化企业可以在虚拟场景中为消费者提供更多文化符号与文化价值，满足消费者的不同需求。乐视网旗下的熊猫TV为数百万消费者构建了2016《英雄联盟》季中冠军赛总决赛直播的虚拟场景，活动当天场景中同时在线的消费者最高达到465万人次①，如此巨大的规模只有文化企业构建的虚拟场景才能承受。

此外，虚拟场景的规模还体现在与其他不同类型的虚拟场景的链接上。正如前文所说，不同的文化符号组合可以构建不同的场景，文化企业构建的虚拟场景通过技术的设置，可以让消费者更容易地在阅读场景、音乐场景、视频场景等不同虚拟场景间转换，此时文化企业构建的虚拟场景规模将会更加庞大。

4. 场景体验感弱

对于文化企业构建的虚拟场景，消费者始终是借用媒介才能感受，与直接在场的实体场景的感受相比，体验感较弱。

同样观看一场演唱会，消费者在虚拟场景中虽然可以360度观看现场，享受高音质的音响效果，但是消费者无法与其他观众一起呐喊欢呼，也无法看到荧光棒挥舞所形成的光波，隔着媒介享受的虚拟场景与实体场景相比，缺乏现场参与的体验感。又比如前文提到的消费者进入诚品书店的场景中，是向他人展现一种生活方式，得到同在场景中的其他消费者的一种认同，并且体验书店中服务员的服务，而在虚拟场景中，即使消费者购买了同样的一本书，却无法从他人处感受到对自己的认同，且无法享受在购买的过程中服务员的面对面服务。虚拟场景缺乏文化消费中的体验感。

5. 场景信任度低

正是由于消费者无法直接感知虚拟场景，虚拟场景的信任度较低。

虚拟场景中的信任度低一方面体现在消费者对信息内容的信任度上。由于虚拟场景是文化企业借助媒介终端呈现在消费者面前的，消费者与企业间的交流并非面对面，在媒介作用下，消费者难以判断企业提供的场景中的信息内容是否真实、准确，例如图书的印刷是否清晰、纸张是否完好，音像制品画面是否流畅等，因而虚拟场景的信任度较低。

另一方面，虚拟场景的信任度低体现在消费者对活动流程的信任度上。文化企业的实体场景中，消费者的消费活动都是由消费者亲身参与，从确认需求到购买再到反馈都是在一个实体场景中快速完成的，但是虚拟场景中，消费者的消费活动由企业设计的流程完成，消费者无法确保自己资金的安全、消费的服务或产品是否可以按时收到等，因而对虚拟场景的信任度会降低。

（三）融合场景的特点

融合场景是文化企业构建的能满足消费者多样化需求且更符合人性化设计的场景，结合了实体与虚拟场景各自的特点，可取长补短，优劣互补。

首先，实体场景可以借助虚拟场景的入口完成消费者流量的转化；其次，借助互联网技术，企业可以更多与消费者互动，实体场景可以获悉消费者更多信息，从而满足其即时的多样

---

① 乐视云揽下熊猫TV MSI直播服务 同时在线观看人数最高465万.（2016-05-18）［2018-01-16］. http：//sh.people.com.cn/n2/2016/0518/c176739-28359470.html.

化需求，同时增强消费者的体验感；最后，基于消费者本身的需求构建多样化场景，消费者对虚拟场景的信任度会增加，因为提供的服务是恰当而即时的。

实体场景自古就有，虚拟场景是互联网技术的产物，但将实体场景与虚拟场景完美结合的融合场景，其最大特点是运用了移动互联网技术，移动技术的运用使文化企业找到了消费者当下的实体场景与虚拟场景的联结点。

以智能手机为代表的移动设备成为联结实体场景与虚拟场景的主要端口。

以 LBS（Location Based Service，基于位置的服务）为代表的定位技术可以定位消费者在实体场景中的位置，并将其提供给虚拟场景进行分析。

不同功能的传感器技术能及时了解消费者的实时状态，并将其反馈在消费者的实体场景中。例如加速度传感器与心率传感器能为消费者提供运动建议与计划，使消费者感受人性化服务。

不同类型的场景各自具有鲜明的特征，因此企业要根据自身情况选择构建不同的场景类型并实施场景化营销，以满足消费者的需求。

第三节　场景营销的流程与策略

文化企业实施场景化营销，就是要基于构建的具有符号内涵的场景，通过各种方法吸引消费者进入场景、留住消费者使之沉浸场景、推动消费者分享场景并最终实现场景的变现能力的过程。场景化营销的主体是文化企业，基础是构建的满足消费者需求的文化场景，对象是场景中的以及可能进入场景的消费者，目的是刺激消费者在场景中的消费行为，实现收益的转化。

一、为消费者构建场景

文化企业要实施场景化营销的第一步，就是要为消费者构建具有特定文化内涵，能满足消费者需求的场景，通过对场景的洞察、定位与设计，建立场景，以完成之后的营销。

（一）洞察场景主题

文化企业构建场景的第一个步骤，就是确定场景的主题，明确究竟要构建一个什么样的场景，满足消费者什么样的需求。

对现有消费习惯的洞察。洞察场景的第一个方式是通过对消费者已有消费习惯的考察，找到影响他们文化消费的痛点，完善他们的消费流程。猫眼电影，就洞察到了消费者在实体场景中电影消费这一过程中的痛点，即需要花过多时间寻找、比对产品信息。猫眼电影就是帮他们在最短时间内提供最近距离可以观看到的最低票价的热门影片，并且帮助完成购票与选座行为，为消费者节省了消费环节中的时间成本与思考成本。消费者完成虚拟场景的步骤后只需到实体场景中取票观看就好，完善了消费者的消费流程。又比如，在虚拟场景中消费时一旦信号不好，就会出现离线无法更新页面的情况，这种断网的现象便是消费者虚拟场景中的痛点。针对这一痛点，新加坡的一家图书出版商 Math Paper Press 就推出了“The Offline Book”的虚拟场景解决方案，企业把一些图书介绍和图书中的段落植入这些离线页面中，消费者在虚拟场景中突然遇到断网情况时，就会看到这些图书推荐并且可以阅读部分段落，从而消除消费者因为离线而造成的消费中的不适感，使得消费者的消费体验更舒适。

对创造新的消费习惯。不同符号组成的场景体现的是一种生活方式与价值观念，因而洞察场景不仅可以从已有的消费习惯中思考，企业更是要构建新的场景引导消费者，为消费者创造新的消费习惯。例如以往消费者的运动与健身都是在相应的体育场馆中进行的，且较为独立和私密，但是当微信、小米手环、苹果手表这些媒介的介入，将消费者的实体运动场景与虚拟社交场景相结合时，消费者不仅可以在虚拟场景中查看自己当天的运动量与运动轨迹，获悉朋友圈中其他朋友的运动情况与排名，还可以将其分享到微信、微博等社交平台，获得他人的认同。此时消费者在实体场景中的运动已经不仅仅是一种锻炼或是为了身体的健康，更体现了消费者个人的一种生活态度与兴趣爱好，是否真的喜欢运动已经不再重要，但是在运动中使用这些媒介并且与他人分享成为消费者新的消费习惯。

（二）确定场景定位

当文化企业确定好场景的主题后，就要对场景进行定位，使企业构建的场景与其他同类型场景有差异化并且使之在消费者心中有不可替代的作用。

从场景入手。指文化企业思考将场景赋予什么样的文化含义使其与其他同类型场景区分开来。中国的千年古镇并不在少数，乌镇却可以在众多古镇中脱颖而出，就是因为它“以旧修旧、以旧修故、以存其真”的定位与理念实践。在乌镇中没有高压线、电线杆，没有各种粗壮的排污管道与自来水管道，所有展现在消费者面前的都是最原始的古老的内容。企业每月举办主题文化活动，这些内容同样来自当地民俗，例如乌镇香节、囡囡童玩节、赏灯节等。消费者从古建筑、民宿、小桥以及附近居民的生活状态中感受到的是最贴近自然的生态、古朴、诗意的江南水乡。这样独特的场景定位将乌镇与其他古镇区分开来，别具特色。

从消费者入手。指企业思考将场景的文化内涵传递给怎样的消费者，针对什么样的人群。QQ 音乐与网易音乐作为国内较为知名的音乐虚拟场景，两者的消费者定位不同。QQ 音乐的消费者定位是大众消费者，因而腾讯致力于扩大内容品类，丰富场景内容，只要是热门歌曲，QQ 音乐一定有。而网易音乐则将消费者聚焦到校园群体中，这部分群体不仅要听好听的音乐，更要听与众不同的音乐，因为这部分群体更加注重个性化，因而网易音乐更加关注场景中原创内容的构建，例如独立音乐人李志、陈粒等都是网易的签约音乐人。消费者使用网易音乐不仅代表着对音乐的喜爱，更代表着他们认可网易对原创音乐场景的构建，代表着他们对原创音乐的欣赏与品位。

（三）丰富场景设计

明确了场景的主题与定位，文化企业即确定了场景中的文化符号与内容，而场景的设计，就是要通过创意的陈列形式、布局设计等将这些文化符号更好地呈现出来让消费者感受到。主要包括以下几种。

内容呈现。构建场景就是要将文化内容呈现给消费者，让消费者感受到，因而场景的设计可以从内容的呈现出发。博物馆中，企业不仅可以将馆藏品完整呈现在消费者面前，还可以运用视频或图像或现场演示等方式将藏品的制造过程呈现出来，这样消费者可以更好地感受藏品的内涵与工艺价值。又比如在上海钟书阁书店的儿童区域，企业设计了不同动物形状的书架，有蝴蝶、大象、猫咪等，仿佛一个动物园，将儿童图书以更富趣味性的方式陈列出来，小朋友一看就知道是属于自己的图书场景。在虚拟场景中，企业通过技术手段使呈现效果更加丰富，例如网络游戏中的各种竞技场面等。

气氛烘托。企业构建场景还可以运用气氛烘托。书店中播放的轻音乐、明亮的光线、木质的书架，能烘托出书店的氛围。在迪士尼主题乐园中，花车表演、人物角色表演等活动，也为消费者营造了轻松、欢乐的氛围。

细节诚意。无论是主题、定位还是设计，场景构建的目的还是满足消费者的需求，以消费者为中心，因而在设计场景的时候，一些细节上的心意更能让消费者感受到企业构建场景的诚意。如书店中书架设计是否使得书本在消费者正常的视线范围内，方便浏览；购物商场中设计的供消费者休息的座椅是否让消费者坐得舒服，根据美国学者威廉·怀特（William. H. Whyte）的观察与实验，座椅的高度、宽度与长度[①]对消费者对场景的满意度有很大影响；虚拟场景中各个链接的位置是否醒目方便，文字图片大小是否适中……

只有构建一个完善的能满足消费者需求的拥有丰富文化内涵的场景，文化企业才能更好地吸引、留住消费者，并实现收益的转化。

二、吸引消费者进入场景

文化企业构建好场景后，就要吸引消费者进入场景，包括通过对场景入口的增加、对兴趣的引发、对需求的满足吸引消费者进入场景。

（一）媒介增加入口

前文介绍了目前文化企业最常构建的场景类型，即实体＋虚拟的融合场景。文化企业要想吸引消费者，就要借助该类型场景最显著的特征，即媒介为场景创造的众多消费者入口，入口增多，势必会吸引更多消费者进入场景。

利用不同媒介。企业可以利用不同媒介增加消费者的入口来吸引消费者。以往网络游戏的入口仅是电脑，但随着智能手机与基础网络设施的普及，手机也成为游戏的入口，消费者不必再在网吧或是家里或是固定场所玩游戏，任何地点、任何时间消费者都可以通过手机进入游戏场景。一些实体场景借助媒介形成的虚拟场景同样增加了消费者的入口。地铁上的移动电视，介绍最新引进的话剧、歌剧或是展览，乘客只要扫描屏幕上方的二维码就能购票选座；阿里巴巴与国内十二家传统纸媒合作，推出“码上淘”业务，在相关内容旁边附上二维码，消费者可以随时购买看到的内容或是展会的门票。

利用不同形式。同一媒介有不同展现的形式，文化企业可以利用不同形式增加入口。在PC端，企业可以利用头条、弹出内容、悬浮窗等；而在手机媒介上，受屏幕大小限制，弹出链接的效果不好，但可以利用手机本身的短信功能、信息栏功能或是解锁功能等增加入口。例如彪马运动品牌与小米手机合作，每当9：58时，小米手机用户的锁屏界面就会出现代言人博尔特的海报画面，同时配上旋扭解锁方式，这既代表着博尔特9秒58的百米世界纪录，同时也蕴含着彪马“一旋即发”的产品理念，这种入口方式让消费者眼前一亮。

（二）情感引发兴趣

场景化营销中企业构建的场景都蕴含独特的文化含义，不同的文化内涵代表着企业为消费者构建的不同情感的场景，企业可以利用这些情感引发消费者的兴趣。

怀旧情感是目前场景化营销中企业最常用的一种方式，怀旧的是岁月，更直接的表现就是

---

① 怀特．小城市空间的社会生活．上海：上海译文出版社，2016：24-41.

对曾经的物品的怀念。餐饮品牌“70后饭吧”的名字本身就有怀旧的情感，容易引发消费者的联想，从而让消费者产生好奇。于是实体场景中便有了20世纪70年代的许多文化符号，如老式留声机、拨号电话机、黑白电视、搪瓷杯、麦乳精、蒸蛋肉……70年代人觉得亲切而熟悉，感受到这是专为他们打造的用来怀旧、聚餐的场景，而八九十年代的人则觉得新奇，有腔调。显然，70年代之后的群体是目前主要的消费者，这张感情牌一举多得。

怀旧也要有新意，怀旧并非只是一味地怀念过去，场景化营销中的怀旧只是触发消费者兴趣的点，在实践过程中仍旧要为其增添新意。上海的“老码头”，也就是俗称的十六铺经过文化企业的再次打造，构建了一个怀旧与时尚相结合的文化场景。完好的临江弄堂、老式的石库门，这些具有上海韵味的海派建筑重现着昔日上海滩的繁华，令人怀念而怅惘。同时企业也在其中巧妙地融入了玻璃、钢结构等现代时尚元素，原本怀旧的风情又平添了一丝潮流风味，不少文化创意企业选择在这里入驻，同时具有时尚品位的创意人士也对这里青睐有加，是一个集创意、休闲、品位于一体的多元场景。怀旧不再只是对过去的缅怀，有质感、有新意的怀旧情感更能引发消费者的兴趣。

（三）服务满足需求

场景化营销是基于场景满足消费者的需求，因而如果文化企业可以即时提供满足消费者需求的场景，消费者自然而然就会被吸引，进入场景。

比如慕课的发展就是为了满足消费者对教育、对知识、对自我技能提升的需求。消费者无论年龄、背景、学历都可以在虚拟场景中学习来自世界名校名师的课程，获得同等的教育，因而受到大家的欢迎，纷纷注册进入。

本节开头提到的新加坡图书出版商Math Paper Press推出的“The Offline Book”的虚拟场景解决方案，不仅解决了消费者虚拟场景中的痛点，同时它提供的图书内容也与消费者所处的具体虚拟场景有关。如果消费者离线前正处于一个社交网络的虚拟场景中，提供的书目就和友谊相关；如果消费者离线前处于一个新闻客户端中，提供的书目就和社会与政治相关；如果消费者离线前正处于一个约会网站中，提供的书目就与爱情有关，比如一本爱情诗集。这些内容与服务都是与消费者当时虚拟场景中的需求相符的，因而消费者会更有兴趣阅读并且进入图书购买界面。

对消费者需求的即时满足要求企业在场景化营销中加大对大数据、传感器等移动技术的精准分析与运用。

只有吸引消费者进入场景，文化企业才有机会实施后续的场景化营销策略。

三、留住消费者，使之沉浸场景

当消费者进入文化企业构建的场景后，企业就要通过互动促进消费者参与场景、让消费者获得认同得到满足感、增加场景的跨界为场景不断增添新鲜活力的方式让消费者沉浸在场景中，增加对场景的黏性与忠诚度。

（一）互动促进参与

文化企业构建场景是为了满足消费者的需求，因而消费者是企业实施场景化营销最终的出发点与落脚点。要让消费者沉浸在场景中，就要实际具有创意的互动活动与环节，让消费者参与到场景中，真正体会企业赋予场景的文化内涵。

互动是文化企业在构建场景中最常用的方式之一。2016 年 4 月在上海开展的“名侦探柯南巡回展”引发了众多 90 后的回忆，但是在实体展览中，企业并不是简单地陈列画作手稿，而是设置了许多互动环节。消费者一进展览就可以通过扫描二维码成为侦探团中的一员，主办方将案件信息与线索通过微信传递给消费者，消费者以侦探的身份进入场景，不仅可以参观展览，还要完成破案任务，这样的互动设置无疑让消费者更加沉浸在展览场景中。展览中还设置了 3D 互动区域，消费者可以完美地融入动画现场中，或是阿笠博士家，或是毛利侦探社……

互动还能增强虚拟场景中的体验感，让消费者沉浸其中。哔哩哔哩弹幕网站（Bilibili）通过设置弹幕互动，让消费者一边观看视频，一边分享评论，这样的互动让消费者感觉自己不是一个人在消费，而是与许多爱好者一起消费，并交流感想，一些自己没有注意到的场景细节，可以通过弹幕被放大，一些有争议的场景内容，消费者也会评头论足，从而丰富对场景内涵的理解并沉浸在场景中。

（二）认同获得满足

场景对消费者需求的满足不只是功能上的，更是情感与心理上的。当消费者在文化企业构建的场景中获得了他人的认同，从而获得满足感与荣誉感时，消费者便会受到激励，更加积极地沉浸在场景中。

前文对场景的内涵阐释表明，无论是面对面的实体场景还是媒介介入的虚拟场景，场景中的消费者都希望向他人展现理想化的自己，得到他人的认同与肯定，因而，消费者在场景中会特别注重自己的行为。在知乎这一企业构建的交流场景中，每一位消费者既是内容的提供者同时也是内容的生产者，为了获得他人的认同，例如点赞、评论、收藏、关注与感谢等，每一位消费者都会精心编辑自己将会发表的内容，当获得他人认同时，他们会感到前所未有的满足。

因而，文化企业在实施场景化营销的过程中，就要赋予消费者认同感与满足感，让他们更愿意留在场景中。可以对消费者的回答数量与质量进行评级，表现出消费者在场景中的重要性与贡献率；也可以使用排行榜的形式，鼓励消费者的行为。只有赋予消费者足够的认同与满足，消费者才会愿意留在场景中。

（三）跨界增添活力

要留住消费者，文化企业就要不断地对场景进行创新，不断对场景中的文化内涵进行新的演绎与创造，增添场景的活力，让消费者感受到不一样的文化内涵，对场景始终保持好奇与新鲜感。跨界的场景叠加是企业演绎文化内涵并给场景增添活力的最好方式之一。

百货商场是文化企业跨界构建场景增添活力的典型案例。上海的 K11 商城致力打造成为零售博物馆，通过零售与艺术、娱乐、教育等不同领域的跨界，不断革新与丰富场景文化内涵。K11 为消费者构建了服装、箱包等时尚用品的零售场景；商场内散布的艺术作品及不定期的艺术展览、乐队表演叠加了艺术场景；三层的都市农庄，入目的绿色植物与新鲜蔬果以及卖萌的小香猪，为这个充满都市化与现代化的场所增加了接地气的生活场景；格调不一的咖啡厅、茶座、甜品店为消费者提供了不同的娱乐场景；番茄田亲子幼儿中心以及烘焙兴趣教学为消费者提供了教育场景。在 K11，消费者仿佛是一个探索家，能不断发现新鲜事物，每次来到 K11，不仅是为了放松，更是为了发现与寻找不一样的场景内涵。

新媒介的介入，让场景的跨界有意想不到的效果，为消费者提供更大的惊喜与文化体验。

优步（Uber）一直以来倡导高效、便捷、优雅的用车服务，这与Kindle的目标受众是相同的。2015年的世界读书日，Kindle和Uber合作，消费者使用Uber应用选择“Kindle”并花费9.9元呼叫书单，离呼叫最近的“Kindle车”会将书单和用于购买其Kindle电子书的优惠券送到消费者手中。这样的跨界玩法，将消费者的实体用车场景与虚拟阅读场景结合，让消费者感受到原来日常的用车场景也能有文艺气息，同时也为消费者增加了适合用车场景的阅读场景，让消费者的出行与阅读更加轻松愉悦。

只有调动消费者参与的积极性、满足消费者的情感需求和不断注入充满惊喜的体验与新鲜感，才能让消费者愿意留在场景中，沉浸其中。

四、推动消费者分享场景

当文化企业构建好场景、吸引消费者进入场景并使其对场景形成一定的忠诚度后，企业就要推动消费者去分享场景，扩大场景的影响力。社群与社交是推动场景分享的重要力量，企业可以通过形成社群、维护社群的方式，以及社交关系链，推动消费者分享场景。一个企业如果无法推动消费者分享场景就会丧失生命力，不是固步自封就是最终消失。

（一）借助社群传播

社群是指由那些对企业构建的场景极其忠诚的消费者构成的群体，他们不仅是场景的消费者，更是场景的拥护者。例如愿意在网络游戏中购买大量道具、研究攻略的游戏玩家，热衷在知网回答问题并且内容质量较高的用户。

无论是线下的俱乐部、会所，还是线上的论坛、跑友圈，抑或是当下的“果粉”“米粉”，都是具体场景下的社群集合，因为有共同的文化追求与兴趣爱好，粉丝会自愿聚集在一起。企业要做的就是聚集社群的力量，推动场景的分享。

社群的基础是拥有共同的目标。目标是聚集、凝结社群的关键，每一个社群都有不同的目标，可满足社群不同的需求。“罗辑思维”的社群是企业每年公开招募的会员，且有人数限制。他们通过交流获得知识的学习与逻辑上的共鸣，将此传播给其他消费者，并因此获得一定的优越感。正因为拥有相同目标且自己认同的场景，社群的分享才会更有效益。

当一个场景的社群初步形成时，企业就要用心去维护社群，发挥它的功能。社群的形成是基于共同的目标，而要维护好社群，就要通过社群间的交流与成长来实现。

社群需要交流。每一个场景的社群之间，消费者是互相沟通交流的，他们的交流结果会进一步促进场景的完善，因而相比粉丝，社群间的关系更为紧密。罗辑思维的社群，他们的交流结果就是会在罗辑思维相关的虚拟场景中呈现。

此外，社群还需要成长。创业黑马社群是目前中国最大的创业者自发组织的社群，目前拥有100万名用户，其中付费用户为2万名，该社群也是中国最活跃、交易量最高的创业者社群之一。[①] 它的长期运营就是通过社群间资源的共享与合作，社群间相互投资与帮助而实现的。在交流的基础上，每位社群成员还能获得成长，因而也加强了对社群的凝聚力，主动分享自己所在的场景。

---

① 一年融资609.63亿元，黑马社群到底是个啥样的社群？（2015-12-11）[2018-01-16]. http://www.nbd.com.cn/articles/2015-12-11/969420.html.

(二) 借用社交分享

社群是场景的拥护者，他们的主动分享是基于对场景的信任与忠诚，社群的消费者是企业的核心用户。也有一些消费者，他们并非场景的拥护者，但企业构建的场景仍旧可以对他们的社交关系起到一定作用，因而他们也会为企业分享场景。

2014年春节时微信红包的推出，无疑是对社交场景中那些弱关系链的有力利用。红包自古就有，发红包是中国人过年独具特色的生活场景，但微信让红包超越了本身的含义，原本只是长辈对小辈发红包，微信则构建了一个人人发红包、抢红包的社交游戏场景。曾经许久未联系的朋友或是微信群，不知该用什么样的话题重新切入，现在一个红包就能调动起大家的积极性，重新建立起联系。

消费者在其间有人炫耀运气好，有人懊恼手速慢，这些心理与话题激发了消费者主动去分享与传播红包场景，让更多消费者参与微信红包场景中。于是，职场同事间、师生同学间、家人亲友间……消费者通过微信红包场景的分享，以一种方便且好玩的方式在社交网络中与他人互动，获得了更好的社交关系。

消费者每一次的场景分享既是对场景内涵的肯定，又稳固了自身的社交关系，给自己的社交关系链带来价值。

企业通过对场景社群的聚集与运营、对社交关系的利用，使消费者主动成为场景分享的重要推动力量，扩大了场景的规模与影响力。

五、刺激消费者场景变现

作为一种独立的营销方式，前面所有的场景化营销策略只是为了吸引消费者进入场景、留住消费者使之沉浸场景、推动消费者分享场景。但这样是不够的，因为场景化营销的最终目的还是刺激消费者产生消费行为，实现场景收益的变现，为文化企业创造利润。文化企业可以通过对场景内部与外部收益的挖掘，实现场景变现。

(一) 简化场景消费

文化企业的场景化营销，在消费者感受场景文化内涵的同时，最关键的是要刺激消费者的支付行为。企业构建的场景中，每一件产品或每一种服务都可能是消费者想要购买消费的，因而企业要尽量缩短消费者的犹豫时间，简化他们的消费流程，做到“所见即所购”。

想象一下，当消费者在书店中看中一本书时，消费者只要通过手机扫描书上的二维码支付，书本就会送货到家，或是在离店时领取；消费者在虚拟场景中观看视频时，看到喜欢的明星，希望穿上他的同款服饰，只要点击视频中的人物就能拥有同样帅气的装扮；消费者在参观文化展览时，希望同样精美的画作可以出现在自家的起居室，同样精致的茶具出现在自家的客厅，只要扫一扫二维码就能拥有艺术家一般的生活……

消费者的消费都带有一定的非理性，尤其是当企业在前期做到让消费者沉浸在场景中时，消费者的消费更容易受到文化氛围、服务质量、心理需求的影响，因而便捷的支付流程无疑会使得消费者的消费行为增加。

(二) 提升场景服务

将场景的服务分级，通过提供增值的服务让消费者采取支付行为。戈夫曼指出，在商业活动中，企业会给消费者制造一种印象，让消费者觉得企业和他们之间的场景互动关系具有独特的意义①，也就是我们常说的企业为消费者提供“个性化服务”。

在视频网站等虚拟场景中，付费会员可以优先看到热门影视的视频，他们比其他消费者更早一步知晓真相的虚荣心会让他们感受到自己的与众不同，并且乐于在社交平台分享吹嘘；付费会员还能享有更高质量、更加流畅的画面；付费会员享有没有广告打扰的服务，整个消费体验更加美好。在游戏网站的虚拟场景中，那些拥有更强武器的消费者可以轻松地获得胜利并因此受到其他玩家的追崇。在实体场景中，消费者愿意支付更加高昂的费用去享受更优质的服务，例如健身房中聘请的一对一教练、培训班中一对一辅导的老师等。

企业构建的场景不仅满足消费者的物质需求还满足情感需求，将场景服务分级既可以让消费者充分感受场景功能上的满足，还能让消费者感受到独一无二的场景服务，满足情感需求，因而他们会更加愿意采取支付行为。

（三）增加外部收益

企业不仅可以依靠对自身场景的改善与提升促进消费者的消费行为，还可以依靠自身对消费者的数据分析吸引相应的外部广告投资。

场景化营销本身便是基于满足消费者需求的场景所实施的营销策略，因而进入场景的消费者都有一定的共性，而构建场景的企业拥有这些消费者的相应数据，可以找到与他们拥有类似消费者群体的企业，帮助他们实现精准营销。

携程作为国内最大的在线旅游网站，手机客户端月均活跃数达 5 643.37 万②，拥有众多消费者数据。通过对这些数据的分析，可以知道消费者的兴趣爱好，例如可以将越野车的广告投放给喜爱自驾游的消费者；企业还可以通过数据分析判断消费者目前所处的实体场景及未来可能进入的实体场景，例如消费者即将下飞机，企业可以推送附近的旅店或是餐厅或是专车接送。

这些广告的投放由于是通过消费者的数据分析而进行的，因而消费者更容易接受，广告效果更好，广告主的投资自然更多。

企业只有真正实现收益，才是真正达到了场景化营销的目的。

可以发现，企业从构建场景到最终实现场景转化，每一个流程与步骤都是在满足消费者的需求，为消费者创造价值，同时跨界的合作与对外部收益的挖掘，也可以实现企业之间的价值共享，因而场景化营销作为营销方式不仅可以为不同企业创造收益，也是迎合消费者需求的为消费者创造更多价值的营销方式，是一种共赢的营销方式。

第四节　场景营销的问题

场景化营销在为消费者和文化企业创造价值的同时，也存在许多问题，尤其是当媒介介入之后，对消费者的隐私、生活状态与心智能力等诸多方面都带来严重的影响。

---

① 戈夫曼．日常生活中的自我呈现．北京：北京大学出版社，2008：40-41.

② 中商产业研究院．2017 年最新旅游类 APP 用户规模排行榜（TOP20）.（2017－09－20）［2018-01-16］．http：//www. askci. com/news/chanye/20170920/144638108146. shtml.

一、媒介使用中的隐私泄露

场景化营销的实施与媒介的使用有着密不可分的关系。正是媒介的丰富性与技术性，使得文化企业可以借助其构建多样的场景与互动，但是媒介的运用在为消费者提供产品与服务，为消费者创造价值的同时，也引起了人们对自身隐私的关注与担忧。

隐私指的是某个个体不愿让其他人知道的信息。当文化企业将媒介介入消费者的生活中时，这里的隐私包括：消费者的姓名、年龄等基本信息；消费者的家庭住址、工作单位、个人邮箱、手机号码等联系方式；消费者的经济状况、银行账号、交易记录等财产信息；消费者的个人病例、身体状况等健康信息；消费者的消费记录、行踪变化、兴趣爱好等活动信息。

在媒介使用中，消费者的隐私会被泄露主要有两方面原因，一方面是文化企业为了自身的利益，另一方面是消费者对隐私的忽视。文化企业在场景化营销的过程中，为了了解消费者的即时需求，会在信息互动的过程中收集消费者的个人信息进行数据分析，同时为了吸引外部的投资，文化企业也会将收集到的信息再次提供给广告主，为了能达到场景化营销的目的，文化企业会对消费者的隐私进行收集与再次传播。在国内，消费者对个人隐私的重视并不足够，例如在注册网络游戏的账号时随便提供个人邮箱或是年龄、职业等，使用手机时自动上传地理位置等。更重要的是，消费者对隐私的忽视不只是对自身的，更是对他人的。由于媒介构成的场景的虚拟性，在虚拟场景中消费者之间的关系纽带并不如实体场景中那么紧密，因而消费者的行为会具有一定的侵犯性，会不自知地将其他消费者的信息传播出去。这些安全意识的缺乏，使得文化企业轻而易举就能获得众多消费者的信息。

当文化企业在场景化营销的过程中收集到消费者的信息后，消费者的正常生活与安全就会受到严重影响。

一是体现在文化企业对消费者的信息骚扰上。文化企业收集消费者信息，是为了可以根据消费者的个人情况提供服务。为了刺激消费者的消费行为，文化企业会不断地向消费者提供场景信息，吸引他们再次进入场景，这样的信息轰炸会让消费者感到厌烦。例如当消费者使用猫眼电影购买电影票并观看完电影后，消费者时不时就会收到新电影上映的通知或是打折影票的信息，然而可能消费者只是偶尔观看电影。此外当消费者使用微信以及运动手环进行运动时，文化企业可能收集到消费者的健康信息，如心率情况、运动卡路里、体重变化等，当文化企业将这些信息提供给诸如医疗机构、健身机构等第三方组织时，他们依此向消费者推荐保健产品，消费者可能会觉得自己一些难以启齿的身体情况被他人知晓，生活受到骚扰。

二是体现在文化企业对消费者信息的泄露带来的安全隐患上。文化企业场景化营销很大部分是基于地理位置提供信息，因而文化企业对消费者的行踪记录非常重视，可能会有一些不法分子利用这些地理信息对消费者造成安全威胁。当家长热衷在微信等社交场景中分享孩子的生活记录时，孩子的安全威胁指数就已经在增加。

隐私的泄露会降低消费者使用媒介的热情，从而从一开始就无法进入企业构建的场景中。因而，文化企业在实施场景化营销的过程中必须采取相应措施，为消费者的隐私安全提供保障。

文化企业首先要从自身做起，具有一定的社会责任意识。文化企业不应该为了利益过多地侵犯、收集消费者的个人信息；同时收集到的信息要做好严格的保密工作，防止信息被不法分子获取利用；在吸引外部投资的过程中，也要有辨别能力，场景化营销是为了满足消费者的需求，因而应该基于消费者需求去寻找外部投资，而不应该为了利益将消费者信息随便提供给第三方组织。

其次，文化企业要保障消费者的知情权与充分的选择权。对于文化企业将要收集到的信息，应该以醒目的方式告知消费者，并且告知消费者这些信息的作用、可能会给他们带来的影响，让消费者对文化企业的行为有一定的认知性，并且提前判断当信息提供后可能给自身带来的影响；当消费者进入场景后，企业也要让消费者拥有选择停止信息互动的权利，让消费者可以即时地退出场景，并停止与文化企业的信息互动。

目前的文化市场，场景的同质化现象越来越严重，但只有让消费者真正放心使用，没有后顾之忧的场景才能真正为消费者创造价值，才会有长久的生命周期。

二、场景互动中的现实脱离

在旅游产业中构建虚拟场景，实施场景化营销，即使消费者不处在真实的景点中，也能有身临其境之感；文化场馆中使用场景化营销，消费者在互动中能加深对艺术的理解与参与；游戏产业中使用场景化营销，游戏中的道具背景、玩家之间的竞技，让消费者的真实感与沉浸感被放大……但是在消费者的五感（视觉、听觉、触觉、味觉、嗅觉）被延伸放大的同时，消费者也会逐渐脱离现实。

再真实、再高还原的场景构建，消费者也只是在场景中与企业或是其他消费者实现虚拟互动，无法做到与真正的实体场景相同。

场景互动会增强消费者的沉浸感，但媒介中的场景互动，消费者始终是独处的一个人，而无法与现实社会的其他消费者接触。当消费者使用VR眼镜观看足球赛时，在旁观者看来，消费者只是一个人在客厅的沙发上自娱自乐，他既不能听到其他消费者在进球时的欢呼，不能与其他消费者争辩哪个运动员发挥出色，不能让他的欢呼与加油声让场上球员听到，这样的娱乐消费是孤独的。消费者或许享受了虚拟场景中球赛的全景收看，但却无法享受实体场景中赛事氛围的浓厚。当消费行为结束时，消费者摘下VR眼镜的一刻，会感觉更加孤独。

虚拟场景中的独处会让消费者逐渐失去面对面交流的技能，失去对现实生活的信心。在虚拟场景中，通过媒介的隔离，消费者可以很好地掩藏真实的自己，而向他人表现出理想化的自己。一个性格内向、不擅表达的消费者，可以在网络游戏中通过文字、表情、装备、技能等方式获得其他消费者的认同，这会让他更加满意虚拟场景中的自己。但消费者最终还是生活在实体场景中的，在实体场景中他会更加不知道该如何与他人沟通，并且虚拟场景与实体场景的对比让他对实体场景失去信心，不敢进入实体场景与他人交流。

因而，文化企业在构建场景的过程中，不仅要关注虚拟场景，更要引导消费者进入实体场景中，让文化产品与互联网文化产品落地，实现虚拟场景到实体场景的转换，这也是最高阶的场景化营销的核心所在。

针对这一问题，文化企业可以从产品本身入手，通过消费者对虚拟场景产生的黏性与忠诚度，从而鼓励他们进入实体场景。例如VART（私人美术馆APP）为消费者提供线上私人博物馆，但是会通过对同城文化展览和活动的推送，吸引消费者到现场观看展览，再加上产品随时提供的导览服务，增强消费者在实体场景中的体验感，从而感受文化艺术氛围。即使是全球著名的亚马逊在线图书商店，也建立了实体书店。不同于传统的书店，亚马逊实体书店的产品通过虚拟场景的数据分析，为消费者提供最受欢迎的产品，且每本书都以封面朝上的形式陈列，寻找起来更加方便，旁边还附有读者的评论，大大增强了消费者在实体场景中的体验感与满意度，是一次完美的虚拟场景到实体场景的转化。

文化企业还可以从消费者入手。比如网络游戏这一原本依靠虚拟场景吸引消费者的行业，也开始了与实体场景的转换。完美世界将关注重点放在消费者上，促进消费者之间的沟通，拉近消费者之间的距离。作为一家游戏公司，完美世界在 2015 年举办“九周年见面会”寻老友活动，让虚拟场景中的队友进入现实场景中。活动中，因游戏而产生感情并成为情侣的玩家有数百人，甚至有近百队最终成为夫妻。这种场景化营销的方式展现了完美世界作为一家游戏公司不仅仅构建了一个虚拟游戏场景，更为消费者构建了一个现实的社交场景。

此外，虚拟与现实场景的转换还可以通过跨界实现对场景的叠加。完美世界与三亚蜈支洲岛合作开发游戏主题乐园，将虚拟游戏场景与现实旅游场景结合，消费者既可以在游戏场景中感受自然风光，也可以在旅游场景中进行游戏互动。乐视视频的边看边买、真人秀节目的同款扫码同样是通过跨界实现了场景的转换与叠加。

消费者始终是生活在实体场景中的，因而只有让消费者在实体场景中也获得精神上的愉悦性才是成功的场景化营销。

三、价值创造中的思维缺乏

企业的营销通过影响消费者的决策达到收益的目的，文化企业在进行场景化营销的过程中，会通过大数据实现精准的需求匹配，为消费者提供最优的选择，为消费者创造价值。但是在文化企业为消费者创造价值的过程中，文化企业占据了消费者的心智，使得消费者逐渐丧失了很多思考的机会，造成思维的懈怠与缺乏。

消费者会疏于思考。文化企业的场景化营销会通过数据判断消费者当下的需求，即时为消费者提供服务，仿佛是消费者的私人管家，但是这种价值创造却侵占了消费者的思维，让消费者疏于思考。例如 VART 手机应用 APP 方便了消费者参观展览，为消费者即时提供艺术品的信息与介绍，这种便利性为消费者创造价值的同时，使得消费者不会再去思考作品背后其他可能的含义，或是消费者自身对作品的思考。文化展览本就是为了陶冶人们的精神世界，促发消费者的审美情趣与艺术联想，但统一化的服务却让消费者丧失了自身的思维。

这种思维的缺乏会让消费者过度依赖媒介技术，不利于消费者个人的发展。消费者进入文化企业构建的文化场景，是为了感受文化氛围，解读文化意涵，在这个过程中，消费者会充分调动自己以往的知识储备以及生活经历，与企业构建的文化场景进行信息的互动，从而形成精神上的共鸣。每一次的共鸣，都是消费者情感的回忆与抒发，仿佛完成了一次精神上的洗礼，这种愉悦性与思维的过程，会加深消费者对已有情感与经历的记忆，同时有助于消费者对现有文化场景的解读与感受，帮助塑造消费者的精神世界。而媒介介入的场景化营销，让消费者完全依赖企业的数据分析，消费者缺少了自身对场景文化意涵的解读。

这种思维的缺乏还不利于文化产业的发展。文化产业的发展需要多元化，追求差异性，目的是让消费者享受多元文化。正是通过差异化的文化内涵，文化企业才能为消费者构建不同的文化场景。但是，文化企业依据大数据分析，为消费者提供最优选择的时候，却是在引领着消费者进行大众化的消费，在消除消费者文化消费的多元性。例如猫眼电影提供的高评价影片，豆瓣社群对热门电影、图书、音乐的评价，这些为了方便消费者决策而向消费者提供的信息，却引导着消费者向那些大众感兴趣的、受欢迎的文化市场中的少数产品消费，让一些其他的文化产品受到了忽视。更严重的是，这种价值创造从一开始就使得消费者对电影、图书等文化内容产品进行了定义，消费者受这些已有信息影响，从而丧失了自己的思考，甚至为了融入社群，变得人云亦云。无论是受到忽视的文化产品，还是消费者对文化产品的统一认知，都不利于文化产业多元化的发展。

因而，文化企业在施行场景化营销过程中，不仅要向消费者提供对其最优的决策，更要为消费者提供更多样的选择，在互动过程中开发消费者多元的兴趣。可以从消费者对个性化的追求入手，让消费者感受到场景中为他们提供的产品和服务是有别于大众消费的，满足他们的猎奇心与虚荣心。例如在提供服务的时候表明“世界上只有0.1%的人看过这本书”，这样的暗示性话语，会立即吸引消费者的兴趣，使之进入这样的阅读场景。

同时，文化企业在实施场景化营销的过程中，还要鼓励消费者进行思考。文化企业可以从消费者对社交与认同的需求入手。例如VART产品将进一步推出点评功能，消费者在参观展览的时候可以对展览的作品进行点评与分享，向其他消费者展现自己的艺术见解，既满足了消费者对社交的需求，同时还可以获得认同，让他人见识到自己的艺术品位，这也让艺术作品的解读更富多元化。

只有丰富消费者的精神世界，文化企业才能让消费者获得真正的精神上的满足，为消费者创造价值，同时也促进文化产业的发展。

结语

从营销学的角度来看，场景可以被看作是具有符号含义的，用来满足消费者情感与物质需求、体现消费者生活方式与价值观念的多元空间，它分为实体场景、虚拟场景与融合场景，每种类型的场景都有其各自的特点。文化企业可以通过场景营销来增加消费者对其产品或服务的好感。文化企业通过场景化营销的方式，基于构建的文化场景，运用不同的策略让消费者进入场景、沉浸场景、分享场景，并且最终刺激消费者在场景中的支付行为，实现文化企业的收益。具体来讲文化企业首先需要为消费者建构一个有意义场景并借助诸如媒体等力量将消费者带入场景中；其次还必须加强与消费者的互动，最终促进认同，使其沉浸其中，使其自愿成为文化品牌免费的宣传者与传播者；最后还需要积极引导消费者进行场景变现以实现企业盈利。同时，场景化营销还存在许多问题，诸如隐私泄露、缺乏创新等，因此文化企业在实施过程中务必要避免因为技术的运用而对消费者造成的负面影响。

推荐阅读资料

1. 戈夫曼. 日常生活中的自我呈现. 北京：北京大学出版社，2016.
2. 贝尔. 后工业社会的来临：对社会预测的一项探索. 北京：新华出版社，1997.
3. 梅罗维茨. 消失的地域：电子媒介对社会行为的影响. 北京：清华大学出版社，2002.
4. 波德里亚. 消费社会. 南京：南京大学出版社，2014.
5. 怀特. 小城市空间的社会生活. 上海：上海译文出版社，2016.

第十章　社群营销

互联网的快速发展给了社群不一样的活力和发展空间，从某种意义上来说，互联网是个天然的大社群，网民群体就是社群里的“公民”。而针对这个大社群又可以按照国别、地域、兴趣等多种维度进行主动或者被动的细分。正是因为互联网准入门槛低、信息流动快、信息壁垒小等特性，文化企业纷纷瞄准了互联网社群的机遇。正确的社群营销策略，能使文化企业的信息和影响力得到迅速和精准的扩散，从而带动文化企业销售量的增加。

第一节　社群的特征与类型

社群的概念有广义的社群和狭义的社群。狭义的社群，即地理意义上的社群，是指在某些边界线、地区或者领域内发生作用的一切社会关系。它可以指实际的地理区域，即在某区域内发生的社会关系；也可以指存在于较抽象的、思想上或精神上的关系。广义的社群，即社会意义上的社群，既可以被解释为地区性的社区，用来表示一个有相互关系的网络，又可以被理解为一种包含社群精神或社群情感的特殊社会关系。

根据马斯洛需求层次理论，人类对于社交的需求仅在生理、安全之后，人们渴望从人与人之间的连接关系中找到归属感。社群是关系连接下的产物，从古至今，社群一直存在，古时就有“人以类聚，物以群分”的说法。不过，传统的社群形式如书院、会所、俱乐部、圈子、部落等大多有地理和空间限制，社群的直接沟通也受到相应的局限。

自互联网产生以来，随着科学技术的不断进步，互联网的发展带给人类社会崭新的面貌——不管是社会集体还是每一个个体的生活，都与互联网产生了极其紧密的连接，都因为互联网而发生了巨大改变。当基于互联网的通信手段开始普及，渐渐地，受地理空间限制的社群关系开始逐步跨越时空，进入虚拟空间连接的阶段。

社会学家莱因戈尔德（Howard Rheingold）1993年提出了“虚拟社区”的概念，即通过互联网连接起来的突破地域限制的人们彼此沟通、分享信息与知识，形成相近兴趣爱好和情感共鸣的特殊关系网络。[①] 在互联网这个平台上，大家可以结社相行，聚群而居，具有相同兴趣、需求和价值观的人聚在一起，在互联网这个大广场上便形成了一个一个比较独立的群体，这便是互联网社群。但这些群体也并不是完全独立的，彼此之间存在着许多相互融合、渗透和影响的机

---

① 金韶，倪宁．社群经济的传播特征和商业模式．现代传播（中国传媒大学学报），2016（4）．

会。一个人如果有很多种兴趣和爱好，可以加入不同的社群，这样便可以把本来不相同的社群联系到一起，许多个社群彼此交叉，就会让群的关系链条无限延展，这也是互联网社群的一个重要特征。

一、社群的特征

本章所讨论的社群一般指基于互联网、社会意义大于地理意义的社群。这类社群一般具有以下特征。

（一）社群的成员具有一致的价值观和兴趣爱好

社群中的成员虽然来自各行各业，性别、年龄、社会地位都不相同，但一定是因为同一个价值观和意识的驱使而聚集在一起的。比如锤子手机的粉丝们聚集在微博、微信等社交媒体中，他们热议并力挺锤子手机，他们不仅对锤子手机有相同的喜好，同时对罗永浩的“工匠精神”和有关梦想与现实的“情怀”有共同的认同感。比如，“东家·守艺人”APP就是一个以传统文化为共同兴趣的互联网社区，是一款国内最大的手工匠人作品展示平台应用，以“让传承成为潮流”为宗旨，吸引了3 000余位匠人入驻，专注于寻觅蕴含东方美学的原创好物。考虑到群体内部“圈子化”的横向结构，东家不仅在交易性质的集市中做了49种门类的划分，还在首页中设置了“茶事”“饰界”“家居”“食味”“文玩”“装束”六大领域导航栏，可直接切入各版块的特色主页。版块的细分让东家在尽可能覆盖东方传统生活各方面的同时杂而不乱，用户通过版块划分对东家社区和电商的涵盖范围有了明确认知，在各版块中可清晰地找到个人所好。版块的设置不是一成不变的，东家根据用户需求、业务需要，不断调整着细分领域的划定，比如随着用户群体的年轻化、国际化，新增“海外馆”，和风文化、台湾文创爱好者在此集聚。细化后的兴趣更能引发内容认同、产生情感共鸣。欣赏传统手工艺、热爱东方生活方式的用户在进入东家后会寻找更细分的社群，通过添加关注、发布信息、参与讨论、参加活动等进行试探性交流和关系建构，并最终融入圈子。

（二）社群具有特定的群体结构

社群结构包括组成成员、交流平台、加入原则、管理规范等。一个社群的组成成员一般来说是固定的人群，比如一个广告的行业群，里面一般是广告主、广告公司职员或者媒体。交流平台是人们日常交流的大本营，日常有QQ、微信等，根据不同群体网络社交平台使用习惯的不同，建立不同的交流平台。加入原则是群组织的管理者或者发起者设立的一定的筛选机制，以此来保证社群的质量。管理规范是一个社群的管理制度，一般表现为群规等。一般来说，不同的社群有不同的社群结构，各个社群结构有自己突出的特色。

（三）社群成员间具有一致的行为规范和一致的行动能力

一个运营良好的社群的行动力是强大的。如2014年3月26日中午12点，小米红米手机开放预售，米粉们蜂拥而至，一时间QQ认证空间里涌入了超过500万用户，最高峰甚至达到每秒80万人次，短短几天时间，就有1 500万用户参与签到预约。

二、社群的类型

社群可以从社群成员、存在时间长短及形成原因等多个方面进行分类。

(一) 从社群成员的角度分类

从社群成员的角度分类，社群可以有非常多的分类方式。比如，从年龄结构可以分为老人社群、青年社群、中年社群等；从性别结构可以分为男人社群、女人社群；从职业方面可以分为律师社群、医生社群、教师社群等；从兴趣结构可以分为篮球社群、汽车社群、购物社群、化妆品社群等；从生活方式可以分为小清新社群、非主流社群、丁克社群等；从地理位置可以分为江苏社群、北京社群、上海社群等。

(二) 从社群存在时间长短分类

每一个社群都存在着成长周期，有的社群可以存在几个月，甚至几年，而有的社群从开始到结束只有短短的一周，因此根据生命期的长短，社群可以分为以下两种。

1. 短时间内存在的社群

短时间内存在的社群一般是目的性较强的社群，目的达到后就会自然而然消失。比如2016年交大考研群、双十一淘宝抢购群等。但也有一些短时间存在的社群是因为管理人员运营不善，或者是产品爆出丑闻而消失。

2. 较长时间段内不断发展的社群

能够较长时间生存的社群，一方面离不开运营人员良好的运营技巧，另一方面还需要社群的核心保持生命力。一些明星粉丝团就有很大的生命力，如张国荣粉丝团、邓丽君粉丝团等，他们不会因为明星的逝去而丧失对他们的喜爱，并且这样的粉丝团会源源不断地进来新人，因此能维持很长时间。

(三) 从形成原因分类

从形成原因来分类，社群大致可以分为以下几种。

1. 产品型社群

基于某个具体的产品所形成的社群称为产品型社群。产品型社群聚集了产品的粉丝，他们是产品的潜在消费者。当企业能够经营自身的产品社群，做到营销和产品合一、粉丝和用户合一时，那么未必要通过产品直接盈利，还有更多的盈利方式可供探索。① 比如罗振宇的罗辑思维就是个优秀的产品，其中既有高质量的知识分享，又被赋予了罗振宇的人文情怀。尽管罗辑思维的视频与微信内容免费，但在社群中，有形形色色的商业模式可被探索：比如互联网出版实验——“不剧透物品清单、不提前预热、不打折销售、仅以推荐人的魅力人格背书为核心的图书报限量闪购活动”，8 000 套单价 499 元的图书礼包在 90 分钟内被抢光。

2. 兴趣型社群

兴趣型社群是由很多的各种各样的兴趣小组组成的，可以是体育的、艺术的、画画的、音乐的等。在社群中，这个事物可以是一个产品（苹果手机等）、一种行为（旅游、阅读等）、一种标签（星座、明星等）、一种空间（某生活小区业主群等）、某种情感（老乡会、校友群等）、某一类“三观”等。大家的兴趣爱好非常一致，很容易形成一些可以互动交流的话题。

---

① 产品型社群，一种新组织形态的诞生．（2014-06-20）［2018-01-16］．https：//www. huxiu. com/article/35942/1. html.

3. 目的型社群

为了解决一个什么任务或是什么问题而建立起的社群称为目的型社群，在社群中大家的任务是解决同一个目标问题。这类虚拟社群形成的目的性很强，形成起来也非常迅速，相互之间的交流和沟通较多。瑞典的 Popaganda 音乐节①就是一个例子：音乐节通过 Instagram（照片墙）进行的竞猜游戏有趣而又不简单，只有真正懂音乐、了解音乐的人才能熟悉这些歌手的举动，主办方通过 Instagram 来寻找和聚集这些乐迷，具有针对性，利用社会化媒体“建立关系”的属性将同样熟悉音乐的人们联结在了一起。通过 Instagram 这个平台，已经决定要去参加音乐节的消费者和潜在的消费者被聚集到了一起，后者很有可能因为平台上的活动有趣或平台上有志同道合的人而选择前往音乐节现场。

4. 融合类社群

综合类社群可以包含前面的产品型社群、兴趣型社群、目的型社群的一种或多种。比如豆瓣早期是兴趣类社群，慢慢有了豆瓣同城、豆瓣小组后，就包含了其他类型的社群，豆瓣本身就变成了一个可以容纳大量社群的综合型社群平台。

第二节　社群经营策略

社群从组建到消亡有一个或长或短的生命周期，决定生命周期长短的一个重要因素就是管理者的管理策略。一般来说，社群都有一个致命的弱点，可以称为“三个月魔咒”，即受众的时间、精力是有限的，受众对内容的新鲜感和关注度只能保持三个月。因此，如何充分利用好这些关注者，保持他们的黏性，就成了关键。

一、管理社群成员

社群成员是社群组织结构中最核心的组成部分，失去了社群成员，那么社群本身自然而然就不复存在了。那么一个社群中应该容纳哪些成员呢？

首先，需要有一个领袖。这个领袖一般是发起人或者是社群创建者，具有天生的人格魅力和号召力，能够吸引更多的人加入社群，如罗永浩、罗振宇等。

其次，社群中应该有若干管理者。他们应该拥有良好的管理能力，包括自我管理能力和管理他人的能力。社群管理员的任务并不轻松，他们需要顾全大局、决策果断、赏罚分明，以此来保证社群成员和谐相处。尤其是当社群发展到一定规模时，社群的管理难度会变得更大，因此非常考验管理员的协调和管理能力。

最后，就是社群的参与者，他们的风格可以多元化。社群成员应该具有活跃度，遵守社群规则并忠诚于社群。需要注意的是，并不是说社群的人数越多，一个社群的经营就越成功。社群的规模越大，在过滤信息和管理成员方面就越有难度。例如，伏牛堂霸蛮社是号称有 20 万年轻人的社群，他们曾经尝试做一场 50 万人线上的发布会，实际上最后只来了 7 万人，但这 7

① 瑞典 Popaganda 音乐节通过 Instagram（一款图片分享型 APP）进行营销，请来女歌手维罗妮卡·马吉奥（Veronica Maggio）做一个竞猜游戏：每一个时段，官方账户会发布一条维罗妮卡·马吉奥表演的一个其他歌手经典的动作或是表情，然后让粉丝们来猜。比如竖起某根手指，大家会猜是莉莉·艾伦（Lily Allen），因为她有一首歌中有相关的歌词，且曾经在演唱会上邀请粉丝竖起该手指。答对的歌迷能获得赠票。

万人就产生了失控的场面，微信群里有人聊天、发广告、刷屏，把有价值的信息都淹没了，之后伏牛堂管理团队进行复盘，开始严格控制社群的规模和质量。因此，社群管理最重要的是寻找优质成员，而不是盲目地扩大社群规模。

二、制定社群规则

社群应该是一个有组织、有纪律的团队，因此社群规则必不可少。社群规则有利于制造正式感和仪式感，遵守社群规则的人可以留在社群，不遵守规则的人则被移除社群，这是管理社群的有效方式。不同的社群，因为参与社群建设和日常管理的发起人在脾气和性格、秉性和眼界、胸怀和气度等方面均存在差别，他们在社群建设过程中的目的指向、目标选择、价值观设定等内容上也各不相同，因此在群规的制定和执行方面，每一个社群都有其自身特点。但不管存在多么大的差别，有一点是共通的——社群管理会越来越规范，聚合价值观相同的人这一趋势会越来越明显，社群对成员的自动遴选功能会越来越强大，从而让社群的纯洁性、凝聚力均走向一个新高度。①

酣客公社是一个白酒粉丝社群，汇集了来自中年企业家群体的白酒极客，以酒文化和粉丝经济研讨为主，辅以全国各地举办的酣客活动，打造酣客粉丝们的心灵家园。以下是酣客公社邯郸封测群的群规。

"邯郸酣客生态"一号文件：

（1）本群是"酣客公社邯郸封测群"，重推"爽、酣、二"的酣客精神，讨论与酒有关的话题。

（2）鼓励发言，禁止废话，言之有物有奖，尽量"不要用语音"（特殊情况除外）。

（3）以"酒"话题为中心，自由发散，酣畅交流，欢迎拍砖。

（4）群是我们的生态圈，请在群中谨言慎行，尊重他人利益（和流量），在思维碰撞中收获属于你的社交红利！

【温馨提示】建议点击右上角双人图标，下拉设置群消息免打扰，以免影响您的正常休息，不过要记得常回家看看哦！

【不温馨提示】无节操硬广绝不受欢迎，建议与红包搭配，避免被踢……如有投票劝捐、人身攻击、黄图淫文、反动言论者直接踢出，绝无二话！

三、打造社群文化

文化是社群的灵魂，对文化的认同是一切关系的开始，打造社群文化，有利于增加社群成员的归属感和认同感。社群只有源源不断地带给群成员温度感、存在感、优越感，成员才会长期留下来，真正融入社群中去。

打造社群文化，首先要树立社群的价值观。社群最重要的是起步时的内核，也就是这个社群倡导什么、反对什么。吴晓波在首届中国互联网移动社群大会上表示，社群运营者首先要确

① 智军．社群运营．北京：机械工业出版社，2015.

定一个社群的价值观，乌合之众是没有价值的。只有“对”的人聚在一起，才能获得“对”的信息。什么用户都要，恰恰降低了社群成员的用户体验。社群最关键的是通过价值吸引、价值观的筛选达到关系连接，关系的质量决定社群的质量。[①] 例如罗振宇的“U 盘式生存”、趁早的“女性自己的活法”，这些价值观一般来自社群创始人的个人情怀或者社群产品的理念。

其次，可以打造属于自己的亚文化。具有社群成员高度共鸣的亚文化的社群会有更强的生命力。比如，秋叶 PPT 社群有自己内部的专属表情包、专属统一的头像等。这些非常具有互联网烙印的文化符号，能够很好地区分社群成员和非社群成员，使得社群成员有强烈的归属感，让社群结构更加坚固牢靠。

四、发展线下活动

线上的社群运营到了一定的程度，新鲜度必定大不如前，社群的活跃度便会下降。此时需要一些新的运营手段来刺激社群，重新激发起社群的活力，以此来延长生命周期。而发展线下团队则是非常好的方式。发展线下社群，不但能够扩散社群知名度、提升社群影响力，还能通过验证社群核心理念打造特色品牌、深度拓展用户、增强用户黏性。社群成员从线上到线下的互动连接可以完成二次扩散，辐射到更多的人群，持续将社群的辐射范围从网络扩展到现实生活，形成良好的闭环。[②]

比如，罗辑思维常常在全国各地举行线下演讲、相亲、跨年等活动。对社群而言，让社群成员之间进行面对面连接，是培养社群成员的情感、激发和保持社群活跃度的有效方法，此外，线下活动的形式不仅能够将粉丝们聚集在线下，还能够吸引更多的粉丝加入，扩大社群的影响力。

再比如，“湘遇见对味的你”湘菜馆除了在微信公众号、微信群上聚集粉丝之外，还在线下搭建了一个社群，组织公众号和微信群的粉丝进行聚会、活动和交流。在店内配备了投影仪、话筒、可移动桌椅，为粉丝们提供多样的下午茶，店内的“互动墙”让这家湘菜馆搭建了庞大的社群交流中心。

第三节　社群营销策略

良好的社群管理方式是留住社群成员和保持社群生命力的基础，但社群有了粉丝还不够，粉丝并不代表消费者，如何将粉丝转化为消费者，才是社群运营的重中之重。于是，社群经济应运而生。想要“玩转”社群经济，将兴趣社群变为商业社群，就必须拥有社群思维。在互联网时代，社群营销的核心就是找出目标消费者所在的社群并打入社群，或者是主动去打造社群、经营社群。理解不同社群的特点，合理利用社群来开展营销，是企业社群思维的体现。

一、把握社群成员

传统的 4C 营销理论第一个关注的就是消费者，可见了解自己的目标消费者的需求是至关重要的。

---

① “互联网＋”最可行的路径就是“社群＋”.（2016-04-05）[2018-01-16]. http://36kr.com/p/5045522.html.

② 智军．社群运营．北京：机械工业出版社，2015.

社群营销不同于传统营销，社群的消费者与传统消费者相比也有一些不一样的特征。社群是由个体组成的一个群落，虽然每个个体有无限的变化和行为模式，但集结于特定社群中的个体之间的行为模式呈现出一定的规律性。正是因为社群之中的内部成员具有一定的共性，所以针对这一群体才有实施营销的可能性和意义。《引爆社群》[①] 里将之称为“老鼠窝”战略——社群就像老鼠窝，社群营销即需要开展“定向歼灭”。

从某种意义上来说，社群中的每一个成员都是一个潜在的消费者，而且线上虚拟账号的背后也往往对应着现实生活中的真实的消费者。

社群消费者具有冲动性、超前性、口碑性、从众性等特点。随着互联网支付方式的逐渐便捷化、互联网电商的日益强大以及社群与电商入口的逐步打通（亦可采取导流的方式），社群消费者的冲动性、超前性愈加彰显。在线浏览品类无比丰富的商品、在线快速下单、线下快递便捷收货，社群消费者很容易即时买单、超前消费，由此体现冲动性、超前性。

口碑在互联网时代、在社群中得到空前的体现。“好评如潮”“差评满天飞”即是对这一现象的生动描述。在社群之中，消费者会对商品或者服务做出自己的评价，积极分享购物的心得和体验。这类评价分享到社群之中，汇聚之后即形成“口碑”，而该口碑对于同一社群的成员来说，具有较高的参考价值。换言之，社群成员延续该消费行为与否，在很大程度上会受到社群其他成员的影响，这又可称为“从众性”。

当然，不同社群的成员还有不同的特性。比如 QQ 用户大多是 95 后、豆瓣青年偏文艺、知乎青年多精英等，企业所要做的事情就是准确地找到目标客户所在的社群，并巧妙地构建起自己的目标客户社群，对其进行定向营销。

比如小米手机的销售量从最初的几百台到 2013 年的 870 万台，而到 2014 年底，实现了 6 000万台的销售量。这样飞跃式的销售成果得益于小米对自己目标消费者的准确定位，并且很好地利用了 QQ 空间的社群力量。相比微信来说，QQ 更加定位于低端、年轻的用户，而小米手机的价位正好与这部分用户相契合。因此，小米首先注册了“小米手机”官方 QQ 空间，此后选择在 QQ 空间进行一系列符合社会化媒体特点的营销方式——设定了 3 个环节：预热—预约—抢购，三者环环相扣。在预热环节，主要是猜价格。预约的环节则是用户需要在小米 QQ 空间签到，并且集赞。用户在 QQ 空间发表一条“说说”，然后向好友集齐 32 个赞，就有 3 次预约机会。这样基于熟人圈子的营销非常成功，短短几天内就有 1 500 万用户参与签到预约。

对于已经培养起来的社群，其内部粉丝也会有不一样的分类和特性，将其进行准确分类并进行定向营销，可以达到更好的营销效果。比如 Netflix 是美国的一家在线影片租赁提供商，它为视频爱好者提供了各种 RSS 源（简易信息聚合），可订阅的源包括 Netflix 排行榜前 100、最新发布、纪录片排行榜前 25、喜剧排行榜前 25 等，它们都面向特定的用户群，用户可以自行选择感兴趣的内容。[②] 这和传统的面向全体大众的营销方式不同，具有针对性，直接将相关的信息传递到了特定的小圈子内，这个圈子内的人具有共同的爱好，如此既避免了向所有人推送广告可能会产生的厌烦情绪，又给了特定圈子内的用户一种“私人订制”的舒适感。

---

① 唐兴通．引爆社群：移动互联网时代的 4C 法则．北京：机械工业出版社，2015.

② 斯科特．新规则：用社会化媒体做营销和公关．5 版．北京：机械工业出版社，2016.

二、转化社群流量

了解并找到了自己的社群消费群体，那么具体应该怎么做，才能把社群的粉丝转化为自己的经济效益呢？一般来说，有会员式、产品式、广告式、跨界式四种模式。

会员式类似于线下俱乐部交会员费的方式。交会员费的方式提高了社群的进入门槛，这也就意味着和无门槛社群相比，付费社群中的成员都是“肯付费”的人群，他们的黏性和参与度更高，从而能够带动整个社群的发展。此外，为了更好地区分“肯付费”人群中的“能付费”人群，在社群运营的过程中还可以设立身份分级制度，根据支付费用的不同，设立不同的会员等级，等级越高的用户能够享受到的福利也越多。不同的付费模式对于具有不同支付能力的付费用户的心理暗示和激励效果是完全不同的，因此多进行付费模式对比设计是很有必要的。

产品式的变现方法主要有两种。一种是本身拥有产品，通过吸引粉丝聚集社群，进行精准营销，提高收益，比如小米手机等。另一种是一开始通过兴趣爱好或者某种价值观聚集在一起，等到社群成熟后，组织者通过在其中售卖面向社群成员的产品的方式变现，比如罗辑思维等。产品式的变现方式最关键的是要引入或者生产高复购率的优质产品，如果产品口碑不好，对社群运营来说就是在做无用功。

所谓广告式的变现方式，指社群流量大了之后可以通过收取广告费的方式变现。广告模式是社群盈利的重要方式之一，社群是某同类人群的集合，所以对于很多商家来说就是精准用户聚集体，对其进行广告定向投放的话，能够达到较好的转化率。比如华为 P8 手机就看准了爱奇艺聚集了众多追求高清视频、流畅播放的时尚爱好者们，于是将华为 P8 的手机广告投放在爱奇艺视频网站的首页，用户可以直接点击进入官网购买页面。大气的场景、硬朗的设计，让华为 P8 手机在短短几秒钟的显示时间里就实现了大量的销售。

跨界式就是不同的行业之间通过合作，利用社群来实现彼此共赢的方式。不同行业可以通过社群来实现彼此共赢。不同的行业跨界之后，下一步就是要盈利，而盈利的来源就是用户，于是两方社群成员就成为主要目标。例如，太平洋保险就与湖南卫视进行跨界合作，在太平洋保险的公众号里为用户推出了热播剧《花千骨》的“仙境大揭秘”内容。由于电视剧《花千骨》在广西多处旅游景点，如德天瀑布、明仕田园、恩城等地取景，太平洋保险于是推送了大量剧照美图和景点美图，吸引大众前往旅游。在这场营销中，一方面，太平洋保险的粉丝看到了《花千骨》中美轮美奂的照片，从而转化为《花千骨》的受众，提高了收视率；另一方面，《花千骨》的粉丝看到了太平洋保险的推送，在出游中就更有可能选择太平洋保险，达到了双赢的效果。

三、运营社群内容

抓住了自己的社群消费群体的特性，也了解了社群变现的方式，那么如何做才能更好地促进社群消费群体的消费，提升社群变现能力呢？这就少不了社群的内容运营。互联网时代，“内容至上”是不变的准则，只有优秀的内容才能使社群长久保鲜。

（一）给社群提供“干货”

互联网时代，各种信息充斥在网络空间中，人们很难在庞杂的信息中快速找到自己想要的东西。人们选择进入社群，有一个重要的原因是希望获得有价值的信息。因此，能否给社群成员提供更多实用的内容和有用的信息，成为社群能否维持下去、能否保持活力的关键。比如乐视为会员们创办的“乐视网会员”微信公众号，这个微信公众号相当于一个小型客服，为会员提供一切实用的信息，比如“忘了会员账号了怎么办?”“已经购买了会员为啥还有广告?”“如何取消连续包月服务?”“会员 PC 版套餐与会员 TV 版有啥区别?”“应该买会员 TV 套餐错买成 PC 套餐了，怎么办?”“我是会员，为什么有些影片没法下载啊?”等问题的详细解答，此外公众号还会定期推送“有乐视，不翻墙!”“同步影院……”等有价值的内容。

(二) 内容丰富是基础

虽然说一个社群的活跃度取决于粉丝的参与度，但对于企业社群来说，企业作为社群的主导人和主心骨，只有真正把内容充实起来了，才能进一步带动粉丝的活跃度。拿小米来说，一年一度的米粉节，会为用户送上各色各样的内容，比如各种抽奖、免单、赠送、新品试用等。而且雷军还会以米粉为主，送上更多有情怀的内容，让米粉的感情更加根深蒂固。苹果也是如此，苹果为了取悦果粉，每年会将系统更新、升级，推出更多华丽的功能和一些个性化的 APP 内容。[①] 所以说，丰富的内容是社群营销的基础，如果只是单一的产品介绍，那么就会变成一个枯燥无味的社群，久而久之就会流失大量社群成员。

(三) 注重情感营销

在社群内容运营中，学会打情感牌，能够触发社群成员的共鸣，带动企业与社群成员之间的良性互动，有效拉近和社群成员的距离。例如，2014 年 12 月，陈安妮面向其微博上的 800 万粉丝发送的漫画《对不起，我只过 1%的生活》就是一个例子。这则漫画记录了陈安妮在别人认为只有 1%成功可能的情况下，坚持画画、创业、做 APP 的故事。正能量的主题一下子就在网上热传起来，许多微博大 V 都转发并附上了“励志”“不容易”“支持”等点评。这则漫画以极低的成本带来了超大量的用户，当天“快看漫画”就增加了 30 万用户，以后几天一直以每天 20 万用户的速度增长。虽然心灵鸡汤大家看得不少，但可爱有趣的漫画形式加上同样作为年轻人的陈安妮自己的经历，着实让人感觉打了鸡血一般。800 万的粉丝是陈安妮完成了“联结”之后的成果，是她之前所积累的喜欢她漫画的人群，在已有“联结”的基础上进行“分享”，效果显著，更重要的是漫画中传达的是年轻人坚持自己梦想的向上精神，这种精神和面对生活的态度会让广大社会化媒体的用户找到认同感，被这个动听的故事打动，并自发地将其传播出去。

(四) 互动带来更多温度

社群建立起来后，一定要时刻注重社群成员的互动，通过互动来打造温暖的社群环境，活跃气氛，通过建立对话来了解社群成员的所需所求，从而优化自己的服务，只有这样才能长久留住社群成员。

例如，《近乎正常》是百老汇的一部摇滚音乐剧，2009 年 4 月上演时的入座率偏低，面临被剧院叫停的危机，但当《近乎正常》5 月 4 日被注册为 Twitter 账号，并把整个剧本分为 200 多段每天进行推送后，事情出现了转机。关注该账号的粉丝与日俱增，且越来越活跃，他们提出的问题“包括对剧情的意见、音乐的选择和风格、故事主角的对话”，作为对用户们要求和

---

① 秦绪文．社群营销：这样玩最赚钱．北京：人民邮电出版社，2016.

评论的回应，“该剧的编剧、导演、演员纷纷加入，通过 Twitter 发表他们的回应、感受，甚至修改对白、场景、音乐”①。《近乎正常》的故事情节不断被轻微调整，关注者也越来越多，其营销成果是获得了 2009 年“托尼奖”的最佳原创音乐、最佳女主角和最佳交响乐三项大奖。《近乎正常》通过每天在 Twitter 上与粉丝们互动，深化了音乐剧和观众的关系，两者之间不再是简单的一唱一听的被动传播关系，而是让观众成为音乐剧创作者的一部分，观众在欣赏音乐剧的同时，自身的价值也得到了体现，试想一位观众看到剧中的某个部分是自己参与互动后改动的结果，他的满意度会提升，并会试图同朋友分享自己的成果。

再来看一个国内的例子：澎湃新闻的口号是“专注时政与思想的互联网平台”，在这个平台上，有“打虎记”“文化课”“运动家”等 40 多栏丰富的内容，很多人第一次接触澎湃都是在微信朋友圈或微博，如“令政策的平陆往事”一文立足于记者的深入采访建构而成，在内容空间上覆盖了山西平陆令家旧址、延安、省城，时间上又追溯春秋时代“令狐”姓的起源，细节上甚至具体到新闻人物的老同学聚会所赠礼物，正因其紧贴时政又内容翔实，所以大家争相转发。除了原创内容之外，澎湃的特色还有评论和追问，追问是网友对新闻内容提出问题，由其他网友来解答，而评论则由网友直接发表意见，两者都可以被其他网友点“赞”，获得“赞”多的回答还可以连同问题变为“热追问”，“热追问”会在网站或 APP 首页出现，这不仅能够精简读者留言，问答的形式还能增加读者的阅读兴趣。更重要的是，这种对话的模式让读者感受到自己能参与其中，当本身就有价值的新闻内容加上了有价值的追问和回答时，读者就会喜欢上这样的产品，并且期待下一次的对话，成为内容的共同生产者。

(五) 发挥社群成员的主动性

适当的“去中心化”对于社群运营也十分关键。社群成员中的每一个人都有极大的创造性和价值，利用社群成员的智慧来共同建设社群内容，不仅能够让社群的内容更加丰富、有价值，还能够提升与社群成员的互动，可谓一举两得。

例如网易云音乐和传统音乐播放器在扮演播放器的角色上有明显不同，网易云音乐通过 UGC（User Generated Content，用户原创内容）构筑起了一个内容丰富且受用户欢迎的音乐社区。大量受众如此喜欢网易云音乐的理由就是因为它“音乐社区”的特点，每一首私人 FM 的歌曲都是精挑细选过的优质音乐，每一首歌曲下都有许许多多的用户评论，这和以往的听歌体验有很大不同，以前只是单向度地接收播放器传送到耳中的声音，而现在，可以在评论中看到一个个真实的经历、真挚的情感流露和用户间关于音乐的真诚交流。此外，网易云音乐的“私人电台”内容非常丰富，这是因为每一个用户，只要有时间、有内容、有意愿，就可以创建专属于自己的“私人电台”，如“校园怀旧电台”“英语学习电台”“文艺青年电台”“走出失恋电台”等频道，以此推送自己喜欢的内容给有着同样喜好的用户。正是以上种种的 UGC 方式激发了用户的兴趣，繁荣了整个音乐社区，同时也培养了用户习惯和黏性，因为在这里有用户自己花费心血所生产的内容，也构筑起了自己在音乐社区中的社交关系，所以比起其他随时可卸载的音乐播放器，用户更舍不得离开网易云音乐。

“乐动力”是一款获得苹果商店 2013 年度优秀 APP 称号的手机计步应用，该应用能够记录用户的行走步数、出行轨迹和每天消耗的卡路里，还支持其他许多运动的计数、计量等功

---

① 陈亮途．社会化营销：人人参与的营销力量．北京：万卷出版公司，2011.

能。其中有好友社区和排名的功能，通过排名可以看到在朋友中自己每天的运动量居于什么水平，而且通过和微信相关联后，微信上使用该应用的好友都会进入排名中，彼此还可以点赞，步行数最多者可获得“今日冠军”称号。用户通过使用这款应用，看到了自己每日的运动量和健康水平，在个人层面达成了一种自我确认，然后通过排名功能看到了他人每日的运动量及自己和他人的差距，从而达成了一种有对比的自我确认，而彼此间的点赞和冠军称号的功能则让用户从朋友那里获得了对其存在意义的确认，这种确认动机的满足足以促使用户主动和更多的朋友分享该应用。

结语

社群营销效果的评估可以从以下三个方面来衡量：一是流量，二是转化率，三是综合影响力。社群营销的火爆必然伴随着流量的急剧升高，体现在网站访问量上升、互联网上相关话题的讨论增多，甚至网站瘫痪等。企业关注流量，其实最终还是关注转化率——社群的用户量/粉丝量上升，购买产品或者服务的数量上升。换言之，企业最终关注的是盈利与否。社群营销不应该只是短期的、一次性的活动，而是需要坚持和持续经营，因此，综合影响力也会被纳入评估当中。综合影响力包括当下营销的即时性影响，同样也包含未来产生的影响。成功的社群营销，往往是持续性地打造企业品牌形象，推广企业的产品或者服务。

推荐阅读资料

1. 唐兴通．引爆社群：移动互联网时代的4C法则．北京：机械工业出版社，2015.

2. 智军．社群运营．北京：机械工业出版社，2015.

3. 秦绪文．社群营销：这样玩最赚钱．北京：人民邮电出版社，2016.

4. 杰斐逊，坦顿．内容营销：有价值的内容才是社会化媒体时代网络营销成功的关键．北京：企业管理出版社，2014.

第十一章　电影营销

电影营销作为影视产业中最重要的环节之一，是电影产品能否达到令人满意的经济效益的关键步骤。有人把电影营销比作“将黄土卖成黄金”，也有人将电影营销比作火车的一节车厢——既要跟着火车头走，又要带动后面的车厢。如今电影营销正在成为除制作、发行和放映三个传统环节之外，电影产业第四个细分服务流程，也成为推动电影票房增长的新动力。

第一节　电影、电影产业与电影市场

电影既是一种产品，也是一种艺术形式，它具有双重属性。如何平衡两者之间的关系，在保证艺术性的基础上创造更多的利润空间，是中国电影人应该重点关注的事情。电影产业的价值链分为自身价值链和衍生价值链。我国的电影衍生品产业虽然与好莱坞相比仍有很大差距，但各企业近年来在衍生价值链上频繁发力，初有成效。我国电影市场日渐成熟，市场主体逐步确立，影片结构日渐合理，营销意识逐渐增强，可谓是一片蓝海。

一、作为商品与艺术的电影

电影产品是一种内容产品，也是一种信息产品，因而大多数国家将电影产业归入文化产业或内容产业等新兴产业之中。电影作为产品，具有其特殊性。作为体验经济的产物，消费阶段同时参与了电影价值的生产。无论是艺术电影还是商业电影，电影工业化的生产形式和资本密集属性决定了电影必须考虑其价值和交换功能，也即在电影产业中电影的商品属性被放在了首要位置。

（一）商品属性

电影的商品属性强调电影应当具有简单化、差异化、相关性和亲近性的特点。

简单化是很多产品成功的关键，例如宜家家居、苹果系列电子产品、皮克斯动画等。施拉姆的“传播获选的或然率公式”是这样表述的：小至一条消息，大至一家传媒，它被人们注意和选择的可能性（即或然率）与它能给人们提供的报偿程度呈正比，与人们获得它的代价程度呈反比。由此便能解释为何商业电影能在票房中获得巨大成功而阳春白雪的艺术电影却往往很少有人问津，因为在商业电影中，观众的感官体验是唾手可得的。有人将手机游戏的成功归纳为 3S，即 Simple（简单）、Short（短小）、Stupid（笨拙）。电影商品尤其是商业电影更应该遵循这一法则。

差异化是树立电影品牌的基础。在电影宣传过程中，营销公司往往抓住电影某个差异点进行宣传攻势的全面铺开。这个差异点能将其与其他同期上映的电影区分开来，进而达到吸引观众眼球的营销效果。

相关性是电影在拍摄初期就应当思考的问题。电影是用于消费的商品，因此是否满足受众需求成为一部电影成功与否的关键。电影题材、内涵与观众的相关性越高，意味着电影越受欢迎。《美人鱼》之所以能成为中国电影票房奇迹，就在于它用了周星驰式的手法，用人们最容易接受的喜剧类型通过童趣、荒诞、戏谑的手段去展现人性的斗争，批判现实，治愈人心。击中了人们心中所想，准确抓住了观众的需求，与观众之间形成了强烈的相关性（心理共鸣）。

亲近性是电影能够博得观众好感的根本。应当注意到艺术家与观众之间存在一种互反关系，电影制作者的创新冲动为他对特定传统和观众期待的实际认知所调和，观众需要仅仅限于熟悉的叙事体验语境内的创造性或者变化。[①] 好莱坞的《花木兰》《功夫熊猫》能够赢得全球观众包括中国观众的心，而《孔子》《赤壁》这样基于本土文化拍摄的影片却不能引起观众的共鸣，原因就在于中国电影人没有让文化经典与当代观众亲近，而是以一种高高在上的姿态树立文化权威。

（二）艺术属性

电影从一开始被发明时，科学家是想创造一种记录和还原运动物体的“介质”，而非按照艺术的形式来发明电影。如同文字不等于文学、绘画不等于美术、大理石不等于雕塑艺术一样，最初的电影也只是一种表达“手段”，而非艺术。

随着技术的不断进步，电影可吸纳的手段更为多元化，每次电影制作技术的突破，总给电影的本体带来一定的改变。每次改变也都影响着人们对于电影的认识。从默片到有声电影的过度，使得鲁道夫·阿恩海姆如是评价有声电影：有声电影——“杂种”的艺术。话虽不雅，但它鲜明地反映了有声电影技术如何冲击了人们对电影的认识，同时也说明电影是综合了绘画、文学、音乐、戏剧、摄影等多艺术样式的新艺术体。意大利电影评论家乔托·卡努杜于 1911 年发表《第七艺术宣言》，并在巴黎组织“第七艺术俱乐部”，认为电影是可以与建筑、音乐、绘画、雕塑、诗、舞蹈并列的一种独立的艺术，即“第七艺术”。自此，电影的艺术属性开始在理论层面被确认。

匈牙利电影理论家、编剧贝拉·巴拉兹是视觉文化的最早提出者，他认为电影这门集“视”“听”于一体的艺术，能够与其他门类的艺术相区别，首先在于其独有的“镜头”语言，其次就是连接各镜头间的魔术——蒙太奇。可以说，电影之所以能与其他艺术相区别，关键在于它独特的本体语言，也即电影自身特殊的艺术属性。

电影的艺术属性体现在两个方面：一是电影通过对片基、光影、声画等电影性元素和情节、叙事、表演等非电影性元素来创造声音、色彩、立体感等一应俱全的外部世界幻景。电影性元素和非电影性元素共同构成的电影作品本身就构成了一件艺术品。二是从电影题材构思、剧本编写，到演员表演，从导演拍摄、剪辑影片到影片声效处理、配乐，从电影字幕、片头片尾的设计到海报片花的创意，无一不体现着电影制作团队的艺术创意、理念与追求。可以说，电影的制作过程也就是艺术创作的过程。

二、电影产业价值链

电影产业是文化产业的重要组成部分。1998 年，巴里·利特曼提出“大电影产业”概念，

---

① 沙茨．好莱坞类型电影．上海：上海人民出版社，2009.

认为电影产业已经跨越了电影自身疆界，演变为媒介大产业中最有活力的组成部分，其价值链的核心特征是价值链自身的完善和扩窗效应与价值链的联动，即向各关联产业的价值链延伸。受众对电影的需求构成了电影产业价值链的基础，而电影衍生品的经济价值和社会价值则构成电影产业价值链的最终目标。电影产业价值链包括自我构建和关联衍生两个重要环节。

（一）电影产业价值链的自我构建

电影产业价值链的自我构建包括电影制作、发行、放映、营销等价值链核心环节。这种价值链构建的终极指向是寻求混合媒介的协同优势和范围经济。

电影融资相当于产品生产线投资。随着我国电影产业的快速成长，金融界投向电影生产的资金持续增长，投资主体更加丰富，投资方式也多有创新。直接投资、银行贷款、版权预售、政府出资、电影基金、间接赞助、个人融资、广告投入、风险投资等方式都是目前电影融资最普遍的方式，也是目前相对成熟的电影融资方式。

电影制片相当于工厂制造产品。制片方的主营收入为电影版权销售，以影片票房分账为主，分账总额一般不低于票房的 40%。同时制片方的收入还包括电视播映权收入、音像版权收入和电影衍生产品收入。此外，电影植入性广告、贴片广告、公关活动广告等也构成制片方的收入来源。

电影发行类似于产品代理。发行方通过竞争从制片方取得电影的发行权。电影发行的主要工作内容是分析影片题材、影片质量、观众喜好程度来决定用什么样的方式将其推广到影院。其推广工作包括与院线协商安排电影上映档期，与媒体联系计划安排电影的宣传广告和宣传活动。发行方的主营收入为电影的分账——其与制片方共享 40%分账。其中国产影片有分账和买断两种形式，进口影片只有分账形式。发行公司还可经营电影广告代理、影片销售及相关中介代理、物业租赁与管理、电影放映设备销售、影剧院设备的供应及装修、音像连锁等业务。

院线相当于产品销售渠道，是指由一个发行主体（如电影公司或制片公司）和若干电影院组合形成，实行统一品牌、统一排片、统一经营、统一管理的发行机制。其经营模式类似目前的“连锁店”，但它不是同一品牌影院的连锁化，而是给各个电影院提供片源，以及在上映期间为影院提供影片宣传品和宣传活动等的公司。其营业收入一般为票房分账的 7%～10%。

影院是电影最终放映处，相当于产品的零售商。在中国当今的“院线制”电影发行放映机制下，一个影院需加盟到一家院线公司体系内，由这家院线公司向这个电影院提供片源，电影院向这家院线公司交纳相应的片租和管理费。影院的票房分成一般不高于 50%。

（二）衍生产业价值链

在价值驱动力作用下，电影产业与电视、出版、音像等产业的价值链之间形成了一种双向价值互动传递机制，使得电影产业价值链和关联产业价值链实现双向对接和互动传递。电影产业作为内容供应产业，价值链不断向电视、出版、音像、动漫、游戏、网络、主题公园、旅游、服装、玩具等关联产业延伸，形成网络状的价值链联动链环，通过产业价值链的延伸，建构新的放映平台，电影创造不断延伸的边际价值，成为最具活力的文化产业。

作为标准电影产业链中不可缺少的一环，衍生品能够有效推进电影 IP（Intellectual Property，知识财产或品牌）的市场价值最大化，拓宽产业盈利渠道，激发影迷消费意愿，满足消费者需求，发挥进一步活跃整体市场的作用。好莱坞是电影衍生品开发的龙头，在好莱坞，电影衍生品市场可以创造出巨大的商业价值，直接影响电影行业的营收和运转。在美国电影市场，票房收入在电影总收益中的比重不到 30%，剩余部分由后电影市场收入组成。根据 NPD 集团（市场调研公司）提供的数据，2016 年从好莱坞电影中衍生出来的商品，仅玩具一项便获得了57亿美元的销售收入，这个数字相当于2015年我国全年电影票房收入的85%；娱乐巨头迪士尼2015年的年报显示，公司的影视娱乐板块中的电影票房收入为23.2亿美元，仅占其整体营收的4.4%，远低于其主题公园板块161亿美元的收入。①

中国虽然已经是全球第二大电影票房市场，但衍生品收入的占比却少得可怜。国内衍生品市场处于刚刚觉醒的状态。2016年，许多企业开始在电影衍生品方面发力。与2015年《捉妖记》《大圣归来》在衍生品上带给片方的惨痛记忆不同，2016年，对于电影衍生品，国内领先的从业者从产品认知到整个工业流程都有了飞跃性的变化；而电影观众对衍生品消费日渐增长的热情，也让我国越来越多的从业者开始意识到这块市场里的财富。

【案例】 时光网

时光网是国内最早关注电影衍生品开发的企业，是国内首屈一指的专业打造正版电影衍生品销售和开发的平台。时光网的电影衍生品生产流程是，首先需要向拥有IP的片商申请授权，片商审核时光网的资金能力、用户数、设计能力等，在审核通过并授权时，时光网会拿到一个关于可生产衍生品的品类、IP有效期限以及分成比例的明细，每家片商对此都有不同的规定。目前时光网与迪士尼、索尼、派拉蒙、华纳兄弟、环球影业和二十世纪福克斯都有衍生品授权合作。

生产出来的衍生品，时光网有三条主要的销售渠道：一个是线下影院，时光网与全国4 000多家影院签订了合同，可以在影院内的实体店中销售商品；一个是时光网专业版APP，上面为B端（商家）提供正版衍生品采购渠道，价格较C端（个人客户）更优惠；最后一个是时光网APP，时光网商城可以为C端影迷提供衍生品购买渠道。目前，时光网面向B端与C端的出货量比例为3∶7，线上与线下出货比例为8∶2。②

2015年，时光网因为《魔兽》的衍生品销售成为电影衍生品市场最大的赢家。根据时光网衍生品相关负责人透露，《魔兽》在上映前销售的衍生品占到了总量的70%～80%，据此可以预估时光网代理的《魔兽》正版衍生品销售额在1.3亿元左右——这个天文数字应该算是近年来国内公映电影里的第一名了。为了拿下《魔兽》电影的衍生品授权，时光网早在电影上映前三年就开始与传奇影业方面接触，在十余次的沟通之后，时光网从传奇拿下了《魔兽》电影衍生品全品类的独家授权，从生活用品到数码到玩具到家具，品类丰富（见图11-1）。时光网最后从超过1 000种的设计中，提炼出了300多种产品。时光网对每一个产品的设计都要三个月左右的时间，并且开发团队还要尽可能地让产品的艺术性和实用性达到最佳平衡。《魔兽》的电影衍生品从电影上映前60天就开始预售，每两周都有新品上线，轮番预热。而《魔兽》的主题巡展则从2016年5月底开始，在全国11个主要的票仓城市巡展，并且一直持续到8月底。在主题展上，观众可以看到各种手办及道具。在电影上映的半个月前，时光网又举办了一场电影衍生品发布会，亮相了众多衍生品，从人物1比1大小的

① 电影衍生品的界定及中美差异：依托热门作品，依附经典角色．(2016-11-25)［2018-01-16］．http：//news.mtime.com/2016/11/25/1563528.html.

② SherLu. 当阿里腾讯纷抢电影衍生品的风口，时光网已入局3年．(2016-06-05)［2018-01-16］．https：//www.huxiu.com/article/151237.html.

盔甲和宝剑，到印有联盟、部落图腾的手机壳，应有尽有。轮番的宣传，也点燃了《魔兽》粉丝的消费热情，《魔兽》首映的当天，不仅零点场次破了国内票房纪录，更是在全国各地随处可见穿着魔兽T恤等购买了衍生品的粉丝参加首映。①

图 11-1　电影《魔兽》衍生品

三、中国电影市场

（一）市场主体逐步确立

2003年，原国家广电总局《电影制片、发行、放映经营资格准入暂行规定》的颁布实施，意味着中国电影市场在制片、发行、放映领域全面放开，众多民营影视机构获得出品和发行电影的资质。经过十多年的培育，中国电影市场开始初具规模，市场主体得以初步确立。在电影投融资领域，国有资本、民营资本、境外资本并存。在政策扶持和市场机制的双重推动下，一大批民营影视企业迅速成长，民营资本已成为影视产业的中坚力量。

制片领域，中国电影集团公司和上海电影（集团）有限公司成长为两个产业链完整的巨无霸，在市场中占据较高的份额。而华谊兄弟、新画面、博纳、光线传媒、橙天嘉禾等民营公司凭借十多年在制片领域的积累强势崛起。华谊兄弟、橙天嘉禾、博纳相继在国内外上市更让众多国有电影企业羡慕不已。另外，一批新的民营主体也在相继登上舞台，备受瞩目。如具有游戏行业背景的完美时空文化、具有多年电视剧行业经验的小马奔腾等，它们推出的《失恋33天》《等风来》《匆匆那年》《心花路放》等影片，或取得不俗的票房成绩，或得到业界的刮目相看。湖南电广传媒集团、上海文广集团、江苏广播电视总台这些传媒机构也纷纷试水电影行

① 师烨东．2016年是电影衍生品伪元年，其源头还是好内容．（2017-01-17）［2018-01-16］．http：//www. iyiou. com/p/37817.

业，并且取得较大突破。根据湖南卫视现象级综艺节目《爸爸去哪儿》衍生而来的大电影，两部总票房超过了9亿元。

发行领域，以中影、华夏、上海东方、中影数字为代表的国有公司和以华谊兄弟、北京新画面、博纳、光线传媒为代表的民营公司形成两大阵营。从发行环节看，目前我国电影的发行方式主要有五种：第一，投资出品加发行。这是目前我国大发行公司主要的发行模式，大发行公司同时也是投资公司。第二，专业发行公司的代理发行。缺乏发行体系的制片方负责宣传营销部分，专业发行公司代理发行部分，按一定比例提取发行代理费。第三，保底发行。制片公司与发行公司共同商定一个票房保底线（通常是制片公司对影片的最低票房预期或者是保本线），发行方预先支付保底费并垫付前期发行宣传费用。第四，买断地区版权发行。这种方式一般用于国内发行公司对进口批片的发行。第五，进口大片的分账发行，这只能由中影和华夏经营。①

放映领域，万达院线经过多年的积累，以其现代化的经营思路，已经高踞全国院线票房排行榜冠军。中影星美、上海联和、北京新影联等老牌院线依旧保持强劲势头，在全国攻城略地，市场群雄争霸的局面正在形成。可以预见，我国制片发行放映领域的国有和民营企业的竞争将更加激烈，市场份额将更加集中。

（二）影片结构渐趋合理

在近年来的电影市场上，现实题材、中小成本影片的崛起是最大看点之一，在产业化初期持续多年的大片垄断时代后，中国电影产业的影片结构正在逐渐趋于合理。

这一方面得益于一批青年电影导演的成长。与陈凯歌、张艺谋、冯小刚等出生于20世纪五六十年代的导演相比，这批70后甚至80后导演更注重电影的现代性转换，同时，与当下电影市场主流观众群体更为接近的年龄，也使他们更加了解观众和市场的喜好，并对现实生活中具有社会关注度的题材和话题及国内外最新的电影观念和技术更加敏感，这些都使影片与观众之间形成了更加紧密的关系。

但对于任何一个国家的电影产业来说，只有中小成本影片是不足以支持产业的持续健康发展的，这也正是在对待高工业水平、高科技水准的大片时不可矫枉过正的原因所在。国产大片集中体现了国产影片的最高水准，其对产业资源的整合、潜在市场的挖掘和对整个行业的示范作用都不容小觑。尤其在目前三四线城市成为电影市场新的增长点，新观众群体的影院观影习惯还没有形成的时候，大片在电影叙事、视听享受等方面的优势，赋予了它与生俱来的市场开拓能力，使其具有了不可或缺的重要地位。

尤其值得一提的是，近年来上映的国产大片中，技术与影片内容的贴合也更为合理化和艺术化。3D技术的应用较往年更为普遍，《狄仁杰之神都龙王》的水下3D摄影、《风暴》中中环爆炸的3D特效、《逃出生天》中的火灾3D特效，都已经向世界先进的电影科技看齐。《捉妖记》和《大圣归来》精致的动画特效也让人眼前一亮。在多屏时代的媒体环境下，在以好莱坞为主导的新的世界电影潮流中，高科技与电影创作的结合已经成为不可逆的趋势。中国大片对这种趋势的把握，从根本上体现了中国电影在世界电影格局中良好的发展态势和广阔的发展前景。

---

① 刘藩．中国电影的现状和问题．北京电影学院学报，2014（1）．

（三）营销意识日益增强

中国电影正在经历一个从没有市场营销意识到市场营销淡薄到各种市场营销手段不断翻新、花样层出不穷、策略不断升级的过程。

由于我国电影产业总量逐步扩大，产业链也快速细分，专业化的营销公司逐步出现。2015年票房超过5 000万元的国产电影共有67部，其中48部由第三方电影营销公司进行营销，第三方营销影片票房整体表现优于片方自行营销。

2013年，我国电影营销费用为28亿元，2014年增长至33亿元，2015年为38亿元，同比增速为21.1%。其中，新媒体营销市场规模在五年内实现了近8倍的增长，新媒体渠道在电影营销中的地位逐步提升。2011—2015年中国电影营销市场规模见图11-2。

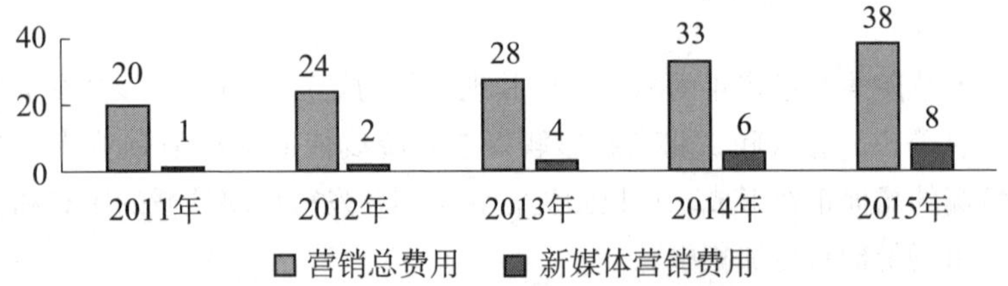

图11-2　2011—2015年中国电影营销市场规模（亿元）

目前市场份额较大的专业电影营销公司有：和颂世纪（《北京遇上西雅图》《天将雄师》）、麦特传媒（《致我们终将逝去的青春》）、影行天下（《私人订制》）、剧角映画（《让子弹飞》《澳门风云》）、光合映画（《厨子戏子痞子》《白日焰火》）等。

【案例】　电影《美人鱼》的营销

根据艺恩网数据显示，《美人鱼》票房总数达33.9亿元。作为周星驰时隔三年后重回春节档大银幕的力作，《美人鱼》从项目起始就受到高度关注，直到上映日期定档大年初一后才放出预告片和海报，同时宣布不设任何点映、首映、媒体场，吊足观众胃口，“饥饿营销+情怀营销+口碑营销”全案营销策略，帮助《美人鱼》成就华语票房奇迹。

情怀营销

对于很多年轻人，尤其是80后、90后来说，周星驰这个名字，是陪伴了他们成长的人生记忆，作为独树一帜的喜剧偶像，从看周星驰“演”到看他“导演”，昔日小粉丝，变成了今天努力撑起星爷票房的中坚力量。

情怀，是周星驰电影绕不过去的关键词，而《美人鱼》发行方恰好善用了这点。由莫文蔚和郑少秋演唱宣传曲也是精心策划的产物，就是为了唤醒情怀。并且，在媒体宣传中将话题方向引导至周星驰曾经带给我们什么，进一步“蛊惑”粉丝的内心。

饥饿营销

《美人鱼》第一步营销动作其实可以追溯到女主角海选，2014年7月31日，由360影视与周星驰新电影《美人鱼》联合举办的主角甄选赛开幕。依托360影视的海量用户和星爷的强大号召力，线上报名人数达到12万，引起了娱乐圈和社会大众的广泛关注。

此后一年多时间里不断有关于《美人鱼》的消息放出，持续吸引受众关注，直到2015年12月9日，发行方公布上映日期定档2016年大年初一。

与所有营销动作一样，《美人鱼》也从预热开始。以周星驰个人品牌效应为基础，不断推高公众的情感诉求，定档发布会当天才放出三段预告片，以及接连投放出一百多张主题海报（见图11-3），一点点积累粉丝的迫切情绪，从而最终在电影上映后集中释放出粉丝消费力，上映4天票房即破9亿元，9天破20亿元，远远超过同档期的《西游记之孙悟空三打白骨精》和《澳门风云3》。

其实，虽然此招看似是步险棋，但出于对影片的信心，饥饿营销策略得到了周星驰本人及星辉影视的许可，星爷本人在接受某电影杂志采访时曾表态：爱情是可以冲破所有界限的。亲赴20个城市落地宣传，跑粉丝见面会，星爷身体力行顶起了《美人鱼》票房。

口碑营销

《美人鱼》是周星驰耗时三年打磨出的力作，各种对于星爷极致、苛刻的导演风格的报道也此起彼伏，情怀之外，好作品、好电影才是促使受众口碑传播的重要理由。

粉丝为了找回忆、追偶像愿意自发消费，熟悉的周氏风格电影、新颖的故事题材，慰藉了粉丝憋闷已久的急切心情，出了电影院就甘愿做起《美人鱼》的“自来水”。

同时，媒体也为《美人鱼》票房爆棚贡献了不少力量，从口诛笔伐到一片好评，社交媒体上粉丝们的好评差评都成为媒体报道的内容，星爷这杆大旗无论影片好坏都是爆点。然而，随着受众口碑一致变成好评、票房不断刷出新高，《美人鱼》自然而然登上各大媒体头条。

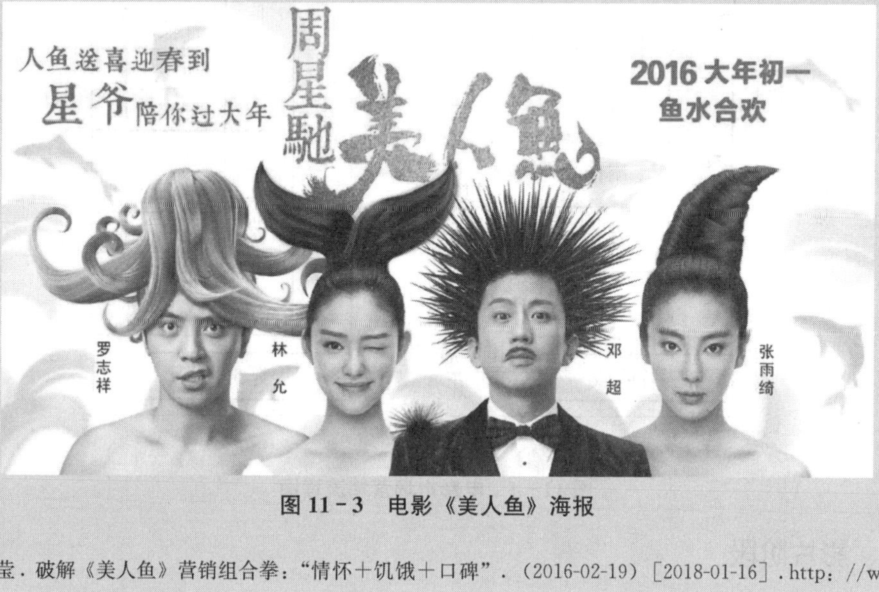

图11-3　电影《美人鱼》海报

陈莹．破解《美人鱼》营销组合拳：“情怀＋饥饿＋口碑”．（2016-02-19）［2018-01-16］．http：//www.meihua.info/a/66086.

第二节　电影市场营销的流程

电影市场在中国有一个逐步确立的过程，这个过程与中国电影市场政策改革相伴而生。1993年，原国家广播电影电视部（93）3号、320号文件的出台与实施被视为中国电影市场化的萌芽。1994年，原广电部电影总局下发了《关于进一步深化电影行业机制改革的通知》，电影分账发行制和自由交易终于开始正式实施，中国电影迅速崛起，市场迅速形成规模。而电影市场营销即是通过价值的创造、增值和传递以使电影效益最大化的过程，其核心是体验价值的创新。

电影营销不同于电影宣传。电影宣传是传统的电影推广方式，是一种一对多、单向的，以告知为目的的传播活动。电影宣传一般结合不同媒体特性，提供相对应的信息版本和内容，进而拉动不同细分受众的消费欲望。而电影营销则是建立在市场经济体系下的，是多向、互动、立体的，以建立品牌为核心，借助行业内和跨界资源整合，以增加影片收入为直接目的，以带动电影产业链价值增值为终极目的的营销活动。对于电影市场来说，植入广告、品牌拓展、其他品牌资源整合、导购、促销、版权授权等都是营销的一部分。电影宣传偏重职能性，其核心在于产品定位和核心受众的锁定，创意思维建立在对不同媒体属性的认知基础上，不易被量化。而电影营销是市场开发工作，其需要的更多是跨界资源整合的创意思维，直接涉及“创造新价值”，因涉及收入，工作可被量化。

电影市场营销分为影片阶段和延伸阶段（见图11－4）。电影市场营销从电影需求出发，通过价值驱动机制在银幕产业中发挥营销努力，再通过价值链的延伸开发电影衍生产业的经济利益。在好莱坞模式下，电影市场营销在银幕产业中发挥了80％的营销努力。而电影衍生产业的经济利益却占到了整个电影产业（银幕产业＋电影衍生产业）经济效益的80％。

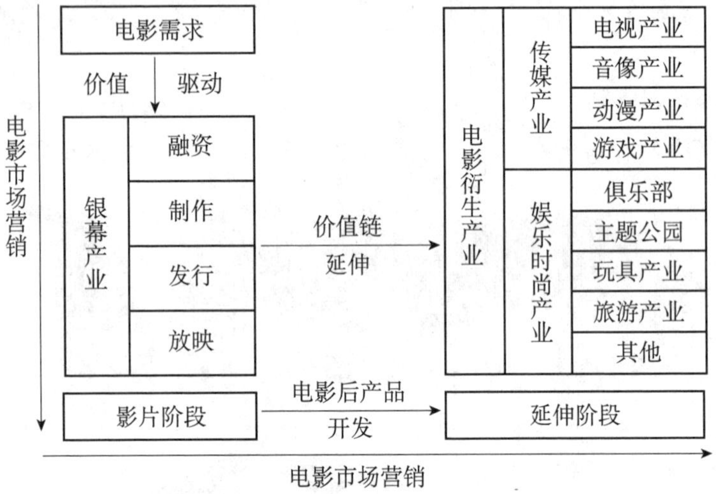

图11－4 电影市场营销流程图

一、影片阶段

（一）制片

在制片环节，首先要进行市场细分并选定影片的目标市场，对产品进行市场定位，为影片塑造一个与众不同、受人欢迎的形象，并且对它可能涉及的各个角落进行宣传。电影营销面临着合作企业、院线/影院、传播媒体和观众等层面的对象，不可混淆。很多人认为，媒体认同＋媒体传播＝观众认同。事实上，媒体更加重视的是信息的新闻价值、话题价值，而不是影片本身的质量。作为电影的媒体受众，他可能会关注演员的片场八卦，从开机到关机甚至是首映，他会是电影整个传播过程的忠实受众，但是他可能并不会变成观众，原因是在这部电影所有的传播过程中，作为电影观众关注视角的核心要素——观影价值，并未被提及。这个消费者一直处于营销心理过程前端的关注和兴趣阶段，但始终未产生情感认同，也就不会有利益的期待，因此不可能推进到消费行为阶段。所以营销团队在媒体认同并传播之后，还要注重针对观众的营销才能奏效。以观众需求为出发点，按照观众的认知特点，结合观众和媒体受众的综合需求，寻找能覆盖两个受众的共同话题，才能达成有的放矢的沟通。

同是完美时空影视文化有限公司出品的《失恋 33 天》和《钢的琴》分别是 2011 年中国电影市场中“小成本高票房”和“小成本高口碑”的典范，两部影片同样都是剧情好、制作精、口碑佳、接地气的作品。但在票房成绩上，他们的命运却大相径庭，一部创造了中国电影史上的票房奇迹，以总票房 3.56 亿元位列中国电影票房榜前列，而另一部却在大片的夹击下以刚刚保本的 641 万元惨淡收尾。原因何在？《失恋 33 天》和《钢的琴》在上映前都运用了一系列的营销策略，其中也有一定相似的地方，结果是前者成功后者成仁，主要原因在于定位。

无论何种电影，首先都要给自己一个精准的定位。中国电影的供给是过剩的，影片要从过剩的市场中脱颖而出，定位细化是关键。宣发过程中，切忌定位的范围过大和模棱两可。单看片名便知道《失恋 33 天》是一部爱情片，但观众对爱情片已经屡见不鲜，没有特别的吸引力。所以影片的制片方和发行方将影片细化定位为“爱情治愈片”，突出“治愈系”的概念，打出“爱，就疯狂；不爱，就坚强！”的宣传标语，特别强调这不是充满失恋悲观情绪的作品，而是一部告诉人们如何重新振作，积极面对生活的疗伤电影。相反，《钢的琴》的定位就比较宽泛。中国电影市场对文艺片有着天生的排斥，该片的基本定位是“具有文艺气质的喜剧片”，可以看出电影希望借娱乐性和商业性吸引更多观众而做出的妥协。两个关键字“文艺”和“喜剧”太不具体，属于空洞的类型概念。同时影片也以“亲情”“友情”“爱情”作为诉求点，但这些概念同样都太过笼统，没有有效地表现出该影片的特色。《钢的琴》讲的是下岗工人陈桂林为了与前妻争夺女儿的抚养权，也为了女儿的梦想，在工友的热情帮助下为女儿制作一架钢琴的故事。该片一反以往下岗工人题材影片中尖锐伤痛的表现方式，叙事风格上表现为黑色幽默，以一种颇具戏谑的色彩刻画下岗工人的无奈伤感。影片中还流露出浓重的对 20 世纪 90 年代工业时代的怀旧情绪。因此影片的定位营销完全可以以“怀有旧工业时代情怀的黑色喜剧”为中心，突出“父爱”“下岗”和“制作钢琴”等关键字来吸引受众。

（二）发行

电影发行处于电影产业链的中间环节，从整个电影产业链的各种经济关系来看，它又是电影经济的中间环节。随着发行窗口的开启，在“扩窗”过程中，发行环节自然就处在了至关重要的位置，在发行这一环节要做好宣传工作，这不仅对影片的票房至关重要，对其相关的电影产品的开发也举足轻重。对这种无形产品的宣传，要尽可能使“无形产品有形化”，即要尽可能使顾客看到某些有形的“证据”，比如精美的海报、片段等，甚至允许顾客参观拍片现场。

无论是内容上还是广度和深度上，这一阶段对市场的调研和分析只能不断强化而不能有丝毫弱化。既要以影片的定位来选择适合的档期，也要以档期来选择适合的影片。从发行方、院线和电影院的角度来看，档期是由发行方、院线方及放映方根据影片上映的市场规律而选择的在全年范围内票房收获相对而言较集中的影片的上映日到下档日的时间间隔；从观众角度讲，档期是市场上某类潜在观众有闲暇时间并且愿意集中看到某种类型影片的时间段。[①] 通常档期分为首轮影院放映档期、二轮影院放映档期和三轮影院放映档期。一部影片的档期跨度长短通常是由发行方、院线方和放映方三者协商的结果，通常是一个月左右，但也不排除有些影片走势强劲，或者同档期内没有其他更强有力的竞争影片的出现而上映两到三个月的情况；而有些影片虽然有可能跻身院线发行，但因为影片质量水准欠佳，也会出现放映一天就被电影院撤映的可能。虽然档期是发行方、院线方、放映方所选择和制定的，但发行档期的选择必须遵循观众的选择意愿，否则就会出现有档期无市场的情况；同时也应该看到，观众档期又需要发行档期的培育和引导，才能形成良好的市场观影气候，否则会因为市场太分散，形成不了固定和成规模的档期。因此，电影档期是由观众在时间上、娱乐方式上、生活习惯上对电影的需求而形成的，并非仅仅由上述三方单独决定。

如何利用档期最大化地获得效益是电影市场营销的重点。首先，要善于开发档期。优质档期并非适合所有影片，只有找准最有利于自己的档期才有可能获益。其次，要学会利用小档期来获得大收益。大档期的票房多被大制作的影片夺去，小制作电影票房惨淡，在选择档期时绝不可一味跻身于热门档期，否则众多影片在热门档期内的厮杀只会两败俱伤。近年来抢滩贺岁档的现象日益加重，如2015年贺岁档成为近年来“史上最长的电影档”，一共长达95天，平均每三天就有一部新片上映，除了《霍比特人》《狼图腾》《天降雄狮》《澳门风云2》等大片，更有《有一个地方只有我们知道》《十万个冷笑话》《爸爸去哪儿2》等中小成本影片。这种群片混战的情形到2016年仍在继续，《老炮儿》《唐人街探案》《寻龙诀》《师父》等影片扎堆上映，为期两个月的贺岁档充斥了近三十部影片。这种档期安排虽有集中轰炸的效果，却容易使影片不能充分发挥自身的优势，对中小成本的类型片营销极为不利。最后，在制定档期时，还要善于选择“空档”，即那些被人们忽略的档期空隙。要注重二级市场、校园市场、农村市场的观众，市场的细分意味着电影发行已经由传统的粗放型进入了现代精耕细作时代。

【案例】 《富春山居图》

2013年端午节档期间，《富春山居图》尽管差评不断，但仍有接近40%的排片量，使其稳收超过两亿元的票房。与其形成鲜明对比的是包括零差评影片《逆光飞翔》、减压喜剧《大片》、动作电影《光辉岁月》在内的多部有口碑影片，集体遭遇票房“滑铁卢”。其票房失利的原因与“排片”相关。据相关数据显示，在端午节档期，除了《富春山居图》以外的多部国产影片，平均排片量不足3%。以《大片》为例，全国排片量仅为2.1%。对此，《大片》出品方北京必然秀文化传媒有限公司董事长陈见明告诉记者：“电影票房的失利，肯定有排片的原因。我们的电影在上映前，干脆有的影院直接拒绝给我们安排放映场次。就是这仅有的2.1%的排片量有许多还是无效场次。”与《大片》有着相同遭遇的还有《光辉岁月》，

---

① 夏卫国．电影票房营销．北京：中国电影出版社，2009：162-163.

制片方因不足3%的排片量，不仅和发行方光线传媒闹翻，还主动通过微博发出公告，要求全国各大影院暂停放映自己的影片。而凭借好口碑斩获台湾金马奖和釜山国际电影节观众奖的励志电影《逆光飞翔》，尽管在台湾地区上映后便立即收获了过千万元的高票房，但6月8日在大陆首映后，排片量最低时仅为1.69%。数据显示，该片截至6月16日的累积票房仅为540多万元。①

电影发行中要重点做好点映和首映两个环节。点映与公映相对，指影片先在少数城市或少数影院中预先放映，通过良好的口碑来增加电影公映期间的票房吸引力。在美国，独立电影和引进自国外的影片基本都先采取点映。国产片《赤壁》《金陵十三钗》征战北美市场时都选择点映，票房成绩则作为能否进一步扩大院线的考量。点映通常和口碑营销配合使用。比如，《疯狂的石头》当时在上海、北京等一线城市点映，并在重点影院展开“免费看电影，你当评论人”活动。通过几天时间免费放映，靠着影片好玩好看质量过硬的本体，在传统媒体和网络媒体上掀起了巨大的口碑效应。该片最终获得不俗的票房成绩，其营销模式也成为中小成本电影相继模仿的典范。

点映是为了制造并传播口碑，同时从局部来预测市场反应，对点映后的影片做些调整以更好地适应观众的口味和偏好，从而为之后影片在院线的铺开起到以点带面的作用，进而安排影片的上映规模及范围。② 点映不仅为影片带来口碑，对影院也是一样的效果，通过播放口碑好的电影，电影院的知名度和美誉度会大大提高。在进行电影点映时，首先要注意防范盗版行为，在影片还没有上映的情况下，盗版的出现对影片票房来说将是一个巨大的打击；其次要注意如何在受众中传播口碑及如何控制不良口碑的影响，若点映口碑不佳，加之媒体对此的报道，受众很可能会受此影响而放弃影院观影；最后要注意人数安排，影片点映的人数安排可能会依不同制片商、导演和影片的质量而异。此外，在选择点映地点时，制片方和导演要经过充分考虑，以此来保证影片各方面的“安全”。这与点映地和制片方的关系、影片题材涉及的内容以及影片所要铺展的市场都有很大关系。

电影首映已经成为一种特别推崇的推广方式和营销工具。为一部新电影举办首映式，其意义不仅在于增加影片票房收入，更重要的是吸引观众眼球，引来更多媒体的关注，借助媒体的报道来推广影片，获得良好的口碑效应。另外，首映还可以借助主创人员的人气为影片造势，以及利用粉丝对偶像的追崇来获取粉丝效应，这些都有利于影片的宣传和推广。

首映式要综合考虑多种因素，包括选择的城市、院线，具体落实的地方，展示的形态，准备邀请出席的演职人员，舞台的布置，座位的安排，空间的布置，需要接待的嘉宾、观众，节目内容，通过媒体告知首映式之事件，发布会结束后的媒介和院线推广渠道，结束后的链接推广活动，等等。首映式应根据影片的特点突出一两个主题，这个主题就是首映式结束后观众形成的记忆符号，通过这个记忆符号来吸引观众进入电影院。首映选择的地点通常是比较大的中心城市，因为这些城市有大量的观影需求且人口众多，院线在这一类大城市也比较庞大，在此举办首映式必会带来良好的宣传效果。但随着电影市场的发展，需要从综合角度出发来选择首映地点。首先，要考虑城市的票房潜力以及有票房潜力但还没有被完全激活的地方，或者是和

---

① 卢扬．谁是左右电影排片的幕后推手．北京商报，2013-06-21.

② 文硕．电影“盈”销传播．北京：清华大学出版社，2011：103.

影片主题、影片背景故事发生地有紧密联系的地方。其次，随着市场运作技术的成熟，许多商业影片抢着在电影节进行首映，争取成为开幕式影片或者大张旗鼓地召开发布会。最后，具体场所的选择上则不局限于电影院，它已经开始脱离影片播放而单独成为一种推广形式。为了丰富首映式，还要在形式上进行创新，例如在演员观众见面活动中增加一些有趣、有新意的内容，如请观众上台模仿剧中人物表演，让观众提问互动，并穿插赠送电影衍生品等。

（三）放映

电影的放映有实体院线与网络院线。实体院线放映的营销工作，主要由影院完成，部分工作如放映后观众反馈等可以由市场营销人员负责。这一阶段又可细分为放映前和放映后。

在电影放映前，影院方面要为观众提供优质的服务，竭尽全力为观众提供良好的消费环境、良好的设施和良好的服务，以满足观众对电影审美、娱乐的需求。如注重科技含量的大型综合型影院的建设，为观众提供更多的选择，满足不同观众层的需求。同时还可融入商业和其他娱乐业等多种经营，使影院成为观众的“终极娱乐场所”，从而更好地把握电影的市场特征，为电影营销构筑强有力的据点提供良好的条件。

合理安排影片的档期，使影片票房最大化是影院方面在电影放映前的重点工作。在票价策略上，需要有更多的创意安排。目前全国大多数首轮院线的票价定在60～90元，VIP厅更是高达120元。虽然2006年已推行“周二半价日”，个别院线还有上午半价的优惠，但这样的票价仍与我国人均收入不符。票价过高与豪华小厅影院的兴起，造成对有限的市场资源进行掠夺性和非可持续性的开采和占有，并以牺牲电影的大众性和日常性为代价，成为制约影院营销的一大掣肘，同时也加剧了盗版、网络免费电影的风行，从而使电影市场处于一个相当恶劣的生态环境之中，这些又反过来极大制约了电影营销。有些影院推出的会员卡制度、情侣套票、学生票打折以及高考学生凭准考证可以享受优惠等，这些都可以吸引更多的观众走进影院。在适当降价的同时，还必须把高质量的影片推销给广大观众，培养人们对电影本身的消费兴趣。

近年来，随着互联网的发展以及智能手机的普及，人们渐渐习惯在网上选座购买电影票，其便利的方式和便宜的价格让越来越多的人选择线上购买电影票。国家新闻出版广电总局电影专资办数据显示，2015年在线购票占比达到54.8%，2015年全年观影人次为12.6亿，即近7亿人次通过网络购买电影票。格瓦拉生活网、猫眼电影、淘票票、娱票儿等APP在线选座电影票平台是观众的主要选择。

【案例】 大众点评

随着“在线购票”的快速发展，逐渐出现两种发展模式。一种模式是把原本属于线下产生的票房搬到线上（在线购票），而总票房体量并没有明显提升，这种模式往往伴随“低价售票”获得用户和票房的现象；与此相对，另外一种发展模式，像大众点评电影O2O业务则是通过扩大对电影相关品类的用户触达，比如美食、休闲娱乐等，借助相关品类的拉动作用覆盖更多用户的消费场景，获取电影的增量用户和增量市场。

大众点评电影在线选座业务，通过与时光网、网票网等国内多家选座服务商进行合作，覆盖了全国的大多数电影院。对于用户而言，可以获得最方便、最快速的购票观影体验，一站式满足用户的选座需求；对于合作方来说，大众点评除了是一个“在线卖票平台”，还可以把大量吃喝玩乐用户转化为电影观众，为合作方开拓出观影的增量用户和增量市场，从而提升票房。

对于和多部电影的合作，大众点评依托自身城市消费平台，帮助电影片方在吃喝玩乐等本地生活领域中精准挖掘潜在消费者，帮助电影票房获取增量用户和增量市场。以大众点评联合出品的《匆匆那年》为例，此次合作中，大众点评发挥了吃喝玩乐入口以及媒体平台的作用，线上通过大众点评平台的优质广告资源以及大众点评合作伙伴包括QQ空间和微信等优质资源，线下通过地面部队锁定千万用户，帮助《匆匆那年》完成了共计2亿吃喝玩乐用户的触达，并以不到4 000万元的投资撬动了超过5.7亿元的票房。其他与大众点评进行合作的电影，票房也是相当可观。

资料来源：张瀛文．大众点评瞄准电影增量市场 撬动观影增量用户．（2015-01-07）［2018-01-16］．http：//www. docin. com/p-1481794 533. html.

电影作为文化产品，其艺术价值会带来边际效用，所谓“越欣赏越懂欣赏”。如何利用二次营销来满足观众递增的审美愉悦从而实现电影价值链的延长，成为营销实践中可供开发的一个新领域。因此，在电影市场营销的过程中，影片的售后服务至关重要。在电影放映完以后，市场营销人员需要主动接受观众的信息反馈，接受观众的建议乃至投诉，并及时反映给影院和电影制片方，以便更好地改进服务，也为将来影片的创作提供宝贵的借鉴。

网络院线放映是实体院线放映的重要补充，对中小成本电影而言还可能是主战场。2011年3月17日，乐视网、腾讯网、激动网、迅雷网、暴风影音、PPTV、PPS七家互联网公司在北京联合组建了“电影网络院线发行联盟”，随后，优酷网、凤凰视频也加入，联盟成员扩展为九家。通过网上付费点播商业模式，将互联网打造为电影发行的第二大渠道。网络院线目前基本上是传统发行的辅助品，是传统院线的延伸。大片通常都在公映后期或结束后在视频网站上进行第二次发行。但对于国产中小成本影片来说，选择成本较低的网络院线既可以节省发行资金，又可以累积人气。尤其是对于那些没有能力进入主流院线的影片，走网络发行之路正是一条捷径，因此网络院线被认为是未来中小型成本电影和独立电影发行的最有潜力的平台。《钢的琴》在传统院线中受到排挤，票房失利，但其在搜狐视频的点击率已超过500万次，可见在传统渠道上被冷落的作品在网络上不一定没有人气，再加上网络院线没有公映期限的制约，对影片的压力要小很多。为了缓解当下内容同质化严重的问题，国内各大视频网站一直在寻求突破。基于视频网站和中小成本电影各自的需求，两者可以建立联盟，优势互补，共同发展，这样一方面可以弥补视频网站内容的缺憾，另一方面中小成本影片也能找到发行与放映的空间。

二、延伸阶段

电影产业的价值链不断向电视、出版、音像、动漫、游戏、网络、主题公园、旅游、服装、玩具等关联产业延伸，形成网络状的价值链联动链环，因此可以通过产业价值链的延伸，构建新的放映平台，创造不断延伸的边际价值。

电影后产品又名后电影产品、电影衍生品，主要有两种形式：一种形式是将电影的内容和版权向电视、音像制品、图书、网络等媒介形式转换，也即传媒产业的延伸，如录像带、VCD、音乐磁带的制作发行及版权的授予、网络发行等；另一种形式是充分挖掘电影中的人物形象、声音、故事情节等，以此开发电影周边产品，也即娱乐时尚产业的延伸，如服装道具的拍卖，外景地的旅游开发，利用影片形象、电影元素用于促销宣传和销售产品，电影随片广告以及宣传渠道组合营销，等等。不论其表现形式如何多变，其实质是最大限度地发掘电影放映以外的附加产值。

电影后产品消费本质上是一种文化符号消费，即亲近、占有、欣赏、品鉴与电影相关的意义载体而产生愉悦感和满足感的消费体验。这是顾客在物质生活达到一定水准后的精神消费内容。一般而言，只有在发达的后工业社会，顾客才会对附着了精神寄托的电影后产品投入更多的关注。因此，电影营销从业人员在开发电影后产品时需要通过调研明确电影消费者的消费心理，从电影的相关性角度如特定电影的情节、人物、场景、音乐以及各种造型入手，使消费者产生情感共鸣和购买欲望，从而做出购买的决定。

在以美国好莱坞电影工业为代表的西方电影界，电影后产品的研究与开发，已成为与电影的制片、发行和放映同等重要的一个环节。好莱坞有一个著名的“火车头理论”，即电影作为火车头，它本身可能不赚钱，但它可以带动电影业的发展。在投资一部片子前，广告、音像、软件、旅游、娱乐、玩具、服装等行业的经营者会与制片人共同探讨相关产品的开发问题，他们甚至还会对剧中的人物造型提出自己的看法。在好莱坞等成熟的电影产业链条上，电影后产品是带来巨大利润的一个环节。其销售所得利润，通常会超过影片销售，在影视制作的基础上，好莱坞通过各种经营手段获得了成倍放大的利润。在美国，每年的电影票房收入仅占美国电影产业的27%，而电影后产品收入占73%，后产品收入往往是一部电影票房收入的2～3倍；而在中国，电影票房收入占到电影业总收入的90%～95%，几乎没有开发电影后产品。原因在于中国目前电影产业的影片制片、发行和销售各自为战，制片公司不考虑电影后产品的开发，电影后产品企业不参与电影前期策划，原本就稀缺的后产品创意缺乏生存土壤，使得整个产业链处于隔断状态。与此形成鲜明对比的是，好莱坞电影产业通过打通电影产业各个环节，化零为整、统筹策划，已经实现了银幕营销、电视营销、家庭影院、网络营销和相关商品开发的“五位一体”的电影市场营销体系。好莱坞的经验告诉我们，中国电影市场后产品营销，将有赖于对电影进行综合性开发的大型媒体集团的建立和运营。

电影市场的后产品营销需要注意以下几点。

（一）“后”产品的“前”瞻性

电影后产品的“后”并不是特指在电影产业链的末端，实际上电影后产品既可以出现在电影放映后，也可以与电影同期出现甚至是先于电影放映出现。同理，电影后产品营销并不意味着是电影放映后的产品营销，相反，电影后产品的营销往往要具有前瞻性。它的创意设计、宣传营销都是在电影放映前就统筹安排好的内容，它的开发要贯穿电影从生产到销售的各个环节。

（二）从需求出发准确定位目标观众

从电影的生产角度来说，只有准确调查观众喜爱的电影类型与题材，掌握观众的观影心理和行为方式，才能创作和制作出符合市场需求的电影。这一理念，同样适用于电影后产品营销。例如，《哈利·波特》系列电影的题材类型、内容、演员、场景、道具、情节和教育效果等都非常符合小孩及家长的审美观点，能真实展现孩子心中的幻想，其衍生产品的开发也很好地遵循了孩子们的心理需求，因而如电影一样风靡全球。

（三）整合渠道建立“多位一体”的营销体系

随着现代化多功能影院的出现，观众消费电影的模式已悄然发生变化，从单一的看电影逐渐转变为看电影与其他休闲娱乐共享。因此，整合渠道是电影后产品营销制胜的关键，特别是让观众方便、快捷、成本低廉地享受到电影带来的电影后产品。例如，针对具有实物形式的电影衍生品，营销人员可以在宣传中加入电影后产品的推广计划，既节约宣传成本，又为电影后产品的推广与营销奠定基础，使得影片与电影后产品形成联动机制，强化电影后产品的宣传效果。此外，针对电影内容的载体转换，营销人员可以通过电影产业链的全面贯通，实现从荧幕到电视、网络、移动终端的“多位一体”的营销体系。再如电子游戏、主题公园等衍生产品市场的营销，需要营销人员整合电竞产业、游艺产业的资源来开发更多的衍生产品，从而将电影后产品的价值链无限延长。

（四）把握节奏适时推进

电影后产品市场是一片巨大的蓝海市场，能够实现“长尾理论”的价值增值。电影后产品的整合营销贯穿于电影产业的制作、发行和放映的全过程，更是延伸到了其他相关产业部门，因此需要把握节奏，在不同阶段推出不同的电影后产品。好莱坞的经验是“时间窗”的做法，即电影后产品一般在电影首映时或稍晚于首映的一个时间推出，但并不是所有后产品都同时推出，而是分类分批地推出，即当市场对一批后产品的消化快要饱和时，再接着推出下一批后产品，就像“窗户一扇一扇被推开”，通过这种方式层层夺取与电影品牌有关的市场空间，抢占市场份额，最大化地收获品牌效益带来的价值。

【案例】 在“卖萌”营销中停不下来的“小黄人”

小黄人，圆滚滚的身子穿上蓝色工装裤，说着“胡言乱语”的台词，征服了全世界各个年龄层观众（见图11-5）。“呆萌”的胶囊造型，简单抽象，辨识度高，适合网络传播，当然也是理想的电影衍生品的原型。

早在《神偷奶爸1》中小黄人就凭借着“萌贱”的个性把影迷们给“萌翻了”，它甚至比主角的受欢迎程度还要高，所以在《神偷奶爸2》中，环球影业抓住了这一点，在电影中增加小黄人的戏份。上映10天，中国票房已突破2亿元大关，其全球总票房更是达到了9.54亿美元，登上了2013年动画电影票房榜榜首的宝座。创下如此佳绩，迷你“萌物”小黄人是最大的功臣。

比票房更火爆的是衍生产品。首先是动漫周边的开发。环球砸下2.5亿美元与超过100家特许经销商、宣传方进行合作，这其中包括麦当劳相关广告、奇基塔香蕉公司的奖票（香蕉是小黄人的最爱）、孩之宝的周边玩具、棋盘游戏以及按照小黄人佩戴的护目镜订制的3D护目镜等。这些电影衍生品为环球带来了电影票房之外相当可观的丰厚利润。

此外，环球还结合青少年的新媒体传播习惯，与百思买集团（Best Buy）合作，推出了一个名叫小黄人翻译器（The Minionator）的应用。只要你下载该应用在手机终端，就可以在看电影时听懂小黄人的语言，加强观众和电影的互动。在《神偷奶爸2》上映之前，创作团队还推出了手机游戏 Minion Rush（小黄人酷跑）。这款免费下载游戏横跨 PC、iPhone、iPad、安卓多个平台，让玩家可以在游戏中扮演小黄人。游戏推出三个月，下载量就已经破亿。

除了与产品结合的营销，小黄人还发动了一场“丧心病狂”的 cosplay。《金刚狼》《刺客信条》《蝙蝠侠》《剪刀手爱德华》，以及超级马里奥、蠢朋克（Daft Punk）乐队，甚至乱入了姜文新片《一步之遥》，不放过任何一个“卖萌”的机会。小黄人也证明了容易被“PS”的才是世界的，它在网上掀起了一阵病毒式的传播。

随着小黄人的病毒式传播，环球影城趁热打铁，在佛罗里达州奥兰多市推出了专门的主题乐园“卑鄙的我：慌乱的小黄人”（Despicable Me：Minion Mayhem）。这一主题乐园相当受欢迎，因而在2014年的4月11日，环球公司在环球影城中建造的第二个主题乐园也正式向公众开放。

小黄人的文化现象已经成为一种流行，小黄人的动画形象也成为一种品牌。从小黄人的创意设计到《神偷奶爸2》的电影宣传，整个电影后产品的开发始终贯穿电影从生产到销售的各个环节。从动漫周边到电竞游戏到主题公园，小黄人和环球影业的成功就在于整合营销的完美运用和电影产业链的全面开发。

图11-5 小黄人

第三节 数字技术背景下的电影营销

如果说现在是一个“数字时代”，很少再会有人反对。数字技术已经渗透进现代社会生活的各个方面，融入了每个人的日常生活，用麻省理工学院媒体技术实验室主任尼葛洛庞帝（Nicholas Negroponte）的话说，我们已经进入了一个“比特时代”。

对于营销而言，数字技术可以称得上是一场革命。20世纪60年代，杰瑞·麦卡锡（Jerry McCarthy）将营销组合中的众多因素概括为“4P”［即产品（Product）、价格（Price）、渠道

(Place)、宣传 (Promotion)],这一思想构筑了现代营销理论的基本框架。随着生产和供应能力不断增强,买方市场在世界范围内逐步形成,以企业为中心的 4P 理论表现出其局限性。20 世纪 90 年代初,劳特伯恩 (Robert Lauterborn) 提出了 4C 理论 [即消费者 (Customer)、成本 (Cost)、便利 (Convenience)、沟通 (Communication)],提出现代企业应该从"以企业为中心"转变为"以消费者为中心",从顾客需求、顾客成本、顾客便利和顾客沟通的角度开展营销活动。从 4P 理论到 4C 理论,最深刻的变化是对现代"消费市场"的理解。现代社会中,需求的多元异质性日益显现,消费者的需求越来越个性化,"受众分化"和"用户体验"成为营销活动关注的核心价值。为不同的用户提供有针对性的营销策略,开展深度的、全方位的互动交流成为现代营销追求的目标。而以数字技术为核心的媒体形式和技术手段,如互联网、手机、富媒体、大规模数据库等可以充分实现现代营销理念,并为开展相应的营销活动提供技术支撑。

借助数字技术的支持,电影营销可以充分利用互联网、手机、户外媒体,精准地定位核心观影人群,快速而有效地传播影片信息,降低营销成本,有效提高营销效果;在互联网和手机平台上,通过追踪和记录用户的网络浏览行为,获取并分析用户的个人喜好,划分出不同类型、不同倾向的观影人群,进行差别化的影片营销,将营销活动的关注点从少数大片扩展到消费者个性化的观影需求,从而使一些原本被忽视的"小众型"影片创造出更大价值;集中了二维和三维动画、影像和声音的富媒体同时具有影音的娱乐特性、文字的力量、情感以及游戏活动的心理体验,汇聚了众多媒体的优点,借助与用户的多层次交互,富媒体可以通过增强用户体验使营销活动获得更为有效的传播。

一、精确定位

从《英雄》开始,中国电影看到了在市场上赚大钱的机会,这部影片的强势宣传运作显现了影片推广的重要性以及营销在票房上举足轻重的地位。靠一张海报、一个广告拉动电影票房的时代已经过去了,只有采取有力的营销攻势才能为影片创造票房奇迹。自此以后,电影营销计划越来越庞大,投入的费用日益高涨,《千里走单骑》的首映庆典上出现了从加拿大空运过来的一座超大型魔幻剧院,耗资 1 800 万元;为《十面埋伏》首映而在北京工体举办的大型晚会耗资逾 2 000 万元;而成本为 3 亿元的影片《无极》,制片人陈红更宣布投入 1 亿元的宣传费用,营销成本比例直接向好莱坞大片看齐。从营销角度而言,投入巨额费用并不可怕,可怕的是投入的费用遭到了浪费。从诞生之日起,广告和宣传就伴随着浪费,因为传统的营销方式总是不可避免地在非目标群体中投入大量的资金与精力,影响营销活动的投资回报率。19 世纪末,美国百货零售业之父约翰·华纳梅克 (John Wanamaker) 曾提出这样的困惑:"我知道我的广告费浪费了一半,问题是我不知道哪一半被浪费了。"这句堪称经典的"牢骚",历经一个多世纪之后,至今仍然是营销活动中的一个难题。

数字媒体和数字技术可以帮助电影制片人更加准确地定位影片的目标人群,使影片信息和营销活动准确快速地到达潜在消费者,从而提高营销效率,减少营销费用的浪费。准确定位可以从消费能力和消费行为的角度入手,户外电视观众和高端手机用户能为电影营销提供有效的客户群体。举例而言,分众传媒的液晶电视系统,遍布全国一百多个城市的高端商务办公楼和机场巴士、宾馆酒店,信息传播对象月平均收入在 7 000 元以上,年龄在 25 岁至 50 岁之间;经营机场及机载电视系统的航美传媒,覆盖全国 25 家主要机场和多家航空公司,信息传播对象是乘坐飞机出差的中高端商旅人士；还有移动通信的高端用户，如每月通信费用支出在500元以上的人群。具有上述这些年龄、收入、消费行为特征的人群恰恰和具有电影消费能力和消费习惯的人群特征高度重合。因此，通过楼宇电视、机场电视和手机发送电影营销信息可以获得良好的到达效果。

除了通过特定区域锁定电影营销对象，还可以在互联网上通过多种形式聚集、筛选和拉拢具有观影意向的重点人群。电影社区、论坛和博客群是聚集电影爱好者的场所，在此可以获取各类影片信息，并且把个人对影片的感受和评论上传发布，相互讨论，形成传播热点，塑造出有利于营销活动的具有共同兴趣的用户群。新浪的“观影团”和影片《命运呼叫转移》借此开展的营销活动是一个典型案例。“观影团”是一个网友中电影爱好者组成的网络社区，通过各种活动形式，积极促进网友与影片互动。通过“抢票”、观摩、评论等一系列具有特色的活动，形成信息的传播和共享、观点的碰撞与升华。“观影团”所聚集的人群，代表着国内主流电影消费的中坚力量，除了不折不扣的电影发烧友身份外，他们往往还是网络舆论中最活跃的因子，在自身具备可观消费能力的同时，还凭借网络赋予的强大话语权影响着票房走向。以“观影团”社区为基础，《命运呼叫转移》联合新浪网开展了一系列营销活动，通过新闻追踪、视频报道、图片展示、博客评论等手段，为影片造势；影片点映时，在网站社区举办北京、上海、广州等五城市的免费领票活动，拉近影片与影迷的距离。这些营销活动最终获得了良好的回报，影片上映首周票房即突破千万，这充分说明借助新媒体形式可以准确聚焦营销重点对象，对电影营销起着事半功倍的效果。

二、受众细分

“在互联网上，没有人知道你是一条狗。”这种说法曾在虚拟的互联网世界风靡一时。然而时过境迁，如今在互联网上，人们不仅能够知道你是京巴还是松狮，精明的宠物产品商甚至可以根据你的网络行为而判断出你喜欢什么口味的狗粮及宠物玩具，来精准推广他们的产品。

随着技术的发展，互联网、手机等数字媒体可以追踪用户行为、研究用户偏好，这是新媒体得天独厚的营销优势。通过电脑或手机上网，每个IP（网络协议）背后网民的上网行为、浏览习惯、注册信息、点击频率都可通过技术手段获取、挖掘。通过对上述内容的长期积累和深度分析，便可以了解用户行为和喜好，按照每个用户的行为特点、地域、兴趣爱好等挑选最匹配的营销信息。以手机广告提供商分众无线为例，它的WAP（无线应用协议）用户数据库中有8 000万个用户信息，并为每一位手机用户分配唯一对应的ID（身份标识号码）。当手机用户在访问WAP网站的时候，该手机号码的来源地域、WAP网站来源、手机品牌型号等信息通过技术手段被获取，然后通过对用户的访问习惯、常用服务类型等信息的长期积累和分析，判断用户的性别、收入等更多信息，并将这些信息储存到庞大的数据库中。当该用户再次访问WAP网站时，分众无线的“用户身份识别系统”会对用户的身份进行识别，并在数据库中查找其对应的属性。而与之配套的“受众属性挖掘平台”，则是对用户的操作习惯进行分析、挖掘和积累。在用户的浏览过程中，会对用户的浏览习惯和点击记录进行积累和分析，经常浏览和点击的频道、内容和广告，其兴趣属性就会上升，反之则会减少。比如一个人经常访问美容频道，系统通过对其访问习惯的记录、分析和挖掘，数据库中该用户的属性会慢慢积累，系统将从广告库中挑选最匹配的美容类广告信息，投放到用户手机终端上。

这种能追踪用户行为和喜好的数字化系统可以为电影营销活动提供很多新鲜的思路。首先，通过对不同类型观影人群的划分，可以扩展营销范围，进行差别化的影片营销，将营销活动的关注点从少数大片扩展到消费者个性化的观影需求。现代社会是一个兴趣和爱好分化的时代，更加注重差异和尊重个体，从“雅俗共赏”走向“雅俗分赏”。正是因为这样，市场需要具有差异的多元化产品来满足人们的不同需求，电影市场也是如此，应该为观众提供各种类型、各种风格的多样化电影作品。目前，中国电影的年产量已超过500部，其中只有很少的十部左右是热门的“大片”，而剩下的多数票房寥寥。这其中原因众多，但资金缺乏、营销缺位，造成很多影片不为人所知是重要的一点。在营销成本低廉、营销目标明确、营销效率倍增的数字化媒体和数字化技术支持下，数量巨大、内容多元的“非热门”影片可以有更多的机会展示自己，吸引人们的注意力，成为电影消费的选择。

其次，电影爱好者访问电影网站、栏目时，就可以按照数据库中记录的用户信息，包括用户的兴趣爱好、观影倾向等挑选最匹配的影片信息优先显示。一个武侠片爱好者与一个文艺片爱好者，在访问同一个网站的页面时，第一眼看到的影片广告并不相同，因为系统已经记录了他们的行为习惯和喜好，广告的设定不再千篇一律。这样，在先进的技术支持下，凭借较低的成本就可以使电影营销不再局限于少数几部“大片”，一些原本被忽视的“小众型”影片可以创造更大价值，观众的多元化需求也能得到更好的满足。即使对于同一部影片，营销活动也可以针对不同的目标消费人群设计相应的营销重点，从而更加准确地打动受众。同样一部影片，不同年龄、不同教育背景的观众关注的重点并不一样，比如《建国大业》，它是一部反映特定历史事件的主旋律影片，影片汇聚了一百多位影视明星，但“《建国大业》上映，观众兴奋点大相径庭，50后、60后观众关注影片的历史感和教育意义，而80后则主要被影片的全明星阵容吸引而来”①。实际上，几乎每一部影片都有多种营销价值，在数字技术的支持下，营销活动完全可以根据访问用户的类型，设计完全不同的卖点，来吸引和打动他们。

三、互动交流

传统媒体与网络、手机等数字媒体最本质的区别在于，前者的信息传播是单向的，而后者则可以通过传播者与受众之间的互动，形成一种全新的沟通关系。

在互联网和手机平台上，富媒体是一种新型的信息传播方式，通过和受众之间多种形式的互动，不仅能传递信息，还能吸引消费者积极参与、主动体验，产生良好的营销效果。借助富媒体开展的互动营销方式有以下一些特点：一是参与性。在以消费者为中心的现代营销过程中，面对眼花缭乱的消费选择，要让消费者产生好感，必须摆脱宣传灌输式的形式，让消费者在互动参与的过程中不知不觉地沉浸其中，自发产生兴趣和好感。在线小游戏、上传视频或图片、知识答题都是吸引用户参与、体验的常用形式。二是趣味性。用户是否愿意参与互动活动，在很大程度上取决于内容能否吸引人。Flash小游戏就是一种常用的趣味形式，这类游戏一般难度较低，具有较强的趣味性，任何人都可以参与并且乐于参与。它不仅能聚集人气，还可以将品牌和产品信息在愉快的参与中潜移默化地传递给受众。三是奖励性。一定的奖励是互动营销形式吸引人气的重要途径。愉快的参与体验加上诱人的物质奖励，是用户愿意注册并主动参与其中的重要保障。

富媒体这种形式在电影营销中得到了初步运用，《无极》《七剑》和《疯狂的石头》等影片

---

① 于音.《建国大业》兴奋点：50后“看历史”，80后“数星星”.新闻晚报，2009-09-17.

的营销中采用了富媒体的形式，获得了一定的效果。随着电影营销策划者对网络、手机等数字化媒体平台的进一步重视和关注，富媒体和互动营销形式将获得更大的空间。①

除了富媒体之外，社交网络也是电影互动营销的重地。郭敬明在营销电影《小时代》时就运用了微博作为营销手段之一，利用自己庞大的粉丝规模，与受众进行互动，吸引受众的注意力，调动起粉丝的好奇心，如让粉丝猜自己演出的角色等（见图 11－6），使得影片还没上映就打上了“万众期待”的标签。

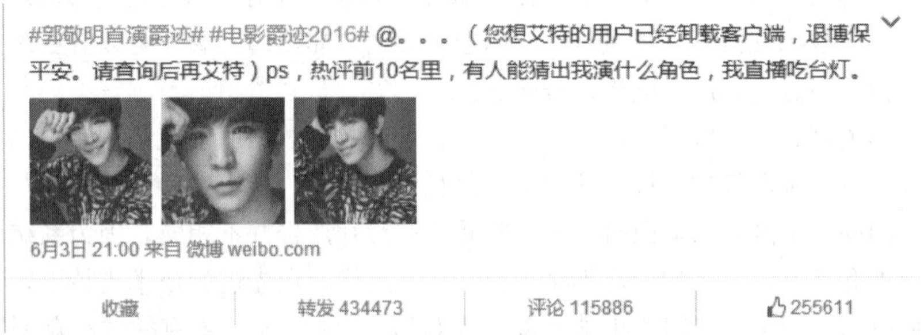

图 11－6　郭敬明微博

结语

很多成功的营销案例都是事后的经验总结，具有参考性但不具有放诸四海而皆准的作用。成功的电影市场营销没有所谓的法则，因为一切的市场运作法则都是可以被打破的。真正的电影市场营销要在实践中结合动态的社会发展状况不断创新和完善。

乔布斯曾说：“市场需要一种以产品为导向的文化，在技术公司也是如此。产品人不再是推动公司前进的人，而是由营销人推动公司前进，这种情况是最危险的。”创意永远是拉动电影产业发展的火车头，电影营销的成功也来源于不断的创新。作为以内容为王的创意产业，电影市场营销应当始终坚持内容为王的策略，唯其如此，中国电影产业才有可能获得长久的发展。

推荐阅读资料

1. 文硕．电影“盈”销传播．北京：清华大学出版社，2011.
2. 詹庆生．欲望与禁忌：电影娱乐的社会控制．北京：清华大学出版社，2011.
3. 夏卫国．电影票房营销．北京：中国电影出版社，2009.
4. 利特曼．大电影产业．北京：清华大学出版社，2005.
5. 李伯曼．埃斯盖特．娱乐营销革命．北京：中国人民大学出版社，2003.
6. 吴春集．中国电影营销：理论与案例（1993—2002）．上海：上海交通大学出版社，2012.

① 吴振华．精准、分众与互动——数字技术背景下的电影营销．当代电影，2009（12）．

第十二章　演艺营销

文化产品因其独特的艺术属性，常被诟病是否应与商业有紧密的联系，但随着我国文化艺术领域内产业化步伐的加快，文化产品走向市场已经成为必然的选择。在这样的趋势下，社会各界对于文化艺术领域发展的讨论就不应再局限在商业和艺术的矛盾冲突上，而更应关注文化主客体如何在市场环境下更好地发展这一问题了。

改革开放后，我国演艺市场实现了全方位的开放。随着市场机制的引入，演艺市场中“以观众需求为出发点”的营销理念也逐渐成了各演艺组织关注的焦点。而以往营销意识欠缺、没有形成营销理念、营销队伍不规范、营销手段不完善、缺乏专业营销人才等导致营销队伍在市场化中所起的中介作用不够突出，有些团体甚至没有专门从事营销的部门，使市场在某种程度中陷入了“多演多赔、少演少赔、不演不赔”的境地。我国演艺市场的繁荣，从一个层面反映了我国社会文明发展的程度和文化实力的提升，更是全民综合素质和思想文化修养的重要体现，同时展现出了一个地区文化发展的成果。所以，演艺市场在宏观上应该如何发展、在微观上应该遵循何种路径，都有着极其重要的理论和实际意义。其中，营销在市场定位、市场运作和市场发展中发挥着不可替代的重要作用。

自我国加入世界贸易组织以来，市场的开放给我国的演艺市场带来了很多机遇，同时也带来了新的挑战。这就促使我们更要不断完善、不断创新，才能在优胜劣汰的竞争中力争上游。而在进行营销研究时，我们要尊重艺术、尊重市场，按艺术和市场的双重规律办事。虽然我国的社会主义文化市场已经走过了三十多个年头，但它毕竟还是新生事物。我国演艺市场发展的历史不如西方发达国家那样长，经验也不如它们丰富，但我们的后发优势是可以通过对国外先进理念的研究找寻到适合中国演艺市场发展的准确道路和方法。此外，我国有着源远流长的文化史，文化资源丰富，有着相当大的发展空间。

第一节　演艺市场的特征与分类

表演艺术一直以多样的表现形式吸引着大众的关注。走进同一个剧院，人们可以选择欣赏一场新年交响乐庆祝新一年的到来，欣赏一次民族舞剧感受中华各民族的多样文化，观看一回多媒体杂技体会感官的多重刺激，抑或观摩一场探讨生活哲学的实验话剧。表演艺术的形式变得越来越细化，不同的观众就成为不同市场的目标群体，成为组成演艺市场的关键因素。艺术走向市场总会引发社会各界对于艺术与商业是否完全对立，或是如何减少其间的矛盾和冲突，从而实现有机结合和发展的讨论。而表演艺术作为文化领域内可能最早走向市场化的形式，形成了具有鲜明特征的演艺市场。

一、演艺市场的特征

作为文化产业的重要市场，演艺市场中主客体与受众的相互选择、演艺产品与市场营销之间的互动联系以及艺术与商业的有机结合，使得市场呈现出前所未有的活力和独特性。一般情况下，市场由主体、对象、产品、渠道四方面组成。演艺市场则由演艺团体或个人、消费者、演艺作品以及营销四方面组成，它们互相影响。作为市场中的主体，演艺团体兼具了产品创造者和表演者的双重角色；消费者，即通常所说的观众，出于各种需求对主体提供的产品进行选择性消费；演艺作品由主体创作和表演，供观众消费；营销则需将前三者进行有机的整合以提高演艺市场的活跃度和全面性。

（一）多样性

不同于其他文化艺术市场相对较为单一的产品，演艺市场能够针对不同消费者的各种需要提供不同的产品。年轻消费者可以选择流行演唱会、爵士乐、话剧等大众艺术产品来满足社会交际的需要，他们也会选择诸如交响乐、歌剧等高雅艺术产品来提升自身的艺术修养。同样，职场成功人士会为了商务的需要而出席一场慈善性质的演出，他们也会陪伴家人观看一次正在进行世界巡演的商业性演出。了解消费者的行为是一个市场能够健康发展的关键。一般来说，消费者多样性选择源于不同的环境因素、文化因素、社会因素、心理因素和个人因素。所以，只有在对消费者的动机、偏好和行为都有所了解和把握的情况下，处于市场中的组织、企业和政府才能有方向性地进行自身定位和策略选择。欧洲人常被认为出席艺术活动的情况比美国人更踊跃，这正是欧洲拥有更为久远的文化历史的缘故。在欧洲，艺术有很深的社会根基，在这样的基础上，政府只需顺势提供一定的支持和补助，就会使出席艺术活动不再仅仅是上流社会人士的专利，更多的工人阶层也会乐于投身其中。

多样的产品在使消费者有更多的机会选择不同产品的同时，也让演艺市场自身不断地进行着差异性定位和细化发展。非营利性演出团体会更多地从社会功能性的角度出发，承担起市场中艺术教育和艺术宣传的作用。而营利性演出机构为获得利润最大化和相应的经济效益会更多地采用非艺术领域企业的商业运作方式。当然，这样的划分并不是完全割裂开的。非营利性组织也需要为可能达到的观众规模最大化和经济效益的提高而采用市场营销的方式，而营利性机构因为其艺术特质也会起到艺术宣传推广的作用。这将是由艺术的本质所带来的下一个演艺市场的特征。

（二）艺术商业化

虽说艺术界永远不敢奢望其经济效益的成长能像产业经济一样大幅跃进[①]，但演艺市场却提供了一个让艺术和商业可以发挥出各自优势的平台。

当古代的街头艺人第一次在街上摆开阵势向公众展示自己技艺的时候，表演艺术注定就是

① Bain W C，Baumol W J，Bowen W G. Performing Arts：The Economic Dilemma//Kotler P，Scheff J. Standing Room Only：Strategies for Marketing the Performing Arts. Brighton：Harvard Business Review Press，2004：13.

需要交流和共享的，走向市场是表演艺术得以维持和发展的唯一途径。在这样的背景下，商业的介入也就顺理成章了。商业运作解决了表演团体日常运作和艺术家生计问题；专业化的管理使艺术团体的功能和职责都发生了极大的转变；市场营销为演艺打开了市场，扩大了影响力。当然，很多艺术界的专业人士极力反对将商业的经营活动引入其中，他们认为这会让艺术走向毁灭。但在全球经济化的浪潮下，这样的观念已不能与“艺术商业”这样的理念相抗衡了。特别是在演艺市场中，演艺产品需要必要的宣传来为大众所知，而消费者则需要一定的激励或刺激手段让他们来消费产品。而一般的演艺产品常会演出较长的一段时间，如一个表演季，除了保持艺术的高水准外，还需要持续的商业运作让大众来进行消费，而不能仅靠他们对于新生事物的好奇而产生的消费冲动。

此外，随着大众艺术和高雅艺术的相互渗透，艺术与娱乐不再对立。最初，人们对于艺术与娱乐的不同认识源自两者不同的运营模式。表演艺术节目常常是由非营利性团体安排的，而通俗文化则会由企业根据市场的需求来进行投资。其实艺术本身并没有太大的差异性，这只是不同性质的组织在演艺市场上不同的价值取向造成。而如今，这样划分的意义已被市场规模最大化和观众规模最大化等一系列市场营销概念所取代。这也就使得艺术与娱乐开始融合，娱乐背后的商业其实也已经在演艺市场中与艺术和谐并存了。

（三）教育性

对艺术的热爱和鉴赏要立足于对艺术的参与，而出席一次次的表演艺术活动是人们自我的实现，是心灵的需求。艺术教育一直被视为艺术创造与消费的最有力指标，其影响力远远高于社会地位、血统/种族以及性别等其他因素。[①] 随着大众接收信息的渠道越来越多样，走进剧院欣赏一次演出已经被电视、电影、网络等所取代，但只有参与艺术活动才能真正地体会到其中的真谛。于是，教育机构开始开设艺术课程来提高孩子们的审美情趣。它们在课上向孩子们传授艺术的基本知识，让他们聆听和观赏经典的演出片段，或是教授一些基本的演奏技巧。从根本上讲，这样并不能代替一次在剧院里欣赏艺术的经历。对于成年人来讲，物质的满足需要有精神上的实现来体现。演艺市场将给整天忙于工作的人们一个放松的机会，而其具有的教育性又能在不给消费者带来压力的情况下提升自身的修养，可谓是一举两得。

二、演艺市场的分类

对演艺市场的划分和构成的分析是为了对拥有不同需求、偏好和行为的各类市场及各类群体有所把握，以便更好地为策略性营销找准市场机会，拓宽或调整市场所提供的演出内容等。

根据市场属性、人口统计学变量等维度都可以对演艺市场进行划分，但由于演艺市场自身的特性，对于市场的划分总会出现无法穷尽以及无法完全割裂的情况，而本小节试图从生产模式的新角度对演艺市场进行时间发展脉络上的细分，希望能够在一定程度上对演艺市场进行全新的解读，并为市场营销策略的谋划奠定明晰的理论基础。

（一）传统划分方法

专家学者在对演艺市场进行划分时，通常会从演艺市场的属性入手，如演出产品、演出周

---

① Bergonzi L，Smith J. Effects of Arts Education on Participation in the Arts，Research Division Report 36. California：Seven Locks Press，1996：32-47.

期、演出形式、演出覆盖范围和演出性质等方面。从演出产品上来说，有演唱会、话剧/音乐剧、音乐会/歌剧、舞蹈/舞剧表演、戏曲/曲艺、魔术/杂技/马戏等。从演出周期来说，可分为短期、中期和长期演艺市场。短期演艺市场上上演的产品持续场次一般为在10场以下，时间不超过一个季度，小剧场话剧就较为典型；中期演艺市场的产品演出场次在10至30场之间，时间不超过一年，如明星演唱会等；长期演艺市场的产品演出场次通常都在几十场，甚至上百场，而持续时间也通常较长，上海音乐厅上演的星期广播音乐会就属于此类。根据演出形式可以将演艺市场细分为传统剧目市场，如古典芭蕾舞、传统戏剧和经典歌剧等，以及创新剧目市场，如新媒体与各种演绎产品的结合以及脱离剧院模式的新型表演模式等。在演出覆盖范围上的划分，主要分为社区、城乡、全国、全球。社区型演艺市场主要为公益性演出，旨在满足和丰富大众基本的精神文明需要；城乡演艺市场又可再细分为城市和乡村两部分。在城市中的演艺市场是商演和公演共存的市场，而乡村则主要以公益性演出为主；全国的演艺市场是向一国内所有公民和居民开放的市场，大众可以根据自己的喜好选择欣赏各种表演艺术；全球演艺市场的对象是世界所有公民，各国因其不同的政治、经济和文化上的因素会对演艺市场的发展有不同的定位和路径，从而使世界演艺市场呈现出丰富的多样性。

就人口统计学的角度上，可从年龄结构来划分，主要可分为儿童演艺市场、中青年演艺市场和老年演艺市场。儿童演艺市场常上演兼具娱乐性和教育性的产品，寓教于乐。他们的消费能力也极大地依赖于成年人，如儿童剧市场。在培养儿童对于艺术有一定欣赏力的同时，也将一定的价值观念融入其中。中青年市场上观众人群最多、消费能力最强，而产品种类也最为丰富，涉及生活各个方面。随着全球人口老龄化，老年演艺市场逐渐受到关注。该市场的产品通常为传统剧，一般为非营利性市场，观众消费能力相对较弱。

市场划分的方式很多，以上这些传统的划分方式能在一定程度上帮助专家学者在对演艺市场进行研究分析时更为便捷和具有目的性。但是由于演艺市场的特性，传统的划分方式很难将各种类别市场的外延完全独立开来，而不发生重叠的情况。

（二）按照人类文明轨迹的划分方法

人类文明的发展经历了农耕文明、工业革命到如今信息时代的种种转变。社会的推进源自人们对于自身认识的深入，特别是在生活生产模式上。男耕女织、日出而作日落而息是农耕文明最为典型的生产模式；大规模机械生产属于工业革命的产物；信息时代带来的是网络的无边界式发展。文化艺术发展往往紧随人类经济和社会发展的脚步，演艺市场发展也经历了农耕、工业和信息等生产模式阶段。

民以食为天，农耕社会是人类发展的基础，各类文化艺术形式也从中逐渐形成。耕作时随意的哼唱是戏剧的前身，庆祝丰收的舞动是舞蹈发展的基础。作为四大文明古国之一的中国，自古就以农业为国家发展之本，诸如二人转、东北秧歌、花鼓戏、皮影戏等传统中国演艺模式都源自劳动人民的生活感悟和智慧结晶。以农耕文明为背景发展而来的演艺市场，具有源自生活的创作以及浓郁的地方劳动耕作特征的表演方式。如今，农耕时期的演艺模式大多积淀成为一国或一地区的传统文化精髓，但社会的急速发展也使得一部分传统演艺产品面临着失传，市场面临消失的危险。这就对市场中的营销人员带来了严峻的考验，特别是在我国，农民群众是演艺市场中不可忽视的一个庞大群体。2006年5月20日，陕西华县皮影戏经国务院批准列入第一批国家非物质文化遗产名录。民俗活动成为皮影戏赖以生存的土壤，而皮影戏正是紧紧围绕着农村广大群众的生产生活和风俗而产生并不断演变发展的一种纯粹的民间艺术。自封建社会历朝历代以来，广大农村中的祈神祭祀、社日庙会、秋神报赛及一家一户的结婚、添丁、祝寿、丧葬、节日庆典、酬神还愿等民俗活动都离不开皮影戏助兴。

农耕时期的演艺表演除了来源于大众的生活外，还与人们的信仰紧密关联。对于自然的未知和憧憬，使人们开始了祭祀等自然崇拜活动。在欧洲，最早的演出就始于希腊人的自然崇拜活动。规模宏大的祭祀典礼上，诵读、吟唱、舞蹈等演艺模式一一呈现，在不经意中演艺市场已然形成，并且初具规模。再者，宗教信仰在农耕社会更是人们无法取代的精神力量。而在演艺市场上，最为典型的就是宗教音乐的演出和传播。交响乐的前身是教堂音乐，合唱队的形式也受到过唱诗班的影响。如今，信仰类的演艺产品依旧存在，如张艺谋的“印象”系列等很多的旅游演艺市场就是在此基础上发展而来的。

工业革命的洗礼带来的不仅是经济生产的快速发展，也给人们的文化艺术生活带来了全新的改变，各类市场飞速诞生并发展起来。演艺行业在如此的浪潮中，其表演产品得到丰富，演艺市场得到扩大，其艺术性与商业试图被完美结合起来。如今我们生活中最常见的演艺产品，如音乐剧、话剧、杂技、魔术等，都是在工业革命之后开始进入人们的文化艺术消费市场中的。声、光、电的使用，机械手臂的舞台搭建，这些客观的外力条件使演艺市场的硬件条件越来越完善；在软件上，创作者在工业进程中寻找艺术最后的栖息地，表演者将生产方式的转变融入演艺再创作中，消费者握有了更多能够消费文化艺术产品的物质条件，转而去寻找那原先的精神家园。工业革命后，演艺市场因其丰富的产品以及与人们日常生活的紧密联系成为文化产业化的生力军。音乐剧就是20世纪出现的一门新兴的综合舞台艺术，集歌、舞、剧为一体，广泛地采用了高科技的舞美技术，不断追求视觉效果和听觉效果的完美结合。市场一般也具有一定的生命周期性，就如同产品一样，分为导入期、发展期、成熟期和衰退期。就演艺市场的现状来说，这些从工业革命之后发展而来的演艺产品经过几十年的发展已经普遍进入了成熟发展期，有一些甚至出现了衰退的迹象。这些市场中既有忠实的消费者，也同样存在着潜在消费者，不同的市场如何在高速的生活节奏中进行有效的营销进而将大众吸引到剧场中进行演艺的消费是工业文明留给演艺市场的营销挑战。

手机、网络这些电子交流媒介的发明将人们推进了信息社会，而21世纪更是信息爆炸的时代。在广阔的资讯世界里，演艺市场也开始了全新的开拓过程。经过简单与电脑技术嫁接的视频播放时期后，演艺产品中的文化元素被融入网络中，一种全新的市场模式，即没有实体市场的互动性运作形态正处于开创之中。在此背景下，中国互联网演艺平台陆续诞生。2005年天鸽的9158聚乐网正式上线，2006年呱呱涉足视频互动领域，2008年呱呱视频社区开始公司化运作，2009年六间房由视频网站开始向互联网演艺平台转型，2010年我秀正式上线，2012年YY推出视频互动服务功能。随后众多互联网娱乐平台开始涉足互联网演艺，如酷狗推出“酷狗繁星网”、优酷推出“来疯”视频直播平台、网易推出“BOBO娱乐”等，互联网演艺平台进入了快速发展期，竞争愈演愈烈。此外，第一视频集团2009年春节期间制作的网络春晚，其演出采用了全景式多机位直播技术和互联网视频直播同页面多屏幕用户自主导播形式。网民观众可以在电脑页面上看到由11个机位、12路信号提供的多个视角画面，通过鼠标点击感兴趣的内容，实现自主导播。据统计，截至2016年12月，中国网民规模达7.31亿人，网络视频用户达5.14亿人，这意味着网络演出的消费市场空间巨大。然而，如何实现客户价值最大化，如何建立有效的盈利模式？网络演出制作及运营单位仍需要更多的尝试和摸索。随着信息技术的不断更新，处于其中的大众必将接触到更多样的演艺市场，他们会在市场中具有多重身份和角色，运营单位需要在电脑技术、演艺产品、市场营销等多个领域内游走，这为演艺市场的发展创造了新的平台，但同时也对营销策略制定设定了更多的技术上和沟通上的新课题。

第二节 演艺市场营销的流程

20世纪80年代末，一位名为马克·兰德尔的记者针对大规模调查费城地区文化观众的行为提出，营销对艺术毫无作用，只能对艺术造成伤害。“艺术家和营销人员所做的完全相反。艺术家必须做他们该做的事情，而后才能希望获得人们的喜爱；而营销人员则是先找出人们喜爱的事物，而后再去想办法满足这一喜爱。”为回应兰德尔的观点，菲利普·科特勒在《票房营销》一书中将营销导向置于艺术使命和艺术视野构成的情境中加以定义：“营销不会要挟、强迫艺术放弃原有的艺术观点，它并不是‘强卖’或欺骗性的广告。它是一种创造交易并影响行为的稳健、有效的技术，如果运用得当，它对交易的双方都有好处。”[①] 可以看出，赞同“将艺术卖给大众会消磨艺术的本真”的人，是混淆了高雅艺术与文化演艺的范畴。高雅艺术包含于文化演艺内部，是文化演艺的子集而非文化演艺的全部。高雅艺术的高贵性的确值得维护，但其艺术性的磨损与否并不取决于是否进行了营销，而是取决于艺术家的态度及其坚持的艺术理念，与营销并无直接联系。何况，文化演艺本身就是商品化的艺术表现形式，营销则是促进其长远发展的必然途径。文化演艺市场营销就是从演出经营者的立场出发，以观众为对象，研究演出经营者如何面对市场面向观众，以观众需求为中心，通过现代市场运作方式把演出这一特殊的舞台艺术品销售给观众，在满足观众需求的同时，使经营者获得最大利润的全过程。

文化演艺市场的营销过程大致分为六个步骤，即划分市场，选择目标，定位节目，演出制作与定价，广告、促销与公关，销售与售后服务。

一、划分市场

划分市场即把消费者整合成数个相似的群体，在拥有不同需求、偏好和行为的不同种类市场中明确标示出各种群体，以便演艺团体根据市场划分制定出服务于某个特定区域的节目安排。

对某个特定的市场进行区域划分有很多种方法，而演艺团体最常使用的划分市场区域的变数，是人口统计学中的因素，即年龄、性别、收入、受教育程度、职业、宗教、种族、家庭规模、家庭生命周期的阶段以及地理性因素等。科特勒在《票房营销》中提到的观点是：“组织通常选择结合两个以上的人口统计学变数以划分市场的区域，受教育程度和收入，就是表演艺术活动出席率的两个主要指标。同时拥有高水平的受教育程度和收入，可说是比任何其他单一变数都更具代表性的出席率指标……增加更多的如职业以及生命周期阶段等变数，只不过是丰富了分析的内容而已，实际上没有太大的助益。”另外，科特勒在书中还列举出了多种创意的变数应用方式。

---

① 科特勒，雪芙．票房营销．北京：中国人民大学出版社，2004：31.

（一）PRIZM 地理群体划分方式

PRIZM（Potential Rating Index for ZIP Markets，根据邮编制定的潜在市场等级指数）是依据“物以类聚”理论，参考了教育和富足程度、家庭生命周期、都市化程度、血统和种族、流动性五大类共计 39 项因素将美国居民分为 62 个不同生活形态的群体，比如某一类人少年得志、某一类人住在城市黄金海岸等。营销人员可以利用此划分依据回答“哪些群体是最有价值的顾客”“哪些市场、表演场所和促销媒体为我们提供了最佳的成长机会”等问题。

（二）性别区域划分方式

调查发现，女性在表演艺术活动的出席者中占了大多数。很多情况下，男性之所以出席艺术演出就是为了陪伴女性，而做出出席决定的仍然是女性。从个性倾向方面去考虑原因，女性的特征主要表现在表达力、感性以及集体行动导向方面，而男性的特征则主要表现在独立性、活动力和自我导向方面。因此，营销者应该将其目标瞄准在那些能刺激消费者参与的人格特征上，也就是表达力和集体行动的倾向上，而不是仅仅把目标设定为女性而已。同时如果突出演出的活动力，那么男性也可以成为演出的目标人群。

（三）生活形态区域划分方式

生活形态衡量方式结合了心理学和人口统计学的衡量方法，又称为“心理人口统计学”方式，它比传统的社会经济特征更加有效，比性格区域更加具有动态性。目前已经有数种不同的方式可以用来表示各种生活形态的群体，其中大部分是以消费者的活动、兴趣和观点作为衡量的基础。例如阿兰·安德瑞森通过从受访者中获得的休闲活动信息，按照是否出席交响乐和戏剧演出将群体划分为消极的家庭至上者、积极的体育狂热分子、内在导向的自给自足者、积极的家庭至上者、文化顾客和社交活跃者。研究人员发现以审美需求为主导的文化顾客和以社交需求为主导的社交活跃者的交响乐和戏剧演出出席率最高。再如研究人员按照文化的、人口统计的、社会的以及家庭的生活形态特征将费城的文化市场群体划分为年轻的传统主义者、坚定支持者、年轻的追随时髦者、家庭至上者和充满自信的捐献者。

在划分市场区域时，需要注意划分的区域要相互独立且全面覆盖，要有标准衡量的可操作性与实用性。在实际划分区域的操作中，营销人员需要确定划分的标准和方法，不同类型的演出产品所适用的划分方法不同。如针对地域性的演出市场划分适用于当地人生活形态这项标准；高雅艺术演艺市场划分适用于观众利益需求的标准，审美需求和社交需求者的出席率要高于娱乐休闲需求者。划分市场的目的在于帮助演艺团体评估对每个区域的投入力度，以及用怎样的特定产品、沟通方式、演出场所及价格来接触每个区域。有效的市场划分将提高组织的营销效率。

二、选择目标

选择目标是指在完成市场划分之后，决策出一个或多个进入与服务的区域。为了更具有竞争力，演艺团体需要充分认识其相对的吸引力、在区域内成功的先决条件以及组织本身的优缺点，评估出最适合为其提供服务的区域。

目标市场又被称为单一区域，这种选择方式能为其目标市场提供更为专业化的服务，在为此获得特殊名誉的同时，也承担了极大的风险。选择单一区域就要尽可能地深入了解这个目标市场，否则就会失去目标市场的支持，就会遭遇毁灭性的打击。若选择多样化区域策略，就可以吸引更广泛的艺术顾客层次，分散组织风险。演艺团体还可以聚焦于某些特殊的目标群体，比如残障人士、同性恋人群等，建立新的观众群。

目标市场的选择需要演艺团体充分考虑市场趋势与环境，从中得出是应该设定新的区域目标还是集中精力建设现有区域。比如一家单一区域的乐团在近些年来一直没有新的年轻的顾客出席，在做了市场调查后发现，固守原来的市场目标已经不能满足乐团的生存需求，因此决定实行扩大市场策略，结果在三年内同类型观众的规模增长了一倍。这就是在选择目标时根据市场情况选择扩大目标的成功案例。

在选择目标市场时还应该遵循一些规律，比如：组织的资源越有限，选择区域的针对性应越强；区域间的相似性越高，组织的产品差异性需求越弱；某些区域中已经有了占据市场的竞争者，组织就需要寻找其他可以介入的区域；等等。

三、定位节目

定位是指设计组织的形象与产品，以使它在目标顾客的心目中，占据与众不同而且颇具价值的地位。正如广告大师艾尔·里斯（Al Ries）和杰克·特劳特（Jack Trout）所说："定位应该始于产品；但定位并不是你对产品做了什么，而是你对潜在顾客的想法做了什么。"在定位过程中，营销人员要选择一两个对于目标观众群最具吸引力的特征，与其建立相关联想，使顾客对节目形成整体性的印象。定位的决策对于顾客的感觉以及选择十分重要，明确的定位策略可以确保营销计划的各项要素具有一致性，使它们互相支持。[①] 而且，有独特形象的组织，从长远的角度来看，更有机会生存下来并且茁壮成长。

确立定位的切入点很多，比较常见的有基于个人魅力定位、基于节目安排定位、基于表演者定位、基于地点和设备定位、基于名声和形象定位、基于价格或品质定位、基于用途定位、基于产品使用者定位、基于产品种类定位、基于竞争者定位、基于各种特征定位等。在进行定位时需要注意几点：第一，演艺团体采取的所有措施、活动都要与其定位保持一致；第二，避免进入拥挤的市场，因为在这种市场中，演艺团体难以找到恰当的差异性定位；第三，避免强调对于目标群不重要的特征，否则只会徒增成本，分散顾客的注意力；第四，避免近视型定位，即避免把焦点过度集中在卖方所提供的事物上，而没有集中于消费者的需求上。

一种核心产品并非只有一种定位方式，尤其是属于精神文化产品的文化演艺，它的价值没有固定的衡量标准，因此可以根据不同的市场目标进行区别性的定位。在1993年的秋季，芝加哥交响乐团和美国国家交响乐团都以威尔第的《安魂曲》作为当季的开幕演出曲目。在芝加哥，音乐会所在的地点和氛围都显示出高档的气息，因此定价十分昂贵；而在华盛顿演出《安魂曲》是为了纪念华盛顿特区因意外遭遇暴力伤害而亡故的儿童，音乐的表现对于那些新观众而言比较偏向于个人意义的层面，而且演出的票价也十分大众化，以广泛吸引华盛顿地区各种群体参加。

四、演出制作与定价

（一）演出制作

演出制作是文化演艺市场营销中最为复杂又最为重要的环节，如果没有优质的演出内容，

---

① Aaker D A，Shansby J G. Positioning Your Product. Business Horizon，1982，25（3）：56-62.

那么无论演艺市场营销的其他环节做得多么充分、引人注目，都不能长久地留住观众，维持市场的可持续发展。文化演艺制作既要克服单纯以文化艺术为中心的倾向，避免可能出现的阳春白雪、曲高和寡的局面，又要克服片面以消费者为中心的倾向，影响文化艺术作品的创新发展。这就需要演艺团体创造出一个既有艺术价值，又与组织的使命、能力、限制相符，同时能够反映社区需求与兴趣的节目，即在艺术、社会效益与组织利益三者之间寻求微妙的平衡。

节目制作的流程主要有三步：首先是确定节目的艺术风格。艺术风格是文化演出的轮廓、框架，一个演艺团体在制定节目前需要对演出的艺术风格进行大致规划，以确保节目制作的顺利进行。很多演出团体在经历长时间的经营、创作经验积累后，逐渐形成了自己独特的艺术风格。艺术风格的确定还要考虑组织的条件和制作能力，如果组织的资金和制作能力有限，那么需要选择适用于小制作的节目，比如古典歌剧、轻歌剧等；而有的组织本身拥有庞大的艺术人员和制作人员队伍，场地条件也比较优越，可以制作大型歌剧。现代信息社会，人们总希望在短时期内能够欣赏到多种风格的节目，这对文化演艺市场提出了新的要求，演艺团体要尽可能地推出不同风格的节目，以吸引更多的观众群体。其次是确定节目的形式与内容。在确定节目时可以采用主题性的包装，这能使常态的表演变得有新意，节目的设定更加具有吸引力。可以通过节目顺序的调节，制造观众与陌生节目的接触机会，培养观众对陌生节目的艺术欣赏能力。在形式上，可以创造性地安排演出仪式，布置现场环境，举办节日庆典般的活动，运用多媒体现代科技等方式，使观众感受到不同寻常的氛围和体验。最后是确定节目的基本要素。演出的基本要素包括人员、时间和场所。艺术表演离不开演出人员，在确定一场表演的演出者时，需要考虑到他们的档期。由于演出者的演出会消耗他们的艺术表演能力、体力，所以还需要考虑其恢复状态的过程。一旦某个节目的主创人员确定后，剧院的节目制作部就要根据事先已经确定的首演时间来安排制作和排练日程，该日程一般在节目首演一年前确定，称年度日程表。随着时间的推移，准备和制作工作展开，在年度日程表的基础上，会相继制定出季度日程表、月日程表和周日程表。在经费预算协调一致后，就要进入节目的正式制作过程，其中包括布景、舞台、服装和道具、灯光的设计与制作，乐队、合唱队、独唱演员分头开始排练、合练，布景、道具、服装、灯光、音响全部到位正式排练，音响最后进入，效果合成。

（二）定价

节目的定价也是文化演艺市场营销中非常重要的一环，不仅要满足普通百姓欣赏艺术的需要，还应引导观众珍惜欣赏艺术的机会。因此，票价要高到让每个有能力而且愿意支付如此高票价的人士，都能够出席表演；同时，让真正想欣赏表演的人，也都能负担得起票价。演艺团体的理想是制定出可以吸引到最多观众人数的票价。一项对美国交响乐团所做的控制条件下的实验结果发现，表演艺术的顾客通常不具有价格敏感性。实验结果显示，虽然当票价上升时，门票的需求会降低，但这种降低并不大，并且当票价上升到目前的两倍时，预计的总收入反而有所增加。[①]

定价的策略分为两种：一是基于竞争对手的定价，即是以竞争对手的价格而非以本身的成本或者需求为基准来制定价格。选择这种定价策略不仅因为行业的共同价格代表了已经被

① Currim I S，Weinberg C B，Wittink D R. Design of Subscription Programs for a Performing Arts Series. Journal of Consumer Research，1981，8（1）：67-68.

认同的、合理的价格，还能使顾客和竞争者对价格差异的反应难以预测。由于产品的差异性有助于降低购买者对价格差异的敏感度，演出内容的差异性越大，组织决定自身价格的空间也就越大。二是差异性定价，即组织在成本没有显著差异的情况下，以两种或者更多的价格来出售其产品或服务。妥善使用不同的差异性定价技术，可以同时造成观众规模与收入的极大化。但是采取差异性定价也需要注意一些问题，比如：差异性定价针对的不同区域要有实质性区别；享受低价位的区域不能转让给高价位区域；划分市场区域以及维持市场秩序的成本不可以超过由于价格差异产生的额外收益；差异性定价不能使顾客感到愤愤不平或是留下不好的印象；等等。

五、广告、促销与公关

在这个商品富足的时代，“酒香也怕巷子深”，尤其是文化演艺产品由于其非周期性特点，更加需要广告、促销、公关等沟通工具使其在观众群中创造注意力、建立兴趣和刺激销售（见表 12 - 1）。

表 12 - 1　　广告、促销与公关所采取的常见方式

广告	平面广告、广播广告、包装、邮寄、目录、新闻稿、简介手册、海报传单、索引、告示牌、展示牌、卖场立牌、视觉品、符号与标志
促销	竞猜、抽奖、赠品与礼物、取样、展示、优惠券、打折、分期付款、交换特权、搭配销售
公关	新闻稿资料、演说、研讨会、年度报告、活动赞助、出版物、社区关系、游说、媒体关系

（一）广告

广告分为告知型广告、说服型广告、提醒型广告、加强型广告，使用广告进行信息传送时需要明确目标对象是什么人，应该选择何种方式、何种媒体在何种时间之内完成才能发挥作用，并且期望获得什么样的反应。要用一针见血的文案对准目标客户的社会阶层，并且选择在最有可能接触到该目标群的媒体上播出。比如演唱会可在粉丝聚集的网络渠道上宣传，话剧可在报纸、全家皆宜的电视节目上做广告，等等。

制定广告策略要经过确定广告目标、决定广告预算、设计信息、选定媒体、决定在媒体上播出的时间、评估广告效果等步骤。这一系列步骤中的每一环节都有很多细节需要注意。比如，同一个演出产品为了吸引不同的观众群（男性与女性观众），使用不同的广告与诉求，推出有针对性的广告方案。女性观众主要欣赏舞蹈者的高雅、美感与创意，因此在报纸的生活版上投放“高雅型”广告，而男性观众主要欣赏舞蹈者的运动细胞，因此在报纸的体育版上投放“运动型”广告。但这种做法需要考虑，刊登两则广告所增加的成本是否会抵消被吸引到的额外观众所创造的收益。这个案例显示了广告目标确定（男性和女性）、广告信息设计（高雅型和运动型广告）、广告媒体（报纸）和广告预算、广告效果评估（两个广告的成本是否值得）等问题的重要性。

除了使用大众媒体进行广告宣传之外，还可以选择直接营销，即向目标客户发送邮件、信函或电话营销。这种直接营销方式有很大的顾客选择性，更加个人化和直接化，能够在更为适当的时机接触顾客，所获得的注意力也更集中。通过这种直接营销，组织能够与更为精准的目标客户建立良好的关系，有利于组织维护顾客数据库和营销接触名单。

（二）促销

促销是用于刺激目标市场做出较早或较强回应的短期性行为。营销人员在制定促销方案时需要考虑以下问题：一是采取促销手段的目的。组织的愿望是提高上座率、吸引新顾客或者鼓励顾客尽早续购预售票，其相应使用的促销手段应不同。二是采取促销的具体形式。所提供的具体形式与组织所希望达到的结果之间的关系越密切，对于目标实现就越有利。例如，比起赠送礼品，收集 5 张票根免费兑换一张门票的促销更有可能提高观众出席的频率；样品可以避免观众对促销产生理所应当的习惯心理；在刺激短期销售方面，价格包装比优惠券更有效。三是促销所提供的数量和持续时间。采取的促销刺激过少，会导致效果不明显；过多又会导致浪费。其数量应该随着消费者的经济状况或兴趣的大小而变化，有节制、有限制地规定促销的时间和普及度。不同层面的市场需要采取不同的具体策略，以使不同市场之间不会互相影响。

（三）公关

公关的任务是形成、保持或者改变公众对于组织及其产品的态度，是对组织的目标、产品、形象和理念做系统的促销。虽然广告成本持续增长，但能接触的观众人数却不断下降，科特勒预言“不久的将来公关的效果必将会超过广告”。

公关活动可以分为三种类型：（1）形象公关，包括使组织及其产品重获新生、重新开始和重新定位的形象公关和建立消费者的信心和信赖的形象公关；（2）例行公关，包括介绍新产品，沟通新利益，用产品包围公众，培养新市场、接触潜在的目标市场和为当地观众量身定做营销规划；（3）危机公关。公关的形式灵活多样，可以在报纸的各版面刊登主题故事、创造与其他话题相结合的专题报道、制作公益广告、发表演讲等。公关可以在低于广告成本的前提下给公众一个难以忘怀的印象，帮助参与艺术活动的观众理解艺术形式和作品，向他们提供对艺术做出反应的方向。

六、销售与售后服务

文化演艺市场营销的最后一环即研究如何使观众方便地获得入场机会，如何以最有效的方式来吸引每个单场演出的顾客，并找出鼓励他们成为常客的方法。销售是提高观众出席率的途径，而售后服务则是提高观众出席率和忠诚度的方法。

门票的销售方式可以分为实体销售点销售、邮件或信函销售、电话销售和网络销售四种。

实体销售点一般设在演出场所附近，或是有固定的代售地点。流动性的实体销售点（比如在商场、超市设置售票点）可以作为营销宣传活动的一部分，易于造成话题，用更加贴近顾客的形式使顾客了解信息，并便于其获得门票。但实体销售也有缺点，比如层层销售代理增加了销售成本，成为抬高门票价格的原因之一。

邮件或信函销售是指组织向潜在顾客发送简介手册、订票表格或回函卡。它可以精心地投向顾客的兴趣点，详尽地介绍演出产品信息。一旦潜在顾客发回回函卡，就表明他对出席演出有很大的兴趣，这种顾客也是组织最值得维系的顾客。但是邮件或信函销售的缺点就是回复周期长，有时还要计入顾客没有收到或及时查看的时间，组织在面对这一问题时还要给忠诚顾客以延续时间的优惠政策。

电话销售，可以使顾客的决策制定和购买过程简单化。在电话营销过程中，电话营销人员可以对潜在顾客的购票过程一直加以引导，用有吸引力的语音描述即将推出的演出、解释比较不为人知的演出，以及提供套票、演出场次、座位挑选和门票价格等信息，促进潜在顾客做出购买决策。另外，试听或试看服务可以使顾客事先接触演出产品，并对演出产品有一定了解。很少人会拒绝试听或试看的好意，其后很可能会购买门票。

网络销售是发展前景最广的销售方式，一旦网络售票系统建立并投入使用，可以大大减少售票的人力、物力成本，仅在一个网站之内就可看到所有票务信息，方便、快捷，降低了顾客的购票时间成本和心理成本，并且降低了由于信息不对称可能导致的顾客买到高价票、黄牛票的可能性。另外，顾客也有很大的自主权来选择自己想看的演出产品，化被动接受文化演艺信息为主动接触信息。

单票购买是指顾客只在演出售票期间购买了一场演出的门票，与之相对的是套票预购，即多项产品组合提前销售。虽然单票购买者是观众的主力，但单票销售的盛况只有在商业性的“卖座”演出中才会发生，仅靠单票销售获取经济来源并以此长久维持演出团体的生存和发展是不现实的。单票购买者不想预购门票的理由十分充足，比如不想事先被某件事情束缚，只想选择自己想出席的音乐会，或者想使个人的时间表更具弹性等。因此，组织需要创造出预售票的价值感和紧迫感等利益，比如折扣、优先挑选座位的权利以及更换场次的权利等。考虑到观众的顾虑，在推出预售票时还可制定迷你型预售套票（非整季演出套票，可出席较少场数）、弹性选择场次系列及会员制度。

将票销售出去并不代表着营销的完结，良好的售后服务也是非常重要的一环，可以带来良好的口碑与公关形象，以及顾客的持续购买。售后服务要在顾客购买门票后就有所体现。在顾客续购门票的 3 到 5 天内，组织应该将感谢信寄出，同时告知他们预计将寄出门票的日期，并附带一张海报以强调有关转换场次的权利、停车设施、特殊教育节目以及就餐信息等。

售后服务还要在演出结束后持续进行。组织要尽可能地为顾客创造机会，使他们能够充分发表正面的或负面的见解。当顾客抱怨时，组织必须及时地回应，尽可能以最快的速度加以改进。相比邮件，在平息抱怨时，电话的速度更快，更有私密性。组织人员不应为组织的行为寻找任何借口予以搪塞，而应该找出能使抱怨者满意的良方。

第三节　演艺市场的营销战略

演艺市场的营销分为战略营销和策略营销两部分。战略营销旨在通过对演艺市场宏观环境的把握和分析，推行一种“大营销”的理念。也就是说，对于演艺市场的营销研究具有一种全局性。与之相比，策略营销就集中在微观和局部领域内。这两者中，战略营销对策略营销具有指导性意义，而策略营销也将对战略营销产生反馈式的影响作用。

一、品牌营销战略

在激烈的市场环境中要塑造企业品牌，首先就要让企业有自身的企业文化。正所谓，品牌的精神力量是文化。如果说营销的功能是去影响行为，那么品牌营销的任务就是将组织形象推向大众并使之形成、保持或者改变对于组织态度。公众对于演艺机构品牌最为直接的认知就是组织形象或是对演艺产品的消费行为，所以演艺机构在市场上可以通过营销公关的方式将品牌营销出去。托马斯·哈瑞斯（Thomas L. Harris）给营销公关做出了如下的定义："营销公关是计划、执行和评估规划的过程，该规划是通过适当的信息和感觉沟通，以找出能够满足公众需要、渴望、关切和兴趣的组织和产品，以鼓励购买并让消费者满意。"①

（一）国内市场

我国演艺组织的主要市场在国内，营销公关的重点自然也就落在了地区市场及全国市场的形象塑造上。品牌是演艺机构的名片，是大众对于组织形成整体印象的关键，营销公关中的形象公关就有使组织及其产品重获新生、重新开始和重新定位以及建立消费者的信心和信赖等种类。②

在国内演艺市场中，消费者对于演艺机构及演艺市场已有一定的印象和认识，要将品牌概念植入大众的潜意识中就需要通过一定的公关手段使其在观众中重新树立起市场新形象。国内的经理人和营销人员通常会认为好的创意、优质的作品、知名的演出者，本身就有很大的说服力，但现实的情况是，如果演出能够适合出席观众的胃口，组织的良好形象就自然可以树立起来。③ 这就意味着，任何的营销行为是以消费者为出发点的，即使推广品牌形象的形象公关也不例外。绍兴市演出有限公司就立足于绍兴这一国内越剧的中心市场，策划了"江浙沪经典越剧大展演""同唱一台戏""百年越剧万里行""越剧大舞台""越剧明星版《梁祝》"等演出品牌，以创新的模式引领越剧市场走出低谷，培养了大批年轻戏迷，使越剧艺术的继承和发展后继有人。④ 国内演艺市场品牌意识较为薄弱，消费者也很少会因为品牌的影响力而选择某一演艺产品。这是中国演艺市场发展的软肋，但只要采取合适的品牌营销策略就可以使其成为我国演艺市场发展和改革的突破点。

在我国，北京和上海是演艺市场的两个集中地，各种国内演出机构和产品都会想方设法进驻到这两个城市中。但一两个市场即使再大，对于演出的消化还是有一定极限的，无法让所有演艺产品在市场上得到其应有或是希望的回报，不管是经济上的还是社会效应上的。品牌的营销不是只意味着在单个演出扎堆的市场中脱颖而出，也完全可以选择差异性的竞争策略，比如"农村包围城市""二级城市包围一级城市"或者"国际市场包围国内市场"等。本山传媒就将东北民间艺术"二人转"通过在刘老根大舞台上的演出，使其成为我国演艺市场上炙手可热的演出产品。

【案例】 皇家粮仓厅堂版《牡丹亭》

昆曲是我国传统戏曲中最古老的剧种之一，也是我国戏曲艺术中的珍品，其中，汤显祖的《牡丹亭》是昆曲中比较有影响力和代表性的作品。皇家粮仓厅堂版《牡丹亭》，是以著名戏剧导演林兆华和昆曲表演大师汪世瑜为主创班底打造的一场昆剧盛宴。

---

① Harris T L. The Market's Guide to Public Relations，New York：Wiley，1991：12.

② Kotler P，Scheff J. Standing Room Only：Strategies for Marketing the Performing Arts. Brighton：Harvard Business Review Press，1997：431.

③ Conrad C. A Strategic Organizational Communication. New York：Holt，Rinehart & Winston，1985：202.

④ 苏唯谦．品牌战略实施与文化产业发展——浙江绍兴市演出有限公司市场经营解．上海戏剧，2009（12）.

皇家粮仓厅堂版《牡丹亭》被称为“物质文化遗产与非物质文化遗产完美结合”的精品，最大的特点就是定位于“文化复归”，致力于给观众还原最原始、最真实的听戏感受。

从演出场地来说，皇家粮仓旧称东门仓，系明代永乐七年（1409）在元代北太仓的基础上建造而成，它是古代京杭大运河南粮北运的终点站，是和故宫同年龄的建筑群落。这座粮仓历经明清 24 代君王，见证过从民国到共和国以及今天北京的全部历史，它是全国仅存的、规模最大、保存现状最为完好的皇家粮仓。[①] 粮仓悠久的历史给了整场《牡丹亭》演出很好的载体，在这样一个文化遗产里吟唱，会显出别样的情调。古老建筑的沉稳、大气和岁月的沧桑给演出增添了历史的深远感，观众们仿佛真的穿越千年，感受最真实的杜丽娘和柳梦梅。

从舞台上看，为了给观众更好的观戏体验，厅堂版《牡丹亭》的舞台并不搭高，抛弃了清末以来舞台式的戏曲表演，回到旧时“家班”的厅堂式表演。此外，演剧空间充分尊重建筑原貌，现场全部采用明式家具。这样的设计一方面能让观众与演员更加融为一体，另一方面也能让演员根据剧情需要，流畅地行走于任意区域，以寻找到更加自由的表演天地。也正因为舞台的特殊性，演员的一颦一笑、一言一行，观众都能尽收眼底，打破了观众与演员之间的“第四面墙”，观众由此能够感受到原汁原味的古典艺术之美。

从剧本上看，厅堂版《牡丹亭》立足于对汤显祖原著的整理而不是改编。由于受到演出时间的限制，它避开了折子戏与全本连台戏的弊端，保留了原作的故事结构、主旨精髓、曲词格调、文学精神和精彩段落，顾全了故事和情绪的完整性、合理性，突出了人物个性。此外，还删除了过场，精简了松散的重复，将剧本凝练为极具舞台表现力和戏剧张力的最佳版本。[②]

从演员上看（见图 12-1），厅堂版《牡丹亭》的演员都是从昆曲的发源地——苏州千里挑一而来的。扮演杜丽娘的女孩胡哲行，经过名师张继青等前辈的指点调教，拥有很高的昆曲专业水准，再加上本身扮相姣俏，具有江南女子的温柔婉约和大家闺秀的端庄秀丽，举手投足间仿佛真如原著中的杜丽娘一般；柳梦梅的扮演者曾杰，是汪世瑜的学生，眉目朗然，身形挺拔，十分符合柳梦梅的气质。

从演出形式上看，整场演出没有音响设备和扩音设备，回到没有电的时代，演员完全靠身段和嗓音，乐师完全靠自身功底。此外，观众席边上还立着八只全透明的大鱼缸，这八只鱼缸是整场演出的点睛之笔。鱼缸自始至终被灯光打亮，随着剧情的发展，鱼缸和其中的鱼儿成了戏中必不可少的道具之一。比如，当剧情发展至《游园》一节时，鱼缸接住了纷纷而落的玫瑰花瓣；而在《离魂》一节中，淅淅沥沥的雨水从空中落下，又在鱼缸中泛起了层层涟漪，仿佛是主人公心情的写照，从而为演出增添了朦胧的意境美。

总而言之，无论是演出场地、舞台、剧本、演员还是演出形式，厅堂版《牡丹亭》都在原先各版本《牡丹亭》的基础上有所创新和优化，即使只有 120 分钟，也足够让你好好“梦一场”。

---

① 郑晓林．皇家粮仓品厅堂版《牡丹亭》．文化交流，2007（6）．

② 董海燕，黄红平．从青春版昆曲《牡丹亭》到厅堂版昆曲《牡丹亭》．大众文艺，2009（24）．

图 12-1 厅堂版《牡丹亭》海报

（二）国际市场

在全球化的当下，国际市场必然是各国演艺市场和组织的必争之地。品牌在国际市场上的重要性更多地体现为一种区别于其他市场的独特性标示。与国内市场营销不同的是，国际市场上的品牌营销可以采用大营销概念的模式，如以地区或国家文化为营销落脚点的方式。全球演艺市场上的品种众多、组织多元，而不同国家对于演艺市场的运作也不同，使得品牌营销策略的选择和实施在国际市场上的运作也会大相径庭。所以，在国际市场运作中只有识别性高的形象营销才能突出重围。

都说民族的就是世界的，我国演艺产品就因其多元的民族特色在国际市场上走出了一条具有“中国特色”的道路，也得到了国际市场的认可。我国单剧目的营销在国际市场上已取得一定的成效，如《风中少林》、杂技芭蕾《天鹅湖》等。但仅靠一张“民族牌”或是单剧目营销的成功未免过于单一，我国演艺市场在“走出去”上还远远不够，演艺产品的逆差表明我国演艺市场营销还存在着不少的问题和很大的发展余地。加拿大太阳马戏团作为“新马戏”的创始者如今已然成为世界演艺市场的一只大鳄，演出所到之地无不一票难求。这完全仰仗于太阳马戏团在 20 世纪末对于剧团品牌的成功营销上。每到一地巡演，马戏团就将自己的演出帐篷搭建到哪里，这成了剧院的鲜明形象标志，也成了这一没有动物的马戏团品牌的标志。再加上优秀的节目，太阳马戏团就这样一步步全球巡演，成为开拓国际市场的成功者。我国的演艺机构在“走出去”上也需要品牌形象的公关策略。这可以体现在具体的演艺形式上，也可以体现在组织的多元化发展上。2005 年 2 月，上海大剧院、上海音乐厅、上海文化广场、上海交响乐团、上海芭蕾舞团、上海歌剧院和上海民族乐团共同组建了上海大剧院艺术中心。上海大剧院艺术中心通过国际性大赛、巡演及合作三种方式，着力提升机构的国际文化影响力。上海芭蕾舞团不少青年演员在国际芭蕾舞比赛中脱颖而出。上海大剧院舞台参与到世界经典歌剧首演制作中，不仅扩展了海外市场，而且提升了机构的国际影响力。如世界经典歌剧《图兰朵》和《卡门》，就分别是上海大剧院、上海歌剧院、上海交响乐团与瑞士苏黎世歌剧院、法国奥兰日歌剧节相互合作的产物。

【案例】 杨丽萍——从《云南映象》到《寻找香格里拉》

大型原生态歌舞集《云南映象》是由我国著名舞蹈艺术家杨丽萍出任艺术总监和总编导并领衔主演、倾情打造的艺术精品，是一台融传统和现代为一体的舞台新作。它将原生的乡土歌舞精髓和民族舞经典全新整合重构，展现了云南浓郁的民族风情。该歌舞集70%的演员来自云南各地甚至田间地头的本土少数民族，演出服装还原了云南各民族民间着装的生活原型。在国内市场掌声不断的同时，《云南映象》从未忘记过自己走向世界的梦想。《云南映象》以《寻找香格里拉》的名字进军国际文化市场。《云南映象》已在日本、美国等多国演出。公司完全按照国际演出行业惯例对《云南映象》进行包装及商业运作，澳大利亚灯光师、舞美师等对《云南映象》进行再加工、再提炼，以使它成为真正属于世界的艺术产品。《云南映象》以成功的商业姿态走向海外市场，并形成了固定品牌的歌舞集（见图12－2）。

图12－2 杨丽萍与《寻找香格里拉》

【案例】 天创国际——《功夫传奇》

《功夫传奇》是由天创国际演艺制作交流有限公司打造的一台融合了中华武术、杂技、舞蹈等多种艺术元素的大型功夫舞台剧（见图 12－3）。2004 年在北京红剧场首演以来，已经先后赴美国、加拿大、英国、日本、俄罗斯等多个国家演出，一时轰动了国外的演艺市场，取得了优异成绩。自天创国际 2009 年收购美国布兰森白宫剧院，实现国外驻场演出，以及 2011 年在广州国际演艺交易会上与西班牙演出商签约欧洲巡演合同以来，《功夫传奇》每年国内外的演出场次超过 1 100 多场，成为国内第一台实现三个剧团在全球共同演出的演艺项目，即一个在国内驻演，一个在美国驻演，一个在海外巡演。

《功夫传奇》凭借其优秀出众的品质和天创国际积极有效的运营，不仅顺利回收了1 000万元的前期投入，而且已经走向全面盈利阶段，为我国演艺产业“走出去”增添了厚重的一笔，为提升我国文化软实力做出了贡献。

图 12－3 天创国际的《功夫传奇》

二、非舞台营销战略

非舞台营销主要是对众多衍生产品的开发，是演出产业链的一种延伸。对于演艺剧团来说，仅仅拥有门票的销售量是远远不够的，还需要从衍生影像制品以及各类演出纪念品中获得收入。非舞台营销就是针对这一部分提出的营销战略。如果说舞台营销是立足于演出本身的话，那么非舞台营销就是从演出外在价值出发而设计的营销战略。

衍生品营销在文化产业中并不是一个新潮的概念，动漫产业、电影产业以及网游产业都有涉及，并且已初具一定的规模和运作模式。在国内演艺市场中，非舞台营销的地位更类似于舞台营销的附属品，并不是演出团体和组织在营销中考虑的重点之一。其实不然，看看国外成功的演出剧目和团体就不难发现，非舞台营销已经越来越受到市场业内人士以及各种营销企业的关注。百老汇著名音乐剧《猫》就有种类繁多的衍生产品，如带有《猫》剧标志的 T 恤衫、棒球帽，精美的节目说明、CD、VCD等。这些纪念品都要求用《猫》剧的注册标识，仅此一项，剧院和英国真正好集团（The Really Useful Group）就可以获得丰厚的利润。值得说明的是，真正好集团对于相关纪念品的销售有严格的规定，即只能在剧场里定点销售，不能拿到剧院外兜售，这样，观众想要购买这些产品，就不得不买票来看这场音乐剧了。这样的互动关系使票房营销走下舞台、走出剧院，能够更紧密地贴近大众的生活和日常消费。

作为一种营销战略，非舞台营销也需要多方面的团体协作。首先是演艺衍生品的设计。衍生品设计不同于一般产品设计，它要求在保有自身属性的同时赋予演艺产品以特性，因为它是演艺产品另一种形式的体现。表演艺术的不可复制性和现场创造性使得在对这些衍生品进行设计时要求设计师要在对演艺产品有一定认识的前提下去进行，从而实现衍生品与演艺产品的价值统一。一出古典芭蕾舞剧如《胡桃夹子》《天鹅湖》等的衍生品可能有相关艺术形象的公仔卡通玩偶，但很难想象一场古典交响音乐会的衍生品会包括朋克摇滚风的T恤衫。当然，衍生品的设计有时也需要突破常规，以获得意想不到的效果，如太阳马戏团到上海演出时就专门针对中国市场设计了一系列的衍生品。其次，就是对衍生品的包装营销。衍生品是演艺产品的附属品，但如今也时常可以听到有人为了集齐某套衍生品而不惜血本的新闻。这就表明，当衍生品脱胎于演艺产品而独自具有营销价值的时候，演艺组织或营销公司就应及时采取相应的策略，让衍生品反作用于演艺产品本身，推动表演艺术的发展，吸引更多的大众进行演艺活动的消费。再者，衍生品的价值回收除了利润之外，非舞台营销也会产生同品牌营销类似的外在品牌理念。消费者选择演艺产品的原因很多，其中也包括对于某种品牌的偏好。“郎朗”这两个字代表的不仅仅是一个中国钢琴天才，也是一个品牌。如今，中国有很多学钢琴的小孩以他为目标和榜样，东方卫视就利用这样的品牌效应策划了相关的儿童钢琴综艺节目，最终大奖就是和郎朗合奏的机会。如此一档综艺类节目其实也是演艺市场的非舞台营销成果。郎朗的演出和品牌从舞台走入了电视，走进了更“快餐”式的媒介中。通过这一衍生品，除了节目收视率有了保证之外，“郎朗”这两个字的价值也再次得到实现。在这之后，必将有更多的潜在消费者会走进剧院去欣赏郎朗的钢琴演出。

三、网络营销战略

网络已不仅仅是人们了解世界、进行咨询的平台，如今它更是现代市场营销领域的“宠儿”。从Facebook到人人网和开心网，从YouTube到土豆和优酷，从亚马逊到淘宝和当当，人们能够通过越来越多的网站渠道来满足自己的各类需求，而本土网站的迅速崛起也给大众足不出户掌握天下信息创造了条件。作为一个实体市场，演艺市场完全可以借助网络的影响力和推动力开创一幅新的图景。网络营销战略的运用主要包括网络技术运用以及网络平台运用两部分，而演艺市场的特性使得市场营销更偏向于网络平台方面。具体来说，体现在以下几个方面。

首先，网络营销要实现将潜在消费者推向剧院的目标。科技的发展催生出一群“宅男”“宅女”。他们几乎可以足不出户地完成任何事情，他们能够网上购物、网上聊天、网上视频……如何让这部分人群成为实体演艺市场的消费者，而不仅仅是通过网络来欣赏表演艺术呢？网络就成了营销的唯一途径。在与“宅人类”息息相关的网络上进行营销，不仅能够将营销触角衍生到无限远，也使得演艺市场与虚拟媒介形成新的关系纽带。SNS社区是时下最流行的网络平台之一。SNS，全称Social Networking Services，即社交网络服务，旨在帮助人们建立社交网络的互联网应用服务。源自人际联系的 SNS 已将市场营销概念引入其中。如 Facebook 上有各类企业或组织的主页。在 SNS 中，企业和组织化身为一名网络用户，在自己的主页上发布各种资讯和信息，而一旦大众将其列为关注的对象，那么组织的被动营销行为将成为消费者的主动关注行为。对于演艺市场来说，这样的转变将使得潜在消费者走进剧场的可能性快速提升。

其次，多样的网络营销方式不断刺激主体的创新冲动。营销是让大众了解产品，同时也让产品适应消费者的过程。在演艺市场中，营销只是为了让消费者走进剧院是远远不够的。没有出色的表演作品，大众没有理由走入演艺市场进行消费。网络营销回馈机制的存在为解决这一问题提供了可能性。网络无边界、无时间的属性使得大众在消费完某一产品后，完全有可能在网络上发表自己的观点和见解。这些观点的收集其实就是一种回馈机制的体现。在演艺市场中，消费者对于表演形式的要求以及褒贬都是市场主体即产品创作者所关注的。近年来，实验性话剧的走俏在很大程度上就是消费者通过网络“推捧”出来的。网络营销系统的完善将为更多演艺主体提供创作的素材和创新的冲动。

最后，网络营销战略需要复杂的多层级、多领域内的营销活动。网络常被人们形容为虚拟社会，那么在这一社会中实施的营销战略就注定要比一般的营销战略更为复杂。演艺市场的网络营销战略要与传统的营销战略形成互补，而不是互相削弱。要充分发挥各类营销战略的长处，回避不足。就网络营销来说，它比一般的营销的效用程度要高，不仅能够接触到广泛的受众，而且对于表演艺术者及产品也有一定的推动促进作用。但网络营销因其虚拟特性，使得具体操作的规划、制定和执行存在一定的风险。当然，网络已经不再是人们工作生活中的新兴事物，随着科学技术和营销理念的不断发展，网络营销必将在更大程度上发挥它的功效。

四、受众营销战略

演艺市场承担了较多的教育职能使得消费者会出于教育的目的对表演艺术进行消费。要了解消费者的行为，就要涉及两个问题：观众为什么选择了表演艺术而不是其他的休闲方式？他们又为什么选择了某一特定艺术形式而不是其他？[①] 要对这两个问题做出解答，就要对消费者的行为有一定的了解和洞悉，因为它们直接体现了演艺市场上观众的消费需求取向。

消费者选择表演艺术的因素很多，如个人喜好、票价、社会发展水平等。但不论出于何种动因，消费者进入演艺市场都会有具体的决策过程。若消费者出于个人因素选择了某一演艺产品，那么对于市场来说就要有足够的敏感度感知到消费者偏好是源于何种具体原因，如家庭传统、演出类型、明星演员等。对于具有观赏演出传统的家庭观众，市场就可以推出套票模式，希望一个忠实的观众能够拖家带口地走进剧院，并将家庭成员都发展成为日后的消费者。这一模式在一些欧美发达国家中较为普遍，因为皇室的存在以及传承使大众有欣赏艺术能表明自身社会地位提高的认识。而针对这部分消费者的演艺市场通常是传统剧目市场，即较为成熟的市场，如提供交响乐、芭蕾舞、歌剧等的高雅艺术市场。很少能够在提供诸如演唱会等的新兴剧目市场上发现存在这类消费心理的观众。在我国这样的情况更是少见。对于被演出类型吸引的消费者，市场已自然地进行细分。对于市场上的企业或机构来说，在无法改变消费者取向的情况下，能够采取两种策略。一种是坚守现在所处的演艺市场，并将产品做出独特性，希望能在

① McCarthy K F，Lowell J，Zakaras. The Perfoming Arts in a New Era. Santa Monica，C A：RAND，2001.

维持现有观众的情况下，吸引更多的潜在消费者。每个市场上都有忠实型消费者和随波逐流型消费者存在，而且随波逐流者是大多数。这就使得不同市场在争取这一部分消费者时会运用各种方式和措施，其中“内容为王”显然是首要的，张艺谋的“印象”系列就属于此类。另外一种方式就是改变自己所熟悉的市场，迎合消费者可能推崇的新市场。如此制定策略的冒险性自然不言而喻，如同其他市场营销策略一样，并不是所有机构都有足够强的适应性来面对未知的风险。倒在转变之路上的机构也不占少数，不过从另一方面来说一旦成功那就是演艺机构全新的起步和华丽的转身了。为打造城市音乐剧新品牌，上海大剧院从 2002 年开始，先后成功引进了 21 场《悲惨世界》(2002 年)、53 场《猫》(2003 年)、35 场《音乐之声》(2004 年)、100 场《剧院魅影》(2005 年)、101 场《狮子王》(2006 年) 等剧目。[①]

针对被明星演员吸引从而进入市场的大众，可以在剧院或售票处外张贴大幅的演员海报来介绍该演员近期将要演出的节目。在演艺市场中，营业性演出会因其盈利的最终目标，更多地将对消费者行为的研究放在“明星效应”上。这样能在成本回收的情况下，实现更多的票房营收，其中最为典型的莫过于演唱会市场。我国演唱会市场是整个演艺市场中看似最为红火的领域了，特别是以娱乐明星为噱头的演唱会是市场上的绝对主力。江苏卫视在主办“2008 周杰伦世界巡回演唱会南京站”活动前，就通过在北京、上海、广州、重庆、西安、南京六个大型城市以及其他 20 个中小型城市的问卷调查发现，市场上最受欢迎的流行艺人受众支持峰值数据稳定为“周杰伦”；分析从相关发行机构抽调的数据发现，前 5 年内的音像品销量以及前 3 年内最卖座电影票房中都显示了“周杰伦”这一比较明确的市场指向；新媒体的调研数据同样表明，互联网论坛发帖量、官网点击率均受到“周式旋风”的影响。周杰伦有牢固且范围广泛的支持群体，因此，“周杰伦”这个品牌在全球华人界的影响不容小觑，演唱会举办必将有极高的受众关注度，项目的可操作性和营利性都比较明显。对于非营利性机构来说，虽然“明星效应”不那么明显，但同样是吸引大众进行消费的因素之一。美国芝加哥第二城市喜剧团细分出了一部分能够吸引到商人走进剧院消费的演员，并专门就他们演出的节目向商人进行推荐，以提升票房销售。[②] 要想发挥明星效应就需要营造一个“大营销”的概念，针对某一产品中“明星”的因素进行全方位的营销。公关、广告、渠道等外部因素的全面介入是必然选择。

五、沟通营销战略

营销是一种影响行为的策略和战术——它既可以用来改变人们的行为（例如鼓励人们前往观看现代音乐的表演），也可以用来防止人们行为的改变（例如鼓励赞助商继续投资）。处理和艺术团体有关的人和事——包括它的节目、包装、员工、设施和活动——都应该建立在沟通的基础上。在绝大多数的艺术营销策略中，影响行为的最主要因素首推沟通。[③] 营销讲究的是通过多种手段的组合作用，实现“以消费者为导向”的成功营销。

沟通模式专家哈罗德·拉斯韦尔（Harold Lasswell）认为沟通过程由提出沟通者、沟通的

---

① 方世忠. 上海大剧院艺术中心：走集群式非营利性表演艺术发展之路.（2007-09-20）[2018-01-16]. http://www.cnci.gov.cn/news/Policy/2007920/news_8956_p2.htm.

② Kurtz D L，MacKenzie H. F，Snow K. Contemporary Marketing. Nelson Education，2009：318.

③ Kotler P，Scheff J. Standing Room Only：Strategies for Marketing the Performing Arts. Brighton：Harvard Business Review Press，1997：299.

内容、沟通采取的渠道、沟通的对象和沟通的效果组成。[①] 因此，在确立一整套的沟通时，要有以下几个主要步骤：(1) 明确沟通目标；(2) 决定沟通目的；(3) 选择沟通渠道；(4) 决定沟通组合；(5) 沟通效果回收。

沟通目标的明确是营销沟通成功的第一步，它是市场细分和机构定位的体现。针对不同的组织、产品和市场，目标群可能是潜在顾客、目前客户、社会知名人士等。目标群对于沟通内容、方式、对象等的不同要求将对沟通成效发挥极为重要的作用。所以说，演艺市场上的营销首先要明确目标人群及其对于演艺市场各方面的看法，这样的沟通才会卓有成效。在我国，某一演艺市场要确定目标人群可通过自身调研或是委托咨询机构进行。自身调研在我国使用较少，主要是对现有观众的问卷调查。由于不能直接对消费者进行深入的了解，这样的问卷形式大于实际效果。即使有一定的有效信息，对于了解目标群发展的指导性意义也较弱。而咨询机构因为有较多的渠道和手段可以给市场提供行之有效的研究成果，不过咨询机构对于演艺市场了解的缺失会使得其不能给出市场竞争者所希望的内容。两相比较，本书认为演艺市场目标群的明确应更多地采用自身调研的方式。在我国采取直接的上门营销方式有一定的难度，但是可以从我国纷繁复杂的人际网络出发。再者，人并不如传统经济学所说的那样理性，行为经济学中对自我羊群效应、幼鹅效应以及零理念等非理性因素的解读能使演艺市场营销策略的制定和展开更为有效。例如，一名想要购买交响乐门票的观众会被告知，如果他可以协助举办团体或机构完成具有一定质量的调研，就会有机会半价或免费欣赏这一演出。在欣赏完交响乐后，主办方完全还可以将同样内容的问卷或调研材料交给观众，并附上一张小纸条，表示观众只要在下次购票前将这份问卷以较高质量回馈给主办方的话，就有机会享受下一次演出的优惠。也许这样的策略过于功利性，但在我国自身调研还不够成熟，甚至可以说是匮乏的时候，进行较多物质上的刺激来推动大众对于机构调研的热忱度，也不失为演艺市场目标群确定的有效方式。只有培育起演艺市场，才能发挥出文化产业的特有动力。

沟通目的可以非常多元化，从培养消费者对于艺术的鉴赏能力到吸引消费者注意某一产品，从在消费者心中树立起对机构的忠诚度到寻求更广范围的艺术与商业的合作，等等。但在演艺市场上最为重要的还是促成消费者消费演出以及再消费的行为。见图 12－4 中 AIDA 模型所显示的，行动是所有活动的最后一步，也就是消费者在经过长期决策之后的最终结果，所以作为营销的重要一环，沟通就是要促使消费者不断地趋近购买行为，并在进行了尝试之后能够持续地进行消费。

艾尔莫・里维斯在 1898 年首次提出了 AIDA 模型（见图 12－4）。他认为，销售对消费者的说服效果具有层级性，销售人员向消费者推销产品时所产生的影响可以逐层划分为注意（Attention）、兴趣（Interest）、愿望（Desire）和行动（Action）。

在我国演艺市场上，沟通目的在非营利性机构和营利性机构之间常会有所混淆，特别是对于非营利性机构。许多肩负社会责任的非营利性机构在转企改制，脱离国家财政的保护伞之后，迷失方向，不知如何将机构发展与市场相结合，从而一蹶不振，变成了“温室里的花朵”，经不起“风浪”的考验。只有坚定沟通目的才能组织营销，只有明确市场定位才能实现机构目标。“好的开始是成功的一半”说的就是这个道理。

当目标群、沟通目的都已确定之后，如何将产品推向目标群就取决于渠道的问题。一般来

---

① Lasswell H D. Power and Personality. New York：Norton，1948：37-51.

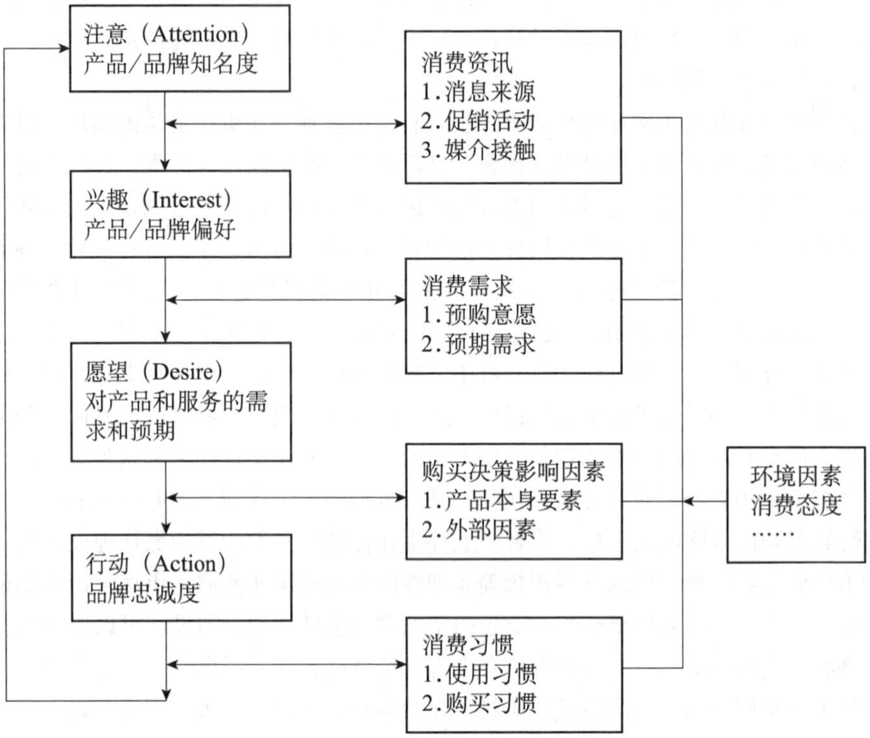

图 12-4 AIDA 模型

说，沟通的渠道分为个人渠道和社会渠道。所谓个人渠道就是个人生活及社交圈，其沟通方式，如电话直销、上门推销、口碑营销等。如果要想吸引大众走进自己所不熟悉的演艺市场，口碑营销无疑是最为有效的方式。人们认为从朋友或家人那里获得的信息要比从主办机构那得到的更可信。而出席一场表演艺术活动则带有较强的社交意味，所以个人间的相互影响是非常重要的。那么，演艺市场如何发挥口碑营销的作用呢？根据传播学大师拉扎斯菲尔德（P. F. Lazarsfeld）在两级传播论中的观点，就是要找到舆论领袖。这些具有一定教育背景和社会地位的人是媒介到受众以及受众再到媒介的中间过程。舆论领袖会事先对产品信息进行筛选、评估、整合，由于他们经常是首先购买产品或者出席新表演艺术的人，因此他们也承受了很大风险。① 演艺市场要尽可能地接触到这些舆论领袖，以促成口碑的迅速传播。除了传统的结盟计划、优惠促销外，如今的网络是口碑传播最为有效的渠道之一。舆论领袖已不需要以口口相传的方式将自己的体会告知周边大众。一篇博文更新和一个状态更改都足以将口碑传播出去，而且所面向的群体更为多元和宽广。Facebook 上各种企业或机构的加入就是典型的例子。在我国，SMS 模式（Short Message Service，短信群发系统）已经兴起了一段时间，但市场营销行为还是集中在营利性机构的运作上，演艺市场涉足其中显然还需要一定的时日和政策的允许。社会渠道营销就是媒体将信息传播给大众的过程。由于外部环境的不确定性，这样的沟通渠道更多地会在营销组合中一起使用，如公关和广告的结合等。

如同“大营销”的概念一样，沟通也需要有整体的组合。广告、促销、公关等外部因素都

① Solomon M. Consumer Behavior，3d ed. Englewood Cliffs：Prentice-Hall，1995：359.

是必不可少的。演艺市场的营销不同于一般的经济行为，由于表演艺术的消费是及时性和现场性的，也就是说一旦演出开始一切的营销也就走到了尽头，单场的演出尤其是这样，所以对于演艺市场沟通组合的决定和实施必须在演出开场之前全部完成，这就需要在机构或市场中有专门从事营销沟通的组织来负责整个过程的运作、开支的合计以及后续的评估活动等整合工作。

六、连锁营销战略

连锁经营一直是市场营销中常用的策略，作为一种商业组织形式和经营制度，连锁策略使经营同类商品或服务的若干个企业，以一定的形式组成一个联合体，在整体规划下进行专业化分工，并在分工基础上实施集中化管理，把独立的经营活动组合成整体的规模经营，从而实现规模效益。连锁经营包括直营连锁、特许经营和自由连锁三种形式。对于演艺市场来说，因其产品的低复制性、场所的高成本性以及营销的高异质性，连锁策略还是一个全新的理念。在我国，已经有民营组织开始了这方面的尝试。至于连锁策略的成效如何还有待于市场和时间的检验。

2009 年是杭州金海岸创业的第 10 个年头，金海岸演艺大舞台用了 10 年时间，成为 12 家连锁规模的文化企业。确定了连锁发展方向后，杭州金海岸以杭州本土为重点，先后开设了天水桥、红磨坊、东坡 3 家演艺大舞台，随后在浙江的义乌、诸暨、金华、湖州、台州，江苏的常州、镇江，山东的济南等地开设金海岸演艺大舞台，形成连锁规模的雏形。可复制性是娱乐演艺连锁发展成功的关键，而要快速、高效地发展连锁，标准化体系是核心。金海岸连锁娱乐演艺企业围绕节目的采购、研发、编排、销售、后勤管理等环节，制定或采用一系列的工作标准、管理标准和技术标准，将这三大系列标准有机整合，形成适宜企业发展的标准体系。

在实践中，杭州金海岸以演艺创作、演艺培训为重点，优势互补、合作发展，打造和提升自身的核心竞争力。韩建鸥认为，产业规模化发展，成本控制是关键，娱乐演艺行业成本的重头在演艺资源的费用支出。规模化发展迫使娱乐演艺行业建立资源配置中心，对占成本较大的演员、服装、道具、演出设备等实行统一采购、统一配送、统一制作，在最大限度内降低成本。这一举措使这类成本下降 20%左右，对一个连锁规模企业而言，节约的总量相当可观。

2003 年，辽宁民间艺术团成立，承包了“沈阳大舞台”剧场，并改名为“刘老根大舞台”，使艺术团有了第一个演出阵地。2007 年 12 月，赵本山以 2 269.72 万元的价格购得沈阳大舞台剧场的所有权。如今，刘老根大舞台已在沈阳、哈尔滨、长春、天津、北京等地开了多家连锁剧场，其他地区的连锁剧场也正在筹备或谈判中。①

第四节　演艺市场的营销策略

目前中国文化演艺最遭人诟病的是票价过高，但这个问题在短时间内还难以有效解决。税费、票务代理费、剧场场租是如今演艺行业的三大负担。首先是税费，目前演艺行业营业税为 3.39%～5.59%，而购买国外演出的外税为 12%～20%，这意味着 100 万元的演出费，实际购买成本在 115 万元至 126 万元。反观国外，很多国家不仅有减免税费的政策，还有政府的补贴，比如美国纽约州，演艺行业的营业税是 3.5%，但这个税是可以退的。欧洲一些国家演艺

---

① 隗瑞艳．演出连锁经营在探索中扩张．中国文化报，2009-07-13.

行业不仅税费全免，甚至对重点演艺机构进行全额资金支持。其次是票务代理费，以上海为例，一级代理的票代费占到票价的10%～12%，二级代理则往往达到14%～20%，这意味着卖出一张100元的演出票，至少有十几块钱要交给票代公司。而在百老汇和伦敦西区，票代费通常在5%以下。最后是场租，目前大部分剧场不论是国有还是民营，在经营上政府并没有将其视为公共文化设施，除了国家大剧院这样国字号的剧场外，其他剧场并没有常规性的大额度补贴，因此剧场的场租费必然要根据运营成本而设定。高昂的运营成本让剧场难以自降场租，于是压力便转给了演出方与市场。如今一线城市的大型剧场场租基本在4万元以上，有些甚至达十几万元，这对于需要长演才能盈利的音乐剧行业是一个巨大的负担。在税费、票代费、场租费三者居高不下的情况下，降低演出票价显然是一种奢望。假设一个剧院引进一台剧目的演出成本在20万元，加上8万元的场租，再加15%的演出税费以及16%的票务代理费，衣食住行等全不算，票房收益至少要达到35万元方可保本。中间环节的支出要占到演出成本的近75%，这样的比例，票价焉能不高？[①]

在这样的背景下，文化演艺市场尤其需要营销。文化演艺市场营销成功与否，可以借由以下标准作出判断。

（1）是否使原本没有需求的群体产生观看的欲望。

大众文化理论认为，大众文化不是受众自身产生的需求，而是创造出来的需求。文化演艺市场的需求创造有三种途径：情感营销、行为修正和舆论领袖。按照米切尔·L. 雷伊的“思考-感觉-行为”的消费者行为模式，消费者通常先接收资讯，形成某种情感的回应，然后在拥有合适资源时采取行动。雷伊指出，人们的行动有时出于一种潜意识或无意识的作用，仅因为受到某种情感因素的影响而采取行动。譬如某位年轻女士之所以去观看芭蕾舞表演，只是为了重拾童年与母亲一同外出的相似记忆。[②] 行为修正是指教导目标对象，如果采取某行动会得到其梦寐以求的结果，那么人们采取行动的机会将大大增加。因此表演艺术团队可以直接追求改变人们的行为而不必过于计较如何改变其态度。比如告诉人们参与某场舞蹈演出会得到回馈(社交机会)，这种回馈可能是一个单身之夜的同乐会，即使这没改变人们对舞蹈的态度，也仍会增加人们参与的可能性。此外，消费者还会受到舆论的影响。表述的观点会得到消费者充分重视的人被称为舆论领袖。亚特兰大芭蕾舞团的直接邮件中附有已观看表演的顾客发表的推荐证言和顾客照片，邮件发出五周后就获得巨大成功，表明了舆论领袖的作用。

（2）是否在有限时间内使尽可能多的观众出席。

文化演艺通常具有一定的档期期限，成功的营销手法能够使尽可能多的观众在有限的时间内出席。演出时间和地点的安排、演出场所的交通便利程度、演出产品价格的设定、演出入场门票获得路径的方便程度等都是影响文化演艺产品营销成果的重要因素。首先，演出地点应该设在交通便利、易于到达并且泊车方便的地方。其次，演出时间一般应设置在工作日的晚上或者周末，尽量避开下班高峰时段，以免观众因交通问题迟到。演出结束时间也不应过晚，避免给观众回家造成困扰。再次，演出产品的价格应与目标市场人群的消费水平相适应，既不能与节目的定位相悖，也不应让观众望而却步。最后，演出入场门票的订购方式应让观众易于知

---

① 费元洪．影响音乐剧行业发展的几大外因．(2013-09-13)［2018-01-16］．http：//blog. sina. com. cn/s/blog_4cbccb530101hj94. html.

② 科特勒，雪芙．票房营销．北京：中国人民大学出版社，2004：76.

晓、易于操作，最好选择电话订购、网上订购和现场售票等多种方式的组合。此外，可以开放一些人性化的销售渠道，比如某剧院在超市中出售演出门票，因此收获了大量中产阶层消费者。演出方还应为特殊人群提供周到服务，比如为残疾人士提供无障碍通道，设置残疾人看台，提供可移动座椅，方便陪同人与其同坐。

（3）是否使消费者在竞争产品中选择所营销的产品。

文化演艺市场正处于繁荣发展时期，演出产品众多，可替代性高，市场竞争激烈。文化演艺市场中的竞争可分为艺术形态的内部竞争、替代品的竞争和非直接性的竞争。当某位顾客在预购交响乐和歌剧演出的门票之间进行选择时，所反映的就是艺术形态内部竞争；如果顾客选择听录音作品或者看歌剧视频，而不是出席现场表演，那么交响乐和歌剧合唱团所面临的就是替代品的竞争；如果顾客最终决定去参加体育活动、看电影，那艺术团体面对的就是一种非直接性的竞争。在多层次的竞争环境中，如果通过营销使产品在消费者选择中脱颖而出，那么此次营销就是相对成功的营销。

（4）是否获得可观的票房利润。

营销的重要任务就是为选择演出的节目赢得最大限度的门票收入。经济效益是演艺团体得以持续发展的最重要基础，因而判断一次营销活动是否成功，最直观的指标就是票房。影响票房的主要因素有两个：文化演出内容的声誉和文化演出者的名气。澳大利亚歌剧院所做的一项研究显示，决定观众是否会出席的主要因素，就在于歌剧本身的声誉。[①] 大名鼎鼎的歌剧《波西米亚人》与很少有人听说过的《鲁鲁》相比，显然具有更大的吸引力。与此同时，演出者的名气也关系到被吸引观众的数量。由张学友出任主演和艺术总监的音乐剧《雪狼湖》创造了中国原创现代音乐剧的奇迹，1997 年的粤语版和 2005 年的国语版全球公演过百场，场场爆满。其成功的原因除了高质量的舞台效果、剧情内容、大力宣传以外，也包括张学友、林忆莲和许慧欣等高人气演员的名人效应。

（5）是否拥有良好的口碑。

一部电影成功的标准是叫好又叫座，文化演艺产品一样也要兼顾经济效益和社会效益。文化演艺市场营销在以消费者为中心的同时，各个文化艺术团体、组织还肩负着文化艺术的大众化、精神文化的传播和道德演绎的社会责任。良好的口碑有益于延展文化演艺产品的生命周期，开拓市场。歌舞剧《妈妈咪呀》从美国百老汇走进中国，虽然两国的文化背景不同，但它凭借长久的舞台经验和良好的口碑效应，在中国同样受到热捧。

文化演艺市场的营销要取得成功，需要采取必要的营销策略。

一、品类切分

演艺市场门类众多，不同门类的演艺市场需要采取不同的营销方式。可以首先将演艺市场划分为独立文化演艺市场和跨界文化演艺市场两大类，其中独立文化演艺市场包括原创文化演艺市场和引进文化演艺市场，跨界文化演艺市场包括旅游演艺市场、展馆演艺市场、餐饮演艺市场等。

独立文化演艺市场中的原创文化演艺市场和引进文化演艺市场在营销手段上应该有所区分。原创文化演艺市场中的产品类型主要有话剧、音乐剧和演唱会等，其在定位、定价、宣

---

① 科特勒，雪芙．票房营销．北京：中国人民大学出版社，2004：76.

传和售后等方面具有一定特殊性。在定位方面，可以采取与其他演出完全相反或者与之结合的模式，以便观众对本身完全陌生的演出产生熟悉感和亲切感，借用其他演出在观众心中已经存在的形象重新安排，提高产品在消费者心目中的地位。比如亚特兰大芭蕾舞团通过声称自己“与众不同、运动感十足而且十分逗趣”显示了自己与人们预期中的芭蕾舞团不同；或者，一些改编剧、颠覆剧如套用《哈姆雷特》结构的《狮子王》，让观众对其改编有所期待。

在定价方面，原创演出的定价对于演艺团体来说是一个难题。本身演出的知名度难以与引进演出相比，组织担心票价定高了会阻止顾客来观看，而票价低带来的收入又与其高投入有巨大差距，不足以支持组织生存。实际上，价格定得低不一定好，因为观众会觉得价格低就等于内容质量差，来观看等于浪费时间；即便是来了也不珍惜此次观看演出的机会，可能造成现场气氛的混乱。原创演出的定价可以综合考虑其演出内容的质量、前期投入以及观众的心理定位。并且真正喜爱艺术的顾客不具有价格敏感性，对价格低关心度的顾客也比高关心度的顾客更容易做出购买决定，因此好的定价策略可能带来收入极大化。此外，原创演出还可以使用一些创意定价，比如每个位置的定价都不一样，相邻的座位的差价仅为几块钱，这样每个观众都能各取所需，获得与付出价格相适应的座位。即使观众没有得到理想价位的座位，其周边的座位也不会有太大差价，也还是在观众的心理承受范围之内。这种创意的定价方式能够在成本不增加的条件下卖出高价位的票，获得更多的收益。

在宣传方面，原创作品应该更具有铺天盖地之势，主要精力应该放在信息简单的广告上，利用广泛的多媒体渠道，无孔不入，巧取人们的注意力。在首次演出时，让整个目标区域的人都注意到这场表演，向广泛的人群介绍该演艺团体本身以及所提供的演出内容。

在售后服务方面，要与观众之间建立起良好、持续的关系，因为让原有观众预购门票（修正型的重复购买）比劝服新观众的成本低得多，所以每一个愿意来尝试原创演出的顾客都是组织潜在的长期顾客。可以通过返礼券、赠节目预告信息等方式给忠诚的预售票顾客以优惠，因为忠诚是互惠的行为。

引进文化演艺市场是指将经典的戏剧、音乐重新排练搬上舞台或者得到国外文化艺术演出原版的授权之后进行本土化再创造的市场。引进的文化演出相比于原创文化演出的优势在于观众对其作品已经有了一定的了解，因此在节目定位、制作、宣传等方面与原创文化演艺市场的营销略有不同。在定位方面，引进演出一般具有高品质，因此定位要有一系列连续性的体现。比如一场演出要走高端定位，那么艺术团体就要对演出的社会价值深信不疑，无论场地还是接触渠道甚至销售人员都要符合定位形象；如果要走亲民定位，就要让人们觉得高雅艺术不是那么难以接近，其宣传、节目制定等要显示出随处皆宜的氛围。

在制作方面，需要融入本土化的考虑。比如在中国演出的交响乐节目中总会有中国人熟知的乐曲节目，还经常会由外国人来演奏《茉莉花》《月亮代表我的心》之类的中国歌曲。另一个经典的案例是百老汇音乐剧《妈妈咪呀》中文版，这部世界级的音乐剧名作忠实地还原到中国舞台上，在品质、本土化和情感交流上几近完美。上演前，演艺团体对舞台表演和歌词不断进行优化调整，台词方面更是结合了网络时尚流行语，拉近了和年轻观众的距离。因为节目制作用心，短短几个月时间内《妈妈咪呀》中文版在上海和北京连演 112 场，票房超过4 500万元，创造了中国演艺产业的新纪录。

在宣传方面，引进演出的宣传活动一般在开演前 3 周开始较为合适。由于如潮的好评、广泛的公关活动和极佳的口碑而使观众产生了浓厚的兴趣，因此组织可以把广告的重心调整到鼓励观众出席上。门票可能会很快售完的颇受欢迎的组织应该告知公众便利的售票地点，以鼓励他们捷足先登。由于引进演出一般有较大的规模、较高的预算，因此可以考虑举办活动进行宣传，激发观众的兴趣和热情。如蒙特利尔交响乐团以庆祝该组织 60 周年的名义举办了一次主题音乐会，演出了柏辽兹的作品《特洛伊人》，获得了巨大成功。此外，引进演出还适用全方位的整合营销。音乐剧《妈妈咪呀》在宣传时运用了多种营销手段，包括事件营销、病毒式营销、网络营销。如借助主要演员的"选秀活动"和赞助商的系统文化营销活动在媒体上大量曝光；利用互联网传播主流媒体的相关报道和各类观众及网民的正面评价扩大宣传；通过拥有海量顾客信息的第三方顾客数据库公司筛选出目标观众进行短信群发和 Email 群邮，以达到大范围一对一精准数据库营销推广。

旅游演艺是跨界文化演艺的典型代表，它是以异地观众为主要对象的艺术表演活动。这种艺术表演在大多数情况下以表现该地区的地脉、人脉、文脉为主要内容，以"异地观众"为主要客源，具有异地性、长期性、娱乐性、参与性、衍生性的特征。旅游演艺产品的目标顾客是旅游者，但在旅游者之中还需要继续细分。以《ERA 时空之旅》为例，其针对的庞大的流动客源可以分为两部分：境内外游客团体和商务客户。商务客户和外国游客常常会选择中高档票价的位置，并且是现金交易；而国内游客是由旅行社集结的，一般购买价格较低的团体票。因此，《ERA 时空之旅》在目标群体选择上应以旅行游客聚集人气，以商务客户赚取利润。在销售方面，折价促销是旅游演艺最常用的推广方式，一般包括代理折让、团购折让、推广折让、合作促销、推销竞赛等。旅游演艺团体给中间商（旅行社、航空公司、旅游团购网站、票务代理商等）各种折让优惠，以吸引购买者，一般可分为现金折扣、数量折扣、实物折扣、季节折扣、同业折扣和推销津贴等方式。上海《ERA 时空之旅》与上海的 40 家旅游机构合作，与日本的交通公社（JTB）、韩国的哈拿多乐旅游有限公司（HANATOUR）达成战略合作协议，进行票务、营销和其他方面合作。这种方式向中间商提供佣金奖励，以保障稳定的上座率，但有时不一定有效，因此在采取折让促销策略时也要谨慎。此外，直接对旅游者的促销形式还有发放免费宣传册、折价赠券、无偿退票、减价优待、搭配减价、增票、有奖销售和积分优惠等。

二、O2O 模式

Online to Offline（O2O）模式就是近年来兴起的一种将线下交易与互联网结合在一起的商业模式，即把线下商店的消息推送给线上用户，用户在获取相关信息之后可以在线完成下单、支付等流程，之后再凭借订单凭证等去线下商家提取商品或享受服务。O2O 模式可以分为三种不同的类型，即广场模式、代理模式和商城模式。在广场模式下，网站为消费者提供产品或服务的发现、导购、搜索和评论等信息服务，通过向商家收取广告费获得收益，消费者有问题需找线下的商家。这种模式的典型网站有大众点评网、赶集网等。在代理模式下，网站通过在线上发放优惠券、提供实体店消费预订服务等，把互联网上的浏览者引导到线下去消费。网站通过收取佣金分成来获得收益，消费者有问题找线下商家。商城模式则是指由电子商务网站整合行业资源做渠道，用户可以直接在网站购买产品或服务。网站向企业收取佣金分成，消费者有问题找线上商城。O2O 模式与传统的 B2C（Business to Customer）和 C2C（Customer to Customer）模式相比，区别在于 B2C 和 C2C 的交易对象主要是实物类商品，需要经过网上挑选商品、线上下单、物流配送等环节，而 O2O 以本地化生活服务为交易对象，如餐饮、娱乐、旅游、保健养生、住宿、票券等，通过提供商家信息、服务在线预订、价格折扣等方式带动线下经营消费；O2O 的交易流程仅涉及网上挑选服务、在线支付、线下消费体验三个环节，不受物流瓶颈的制约；O2O 是先支付后消费，很容易评判线上推广效果，企业可以通过定制信息跟踪和支付数据挖掘提升客户关系管理和服务创新能力。

O2O 模式在文化演艺市场营销中的运用主要体现在在线电子票务销售平台的建立。当前，我国已经出现了中演票务通、大麦网、永乐票务等电子票务网络系统以及中票在线、中国演出票务网、大众票务、世纪票网、票务中国、票行天下等全国性的大型票务网站。这些票务网站集合了全国大大小小很多的演艺活动，并且提供订票服务。可以说，这些票务网站已经成为各项演艺活动的一个很重要的宣传营销渠道。同时，通过这些网站，各个演艺产品能够接触更大范围的消费者，而不仅仅局限在产品所在城市的消费者。

电子票务网络系统能够以票务营销功能为主干将演艺产业的各类业务和活动有效地整合在一起，从而实现演艺产业运营与管理的信息化、网络化。首先，电子票务网络系统不仅为消费者提供了一个便捷、互动的营销平台，也将分散的文艺院团、演出商、代理商、演出场馆以及消费者联系起来，有效降低管理成本、提高运营效率；其次，电子票务网络系统更是一个开放的信息平台、一个庞大的数据库，可以准确、及时、全面地收集演艺产业的各类数据和信息，并转化为丰富的知识资源，为演艺产业从业者和管理者的决策提供强有力的支持。①

但这些票务网站还只是提供票务销售。对于演艺与旅游等其他产业的结合则没有涉及。在 2013 年乌镇戏剧节中，活动官方网站为消费者提供了从戏剧节订票到乌镇住宿、旅游等一系列服务。虽然说乌镇戏剧节与单独的演艺产品不太一样，戏剧节更多的是类似于会展的一项活动，它主要不是要吸引本地居民来参加，而是要吸引外地游客来参与，但这也同样能够被一般的演艺产品营销借鉴。以演唱会来看，很多明星演唱会的成功都是依靠粉丝经济，有很多所谓的铁杆粉丝会追随自己的偶像转场多地的演唱会。如果票务销售平台能够利用这样的机会开展票务与当地旅游结合的业务，相信会为演艺产品的营销开拓出新的道路。

三、众筹定制

众筹商业模式（crowd-funding business model），又译为大众集资、众募或众融，是众包（crowd-sourcing）商业模式的变体，意为创意者或小微企业等项目发起人（筹资人）在通过中介机构（众筹平台）身份审核后，在众筹平台的网站上建立属于自己的页面，用来向公众（出资人）介绍项目情况，并向公众募集小额资金或寻求其他物质支持。众筹融资模式包括四种方式：基于捐赠的众筹、基于奖励或事前销售的众筹、基于股权的众筹和基于贷款或债务的众筹。基于捐赠的众筹是指众筹的过程中形成了没有任何实质奖励的捐赠合约。基于奖励的众筹是指项目发起人在筹集款项时，投资人可能获得非金融性奖励作为回报。这种奖励仅是一种象征，也可能是由某投资人来提供。基于股权的众筹是指众筹平台通过向出资者提供证券来为项目所有人筹集大量资金。与向银行借款不同，基于贷款的众筹主要是指企业（或个人）通过众筹平台向若干出资者借款。这一过程中，平台的作用是多样的，一些平台起到中间人的作用，

① 王广振，曹晋彰．中国演艺产业发展反思与演艺产业链的构建．东岳论丛，2013，34（4）．

一些平台还担当还款的责任。

众筹方式与演艺产业的结合为文化演艺市场的定制服务开辟了新渠道。文化演艺产品的融资可以通过众筹平台来完成，而投资方在向这个产品进行投资的同时可以提出自己的要求，从而使得该演艺产品成为自己专有的定制演唱会。一般定制服务针对的都是个人，即产品完全按照个人的要求去制作完成，而演艺产品的定制服务则要以众筹的成功为前提。消费者想要有属于自身的定制，要通过众筹平台去完成对该项产品的投资才有可能实现。这样的定制服务并不完全属于个人，而是将每一位投资人的要求融合起来形成一个综合性的定制产品。这种定制的演艺产品和一般的演艺产品相比，其投资风险相对要小，因为它的投资者就是它未来的观众基础。以 2013 年李泉、李代沫的“虾米网络演唱会”为例[①]，淘星愿平台发起了这场 10 万元的演唱会资金预购，不到 20 天已有 856 人完成线上预购，总额超过预期的 10 万元。演唱会中，歌迷可根据自身需求选择 2 999 元的歌手点唱、268 元的现场演唱会以及 1 元观看的网络直播。在这个例子中，消费者的预购可以被看作是演唱会制作方的一种众筹方式，而消费者所得到的回报或者说奖励则是能按照自己的想法去享受一场演唱会。因此，众筹模式和演艺产业的结合可以达到一箭双雕的效果，既寻找到了一条投融资的新道路，也为演艺营销开辟了新思路。

结语

我国演艺市场的起步与欧美发达国家相比相对较晚，这是机遇也是挑战。机遇是因为我们有更多的能够参照的先例和典范，通过对成功案例进行研究而为我国演艺市场的发展寻求便捷的路径和适合的方式。挑战是因为世界演艺市场已经被起步较早的国家主控，我国演艺市场要想在其中占据一席之地，将要付出更多的努力，特别是在“走出去”的营销上。

品牌是如今市场营销的关注热点，各机构或组织都希望通过品牌的力量来吸引尽可能多的潜在消费者。演艺市场因其表演形式上的独特性，更需要在组织内部形成一种品牌意识，增强组织的品牌营销力量。在对外方面，演艺市场在国内市场中多以“单兵作战”的模式，各自发展，而到了国际市场后，“协同联盟”的方式更能得到市场的认同和营销的成功。所以，在演艺市场的品牌营销上要从内部和外部、国内和国外两个维度来进行统筹策划。

市场营销是立足于消费者各方面需求的，而演艺市场的营销重点是在消费者精神层面以及物质层面的双重满足，所以也就更为复杂。只有选择对了营销策略，才能发挥出营销对于市场发展的正面作用，而不是反面效应。由此，策略营销的关键就是对消费者的研究以及沟通。大众为什么选择这类演艺产品而不是其他？观众为什么会对这个剧团的演出感兴趣？消费者选择实验性演出又是出于何种目的？……凡此种种都需要在制定具体的营销策略之前加以考虑和分析。除此之外，成本和利润的计算是各类演艺组织和机构不能忽略的问题。虽然机构地位不同、目标各异，但是如何在最终目标的指引下，实现可能的各类利润回报是演艺市场营销中的关键环节。

---

① 朱凯．“私人定制”在音乐演出行业大有前途．证券时报，2013-12-20.

推荐阅读资料

1. 科特勒，雪芙．票房营销．北京：中国人民大学出版社，2004.
2. 李希特．行为表演美学——关于演出的理论．上海：华东师范大学出版社，2012.
3. 方世忠．世界演艺行业：国际对标和中国案例．上海：上海文化出版社，2010.
4. 周洪雷．音乐市场营销及案例分析：修订版．上海：上海音乐学院出版社，2011.

第十三章　手作营销

漫漫历史长河中，传统工艺一直与人类生活密不可分。形态各异的手工艺及其产品在人们的社会生活中发挥着巨大的作用：或者是批量制作、大量生产，以满足人们日常生活的基本需求；或者是拾遗补缺、修旧利废，以满足人们不同层次的特殊需求；或者是精工细作、巧夺天工，以体现某种观念，寄托某种情感。[①] 日本工艺大师柳宗悦认为，传统工艺大体上可以分为三个层面：一是“贵族的工艺”，这是为王公贵族们制作的；二是“个人的工艺”，是个人作者以表现美为目的而自由地制作的器物；三是“民众的工艺”，是以服务于民众生活为目的而制作的器物。[②]从历史和现状来看，中国的传统工艺品仍然适用于这三个类别，即为特权和金钱拥有者所享有的传统工艺品、大师级技术精湛的传统工艺品、优秀匠人和技工创造的传统民间工艺品。所谓的“民间”，并不是指产品的生产场所或所在地，而是指一种文化内涵。相对而言，前两种传统工艺品更偏重于创造工艺的艺术功能，如极具收藏价值的大型和田玉雕，不仅材质珍稀昂贵，而且技艺巧夺天工。传统民间工艺，更贴近工艺的本真，是一种生活的工艺，既有工艺的实用功能，又兼具文化的美学价值。

与大工业机械化方式批量生产的工艺品不同，传统工艺以手工艺为主。虽然有的手工艺可以借助一些机械工具来生产，但工艺师直接的手工作业仍然是最主要的生产方式。这也是限制传统工艺企业发展规模的重要原因。据统计，到 2015 年底，中国传统手工艺行业共有企业 5 万多家。其中私营企业约 3.6 万家，约占总数的 72%；集体、集体联营和股份制合作企业约 0.4 万家，约占总数的 8%。全行业形成以私营企业为主体的多种所有制成分共同发展格局。大多数传统手工艺企业人数在 100 人以下。[③]

当前，传统民间手工艺品市场面临着供给侧和需求侧两方面的压力，严重制约了手作产业的发展和民族文化的传承。从供给方面看，传统民间工艺品企业多为家庭作坊式的小型工厂，仍以手工制作为主要生产手段，整体技术装备落后，效率低，质量差，产品同质化严重，品牌识别度低。从需求方面看，随着社会经济的飞速发展，人们对传统文化的认知日益模糊，许多民间手工艺品失去了赖以生存的文化语境，甚至沦为陈旧民俗的象征。如何重新认识传统民间手工艺，在供给侧改革和需求侧管理两方面提高其品质，扩大其市场，既是政府振兴传统手工

---

① 徐艺乙．中国历史文化中的传统手工艺．江苏社会科学，2011（5）.

② 柳宗悦．工艺文化．桂林：广西师范大学出版社，2006：13.

③ 2016—2022 年中国民间手工艺品市场运营态势及投资战略分析报告摘要．（2016-04-13）［2018-01-16］. http：//www.chyxx.com/research/201604/405050.html.

艺需要面对的课题，也是企业发展手工艺产业需要解决的问题。

第一节 传统民间工艺品市场的供需矛盾

传统民间工艺品都是特定地域文化的承载。文化因空间而异，不同的地域涵养不同的文化，传统民间工艺产品的形态、特点、工序、趣味等也因此各具特色。现如今，尽管传统民间工艺和企业的发展受到广泛重视，但其市场也面临着不少供需上的矛盾。

一、产品数量与市场需求

传统民间工艺多为手工生产，生产周期较长，以单品为主，难以量产。这不仅与传统民间工艺自身的手艺性和传统性特点有关，也与其历史延续的小规模生产和小范围传承方式相关。2015 年底，中国传统手工艺行业私营企业数量约占总数的 72%，中国民间手工艺品行业小型企业数量约占总数的 84.30% ①，由此可知，传统民间工艺企业力量仍比较弱小，以家庭作坊和个人工作室为主，每个厂商的生产能力和实际产量有限。供给产品数量上的稀缺性，使得传统民间工艺品难以满足广大的市场需求。比如贵州少数民族地区的传统工艺大多数为两三个人的家庭作坊（如制陶的牙舟镇、西江苗寨银匠等），采取纯手工制作，市场需求经常超过生产供给。而当下的年轻人又不愿意从事手工艺行业，使得家庭作坊无法承接较大的订单，在很大程度上又进一步制约了供给方提高经济收入、传承工艺的可能性。②

此外，传统民间工艺的旧式生产方式也制约了其量产化发展。以扬州漆器为例，这种历经百年的民间传统工艺，一贯以屏风、地屏、台屏、瓶罐、砚台类重装饰传统器物为主，工艺精细，耗时漫长，产量不高。与此同时，由于扬州漆器产品设计固化，呈现出过重的历史氛围感和繁缛复杂的装饰感，其市场需求量亦不多。然而，需求量少的根源在于扬州漆器产品无法融入现代环境，使得供求均衡点对应的数值也非常小，不利于生产性保护。可见，僵化地强调传统民间工艺的传承，局限于传统民间工艺造型和传统工艺的延续性生产，不会开发工艺精品，不会传统民间技艺传承的保护性开发和创造性转化，也导致了传统民间工艺市场在数量层面的供需不匹配问题。

二、产品价格与顾客期待

一些传统民间工艺企业不重视质量，产品鱼目混珠甚至出现假冒伪劣产品，导致文化消费者利益受损，影响整个民间工艺品行业的形象。当市场上产品质量信息非常不对称时，柠檬市场就产生了，就会出现“劣币驱逐良币”的现象。好的工艺品卖不上价格，逐渐退出市场，劣质产品占据市场。供给价格的高低由生产成本和溢价两方面构成。生产成本由劳动力、土地、资本、技术等生产要素价格决定，包括原材料价格、制造流程成本和工人工资等。很多传统民间工艺的生产成本逐年上涨。以景德镇陶瓷为例，2008 年，景德镇最好的瓷土料为 2 000 元/吨，90 千克/桶的青白釉料价格从 70 元/桶上涨到 90 元/桶，用来翻模模具的石膏从 330 元/吨升至

---

① 我国民间手工艺品行业区域分布格局．(2016-04-21) [2018-01-16]．http：//www.chyxx.com/industry/201604/408536.html.

② 朱怡芳．传统工艺美术产业发展与政策研究．北京：北京理工大学出版社，2013：8.

460元/吨。景德镇鸿升堂艺术工作室所用宝石红颜料的市场售价为6 000元/千克，但釉上彩瓷器在烤花烧制中的损耗率达3%～4%。烧造瓷器所需的液化气、工人工资等也不断上升。[①]还有一些原材料如砚石、玉石、瓷土的无序开采影响到传统工艺产业价格的稳定性。在溢价方面，供应方对传统民间工艺文化附加值的衡量标准的不同也造成了同质商品市场定价区间的大幅波动。市场的无序使得部分产品存在定价虚高的现象，供给价格也不断攀升。而在需求方，一般消费者收入有限，对于传统民间工艺品的详细造价不甚了解，缺乏对传统民间工艺品真伪的辨识能力，而且在市场上有大量近似的工艺替代品可选，导致一般消费者有能力且意愿支付的价格并没有达到供给方的定价。可见，供求双方对传统民间工艺品价值感知的不同造成了价格层面上的供需矛盾。

此外，传统民间工艺市场上的供求双方都具有较强的议价能力，因为供给方可以持续降低产量，不断提升单品的艺术价值和收藏价值；需求方可以选择购买其他性价比高的产品，因为传统民间工艺品已经不是生活的必需品，需求极富弹性。比如，很多匠人原本是在小作坊里制造生产，甚至将传统民间工艺的创作视为副业，在整个传统工艺大众消费市场不景气的情况下，会选择退出市场或者将这种耗时工艺专为收藏市场服务。目前市场上盛行贪大图奇理念的木雕就是典型代表。而大众消费者在为物所包围的世界中能够找到近似的替代品。随着市场上工业化批量生产的陶瓷、机械组装的家具等越来越多，这些价格低廉而耐用的产品占据了一定的市场份额，挤占了传统民间工艺品的生存空间。

三、销售模式与交易成本

传统民间工艺的一般运作模式是生产者自主创作或接受订单、来料加工或来样加工、国内销售或出口外销等。金融危机前，工艺品厂商多将产品销售定位在国外市场，导致目前推动内销的国内市场渠道不足。在国内销售中，有直销、经销、代销等模式。比如，购买者和手艺人间存在一种直接购买关系，即购买者出于对手艺人的信任，手艺人出于减少中间成本的目的实行的销售方式，建立在资金及产品的直接交换的基础上。在经销方面，供货商向经销商定期、定量供应货物，再由经销商进行批发和出售。这种模式因为经销商行为垄断了价格信息渠道，且压低生产者利润，已逐渐被其他方式取代。目前国内传统民间工艺品销售渠道往往更依赖于代销，即电商、线下零售或者当地的旅游市场的销售。虽然很多传统民间工艺的销售在代销中都获得了一定销售额的增加，但其弊端在于，看似多元化实则分散化的渠道增加了传统民间工艺劣品流通的风险，也难以解决企业与顾客彼此高“寻找成本”的问题。比如，企业付出了代销费用的交易成本，而需求者为了买到合适的产品疲于线上搜索和线下考察，两者均付出大量金钱和时间而未必能实现供求关系的匹配。

对于传统民间工艺的需求者和潜在消费者而言，需要的是一个相对便捷和透明的产品信息渠道、一个能感知到技艺的文化附加值的参与渠道、一个能优化购物体验的购买渠道。然而，现行的一些供给渠道缺乏有效的整合，无法让消费者易于获得；文化企业也缺乏对人群的细分，无法让传统民间工艺的粉丝消费者和普通消费者各有所得。可见，只有为传统民间工艺的信息流和商品流打造专门的传播渠道，从需求角度整合供给渠道，才有利于传统民间工艺供给的多向迸发和需求的反馈传递，从而形成良性循环。

---

① 朱怡芳．传统工艺美术产业发展与政策研究．北京：北京理工大学出版社，2013：298.

四、工匠制造与文化资本

随着物质财富的增加，现代人越来越追求生活品质，热衷于传统民间工艺的原生态氛围带来的生活质感。传统民间工艺的每一个手工步骤都匠心独运，所制造的器物能经受时间的考验，能传递文化的情感，也为消费者增添了一份精致的生活态度。对传统民间工艺的选择不仅体现了对工艺背后地域文化的喜爱，也从工艺品的形态、图样等选择中彰显了消费者的地位和品位。就像波德里亚形容的那样，我们懂得欣赏手工艺品展现给我们的真实性，以及不可磨灭的劳动投入。[①] 除了价格和收入外，对于文化产品消费者而言，能否体现出文化资本，能否被别人感知到相应的文化资本实力是影响需求的特殊因素。在“礼”文化色彩浓重的中国，以传统民间工艺品构建社会网络关系、积累社会资本也是一种需求诉求。比如，赠送玉制传统工艺品，挖掘原材料背后的寓意；或赠送知名的传统工艺品，以示自己的文化资本和对对方的尊重之情。人们的消费行为不再仅仅注重商品的使用价值，对商品符号意义的追求也日益突出。然而，现今的传统民间工艺品以非正式生产为主，非正式的机构化形式以家庭作坊和个人工作室为典型代表，缺乏文化内涵和品牌故事。尽管卓越的传统工艺大师和“非遗”传承人自带名人效应，可以在作品上署名以显示工艺的精湛，但对于工匠而言，作品是匿名的，再优质的手工和深入的情感也难以让消费者获得文化资本炫耀上的满足，难以直观地让大众感受到产品背后的无形文化价值。

第二节　基于供给侧改革的市场营销策略

供给侧改革的逻辑通常是围绕着出现的新趋势（技术及其他）与新的消费需求，提供新的供给或者是升级原来的供给。传统民间工艺品的供给侧改革，一方面要以创新形成更高质量的文化产品和服务的有效供给，带动新需求；另一方面是让市场及时出清，通过杜绝低俗供给、减少低端供给、淘汰过剩供给、清理僵尸供给、盘活呆滞供给来培育新的增长点，简而言之，就是“良币驱逐劣币”。

一、创意设计，创造消费需求

当代的很多传统民间工艺品之所以难以激发消费者的购买行为，缘于产品与现代生活的渐行渐远，表现为陈旧的产品题材、保守的设计元素、落后的生产模式等。传统民间工艺产品的设计，一定要紧密结合文化，因为这是传统工艺不可缺失的价值本源；同时，产品设计也要符合现代社会精神，提升产品的创新能力，因为这是传统工艺不可忽视的发展之道。文化创意和工艺制造创意两个维度共同促成传统民间工艺的无穷魅力，创造消费需求。

文化创意丰富了市场营销的模式，同时也催生了文化市场特有的营销方式。“创意”另一种说法叫作“再设计”又或者“旧的元素新的组合”，最具有典型代表意义的就是最近受到广泛关注的博物馆衍生品。早在 20 世纪 50 年代，英国和美国的博物馆就开始考虑商业性发展，美国率先在 1955 年成立博物馆商店协会，约 30 年后英国成立了涵盖面更广的博物馆出版及商店经营集团。我国台湾地区也从 20 世纪 90 年代开始关注衍生商品的开发。

---

① 左靖．碧山 06．北京：中信出版社，2015：24.

博物馆衍生产品的生产和开发主要是通过艺术授权与品牌授权相结合的形式来实现，包括馆藏品（藏品图片著作权）和博物馆数字资源。博物馆创意衍生品设计可以涉及生活的方方面面，上到高档的骨瓷茶杯花瓶，下到盐罐文具，这些衍生创意品已经可以融入人们细微的生活之中。以台北“故宫博物院”为例，在博物馆文创产品设计开发上，其采用图像授权、出版品授权、合作开发和品牌授权四种方式最大限度集企业力量、民众力量对陈列的静态博物馆资源进行动态的衍生品开发。2013 年 7 月，台北“故宫博物院”推出了一款名为“朕知道了”的纸胶带（见图 13－1），其以生活物品纸胶带作为原本，结合历史文化要素，在胶带上印有“朕知道了”这四个字，巧妙地将创意融入生活；“朕知道了”纸胶带仅销售 8 个月就已累计收入新台币 2 660 万元（约合人民币 570 万元），名列台北“故宫博物院”文创商品销售第二名，仅次于老牌经典“翠玉白菜”系列衍生品。

图 13－1　台北“故宫博物院”创意胶带“朕知道了”

二、技艺跨界，再生传统工艺

传统民间工艺是一种为生活服务的技艺，面对时代的发展，传统工艺也应秉持其服务生活的工艺精神，通过工艺的创新和跨界为传统民间工艺的发展注入新的活力。技艺需要跨界的根源来自传统工艺的产品生产方式无法适应和融入现代生活，因此亟须工艺应用的适当变革，实现工艺的活化，设计出新的跨界产品，从而获得市场的生命力。

在技艺跨界方面，日本的美浓和纸开启了对传统造纸技法的活用思路。美浓和纸由于制作流程复杂而遭遇困境，设计师喜多俊之创造性地将美浓和纸与照明器具结合，利用手抄和纸良好的强韧度和纤维长度使得独特的柔美光线能从和纸中透出，有别于塑胶，现常用于能营造聚会气氛的特色纸灯，广受欢迎。技艺的跨界设计是源自市场外部的创新思路，是一种水平营销的思路。在产品层面，去除了美浓和纸的书写功能，将和纸和现代灯具加以组合，用美浓和纸灯替代了工业生产的灯罩，并在市场层面产生情境替代，将美浓和纸灯用于日本古朴的装饰空间和营造聚会气氛的场合。正是这种对工艺的横向置换，使原本濒临消失的传统民间工艺获得了新生。同样的，浙江青田石雕企业掀起的时尚首饰的设计革命，把原来用不到的石材充分利用起来，结合了以银为主的其他金属材料，将传统的雕刻工艺进行二次挖掘。正是对材料特性的把握和对传统技艺的善用，为青田石雕开辟了传承特色工艺的新路。

技艺跨界为传统民间工艺创造出新的市场和产品类别，在保存比较完整的工艺流程制造的前提下，开发和延伸了工艺在当今社会的新用途和新功用，对于工艺精神在新时代的“再生”有着极其重要的现实意义。

三、工匠精神，塑造工艺品牌

中国历史上从来不缺乏工匠精神。鲁班这样的大家、执着于技艺改进的手艺人等，都为传统民间工艺的发展和口碑建设奠定了坚实的基础。如今，符合生产性保护条件的传统民间工艺逐步迈入了市场竞争中，迈入了文化经济中，唯质而生，因质取胜。2016 年，中国政府工作报告首次出现“工匠精神”一词，强调精益求精的制造和服务。大国的文化制造工匠精神，源于传统工艺的踏实、纯粹、精致，在当今又进一步指导传统民间工艺行业坚持技艺极致、产品精致、文化雅致的道路，对使用者将心比心，连同匠人的揣摩感悟，倾注于工艺之中，焕发东方智慧的迷人光彩。

在传统民间工艺的商业价值极度膨胀时，只有秉持工匠精神的企业品牌才能葆有工艺的文化价值。传统工匠艺人是企业的核心资源。比如，老凤祥企业不乏工艺美术大师的巨作和自动项链连接机等创意研发，也拥有一批敬业负责的优秀匠人，从而让老凤祥成为“中国黄金首饰第一品牌”，在海外亦享有盛誉。木梳品牌谭木匠深耕木梳数十年，始终坚持兢兢业业、平静如水的匠人气质，用心去做一件小事，善治木、善治本，穿越平淡与枯燥。工匠精神不只是对已有工艺的坚守和细作，更是深悟工艺文化内涵后的思考和创新，摒弃浮躁和虚荣，维护工艺文化的多样性和个性化，以匠人之心，传匠人之志，扬文化之美，树工艺品牌。对于传统民间工艺企业而言，匠人就是品牌的大使，他们为消费者创造了价值，兑现了企业做出的承诺。

若要让传统民间工艺企业品牌资产拥有可靠的价值，就要强化品牌和企业匠人的相关性，从把握工艺质量和员工匠人气质入手，在品牌和工匠精神间建立联想。在所有的品牌联想中，只有感知质量才可以推动财务绩效。当感知质量提升时，一般来说消费者对品牌其他元素的感知也会相应提高。[1] 若要让消费者感知到品牌的优质，坚守产品的质量是工匠精神宣传的基石。只有坚持将工匠精神作为品牌创建和品牌资产的核心，工艺企业才能拥有关键的战略动力，获得更高的被接受价格，取得消费者对品牌的忠诚和尊重，赢得可持续发展的潜能。

【案例】 手工皮具品牌 H&K

手工皮具品牌 H&K 是国内一对小夫妻创立的手工艺品牌，H 是老婆胡月，K 是老公康丞相。出于对手工皮具的喜爱，他们创立了自己的工作室，H&K 虽创立不算长久，却已在国内这个缺乏自主创新品牌的市场小有名气。

H&K 的皮具都是由设计师亲自染色、手工裁割、一针一线缝制的（见图 13-2）。创始人康丞相说：“一个好包首先涉及的就是它的材质，皮胚、布料我都是自己去挑的，用的都是进口的皮胚；染色、泡油、压光这些工序都是工厂严格按照我的要求去做的；接着就是下板、黏合、缝线，最后再缝合到一起。看似没有特别复杂的步骤，但是需要每一道工序环环相扣，像大底车坏的话整个包就废掉了。经常有顾客问我怎么样才能让这个包更结实更耐用，其实这

① 阿克．创建强势品牌．北京：机械工业出版社，2012：12-14.

都是没有捷径可走的，把每一个环节的工作都做到位，这包包自然就耐用且结实了。虽然目前工作室达不到终生保修的程度，但顾客在我这里买了包包，出现了这样那样的问题，我都会无条件地帮他们解决。”

正是秉承着这样的工匠精神，这些手工皮具已经是稀缺性、品质感、赋予了情感的用心良品的代名词了。他们通过手工制作精美的作品完成了自己的品牌梦想，让更多的人用上了更精致的物品。

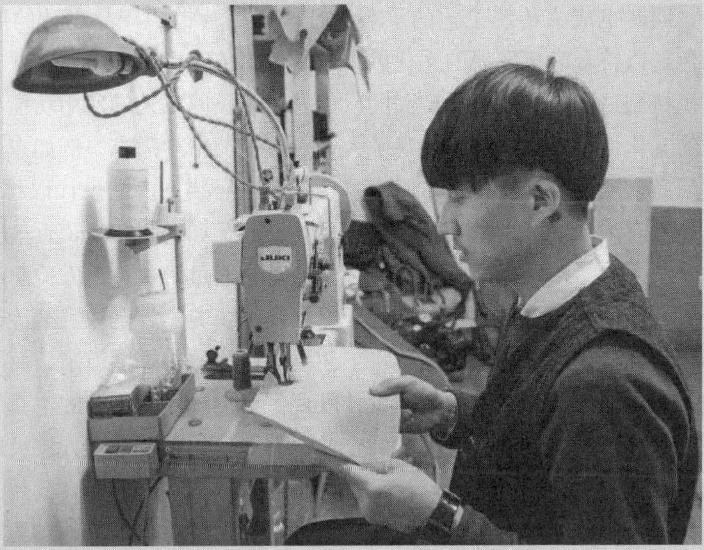

图 13-2 康丞相制作皮具

四、历史故事，延续文化内涵

一个企业的品牌文化是在品牌建立过程中逐步丰富和完善起来的，它的形成源于当地生活方式或企业经营理念的坚持与企业特色结构。二者综合成为品牌文化的内涵，使品牌文化承担企业的使命与追求。[①]而传统民间工艺源于历史生活，每一门技艺都有其发展的故事和流传的价值。正是这种文化的积淀，促使传统民间工艺在品牌建立之前就自带特色的文化烙印。

用历史故事来定位品牌是一种对自身传统工艺特色的延续，也是品牌创建背后的文化支撑。富有韵味的真实的工艺故事，可以作为企业的品牌故事长久存在，在人们之间口口相传。比如台湾排湾人的琉璃珠技艺历史，就源于一位孔雀王子的爱情故事。在 20 世纪 80 年代“蜻蜓雅筑”创始人复兴琉璃珠技艺时，就通过这个充满美丽或哀凄的神话传说将品牌定位为对爱情的执着追求。此后，“蜻蜓雅筑”的琉璃珠借助爱情故事打开了纪念品和礼品市场，也被用于下聘、结婚、庞大舞会等典礼。

对于传统民间工艺的市场营销而言，其历史故事原本就是一种文化的体现，只不过在文化商品化和商品文化化的消费趋势中，历史故事成为一个符号和象征的承载物，倾注于产品的更新发展中，在产品的驱动力中容易被物质化，缺乏上升为品牌文化的空间。创建品牌，就是要

① 林崇宏．品牌策略与管理．台北：台湾工艺研究发展中心，2010：65.

利用传统民间工艺的历史故事和特色风貌，抓住文化核心，做好工艺品牌的文化定位，指导企业工艺品的生产设计和市场细分，以实现产品物质效用与品牌精神的高度统一，弘扬传统民间工艺文化。

五、地域特色，标识民族风情

传统民间工艺记录了当地的文明，传统文化是其核心特征。地域环境不仅孕育着传统工艺历史的起源发展，同时也成为传统工艺的承载象征。市场营销中产品设计的要义是立足于传统，彰显地域特色，以符合时代发展的文化诉求不断诠释传统文化的精髓。

伴随大规模机械制造和工业现代化产品的入侵，传统民间工艺的实用功能有所退化，而具有民族地方特征的文化性则日益增强，满足了人们对审美的精神需求。例如东阳木雕，以保留原木本色纹理、崇尚素淡清雅为特色。东阳木雕企业的家居装饰产品设计取材于《白蛇传》等地方故事和戏曲，具有浓浓的江南水乡风格和自然特征。又如扬州剪纸，百般变化，不离寄情花木之思和清秀线条之美。传统民间工艺的文化形态正是通过对这种地方美学和地域涵养的技艺的传承，实现了产品的差异化和风格化。之所以强调传统美学，是为了给传统民间工艺树立起与现代工艺不同的标杆，以传统文化之美将工艺别具一格的美娓娓道来，而不是在现代文化冲击下丢失传统工艺之魂。文化企业的产品设计既要保留传统民间工艺的本真和美学思想，与其他类似工艺有所区分，又要注重行业内部的企业产品差异化程度，全方位汲取丰富的地方美学经济。

文化企业在设计带有传统地方美学特征的产品时，不仅要注重工艺外在的取材形象，还要研究当地民俗蕴含的审美特点，重视探索当地工艺科学的美的规律，支持传统民间工艺在本地日常生活中的延续，保护本地的市场根基，并以独特的产品美学形象在丰富而大量的物品中脱颖而出。

少数民族民间传统工艺是中国传统工艺的重要组成部分。现今，很多少数民族传统民间工艺企业仍以小作坊为主，民族文化生产的工艺力量分散，在一定程度上阻碍了相关企业的壮大和品牌化进程。而在民族的不断融合交流中，少数民族民间工艺产品越来越呈现出汉化的特点，缺乏民族特色的品牌诉求，同质化严重，如土家族绣花鞋很多品牌都以汉族“龙凤纹”做图案纹样。由此，在地理民族标志和传统民间工艺间建立联系，整合地方流派元素，创建民族特色品牌就成为新的选择。

民族文化是少数民族传统民间工艺的韵味所在，地域环境关系到少数民族工艺品牌的形象特点。比如“苗疆故事”品牌的创建，就是从当地博物馆中提取各种苗文化符号，应用于现代服饰，复兴苗绣技艺，打造文化品牌。“苗疆故事”品牌名称中的“苗疆”二字分别与民族和地域产生关联，建立了“小而美”的品牌形象，既因当地较落后的文化经济状态而获得“小”的品牌认知，呈现“小”的发展状态，又因当地大量的苗寨聚集和丰富的苗文化而彰显“美”的品牌内涵，成为小众化的轻奢品牌。

品牌创建过程中，融合地域和民族的品牌联想可以增强少数民族传统民间工艺的产品可信度，在标识编码中强化具有民族特色的品牌形象。少数民族传统民间工艺企业应重视民族标识的品牌建立，以民族元素的融合创新提升品牌个性，以地域文明的发展变迁展现品牌背景，进而让少数民族传统民间工艺品牌成为一道亮丽的风景线。

第三节　基于需求侧管理的市场营销策略

供给侧改革不是否定需求侧，而是优化其平衡机制。探索传统民间工艺品的市场营销之路，促进传统民间工艺与现代市场的融合，旨在满足大众日益增长的精神文明需求，为文化消费者创造更为精致的生活，并传承与发展传统技艺。因此，传统民间工艺的供给侧结构性改革，需要进一步适当扩大总需求，释放新需求。

一、情感构建，推行定制服务

传统民间工艺品以手工为主，一针一线、一锤一剪，都倾注了创作者无限的心血和智慧，凝聚了手艺人对生活的思考。这种温度和感情是手工艺品的灵魂。人是有生活记忆和怀旧情感的，沉淀了历史的传统民间工艺品总能使人透过手工，唏嘘过往的生活，期待美好的未来。传统民间工艺品所具有的这种特性，是工艺和消费者间情感构建的基础。在后现代消费社会中，人们的消费行为更加感性化，情感的召唤对消费者具有较强的吸引力。中产阶层在群体身份的认同记号之外所追求的个性化，也是情感定制的消费心理基础。

传统民间工艺品因其手工制作特色而自带情感的稀缺性。针对不同传统民间工艺的特点和消费对象定位，灵活运用情感营销是市场推广的关键。传统畲族银器工艺技术的代表珍华堂，利用二维码为情感媒介，顾客可开手镯扫描内置二维码，而后听到爱人说的“我——爱——你”，巧妙地利用 O2O 为银饰注入情感化符号，为消费者和家人构建起爱的交流。而扬州漆器推出的毕业小台屏，则一改陈旧的大件生产风格，以能长久保存的平磨螺钿工艺和定制的贝壳装饰，象征青春记忆的永存，铭记成长岁月中的相互陪伴，激发了年轻群体的情感共鸣。

无论是利用线上的情感交流还是保留线下的情感记忆，文化企业都借此传递了工艺品的格调和美感，让人们在传统民间工艺中觅得了宝贵的情感，超越了工艺品单纯的实用功能，获得了心灵和精神上的满足，亦产生了对工艺文化的情感认同。情感的私人订制，就是要把传统民间工艺自身的情感稀缺性转化为消费者感情和个性的表达，从而实现营销目标。

二、场景营销，打造体验经济

互联网时代的手工艺品是图像化和景观化的，隐私和神秘退居次要地位。[①]国内的工艺品销售传统模式是通过各地的工艺品批发市场带动商店，存在小店商品质量参差不齐、商场高端品牌价高、工艺品专卖店缺乏品牌号召力等不良现象，未形成规模效应。在互联网时代，人们往往更加喜爱便捷的电子消费环境，并从中获得消费的愉悦。

在有关后现代社会的理论阐述中，许多学者认为人们之所以消费，是为了寻求一种即时的体验，即一种欲望的表达与自由感情的宣泄。消费者愿意为这类体验付费，因为它给消费者留下了美好和难忘的回忆，让消费者有了自我实现的感受。场景的构建，就是帮助国内市场打造一个体验好的购物渠道，为产品融入一种新的价值形态，摆脱以往依赖低价促销竞争的营销方式，帮助消费者体验传统民间工艺品的文化趣味。比如景德镇哇陶科技公司，融传统民间工艺

---

① 左靖．碧山 07．北京：中信出版社，2015：218．

制造和电商于一体，通过3D图形处理技术的可视化操作，为用户提供了自行动手拉坯制作器型等丰富的瓷器虚拟场景，使用户可以在手机里随心所欲地控制陶器的模拟烧制过程，并在之后拿到景德镇工匠制作的相应陶瓷产品。①

体验式场景的魅力在于游戏式购物空间的营造，挖掘出了传统工艺寓教于乐的文化娱乐体验经济价值，超越淘宝、京东等普通电商。后现代消解了艺术和日常生活的界限，也使消费文化展现出大众化特征，自我的DIY体验成为消费者愿意学习和感受传统民间工艺文化的途径。为了在当今社会增加消费者愿意付出的体验优势价格，传统民间工艺企业要朝着融合科技场景的方向加强市场推广的探索，提升消费者的文化体验乐趣，为文化企业带来新的竞争模式。

三、社交部落，集聚同好消费

后现代社会中，社会人群因为对多元和个性的追求而产生了碎片化，又因为相同情感和爱好而集聚成新的社群。这种新的社会群体借用人类学术语，可以称为"部落"，从市场营销角度可以称之为"消费部落"②，当然也可以看作是一种消费圈子的构建。

如今，社交媒体的火热为拥有相似爱好的人们构建起了相应的部落圈子，使得相似的消费行为具有一定的交流性和集中度，为传统民间工艺企业的市场营销推广提供了平台。比如，江苏、浙江、福建、贵州、四川、云南等省濒临绝迹的手工技艺就通过"澄怀格物"设计二人组的寻访进入了微博和豆瓣等社交媒体，以"澄怀格物"为中心积累起了关注和爱好传统民间工艺品的社交圈子，依靠"部落"圈子带动了成都瓷胎竹编等工艺的传播和产品销售，为文化企业寻找顾客提供了方便性。此外，文化企业借助于业已建成的、专为传统工艺而打造的"部落"，能够找到真正喜爱和有意愿购买传统工艺品的潜在消费者。利用社群的特性，找到精准客户，可以实现较高的转化率。比如"东家·守艺人"是爱好传统文化的人士交流的APP社区圈子；苏绣的普通作坊通过去中介化的方式与需求者直接对话，使得生产方和消费方都能投入高度的情感参与，激发了苏绣的大众市场活力。

借助社交媒体推广传统民间工艺，要求文化企业加快社会化的步伐，寻找并融入拥有合适用户的"部落"圈子，增加话题量，获取传统民间工艺爱好者的消费偏好和相关意见。文化企业要留住一批忠实的消费爱好者，再借用社交媒体六度空间理论逐渐扩大圈子的影响范围，最终获得更大的消费市场和更好的营销效果。

【案例】 东家·守艺人

东家·守艺人，是一个以东方美学为核心的原创手工艺品社交电商平台（见图13-3），它的定位是"让传承成为潮流，有温度的匠人手作APP"。东家·守艺人不仅仅是一个售卖传统手工艺品的电商平台，更是一个聚集了传统文化爱好者、手工艺品爱好者的社交平台。在东家·守艺人的APP中，有入驻的手工艺家们，他们可以在其中与粉丝们交流、售卖自

① 柴逸扉，范琛炜，蒋子月．民间工艺风生水起．人民日报（海外版），2016-04-23（11）.

② 胡振虎，段宗雷，万敏．部落营销——一个后现代的营销视角．当代经济科学，2004，26（3）.

己的手工艺品，甚至开设手工艺课程、直播手工艺品制作过程，这使得整个买卖过程更加透明化，同时也增加了粉丝的参与感。而粉丝们也可以在这里找到自己感兴趣的圈子，比如汉服同袍、茶人、书画爱好者等，人们可以在其中找到志同道合的朋友，将自己心爱的物品分享给大家，也可以从相同的爱好者身上挖掘到更多的宝物。

图 13-3 东家·守艺人 APP

四、工艺点睛，融合现代技术

传统民间工艺原本是为满足当地人们的日常生活需求而生，若要将传统民间工艺品营销给大众消费者，必须既要保留手工制作的工艺精神，又要扩大工艺产品的生产规模。

保留核心文化的传统民间工艺的商品化生产，相对于曲高和寡的传统工艺艺术品抑或是为少数人群所消费的工艺奢侈品，更加彰显服务社会、融入社会的宝贵价值。比如日本神奈川县的小田原拼木工艺，活用木材颜色，外观细致，做工精致，但由于人力成本高而发展处境艰难。当企业的拼木工艺不再用于整个作品，而是成为桐木托盘上的一部分时，这种少量的拼木工艺就提升了产品生产效率，并成为简约托盘的视觉重点，达到了技艺文化、产品数量和商品价格的平衡统一。

传统民间工艺的点睛设计，不仅指工艺在商品上的巧妙利用和拼接，还指手工和机械的有机结合。机械的使用和工业化是截然不同的概念。在产品设计中，产品整体的核心部分仍然要求手工创作，恰当的机械辅助符合传统民间工艺当代生产的要求，也有助于效率的提升和成本的降低，从而打开了大众消费市场之门。然而，文化产品在工业化推动下的普遍扩展，使得文化在现代社会中的优势不断增长，也威胁要侵蚀和驯服日常文化，即记忆、传统与神话这个自然而然的库存。① 诚如柳宗悦所言，在手工和机械两个明显对立的矛盾之间，如何去解决问题是很重要的。最聪明的处置，是在动力或“制作毛坯”方面依靠机械，最后的完成还要依靠手工。因为，光靠手工费力，而只依赖机械又会扼杀美。②中国的核雕产品在设计中以机雕打磨毛坯，以手工雕修饰细节，既满足了大多数人追求物美价廉的心理，又促进了大众对核雕工艺的认知和实践传承。以工艺点睛来促进工艺文化社会化的原因在于，大众的消费心理通常是符合边际效用递减规律的——普通的机械制品必然难以满足消费者的心理预期，而耗时的传统工艺精品又必然带来价格的大幅上涨。因此，当蕴含文化附加值的传统工艺起到恰到好处的点睛作用时，企业的文化生产能力得以提升，大众消费者的需求也能获得最大的满足。

结语

传统民间工艺品作为一种商品，其销售也离不开市场规律。传统民间工艺品具有鲜明的地域文化特色，这是产品的卖点，但往往也是束缚产品推广的关键。传统民间工艺品市场存在的矛盾，主要包括产品数量与市场需求不匹配、产品价格与顾客期待不匹配、销售模式与交易成本不匹配、工匠制造与文化资本不匹配。解决这些矛盾，需要从供给侧和需求侧两端发力。从供给侧来看，传统民间工艺品在产品载体上应从创意设计着手，满足或者创造消费需求，充分发挥工匠精神，每个环节、每道工序、每个细节都精心打磨，追求卓越；在产品情感上应传播传统民间工艺品背后的故事，体现其文化内涵和地域特色。从需求侧来看，可以通过定制服务、体验营销、社群推广和技术融合等方式，强化消费者对传统民间工艺品的产品认识和文化感知。

推荐阅读资料

1. 柳宗悦．工艺文化．桂林：广西师范大学出版社，2006.
2. 柳宗悦．工艺之道．桂林：广西师范大学出版社，2011.
3. 朱怡芳．传统工艺美术产业发展与政策研究．北京：北京理工大学出版社，2013.
4. 许思豪．手工艺创意产业．上海：东方出版中心，2009.

① 费瑟斯通．消解文化——全球化、后现代主义与认同．北京：北京大学出版社，2009：24.

② 柳宗悦．工艺之道．桂林：广西师范大学出版社，2011：202.

第十四章　网游营销

人类游戏的历史，可以说与人类的历史同样久远。早在两千多年前，游戏在古希腊就已发展为大规模的奥林匹克竞技运动，游戏娱乐所具有的一种精神境界成为古希腊时期人们的高尚追求。进入网络技术时代，网络世界成了巨大的生活演练场，各种生活形式通过计算机技术被虚拟化。网络游戏便应运而生。

网络游戏是以电脑为客户端，互联网络为数据传输介质，通过 TCP/IP 协议实现多个用户同时参与的游戏产品，用户可以通过对于游戏中人物角色或者场景的操作实现娱乐、交流的目的。随着电脑和互联网在中国的普及，网络游戏作为一种全新时尚的娱乐方式迅速流行起来。传统的营销策略不一定适用于网络游戏产品，如何在市场规模快速增长的同时抢占先机，做好网络游戏的市场营销，是摆在众多网络游戏开发商和运营商面前的一道难题。

第一节　从游戏到虚拟游戏

从字面上解释，“游戏”一词由“游”与“戏”二字组成，“游”原意是在水面或水中自在地活动，后引申为“放纵”和“虚浮不实”的含义；“戏”意指玩耍活动。古籍资料显示，“游戏”二字合用出现在战国时期，是尽情、随意玩乐的意思。英文中的“游戏”一般用 game 表示，含义是“比赛、竞赛、游戏”，从词源上可以看出游戏与比赛运动一脉相承。

一、游戏的内涵与发展

人类对游戏的认识有一个渐进的过程。不同学科从不同角度定义游戏，概括来说，生物学家和生理学家认为游戏是生物和人生来的本能，其主要功能是锻炼身体和培养技能；人类学家倾向于把游戏看成幼儿学习求生本领的过程；社会学家往往把游戏看成是幼儿社会化的必备条件；历史学家容易把游戏看成文化发展的动因。历史学家约翰·赫伊津哈（Johan Huizinga）认为：“游戏是在特定的时间和空间中开展的活动，游戏呈现明显的秩序，遵循广泛接受的规则，没有时势的必需和物质的功利。”[①] 在他看来，“游戏即文明”，游戏是文化本质的、固有的、不可或缺的成分。麦克卢汉在其著作《理解媒介》中有一章节专门讨论“游戏”，认为人类在游戏中追求和补足“人性的整全”，所以游戏是“人性的延伸”，就如武器是人体的延伸一

---

① 赫伊津哈．游戏的人：文化中游戏成分的研究．广州：花城出版社，2007：9.

样。一切媒介均是人的感觉延伸。具有希望、动机属性的“货币”和内心生活属性的“游戏”与心理的整体延伸相关联。哲学家伯纳德·苏茨（Bernard Suits）对游戏下的定义言简意赅：玩游戏，就是自愿尝试克服种种不必要的障碍。这个定义最接近现代游戏的本质特征。

毋庸讳言，游戏的产生与发展有其必然性，并且不同阶段的游戏均有时代烙印。在人类社会生活中，游戏占有很大比重，每个人在一生中不可避免地不同程度上参与游戏。最初，游戏的内容基本上是对现实生活的模拟、对生产技能的训练。原始社会中，人类为了生存捕猎，产生以跑、跳、投为内容的各种游戏，并最终发展为体育运动。原始游戏从生产劳动、宗教礼仪、禁忌风俗中分化演变而来。许多西方学者认为，游戏与文明一起诞生。远在荷马时代，斯巴达儿童就有了滚圈、木马、秋千等玩具。从整个发展历程来看，游戏经过了从体力活动到脑力活动、从群体活动到个人活动的变迁。起初，游戏是某种固定形式的劳动，后来随着社会生产力的发展与人类文明的进步，劳动力富余，人类不仅需要物质，精神文化也要求得到发展，备受原始人民喜爱的生产劳动开始转化成游戏活动。

西方与东方游戏类型的惊人类似性进一步证明了人类共同的“游戏”本质。纵观古今，游戏的类型无非五种，即竞猜、益智、竞技、博戏与角力；渊源大致分为四种，即狩猎（模拟生活）、风俗仪式（祭祀）、角斗（军事战争）、外域舶来。随着时间演变、各国人民智力凝结投入以及其他文明因素渗透，游戏开始专门化、精良化、国际化。发展到现代，游戏的种类日益繁多，亦跳脱不了模拟生活、动物角斗、模拟祭祀、模拟政治、模拟战争等模式。原始打猎用的“石球”变为蹴鞠，进而演变为现代全人类所熟悉的足球运动。自然界中动物优胜劣汰、斗争存活的本能被人类利用，演变成动物角斗，而观看动物角斗则成为人类祖先娱乐消遣的乐事，《史记·苏秦列传》中苏秦“东说齐宣王”记载，“临淄甚富而实，其民无不吹竽鼓瑟、弹琴击筑、斗鸡走狗、六博踏鞠者”，这里的斗鸡与古罗马的斗兽在本质是相同的，人们通过观看这类游戏盛事满足积极的娱乐心理。随着宗教信仰日益淡化，斗百草、乞巧等活动的宗教内涵逐渐消退，渐渐变为纯消遣游戏。进入阶级社会之后，战争文明因素逐渐渗透到竞技类游戏与益智类游戏中，许多游戏是对战争时代的模拟，如象棋、围棋、射箭。汉刘向《说苑·善说》记载：“雍门周调孟尝君，足下燕则斗象棋，亦战斗之事乎。”可见当时象棋已盛行。除此之外，经过多年争议，英国学者李约瑟与南斯拉夫历史学家比吉夫证实，原型是中国象棋的西方象棋（国际象棋）同样是对战争的模拟。近代出现汽车、飞机、轮船等交通工具后，飞行特技表演、航模比赛、赛车运动、跳伞运动等相同题材的游戏应运而生，这些游戏也增添了一些时代功利性特征。

中国古典哲学讲求“天人合一”。游戏作为人类与动物的天性，能够通过其娱乐性使紧张情绪得到发泄。游戏具有规则的自愿遵守与结果的未知属性，两者确定了其娱乐本质也导致人类参与程度的加深。人类通过游戏来适应社会，释放本能，游戏比其他文化活动、娱乐活动在对大脑提供精神刺激方面更容易被人接受。音乐、文学、电影分别通过旋律、文字、图像向人类传达知识、技能与情感，游戏则采用交互、规则、构建模式来加速实践玩家所学到的一切。

西方将游戏与艺术真正意义上联系在一起的哲学家是德国古典哲学与美学的创始人康德。康德认为，游戏和艺术在本质上具有自由性、主观性、审美性、娱乐性的相同特征，可以助人摆脱痛苦，释放压力。诗是想象力的游戏，而其他艺术形式是感受的游戏。康德也给出了广义游戏与狭义游戏两个概念：一切内在目的的行为与活动为广义游戏；“一项以情感体验为目的的活动”，包括快感体验目的与美感体验目的的活动是狭义层面的游戏。后来学者称康德游戏观念为“自由游戏论”，自由审美是游戏的本质。人在游戏中，感性及理性达到和谐、自由的理想境界，能够摆脱现实物质与精神困扰，并产生美感体验。德国著名诗人、哲学家席勒在《审美教育书简》中继承了康德的游戏理论，认为有两种不同形式的游戏，分别是物质上过剩的体力游戏和审美上过剩的象征性游戏。唯有审美活动或游戏行为才能将人性的“感性”与“理性”层面统一起来，达到完善人性的目的。“唯有有完全认识（理性与感性和谐）能力的人，他才会游戏；而唯有当人游戏时，他才完全是人。”[①] 游戏是人的本能、人的天性，人只有进行审美游戏活动时，才真正意义上成为一个完整的“人”。人天性凭借“游戏冲动”而自由、愉快地完成艺术创作。通过对艺术起源问题的分析，席勒否定了艺术模仿论，得出了“游戏冲动”（感性冲动与理性冲动的自由统一）是艺术创作原始冲动的结论。

约翰·赫伊津哈在《游戏的人：文化中游戏成分的研究》一书中为游戏下了定义：“游戏是在特定的时间和空间中开展的活动，游戏呈现明显的秩序，遵循广泛接受的规则，没有时势的必需和物质的功利。游戏的情绪是欢天喜地，热情高涨的，随情景而定，或神圣或喜庆，兴奋或紧张的情绪伴随着手舞足蹈的动作，欢声笑语，心旷神怡随之而起。”[②] 其提出游戏的三个特征，即规则性、目的性和自愿性。游戏存在具有约束力的规则，在此，出现了与前者截然不同的观念，游戏并不是完全的自由行为，它带有倾向性也自有其目的，并伴随一种紧张、愉快的情绪和对于“游戏中的现实”完全主宰的欲望。虽不是完全自由行为，却是完全自愿行为。还有一个不同于以往的观点是，在他看来“游戏即文明”，游戏是文化本质的、固有的、不可或缺的成分。人类文化的种种形式均植根于游戏原始土壤，文化以游戏的形式出现，游戏在文化各方面的形成和表现方式上均有所体现。游戏是人类与动物的天性，人类通过游戏构建了文化。游戏的人有几个特征：人有原始游戏冲动，认识冲动、功利冲动、宗教冲动都是游戏冲动的外在体现；人在游戏中实现、认识“真正”的自己；人生活在游戏中，生活由不同游戏拼成，人为自己设定游戏角色。德国哲学家汉斯-格奥尔格·伽达默尔在其著作《真理与方法》中，同样强调了“游戏规则”的重要性，指出人类文化没有游戏是不可想象的，但游戏不是无所顾忌的自由形态，完成游戏必须首先考虑“游戏规则”。“游戏的本质，在于使游戏的人脱离那种他在最初目的过程中所感到的紧张状态。”[③] 游戏者在参与游戏时会全神贯注，呈现出“严肃”状态，非严肃状态是对游戏的破坏，是无法最终完成游戏的。同时，他讨论了游戏的魅力，“游戏的魅力与其表现出的魅惑力正在超越游戏本身”[④]，游戏本身是不以游戏者的意志为转移的，历史上的经典游戏传承下来，不会因某个游戏者的消失而停止，游戏的魅力正在于其超越游戏者本身存在而成为主宰。伽达默尔的游戏说称为“复合游戏论”，通过参与游戏活动，参与者们的意识相互融合，进而产生个体之间的精神融合，这使游戏者在游戏中充分体会到自由和愉悦。

与前面的研究者不同，美国未来学家简·麦戈尼格尔从职业游戏设计师的角度去分析游戏。在其2012年编写的《游戏改变世界：游戏化如何让现实变得更美好》中，她分别阐述了现代虚拟游戏的功能、目标、运作机制和现实价值。或许是由于身份原因，其研究带有极大的主观性与乐观主义色彩，与赫伊津哈类似，她将游戏定义为人类文明的重要组成部分，却不像赫伊津哈那样称“游戏即文明”。作为一个职业游戏设计师，同样也是一名资深游戏玩家，她

---

① 席勒．审美教育书简．北京：北京大学出版社，1985：80.

② 赫伊津哈．游戏的人：文化中游戏成分的研究．广州：花城出版社，2007：9.

③ 伽达默尔．真理与方法．上海：上海译文出版社，1999：138.

④ 同③138.

认为游戏能够提升人的注意力和幸福感，并构建人类更美好的现实社会。游戏化的四大目标是更满意的工作、更有把握的成功、更强的社会联系和更宏大的意义。游戏化的运作机制是全情投入当下（参与机制）、实施反馈（激励机制）、创造更强大的社群（团队机制）、让幸福成为一种习惯（持续性机制）。除此之外，游戏可以带给这个时代的现实价值是可持续参与式经济、伟大的人人时代、认知盈余红利和超级合作者。综上可以看出，其对游戏是激励、赞赏与推荐的，并试图向全民推广人人游戏的理念。作为 TED 大会的演讲者，她的受关注度超过了比尔·盖茨，吸引了众多人的目光，已经出色地履行了全球数字游戏产业大使的职责。

“虚拟”有三个含义，分别是非现实情形、想象编造的事物及利用高科技实现的仿实物或伪实物技术。虚拟游戏英文为“virtual game”，意为虚构的或仿实的游戏。虚拟游戏与网络游戏的概念不能完全等同。关于网络游戏的定义大多采用技术性描述。网络游戏又称“在线游戏”，简称“网游”，指以互联网为传输媒介，以游戏运营商服务器和用户计算机为处理终端，以游戏客户端软件为信息交互窗口的旨在实现娱乐、休闲、交流和取得虚拟成就的具有相当强的可持续性的个体性在线游戏。此定义范畴较窄，仅针对依靠互联网媒介的游戏，不包含 PC 单机游戏、专门游戏机游戏、手机 APP 游戏等不需要联网的现代流行游戏类型。这些游戏多为人机对战模式，只需要一台电脑、一部手机、一部游戏机就能完成电子游戏，互动性较差。虚拟游戏，尤其是大型的 MMO（massive multiplayer online，大型多人在线）游戏，必须构建虚拟空间、虚拟世界以使游戏玩家有置入感，并尽量使虚拟世界占据人的感官。无论游戏平台是哪一种，都具备电子科技手段和虚构、仿实的基本特征。

虚拟游戏种类繁多，可以按照不同分类范畴对虚拟游戏进行分类。如按运行平台进行分类，可以分为电视游戏（即以电视为主机的游戏，代表作为《马里奥》系列游戏、《魂斗罗》、《大金刚》等）、街机游戏（即商场与游戏厅的大型游戏机，代表作为《PONG》《三国志》和《足球世界杯》等）、掌机游戏（在 PSP、NDS 等便携式游戏机上运行，代表作有《任天狗》《无尽的回廊》等）、PC 游戏（以电脑为平台的游戏，代表有《魔兽争霸》《开心农场》《梦幻西游》等）和手机游戏（代表作有《神庙逃亡》《水果忍者》《愤怒的小鸟》等）。按照内容架构分类，可以分为角色扮演类游戏（RPG）、策略类游戏（SLG）、冒险类游戏（AVG）、动作类游戏（ACT）、体育类游戏（SPT）、模拟类游戏（SIM）、赛车类游戏、第一人称射击游戏（FPS）、益智类游戏（PUZ）等。

二、网游的类型与特点

网络游戏就是通过互联网进行相应游戏规则的操作，以娱乐为目的的一种活动。网络改变了游戏的属性，网络游戏融合了电子、通信、美术、竞技、娱乐、交易等多重因素，每一个环节都具有广阔的发展潜力。

目前市场上的网络游戏种类纷繁复杂，市场细分程度非常高。根据不同的分类标准，网络游戏可以分为不同类别。

（一）按网络游戏的形式划分

按形式划分，网络游戏可以分为网页游戏、客户端游戏和移动游戏。

网页游戏又称 WEB 游戏、无端游戏，是基于网页的游戏，一般不用下载客户端，任何一台能上网的电脑都可以进行游戏。如 4399 网页游戏、德国人制作的大型网上战略游戏 Travian、瑞典的大型足球游戏 Hattrick、英国的大型多人在线角色扮演游戏 RuneScape，以及前几年深受白领喜爱的开心农场等。网页游戏具有跨平台、安装方便、配置要求低等特点。多数客户端游戏仅支持 Windows 系统，而符合规范的网页游戏在任何操作系统下都可以使用，无论是 Windows 还是 Ubuntu，或 Mac 等，且网页游戏没有客户端安装的需要，只需通过浏览器进行，方便使用，适合打发碎片化时间。另外，网页游戏对电脑配置的要求也相对较低，目前市场上很多大型多人线上游戏对电脑配置的要求较高，且经常需要升级，网页游戏则相对更加便捷。

客户端游戏是指与游戏服务器相对应，为客户提供本地服务的程式。一般安装在普通的用户电脑上，需要与游戏伺服端互相配合运行。伺服端是为游戏数据库服务的，而客户端就是游戏数据使用端。目前网络游戏市场上大部分是客户端游戏，如美国的《魔兽世界》、冰岛的《EVE Online》、瑞典的《战地风云 Online》、日本的《信长之野望 Online》、韩国的《天堂 2》、中国的《梦幻西游》等。玩家在玩这类游戏之前需要下载游戏客户端，并注册一个游戏账号，然后选择一个固定的人物角色来进行游戏。这类游戏的主要特征是大多数玩家拥有一个自己的专属角色，这是他在网络游戏中的虚拟身份。

移动游戏是指在移动设备上玩的网络游戏，如糖果粉碎传奇（Candy Crush Saga）、节奏大师、飞机大战等。网络游戏刚兴起的时候以 PC 为主要载体，随着移动互联网的快速发展，人们对移动游戏的需求越来越多，这也带来了移动游戏的快速发展。这类游戏主要以 APP 的形式下载至移动设备，且能够满足碎片化时间的需求。有很多 PC 端客户端游戏会同时研发同款移动游戏，来满足人们使用不同设备时对游戏的需求。

（二）按照网络游戏的种类划分

从种类看，网络游戏一般可以分为休闲网络游戏、网络对战类游戏、角色扮演类大型网上游戏和功能性网游。

休闲网络游戏以轻薄短小的精致游戏类型为主，上手快，耗时少，因此得到很多玩家的青睐，尤其是上班族。休闲网络游戏可以分为两类，分别是棋牌类休闲游戏和大型多人在线休闲游戏。棋牌类休闲游戏包括黑白棋、飞行棋、跳棋等，这类游戏一般以平台为基础，游戏从平台自身进行下载，如腾讯 QQ 游戏中就有这样的平台。同时，该类游戏简便易操作，适合各个年龄层次的人进行休闲娱乐。大型多人在线休闲游戏又可以分为四类：大型多人在线第一人称射击游戏，如《穿越火线》《特种部队》；大型多人在线音乐游戏，如《劲舞团》《QQ 炫舞》《节奏大师》；大型多人在线体育游戏，如《FIFA Online》《街头篮球》；大型多人在线赛车游戏，如《跑跑卡丁车》《疯狂赛车》等。

网络对战类游戏是玩家通过安装支持局域网对战功能的游戏端，然后利用网络中间的服务器来实现对战的游戏，目前此类游戏中最具代表性的就是《魔兽争霸》。这类游戏可以进行个人或团队模式的对战，具有强烈的对抗性、操作性和刺激性，吸引了一大批青少年玩家。

角色扮演类大型网上游戏，玩家注册一个账号，并选定一个固定的角色来扮演，通过执行游戏中的规定任务，使选定的角色等级不断提升，并获得珍贵的装备。此类网络游戏的代表有《梦幻西游》等。这类游戏需要玩家每天上线完成一定的任务，因此受众的忠诚度比较高，但游戏中的装备可以通过线上交易换取等价值的人民币，所以即使耗时耗精力，也依然吸引了一大批玩家。

功能性网游是网络游戏中比较特殊的一类，它并不是由网游类公司开发以赚取利益的网游，而是由一些具有特殊需求的组织发起，并借由网游形式来实现特定功能，如中国人民解放军南京军区和无锡巨人网络科技有限公司联合推出的《光荣使命》，这款号称“中国首款军事游戏”的网游主要用于军事训练。被认为是一个新形态的功能性模拟竞技网络游戏的《由简股市气象台》，其本质目的是为全球诸多专业机构提供短期市场走势预报服务。由盛大游戏旗下的“∞工作室”（无限工作室）研发与运营的网游“学雷锋 OL”则是一款具有教育意义的网络游戏。

与音像制品、图书报刊等实物文化产品不同，网络游戏产品是以互联网为传输媒介，以游戏运营商服务器和用户计算机为处理终端，以游戏客户端软件或网页为信息交互窗口的科技产品。不同于电影、电视节目等文化产品，网络游戏重在互动体验，不仅仅包含视觉、听觉享受，而且自己参与生产快乐。因此，与其他文化产品相比，网络游戏产品具有自己的特性。

1. 游戏性

网络游戏最重要的就是要具有游戏性。在《史玉柱自述：我的营销心得》中，史玉柱说：“一款网游，最终能获得多少利润，最终能获得多少在线（人数），最重要的因素就是游戏性。一款游戏的游戏性只要到了一定程度，它就一定会成功。也就是说一款游戏的游戏性就是金子，放到哪里都会发光。”①

2. 虚拟性

网络游戏是通过电脑程序等手段创造出来的虚拟世界，它只不过是生活的映像，并不能直接和现实生活画等号。在游戏里，你可以是市长，可以是反恐精英，甚至可以是最高权力掌握者，但是退出游戏回到现实生活，你还是原来的你，一切如昔。

3. 社会性

虽然网络游戏具有虚拟性，玩家与玩家之间的关系不能直接延续到现实生活中，但这并不代表这些关系不存在，事实上它们真实地存在着。玩家在网络游戏中互相认识、合作、竞争，形成了一个具体可感的社区，玩家身在其中体验的情绪和现实生活中几乎无差。也就是说，在虚拟的社区中也存在着社会性。

4. 互动性

网络游戏结合了网络自身即时通信的特点，可以实现很多人同时在线，使信息双向交流，这极大地提高了网络游戏的互动性和竞技性。网络游戏的价值不仅在于游戏本身，更在于交流互动的过程，玩家之间的交流、组队、合作，特别是网络社区和公会的建立，增加了玩家之间互动的深度，而这也是网络游戏赢得利润最重要的方面之一。

5. 娱乐性

网络游戏是以实现娱乐、交流为目的的一种游戏方式，玩家在游戏里可以体验到现实世界无法实现的事情。同时，网络游戏的互动性也增加了其娱乐性，玩家可以在网络游戏的世界里通过互动和游戏来获得乐趣。

三、网游营销基本原理

（一）网络游戏营销的主体、客体与产业链

对于网络游戏而言，其主体必然是玩家，因为游戏最初也是最重要的目的是娱乐大众。而

① 史玉柱，口述；优米网，编著. 史玉柱自述：我的营销心得. 北京：同心出版社，2013：103.

对于网络游戏营销而言，其主体为制作方，网络游戏营销的过程是制作方运用营销手段将自己的游戏推销给玩家，促进其购买，从而赚取利润。从网络游戏的产业链来看，网络游戏营销的主体包括游戏开发商、运营商和渠道商三类（见图 14-1）。

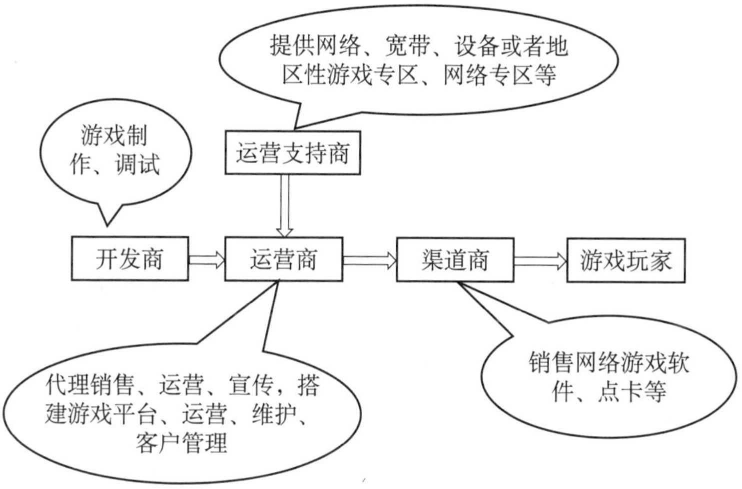

图 14-1　网络游戏产业链示意图

网络游戏开发商处于产业链的前端，以直接开发或者代理国外游戏产品为主。目前国际上著名的网络游戏开发商有美国的暴雪、电子艺界，日本的史克威尔艾尼克斯，韩国的 NCSOFT、网禅（WEBZEN）、NEXON、娱美德（WEMADE），中国的网易、盛大网络、巨人网络、久游网、完美时空等。电信运营商为网络游戏运营商、网吧、用户提供网络接入服务，处于产业链的中间环节。电信运营商越来越认识到网络游戏带来的利润增长点，所以纷纷开展网络游戏业务。游戏销售商处于产业链的后端，通过线上线下进行销售，同时将游戏周边产品一起搭售。

产业链的末端或者说终端就是游戏玩家，不同类别的游戏玩家构成了网络游戏营销的客体。按照性别可将游戏玩家划分为男性玩家和女性玩家，翁颖明在游戏差别化定位中，主要按照性别划分玩家类型（见图 14-2）。[①] 男性玩家喜欢玄幻、战争题材的网络游戏，女性玩家喜欢卡通、社交类游戏；男性玩家一般选择 MMORPG（大型在线角色扮演游戏）或者传统游戏，女性玩家更倾向于选择网页游戏和手机游戏。网游企业不仅可以根据两类目标受众的喜好来策划、开发游戏内容，还可以制定游戏产品营销策略，譬如游戏广告的投放平台，不同网络游戏类别在媒体选择平台上也会有所差异。比如大型在线角色扮演游戏、休闲游戏与网页游戏，大型在线角色扮演游戏选择在热门视频网站投放广告，而休闲类游戏广告投放最好是在互动社交或者淘宝网等电子商务网站。

按照忠实度由高到低可将游戏玩家分为忠实玩家、游击玩家和潜在玩家。忠实玩家具有最高的游戏专注度和忠诚度；游击玩家对网游的忠诚度次之，他们上网的时间没有一定规律可循，偶尔玩游戏的目的主要是消磨时间，不适合团队型的游戏；潜在玩家是指那些对网络游戏兴趣不大，没有明确网游需求的网络一般用户。高质量的游戏产品会使这些玩家的目光驻留，

① 翁颖明．游戏策划与营销．上海：上海人民美术出版社，2011：75.

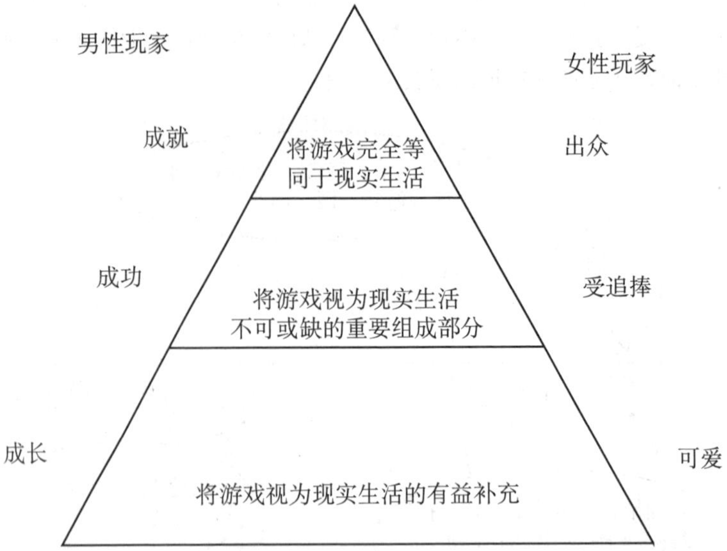

图 14-2 玩家性别划分图

并愿意花费大量时间和精力。

按照年龄段可将游戏玩家分为儿童玩家、青少年玩家和成年玩家。不同年龄层的玩家适合不同种类的网络游戏，选择精准的营销手段才能最大可能避免投放资源的浪费。一般情况下，青少年会选择卡通类、操作较为简易的网页游戏，中青年更倾向于操作难度系数较高、冒险类大型动作互动游戏，成年玩家则偏好棋牌类或者兴趣养成型社区类游戏。为了尽最大可能挖掘新网游玩家，某些公司专门为各年龄层的网民量身打造网络游戏，其中的代表之一是下面的案例《赛尔号》。

【案例】 游戏《赛尔号》

2009 年 6 月 12 日上海淘米网络科技有限公司发布网页游戏《赛尔号》。这是一款专门为7～14 岁儿童开发的虚拟社区游戏，以探寻太空新能源为主题，设计了太空科幻探险虚拟飞船“赛尔号”。“儿童玩家”化身为勇敢的机器人赛尔，成为这个虚拟世界的主人，可以操作属于自己的太空能源探索机器人参与太空旅行，寻找地球新能源，研究和训练外星精灵，通过完成挖矿、采集气体等任务来赚取“赛尔豆”。该游戏一经推出便深受少年儿童喜爱，因其知名度，导演王章俊在 2012 年推出了以《赛尔号》为原型改编的 TV 动画（见图 14-3）。

（二）网络游戏的收费模式与定价

网络游戏收费模式主要为按在线时长收费（即 Time-based）、按道具收费（即通常说的 Item-based）和按“中介”收费三种，部分休闲游戏有会员月费的收费模式。这几种方式是游戏玩家付费。网游还可以通过植入广告向广告客户收取费用，称为 IGA（In-Game-Advertising）。

按时长收费，是网游刚刚开始的时候普遍采用的收费模式。国内目前几款按时长收费的游戏每小时费用为 0.4～0.48 元。除了按小时收费外，还有包月收费、连续收费（例如连续 5 天

图 14－3　《赛尔号》TV 动画

等）的模式。按时长收费的游戏通常具有较好的游戏平衡性，仍是部分游戏喜欢采用的收费模式，例如网易运营的暴雪公司的游戏《魔兽世界》、网易自主研发的在线人数保持着纪录的《梦幻西游》以及网易另一款大作《大话西游 2》、金山软件的《剑侠情缘网络版 3》、盛大代理的韩国游戏《永恒之塔》。

按道具收费，就是在游戏中出售虚拟道具，玩家拥有这些道具后可以提升战斗力水平、经验值等。道具收费模式是目前主要的收费模式，按道具收费的游戏又通常称为"免费游戏"，这个免费指的是玩家参与游戏的基本功能免费，但道具是要购买的。如盛大的《梦幻国度》《热血传奇》《传奇世界》等。

按"中介"收费的模式本质是财富由人民币玩家之手流入非人民币玩家之手。付费玩家与免费玩家有选择交易（虚拟货币交易，甚至变现）的权利，游戏开发商、运营商收取交易"中介费"或者"手续费"。

当一家网络游戏公司开发或者代理了一款新产品，并将它推入一个新的分销渠道或者一个地理区域时，定价就发生了。[①] 价格是企业营销人员销售产品的重要依据，也是企业获取利润的重要途径，它的重要性直接影响到企业的生存和发展。企业只有定好产品价格，才能使企业更好地适应市场竞争发展，吸引更多的客户来购买企业的产品。企业成功定价的目的，除了积极参与市场竞争战胜对手外，还包含着企业对产品的市场筹划和利润期望。

在定价之前，公司必须确定定价的目标。通常，定价的目标主要有六种：生存、最大当期利润、最高当期收入、最高销售成长、最大市场撇脂、产品-质量领先。如果公司遇上竞争激烈或者消费者改变需求，它们要把维持生存作为首要目标，为了保持公司继续生存和使产品继续拥有用户，它们必须定一个低的价格，并希望市场是价格敏感型的，因为利润比起生存来讲次要得多；选定最大当期利润这个目标的前提是公司要对其需求量和成本函数了如指掌，但在

① 陈洪，任科，黄昆．游戏运营管理．北京：清华大学出版社，2009：212.

实践中这些却难以精确预测；收入最大化只需要估计需求函数即可，许多管理者认为，最高当期收入将会带来利润的最大化和市场份额的扩大；有些公司认为销售额越高，单位成本就越低，长期利润也就越高，它们认为市场对价格十分敏感，故把价格定得很低，这称为市场渗透定价；许多公司喜欢制定高价来“撇脂”市场，它们估计出最高定价，每当销售额下降，便降低价格以吸引对价格敏感的更低层次的顾客；当然，公司还可以树立在市场上产品质量处于领先地位这样的目标，暴雪公司就是一个典型的例子。暴雪公司开发的游戏产品是被世界玩家公认的最好的游戏产品，其每款游戏的售价和点卡价格都高于竞争者，其高质量和高价格战略使其在同行中的报酬率持续高于平均水平。①

每一种价格都将带来一个不同水平的需求，由此对它的营销目标产生不同的效果。因此在确定定价目标以后还要确定需求。需求在很大程度上决定着游戏公司制定产品的价格，并确定了最高价格限度，而游戏公司的成本是底线。游戏公司想要制定的价格，应该包括它的所有运营、分销和推销该产品的成本，以及对游戏公司所做的努力和承担的风险的一个公允的报酬。一个游戏公司的成本包括固定成本和变动成本，固定成本也称为一般管理费，是不随游戏开发运营或销售收入的变化而变化的成本，如租金、行政人员薪水等；变动成本是随着公司运营水平的变化而直接发生变化的，如一款游戏产品的成本包括服务器、带宽、维护管理人员、维护管理设备等的费用，每款游戏在每套服务器上运行的成本是不变的，它们被称为变动成本是因为它们的总数是随着运营规模的变化而变化的。另外，竞争者的成本、价格和可能的价格反应也能帮助公司制定它的价格。②

第二节　网游的市场营销

网络游戏进入市场后，在不同阶段需要不同的营销方式。可以将网络游戏的营销分为前期营销和后期营销。所谓网络游戏的前期营销，是指游戏开发商和运营商在将网络游戏投放到市场后、玩家体验游戏前针对游戏本身所进行的一系列营销。这时开发商的主要任务是提升网络游戏的知名度和美誉度，让社会大众从“了解”向“熟知”过渡，从“听说过”向“参与过”过渡、从“不想玩”向“放不下”过渡。从某种程度上讲，前期营销的成功与否直接决定了该游戏的市场地位以及未来发展趋势。所谓网络游戏的后期营销，是指游戏开发商和运营商在玩家体验游戏后针对玩家本身所进行的一系列营销。这一时期开发商和运营商的任务就是提高玩家的品牌归属感和游戏忠诚度，并且开发潜在市场，扩大游戏所占市场份额。一次成功的营销不仅包括详备的前期营销，促进玩家体验购买，更包括细致的后期营销，提升玩家认同度。

一、网游的前期营销

前期营销是综合运用多种营销手段促进消费者购买的过程，从目前我国网络游戏营销情况来看，主要有参与式体验营销、微电影式故事营销、影视动漫营销、明星代言营销和广告营销几大类。

---

① 陈洪，任科，黄昆．游戏运营管理．北京：清华大学出版社，2009：214－216.

② 同①216－218.

（一）参与式体验营销

网络游戏行业的特殊性决定了它重视产品，更重视服务，而体验营销是一种创新性服务营销手段。所谓“体验”就是企业以商品为道具，以服务为舞台，以顾客为中心，创造出能使消费者全面参与、值得消费者回忆的活动。[①] 网络游戏营销可以称得上体验营销的一个典型缩影。美国体验营销专家贝恩特·施密特（Bernd H. Schmitt）教授认为消费者体验有五种形态：感官、情感、思考、行为和关联。这五种形态完全融入网络游戏中，贯穿网络游戏营销始终，是一款成功游戏必不可少的几大因素。感官引导玩家的游戏选择；情感使游戏变得人性化；思考锻炼大脑的潜在能力；行为是玩家投入的强化；关联使社交互动的魅力充分发挥。网游Cosplay是体验的一种方式，它是以网络游戏角色造型为基础进行模仿的活动。ChinaJoy [②]Cosplay嘉年华大赛（见图14－4）是目前国内唯一大型面向游戏动漫爱好者的国家级Cosplay赛事。大赛发展目标是创建网络游戏Cosplay文化品牌，推动我国成为网络游戏强国。

图14－4　ChinaJoy Cosplay嘉年华大赛

（二）微电影式故事营销

作为最古老的品牌营销工具，故事营销正在成为当今企业品牌营销的宠儿。故事营销是指企业利用各种渠道，通过讲故事的方式向顾客传播企业的愿景、理念和成长经历，以强化顾客对企业的品牌认知和情感联系的活动。网络游戏成长时间较晚，故事营销欲达到别出心裁的效果，需要探索“讲故事”的新型方式。某些网游公司老板、CEO（首席执行官）经常拿自己的私生活或者制造“雷人”话题进行炒作，博得众玩家眼球。但这种方式不能屡次尝试，否则会引起玩家反感，产生负面效应。相比之下，利用“微博”热门话题、发布微电影、传播网游宣传理念等方式是跳出传统故事营销“怪圈”的有效手段。微电影凭借其强大的传播力、亲和力和吸引力，正成为故事营销的新宠。

2012年“世界末日”传言满天飞，不论是电影还是话题都备受瞩目。2013年3月19日，一部名为《2012症候群》的4分钟小成本微电影在新浪微博引发了广泛关注（见图14－5）。

---

① 派恩，吉尔摩．体验经济．北京：机械工业出版社，2008.

② ChinaJoy（中国国际数码互动娱乐展览会）是继美国电子娱乐展、日本东京电玩展之后的又一同类型互动娱乐大展，尤以网络游戏为主。

男主角是一个典型的宅男，他在无意中发现了一个神秘网站之后，陷入了一种“恐慌”的情绪当中，他彻底放弃了正常的作息生活，疯狂地购买零食、帐篷灯等各种求生用品，然后在3月21日的倒计时钟声中面色凝重地躲进帐篷打开电脑。一系列紧张节奏搭配的是恍然大悟的搞笑结局，“2012关我啥事，我还要去打游戏呢!”迅速成为微博流行语。这部小成本的微电影在3天内得到了超过百万次的网友点播。3月19日当天片中植入的网络游戏《海之梦》的百度指数飙升破万。之后《东方早报》《青年报》对影片的报道，乃至《新闻晚报》对该片主演人员的整版报道，更将该片的影响力从互联网领域延伸至大众传媒界，形成了立体化的传播热点。

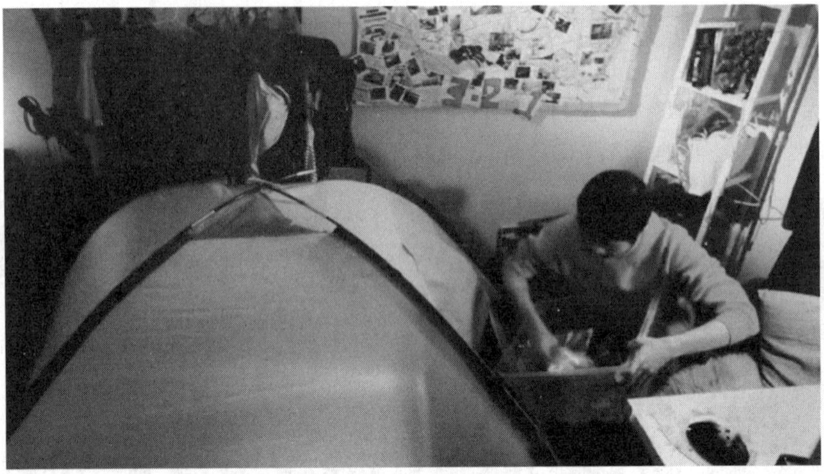

图14-5 微电影《2012症候群》视频截图

(三) 影视动漫营销

采用影视动漫里面的主角形象营销可以称为“品牌”带动“品牌”营销。作为娱乐时尚风标的热门影视动漫之所以长盛不衰，与人们追求快乐、自由的心态有很大关系。企业如果运用观众广为熟知的影视动漫手段进行产品营销，则更容易深入消费者心里并被消费者接受。无论是传统企业还是高科技企业，影视动漫元素都是一种锐利而有效的营销方式，它使快乐化营销成为可能。许多网游产品采用这种营销手段，如《三国杀》《梦幻西游》《笑傲江湖》《鹿鼎记》和《喜羊羊与灰太狼》。当然也有“反向”营销手段，即由热门网络游戏改编成影视作品。湖南卫视热播剧《轩辕剑》就是根据同名网络游戏改编的，创下了不俗的收视率。

2011年5月6日搜狐畅游（搜狐旗下在线游戏开发和运营商）宣布与唐人电影制作有限公司（代表作为《步步惊心》《仙剑奇侠传3》）达成战略合作伙伴关系。畅游旗下新网游产品《鹿鼎记》成为首个合作项目（见图14-6）。唐人负责首部以“清穿”网游为主题的电影拍摄工作，将引入由畅游团队提供技术支持的“虚幻3”游戏3D引擎，运用到这部电影外域星球的3D特效制作上，并制作数字版及3D版同步发行。畅游采用唐人旗下明星为游戏做整体代言，并全面加入到《鹿鼎记》的武打动作设计、动画制作、特效处理、形象植入、音乐制作、游戏配音、动作和面部捕捉、游戏内外活动等开发环节中。双方就影视和游戏进行双向延伸，即唐人的影视作品将由畅游进行游戏化，而畅游旗下的游戏将由唐人实现电影化，这是对两大行业领域不同格局的一次有力冲击。

图 14－6　《鹿鼎记》网游

（四）明星代言营销

树立企业品牌形象能使企业产品达到市场营销的最大效用，促进需求数量最大化，明星营销则是树立企业品牌形象必不可少的手段之一。《梦幻西游》（周杰伦）、《神兵传奇》（张柏芝）、《仙镜传说》（萧亚轩）、《凡人修仙传》（陈楚生）、《万王之王 3》（范冰冰）均采用明星为其代言，包括广告、配音、背景音乐等。“名人效应”在网络游戏行业中愈演愈烈，现在明星代言模式仍然被众网游运营商追捧。但是产品与服务为王的网游产品，仅仅靠明星是不够的，巨人网络的史玉柱曾说：“找明星代言，就会造成讨厌这个明星的潜在用户流失。”如果没能准确定位市场和了解用户的需求，明星代言的市场效果就会被削弱到最低点。

2013 年 5 月 7 日，网易旗下“第一战斗网游”《大唐无双 2》（见图 14－7）在公测将至之际邀请“台湾第一女神”林志玲加盟。虽然在此之前林志玲也曾为其他网游产品代言，但本次合作又有新的重大创新与突破。明星不是仅仅卖“人气”，而是史无前例地“深度”参演新版主线剧情。明星面貌以 100％高保真的方式还原至游戏中，并首度为网络游戏角色配音，实现画面感官、战斗体验、玩法交互全面革新，使《大唐无双 2》在公测之前备受瞩目。

图 14－7　“第一战斗网游”《大唐无双 2》

（五）广告营销

广告营销是网络游戏领域非常重要的营销手段。营销人员会利用各种媒体进行广告宣传，媒体通过广告时间、空间和点击率来收取广告费用。一般来说，报纸、杂志等传统媒介按广告空间收费，电视、电影、视频按照时间收费，按照点击率收费是网站网页的惯用手法。那么网络游戏如何选择广告投放平台？采取什么广告形式？令人眼花缭乱的广告投放平台刺激着消费者和企业营销人员的大脑神经。在网络游戏领域，从最初的门户、网吧到现在的游戏类网站、视频类网站、社交类网站等，平台、渠道的增加使品牌影响力“辐射”到更多潜在用户的同时，也会增加广告费用开支。找准投放平台能够提高营销推广效率。不同的网络游戏产品，比如 MMORPG、休闲游戏和网页小游戏，在选择媒体平台上会稍微有些差异。根据各种渠道的用户数量与性格，某些 MMORPG 会选择视频类媒体（例如优酷网）进行投放，休闲游戏广告投放会选择社交网站来进行。目前各大游戏开发商、运营商采用的广告形式有电视广告、网站广告和户外广告。

在电视节目中插播视频广告是按秒计费，网络游戏采用电视广告形式作为宣传手段的例子并不多。针对某些特殊观众，如游戏玩家，营销人员可以把广告投入到这类人群着重关注的有限时间段内。由网易公司开发、营运的网络游戏《梦幻西游》（游戏以著名的章回小说《西游记》故事为背景），其电视广告从最初周杰伦出演的明星推广广告到后来的“严禁山寨”创意广告，得到的公众关注力持续增加，自身品牌影响力也持续提升，带动了整个行业营销水准的提升。

各大卫视在黄金时间播出的主题为“玩创新，超经典”的《梦幻西游》电视广告（见图 14-8）中，三个年轻人以曼妙的风姿分别模仿迈克·杰克逊、玛丽莲·梦露、李小龙的招牌动作，皆以失败告终。短短 30 秒的广告片，场景极具年代感，剧情先扬后抑，使人忍俊不禁。犀利的广告创意在使人爆笑的同时让我们不得不反思各行业的“山寨”乱象。

图 14-8 《梦幻西游》电视广告

我国最常见的网游网站广告有三种：其一是横幅广告。它是最有效、收费最高的网络广告形式。一般面积较大，在网络浏览器的画面里，通常把最上方称为“不得不看”的位置规划为横条形的广告区域。其二是弹出式广告，或称窗口广告。当网友浏览网页时，自动跳出小窗口，强制性向网友传达广告信息。弹出式广告看似最不受网友欢迎，其实不然。来自 Dynamic

Logic 的数据显示，只有 28%的网友讨厌弹出式广告，因为较成功的弹出式广告为降低其扰人指数，会有几个设计特点——画面简洁、内容简单、构思巧妙，并且设有关闭按钮。其三是流媒体视频广告。它与电视广告类似，通常在用户要观看的内容（综艺节目、音乐或影视视频等）播放之前或之中插播 15～30 秒的广告，与此同时并不影响加载视频或者游戏。

网络广告的付费方式分为四种：一是按点击量付费。从技术层面讲，由于“曝光次数”不易衡量，付费点击按网络用户点击广告的次数计费，比较合理。二是按网页阅读次数付费。当一则广告成功地被传送给符合资格的访客时，即完成了一次“广告曝光”。三是按时间付费。这种计费方式和传统方法最接近，广告刊登时间是付费基础，但这种方式现已基本被广告平台放弃。四是按购买结果付费。这适合在线购物网站，可根据实际的交易次数、销售量、销售金额来计费，不适合虚拟类的网游产品。

户外广告是指设置在户外的广告。传统的户外广告媒体有路边广告牌、楼顶广告牌、电梯广告牌、高立柱广告牌、灯箱、霓虹灯广告牌、LED 看板等。随着人们旅游和休闲活动的增多以及高新科技的广泛运用，户外媒体已成为广告主的新宠，其增长速度大大高于传统电视、报纸和杂志媒体。特别是分众传媒在纳斯达克成功上市后，“户外媒体”成为风险投资商们聚焦的新热点。进入 21 世纪，户外广告早已突破了形式单一的店招式广告牌类型，出现了更多的新型户外广告——飞艇广告、热气球广告、汽车车身广告、地铁站广告、候车亭广告、三面翻广告等。网游开发商和运营商使用此种方式的并不多，但值得一提的是盛大游戏运用投影技术的“永恒之塔”新型户外广告。

【案例】　“世界最大游戏广告”

2009 年 4 月 5 日，由盛大网络公司（包括盛大游戏、盛大文学、盛大在线等）特制的“世界最大游戏广告”正式登陆上海地标建筑金茂大厦（楼高 420.5 米）。这个广告是为其即将推出公开测试的个性网页游戏《永恒之塔》做前期宣传（见图 14－9）。由镭射灯光在金茂大厦西侧外墙分两帧投射出高、宽均达到数百米的“永恒之塔盛大网络”字样，并有“永恒之塔”唯美华丽的角色造型映射在群楼楼身。整个金茂大厦宛如披上一件华丽的梦幻彩衣，成就了从视觉到心理震撼上的永恒画面，引发众多游客、路人的驻足观看和拍照留存。

图 14－9　《永恒之塔》前期宣传

二、网游的后期营销

一般来说，网络游戏的后期营销包括社交式营销、游戏衍生产品开发和跨界融合营销。

（一）社交式营销

社交式营销是由消费者基于其社交范围参与的营销。在网络游戏行业中，有三种具体方式：病毒式营销、口碑营销、游戏社区营销。

病毒式营销致力于通过一个核心受众向其他消费者传递信息，实际上是在做营销人员所做的工作。一般采取的方式有两种：一是营销人员可以首先为传播信息的消费者提供一种激励，给这部分人以优惠，交换条件是让他们介绍更多的朋友参加。二是努力创造一种营销因素来吸引消费和注意力，让消费者不由自主地传递给其他人。由于潜在的高影响率和相对低廉的费用（相比大众媒介而言），病毒式营销受到各行业的注意与推崇。

口碑营销与病毒式营销有很大的相似之处，同样是靠消费者口口相传。企业在推广一种产品或服务前，会制定一系列的口碑推广计划，让消费者自动传播公司产品和服务的良好评价，从而让更多的人通过口碑了解产品、树立品牌、增强市场认知度，最终达到企业销售产品和提供服务的目的。随着个人电脑的推广与普及，网吧模式已成为过去，网络游戏营销主要靠玩家的口碑。史玉柱曾说："网络游戏的玩家，大部分时间要在游戏里面待着，在网络上待着，他不看电视，不看报纸，所以传统的广告对他来说是无效的。最多在一些网站上打点广告，所以广告对他来说是施展不开的，网络游戏的传播最主要靠口碑，一个同事说好玩，我一般直接就去玩了。"①

一款网游正式上市后，会建立自己的游戏论坛服务机制，即游戏社区，为玩家提供交流渠道。在这里会有新手指南、游戏入门介绍、完全游戏攻略和玩家交流机会，可以说是同一类玩家、同一款游戏迷互动性最强、最活跃的地方。在游戏论坛或玩家社区的大家庭里，游戏玩家们交朋友，交流自己玩游戏的经验，把喜欢的游戏品牌推荐给其他玩家，成功率往往最高。

社区营销的变体是圈子营销。所谓圈子营销，就是针对细分领域，如足球类、角色类、武侠类等，一是用圈内名人，去影响圈内人和玩家，二是利用圈内的资源，覆盖渗透特定玩家，做到圈子营销。比如手机网络游戏《酋长萨尔》，与《魔兽》名人和骨灰玩家深度联姻，引发了《魔兽》圈内的高度关注。推广期间众多与《魔兽》相关的微博大号进行了主动曝光和转载，《酋长萨尔》上线，首日玩家下载量便达到了50万次，收入破100万元。60%以上为《魔兽》玩家，在《魔兽》玩家中的渗透率非常高。

（二）游戏衍生产品开发

从网络游戏衍生出来的巨大周边市场，无疑有着足够的诱惑力。网络游戏衍生产品的开发作为营销的后续阶段，对游戏的销量影响甚大。2003年5月28日，中国邮政历史上第一本网络游戏套册——《传奇世界》珍藏版邮票在全国同步上市。这套邮票限量发行3万套，邮品的售价从98元炒到180元，最高达300元。当然，网络游戏衍生品绝不仅仅是邮票，它已经延伸向服饰、纪念品和文化出版传媒等诸多领域（见图14－10）。

---

① 史玉柱，口述；优米网，编著．史玉柱自述：我的营销心得．北京：同心出版社，2013：103.

图 14－10 《传奇世界》珍藏版邮票

在服饰纪念品方面，腾讯做得相当不错。早在 2003 年，腾讯已经在全国开了 200 多家服饰、纪念品专卖店，专门销售 QQ 商标的玩具、服装和配饰等。作为一家网络游戏运营巨头，腾讯通过游戏衍生产品的开发最终提升了玩家的归属感和认同度，也为潜在市场的挖掘打下坚实基础。

盛大集团开发的一系列游戏道具礼盒让玩家喜欢不已。屠龙刀是游戏中的极品道具，盛大把它打造成挂坠、项链、戒指、手镯和徽章等。游戏礼盒还把游戏文化和工艺性、实用性结合得恰到好处，对于骨灰级玩家来说，不仅线上可以体验到游戏的快感，线下还能感受道具的温度，实在妙不可言。

有文化底蕴、有市场生命力的网络游戏是衍生产品商业模式的最好载体，同样，富含游戏文化，同时具备工艺性和实用性的游戏衍生产品也是网络游戏生命得以延续的根本保障之一。游戏开发商利用网络游戏本身的优势，充分挖掘玩家的商业潜力，开发有游戏文化内涵的产品，对网络游戏进行进一步营销，这种营销手段同样适用于音乐、电影等文化产业。

（三）跨界融合营销

所谓跨界融合营销是指为了谋求企业的最大化利益，合理优化配置、整合资源，同行业的两个或两个以上企业达成战略联盟进行的营销。这种情况一般会出现在处于产业链的上下游环节的企业之间，不同行业也会为了在技术、商务、品牌、国际化等多个领域实现良好效益这一共同战略目标而合作。网络游戏开发商与运营商的合作时有发生，并不稀奇。为了发挥双方资源整合、强强联手的优势，在品牌、渠道营销方面开展合作，近些年出现了网游开发运营一体化的企业与另一行业领域企业建立战略同盟的情况，一种是“强制植入性”营销合作战略，一种是游戏衍生品营销战略。

2010 年 1 月 1 日，距离虎年新春还有两个多月时，百游汇数码网络科技有限公司正式启动新春攻略——魔幻网游《兽血沸腾》的玩家，在完成相应游戏任务之后，不仅有获得 10G 免费网盘和游戏中的限量“火车头”坐骑的机会，而且在游戏中完成 10 个指定任务后就能 100％获得春运期间全国各地往返火车票。与此同时，“玩《兽血沸腾》得春运火车票”地面推广活动，也在全国近百所城市、近千所学校同步启动，各地玩家在自家门口即可享受新春大礼。百游公司成功借助“春运一票难求”的“热门话题”提升了网游《兽血沸腾》的知名度（见图 14－11）。

图 14－11　游戏业与交通业的融合

2008 年 9 月 16 日，金山软件正式与王老吉药业股份有限公司建立战略合作伙伴关系，双方合作的具体产品是网络游戏《剑侠世界》和“王老吉”品牌饮料。《剑侠世界》把“王老吉”作为其促销奖品，并同步举行“江湖防上火行动”，植入道具“王老吉”，使用该道具玩家有经验加成等功能；同时“王老吉”凉茶饮料则推出印有《剑侠世界》游戏 Logo 和画面人物的专属软包装。该营销手段是继 2005 年“可口可乐”与《魔兽世界》“饮料＋网游”这一跨行业合作模式之后的又一成功案例（见图 14－12）。该合作实施之后，《剑侠世界》在未进入公测阶段的情况下同时在线人数已达到 28 万，创造了当时国产网游内测阶段在线人数的新高。

图 14－12　游戏业与食品业的融合

第三节　网游营销的流弊与创新

中国互联网络信息中心（CNNIC）《2013 年中国网民游戏行为调查研究报告》显示，多端并存的游戏类型中，网页游戏是用户占比最低的，比例为 40.6％（见图 14－13），而对非网页游戏用户的调查发现，该类人群未来会进入网页游戏的可能性相对较小，低于其他游戏。随着手机游戏的发展，网页游戏的劣势逐步显现：在游戏体验上无法与客户端游戏相比，使用方便性上也被手机游戏取代。网页游戏已基本达到顶峰，未来发展空间有限。

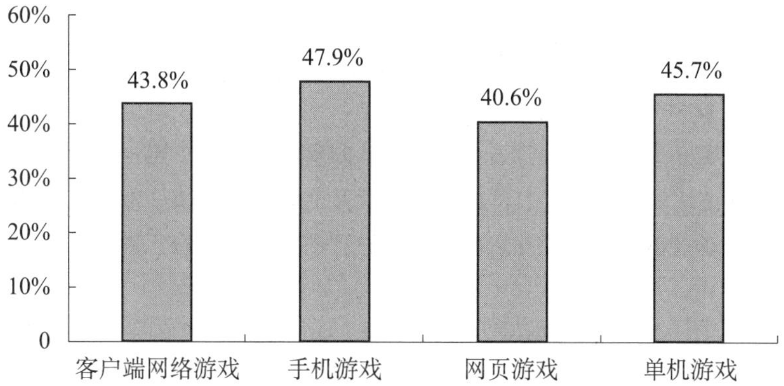

图 14－13　各类游戏用户比例图

客户端网络游戏自身的游戏特质使其用户多为高黏性深度玩家，但是对于新用户的获取却遭遇了瓶颈。客户端网络游戏用户游戏年限越长，最近半年玩游戏的时间越来越长的比例则越小，用户黏性下降。而客户端网络游戏用户未来继续此类游戏的意愿明显高于其他游戏类型。随着游戏种类的丰富和发展，尽管客户端网络游戏受到手机游戏和网页游戏的分化，但是截至目前，客户端网络游戏对大部分端游用户而言仍具有不可替代性。客户端游戏用户中 54.3%表示未来肯定继续该类游戏。客户端网络游戏仍然是目前游戏市场主流之一，仍旧带来游戏领域的最大营收价值。

该报告还指出，非手机游戏用户未来有意愿转化为手机游戏用户的比例相对较高，为15.1%。在整体移动互联网发展的带动下，手机游戏未来还存在着很大的增长空间。一方面，硬件环境促进手机游戏的发展。随着网络环境的进一步改善（包括 Wi-Fi、4G 网络的发展），手机性能的继续提升，人们将会在手机端花费越来越长的时间。另一方面，社交元素增强了手机游戏黏性。社交关系在手机游戏中的引入，弥补了以往手机游戏缺乏社交性、互动性的缺憾，增强了用户的游戏黏性，延长了游戏的生命周期。此外，手机自身特性决定了手机游戏使用频率高。手机的随身性、实时性，可以满足用户随时随地进行游戏的需求，用户黏性更高，易于融入生活。在这些因素的驱动下，未来手机游戏可能会打破碎片化时间，向“长”时间转变。

总的说来，整体行业用户的增长乏力以及手机端游戏的高速增长意味着游戏行业内用户从电脑端向手机端转换比例加大，手机网络游戏对于电脑端网络游戏的冲击开始显现。游戏玩家消费行为的变化需要营销者在营销方式上做出反应。

一、网游营销的流弊

（一）营销战略无法执行

现在市场上的网络游戏通常的规律是这样的：内测或公测的时候，吸引了大量的玩家，等到正式运营开始收费的时候，服务器内冷冷清清；或是开始时运营比较成功，等到中后期营销策略开始疲软，最终不了了之。中国的网络游戏市场崛起之迅速是任何人都没想到的，低廉成本和高额利润刺激了代理公司的井喷式爆发。当代理公司在市场上凭借自己的网游运营赚得第一桶金后，并无财力与心力去建设和经营自己的营销网络，只好寻找业内的经销商做代理，而目前经销商的发展速度远不如代理商的发展速度快，造成营销脱节，有时一个经销商会同时代理数十款游戏，导致各个代理商的营销战略迟迟不能运行。

（二）营销手段单一无力

目前中小游戏开发商并无太多资力去经营营销网络，其营销手段也比较单一趋同，随着网络游戏在中国文化市场的蓬勃发展，传统的营销手段已经不足以诱导消费者体验游戏，植入广告、明星代言是众多中小型游戏开发商普遍采用的营销手段，体验营销、故事营销也只适用于大型游戏开发商。

Outwitters（见图 14－14）是游戏开发商 One Man Left 在 2012 年重度推荐的一款创意策略网络游戏，但是据美国的《连线》（*Wired*）杂志报道，Outwitters 仅获得了 40 万美元的营收，从某种程度上说这是一款失败的游戏。Outwitters 是一款 free-to-play 免费模式的 iOS（移动操作系统）游戏，开发成本超过 30 万美元，苹果公司的推荐带来了大约 56 万次的下载量，同时在 iTunes Store 得到了编辑推荐，在 App Store 首页待了一个星期之久。

图 14－14　Outwitters 手机网络游戏

Outwitters 游戏的启示是，单一的广告或是明星代言、推荐已经很难成功营销现代网络游戏，现代网络游戏需要依靠多种营销手段的综合运用才能保障持续性的购买。

（三）营销内容饱受争议

由于游戏玩家主要是男性，因而越来越多的小型游戏开发商决定采用美女营销方式进行游戏推广，更有甚者采用情色敏感词汇配上衣着暴露的代言人来获取玩家眼球。这种营销手段始终在打法律、道德的擦边球，对一些心智尚未成熟的青少年玩家影响甚大。

低俗营销是一些游戏厂商为了降低营销成本，追求营销的轰动效应，利用低俗内容进行的推广活动。低俗营销其实是变相的黄赌毒，已经严重影响青少年的心理健康，直接触犯了相关法律法规。此外，低俗营销并非都能达到游戏开发商预期的目标，反而对游戏行业造成致命伤害：一是降低行业诚信值；二是自损形象，破坏行业社会认知度；三是提高推广成本，压缩利润空间，比如说网页游戏正常推广就是合理的价格，但是由于低俗内容引发了社会反感，就会以一种偏激的状态进行管理；四是玩家会对此产生负面情绪，从而抵制。

网易游戏针对低俗营销（你会因为情色宣传去体验游戏吗?）进行了网上不记名调查（见图 14－15），调查结果显示：

（1）48％的玩家选择了“相比游戏，更喜欢宣传”。看来很多游戏的内容并不被玩家看好，它远远不如广告中这些秀色可餐的美女来得实在。

（2）28％的玩家认为“玩这种游戏嫌丢人”，想必这将近三分之一的玩家更看重游戏的品质，对游戏开发商的低俗宣传嗤之以鼻。

（3）14％的玩家“从不在意宣传方式”。

对于这种宣传方式，大多数玩家都没有表示非常排斥，所以厂商也乐此不疲地频繁尝试。

（4）10％的玩家抱着“好奇，玩玩看”的心态，他们会因为看过这些低俗宣传而去找一下游戏资料试着玩玩。这类玩家的猎奇心理比较重。可见开发商耗尽心血进行的低俗营销，其影响率也只有 10％。

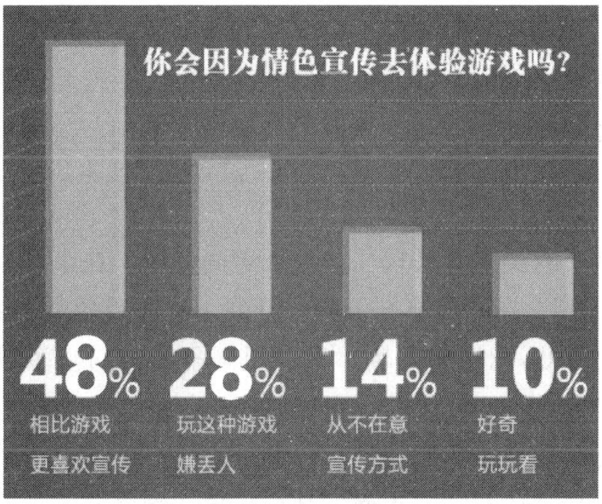

图 14－15　网易游戏调查

根据玩家的投票和对游戏分析专家的访谈，不难发现，这种低俗的营销方式并不能给游戏本身质量带来飞跃式的提升，只是一种宣传噱头。在如今铺天盖地的网游宣传中，玩家的头脑也越发冷静了，如果只依靠这种低俗的宣传手段，而不从根本上提高游戏质量，恐怕并不能给游戏添光溢彩，无非就是一次安装和卸载而已。

二、网游营销的创新

（一）生命周期策略

一款网络游戏的生命周期对于网游公司来说至关重要，若周期太短会面临亏损，因此，网游公司要尽量延长网游产品的生命周期，确保收益。如盛大的《传奇》，不仅有 3D 版，还开发了休闲 Q 版。产品的系列化不仅扩展了产品线，避免了玩家的流失，同时也可以利用已成功作品的号召力和稳定的玩家规模，提高以后作品成功的概率。

当然，在网游产品不同的生命周期也要采取不同的营销策略。在引入期，可以采取“免费试玩”的策略，这样不仅可以利用这个机会找到并清除产品漏洞，也可以吸引大量玩家；在成长期，网游公司将营销重点放在扩大用户群，提高用户体验上；在成熟期，通过不停投放新的补丁、提供新的内容与玩法来留住玩家，这一时期的重点在于延长游戏的生命周期，降低玩家流失率，而非吸引新用户；在衰退期，以提供补丁和新功能为主，同时挖掘游戏周边市场的潜力，如玩偶、服饰、文具等。

（二）差异化策略

网络游戏市场竞争激烈，同质化现象严重，要想在这样激烈的竞争环境中脱颖而出，必须实施差异化策略。差异化策略包括游戏类型差异化、游戏题材差异化、盈利模式差异化等。

按照不同的分类标准，网络游戏可以分成不同的类型，而市场上的网络游戏种类纷繁杂多，想要在游戏类型上实现差异化并不是一件容易的事情。而游戏题材则有较大的创新空间，目前市场上主流的游戏题材包括体育、音乐、格斗、对战等，医学、航海、教育模拟、旅游度假等题材的游戏比较少见。虽然有些领域看似艰深，不适合作为网络游戏题材，但是只要游戏开发人员加以创新，加入游戏元素，它们也会成为新的游戏题材。

互联网行业是一个发展很快的行业，网络游戏作为其中的一项分支，也一直处在发展和变化之中，因此，网络游戏自身也要改变以适应千变万化的时代环境。没有一种盈利模式能长期有效，盈利模式的创新从本质上说是商业模式的创新，是商业行为最本质的地方。网络游戏可以通过内嵌式广告、售卖游戏周边产品、异业合作等模式来创新盈利模式。

（三）品牌策略

在网络游戏研发领域，欧美老牌公司往往象征着高品质，在市场上具有很强的号召力。如著名游戏制作公司“Blizzard”在业界享誉极高，开发了《魔兽争霸》系列、《星际争霸》系列以及《暗黑破坏神》系列游戏，《魔兽争霸》和《星际争霸》均被多项知名电子竞技比赛列为主要比赛项目。《魔兽世界》在2004年被公布要制作后，就成为“最令人期待游戏排行榜”的首位。相反，很多小型公司虽然产品制作精良、创意十足，但是由于缺乏品牌号召力，市场占有率非常低。不仅如此，品牌还意味着正面的社会形象。网络游戏很容易招致负面评论，有人视玩网游为玩物丧志，有人认为网游充满了暴力与色情。网络游戏本身是一种休闲放松的方式，但在社会这一层面，只有去除暴力色情因素，加入教育功能，才能树立良好的社会形象，游戏才能得以持续发展。因此，必须重视网游的品牌建设。

（四）社会化媒体营销策略

社会化媒体营销具有三大特点：精准营销、关系营销、口碑营销。社会化媒体可以为网络游戏营销人员提供大量用户数据，包括用户偏好、浏览习惯、消费心理等。根据STP［即市场细分（segment ation）、目标市场选择（targeting）和市场定位（positioning）］理论，这些数据有助于网游公司精准地抓住用户需求，并实现信息的精准推送。在社会化媒体时代，营销是“强关系”的过程，它建立在人际关系的基础之上，是一种与人互动的能力。① 与他人互动的目的不在于发展客户，而在于建立关系，社会化媒体营销就是深化与客户关系的过程。

口碑最重要的一个特征就是可信度高，因为在一般情况下，口碑都发送在朋友、亲戚、同

---

① 斯特莱登．强关系：社会化营销制胜的关键．北京：中国人民大学出版社，2012：9.

事、同学等关系较为亲密的群体之间，在口碑传播过程之前，他们已经建立了一种长期稳定的关系。随着社会化媒体的出现和快速发展，这个亲密关系群体在社会化媒体平台得到扩展，很多现实生活中的陌生人成了社会化媒体平台中“最熟悉的陌生人”，口碑传播的范围得到极大拓展。因此，社会化媒体营销不仅有利于网络游戏产品的推广，也有利于增强网络游戏的互动性，以及增强用户黏性。

（五）移动网络游戏策略

当你无所事事只能干等的时候，通过移动设备玩玩游戏不失为一种选择。从这一点上看，移动设备是非常适合异步游戏的。当搭乘火车或在医院候诊的时候，你可以随时拿出移动设备通过玩游戏打发时间。① 根据 CNNIC 在 2017 年 8 月发布的《中国互联网络发展状况统计报告》，截至 2017 年 6 月，手机网民规模达到 7.24 亿，其中手机网络游戏用户数为 4.22 亿，较 2016 年底增长了 460 万。在整体移动互联网发展的带动下，随着硬件环境的发展、移动设备性能的提升、社交元素的引入和增强，再加上移动设备随身、实时的特点，以及人们碎片化时间的增加，移动网络游戏未来还存在着很大的增长空间。因此，网络游戏公司要找准市场增长点，大力发展移动网络游戏，迎合人们对网络游戏便捷易操作的需求。

（六）服务策略

每件产品或服务被消费者购买以后，厂商都需要为其提供良好的售后服务。当人们为了生存而购买某产品的需求得到满足以后，他们会将目光转向产品的售后服务。做好售后服务也就是我们常说的做好客户关系管理（CRM），网络游戏也不例外。客服部是网络游戏公司中的一个重要部门，所担任的是一个承上启下的职责：上为公司，负责把玩家的意见、建议、游戏里发生的问题等及时地反映到公司其他相关部门，使得游戏能更好地运作；下为玩家，也就是用户，把公司最新的动态和游戏最新的更新，第一时间送到玩家的手上，让玩家及时了解公司对于所运营产品的思想，及时认真地解决每一个玩家所遇到的问题。② 除了聆听客户的声音、及时提供服务解决客户的问题之外，客服也可以了解市场趋势，掌握新的客户商机，为公司创造更大的利益。而客服人员是客服部门的灵魂中枢，因此要对客服人员进行专业特质和技巧培训，以在客户关系管理过程中展现多元化、多思维、多角度的客服文化和企业文化。③

结语

网络游戏产业作为文化产业的重要组成部分，存在着巨大的发展潜力，做好网游产品的市场营销，能够极大地促进相关产品的优化和再开发过程，同时亦可带动整个研发团队乃至全企业的发展和进步。传统的营销手段已经不能诱导现代玩家消费或体验，低俗、单一的营销模式更不是企业发展的长久之计，游戏开发商需要综合运用多种现代营销策略，将体验营销、故事营销、广告营销和跨界融合营销整合到游戏开发和销售的各个渠道，优化产业渠道，因玩家而异，因时代而异，以内容为主，以形式为辅，开发出符合社会主义文化发展要求并为社会大众

① 拉多夫．游戏经济：以社交媒体游戏促进业务增长．北京：电子工业出版社，2012：155.

② 陈洪，任科，黄昆．游戏运营管理．北京：清华大学出版社，2009：259.

③ 同②260.

所喜闻乐见的游戏来，这样才能改变传统网络游戏在人们心中的位置，让网络游戏带动文化产业发展，增强文化软实力。

推荐阅读资料

1. 麦戈尼格尔. 游戏改变世界. 杭州：浙江人民出版社，2012.
2. 赫伊津哈. 游戏的人：文化中游戏成分的研究. 广州：花城出版社，2007.
3. 王永平. 游戏、竞技与娱乐——中古社会生活透视. 北京：中华书局，2010.
4. 井上理. 任天堂快乐创意方程式. 海口：南海出版社，2011.

第十五章　地方营销

营销大师科特勒曾经在《科特勒看中国与亚洲》一书中提到："各地区不能再等着别人来关注，而必须培育出使自己能在竞争中鹤立鸡群的强势品牌，不遗余力地推销自己。"① 科特勒对地方的重新认识，体现在两个方面：一方面承认地方具有营销价值，这来源于地方本身的文化资源与特质条件；另一方面指出了在新的世界环境下，地方的发展面临着前所未有的危机，不懂得包装营销的地方，不论之前辉煌与否，终将走向没落。由此可以看出，有价值与有需要这两个条件使得"地方营销"一经提出，就迅速成为营销学的热门研究对象。

第一节　地方营销的内涵

所谓地方营销，就是把一个地方当作产品来经营和销售，满足特定使用者和消费者的需求，以使地方社会和经济朝着预期目标发展。地方营销的提出首先要归功于20世纪70年代人文地理学的发展，它拓展了人们对地方的理解。理查德·皮特（Richard Peet）在总结20世纪英美人文地理学发展时，将人文主义地理学者的观点归入文化地理学的分支中。② 著名美国华裔地理学家段义孚的人文主义地理学思想在西方地理学界，以及与西方国家关系密切的其他国家的地理学界，产生了重大影响。在他的研究中，地方和空间的理论是其思想核心，它以人的生存为要旨，从人的感官、感情、美学的多重角度，揭示人与地方、空间两种地理环境的本质联系，提供了认识地方、认识空间、重构地方的全新视角。③

一、地方与空间

在段义孚的人文主义地理学中，地方远远不是由砖石组成的有形结构，而是"具有既定价值的安全中心"④，其范围远远超出城镇、社区、家和住所，凡是满足诸如食物、水、休息和繁衍等生理需要或精神需要、让人感受到价值存在之处都可以将其视为"地方"。地方可以以

---

① 科特勒．科特勒看中国与亚洲．海口：海南出版社，2001.

② 皮特．现代地理学思想．北京：商务印书馆，2007.

③ 宋秀葵．段义孚的地方空间思想研究．人文地理，2014（4）：113－117.

④ Yi-fu Tuan. Space and Place：The Perspectives of Experience. Minneapolis：University of Minnesota Press，1977：54.

真实的物质形式存在，如舒适的扶手椅、老宅基地、家乡、祖国、整个地球，甚至一个人也可称为地方，例如，母亲对外出玩耍的孩子来说就是可以回归的地方。地方也可以以虚拟的形式存在，如音乐、绘画、影视、文学、舞蹈等，这些虚拟的地方是"情感支撑的丰厚来源"①。

空间则被认为是"含移动、动作、自由、潜能、未来，意味着生命力、活力，是一种知觉"。"缺乏意义的领域——'生活事实'，跟时间一样，构成人类生活的基本坐标。"② 段义孚通过说明与空间密切相关的自由来阐释空间的意义："空间的宽敞与自由密切相关。自由意味着有权力和足够空间展示自我。自由有几层含义，最基本的是有能力超越现状。"③ 而奇异的宇宙、遥远的星系、渺茫的荒野、沙漠和冰川则是异地空间。

在《空间与地方》一书中，段义孚多次对空间与地方以及二者之间的关系做了说明，比如："空间与地方需要相互界定。从地方的安全与稳定，我们意识到空间的开放、自由与威胁，反之亦然。""空间是个比地方更抽象的概念。随着我们越来越认识空间，并赋予它价值，一开始混沌不分的空间就变成了地方。""当人将意义投注于局部空间，然后以某种方式如命名附加其上，空间就成了地方。"④"如果我们将空间视为允许移动，那么地方就是暂停移动中的每个暂停，使得空间有可能转变为地方。"⑤"地方是移动中的暂停，包括人在内的动物暂停在某个地方，因为它能满足某些基本生理需要。暂停使一个地点可能成为感受价值的中心。"⑥"空间适合空间科学和经济理性的抽象概念考察，地方则适于诸如'价值'与'归属'的考察。"⑦

地方与空间并没有严格的界限，特定空间中有时也存在地方，例如，"冰川中的营地是家外之家"⑧，"帐篷、游牧部落流浪者的围栏和爱斯基摩人的拱形圆顶屋也可以被称为家"⑨。同时，地方中有时也存在空间。比如，家中也存在空间，对孩子来讲，家里的阁楼、地下室就是自由的空间，孩子在里面玩耍时的好奇心理一点也不亚于在外地空间探险。

地方和空间与人的生存息息相关，二者相辅相成、缺一不可。总之，所谓"地方"是相对"空间"的一个概念，空间被赋予文化意义的过程就是空间变为地方的过程，而这个过程也可以说是"人化"的过程。人归属于这一地方，形成一种归属感或"地方感"。雷尔夫认为人与地方之间有很强的联系，它们互相强化对方的个性。

可以看出，地方营销中所涉及的地方绝不仅仅是行政地理层面的考量，在地方形成过程中，因为有了人类活动的参与而产生了人文层次的因素，这也成为地方可以被营销的一个关键所在。空间由于人类文化的参与而形成了地方，地方营销与其说是一场由内而外的推广活动，倒不如说是由外而内的对地方文化价值、文化之魂的重新发掘与认识。在这个过程中，城市层

---

① Yi-fu Tuan. Who Am I? An Autobiography of Emotion，Mind，and Spirit. Madison：University of Wisconsin Press，1999：105-106.

② 同①106.

③ Yi-fu Tuan. Space and Place：The Perspectives of Experience. Minneapolis：University of Minnesota Press，1977：52.

④ 同③19.

⑤ 同③6.

⑥ 同③138.

⑦ 同③35.

⑧ Yi-fu Tuan. Desert and Ice：Ambivalent Aesthetics//Salim Kemal，Ivan Gaskcll. Landscape，Natural Beauty and the Arts. Cambridge：Cambridge University Press，1993：150.

⑨ 同⑧140.

面的地方营销是最常被讨论的，原因在于城市地方文化特点的典型性与具体营销的可操作性，这也是最基本的地方营销。当单独的城市不能表现出持续强劲的竞争力时，城市之间的联合可以产生更高层次的地方营销，而最终会由于营销层次的整合，产生一种完全文化意义上的地方概念，此时的地方营销将会从简单的城市区域规划中解放，从而更好地针对文化特质本身进行营销推广。这只是未来可能出现的趋势，但就当前的地方营销环境来看，以城市营销为基础，努力促进区域间的地方整合营销，或许才是人们要关注的重点。

二、地方的困境

地方发展到一定程度时，大多会陷入一种惰性之中，越来越多的地方（城市、区域甚至国家）被列入“病例”名单。变革的契机往往就是危机的出现，地方营销也不例外。地方营销所面临的最为普遍的问题，就是此前不合理的发展模式对地方潜力的严重破坏。地方发展中最先，同时也是最容易被利用的就是地方资源，包括人力、能源、地理资源等，但这些并不能够支撑一个地方的长远发展，人力资源的优势或许会被迅速取代，能源总会被开发殆尽，在这方面，时间是最大的敌人。同时，一个地方的成功总是会引起外来企业与人口的大量涌入，这在很大程度上是地方良性升级的过程，但一旦之前所提及的问题爆发，那么这将会是一场灾难。

为什么某些地方会陷入困境？从引起地方衰退的内部力量来看，许多地方的经济在经历过增长之后会出现衰退，增长期本身播下了自我衰退的种子。假设一个地方起初是具有吸引力的，得益于扩张的产业、独特的自然条件或者丰富的历史遗产等因素带来的就业机会以及生活质量的提升，这个地方会吸引新的人口、企业以及投资。但因为资源以及人口的进入，现有的社会服务压力增大，不动产价格增长，在这种情况下，这个地方往往会提高企业以及居民的税收来支付资源扩张所需的资金，此时，这些原本具备吸引力的地方便会播下最终损害其吸引力以及持续增长的种子。当这个地方开始失去吸引力，地方中的企业会因为地方的问题——比如商业管理不善、基础设施恶化——带来的发展阻碍而迁出本区，从而导致就业机会和商业利润的减少、不动产价格回落、基础设施进一步恶化等，这些变化使居民和企业外迁的速度加快。政府为维护社会公共服务，往往会继续提高税收来满足社会需求，但这样只会加速资源的外流。

从引发地方衰退的外部力量来看，技术进步、全球竞争会导致地方经济失去平衡。技术进步不可避免地会对一些产业造成影响，经济学家约瑟夫·熊彼特（Joseph Alois Schumpeter）称其为“创造性破坏”。汽车的发明使马和马车消失了，但也使得高速公路、加油站、石油产业飞速增长。石油的加工生产又引起了合成产品如化纤和尼龙的出现，从而限制了对棉花和羊毛的需求。目前，随着科学技术的发展，地方逐渐感受到技术和通信领域的技术变革带来的影响，手提电脑和网络会议使企业可以前往成本更低的地方。随着经济全球化的发展，全球经济的出现以及对本地经济和生活质量的影响成为决定社会生活的主导因素。之前自成一体的地方、区域和国家经济逐渐成为一体化世界经济中相互依赖的一部分。在全球化的世界经济中，每个地方都要为取得经济优势而与其他地方进行竞争。各地努力吸引企业、投资、游客的进入，这些都可以增加就业机会、收入、贸易，促进经济的增长。每个地方不得不转型为积极的营销者，不成功的地方营销将面临经济滞胀乃至衰退的风险。[①]

最初的地方营销往往是出于一种无奈，因为出现了上文所描述的地方困境，所以原有的发

① 科特勒，等．地方营销．上海：上海财经大学出版社，2008：4-10.

展模式无法继续进行。在转型过程中，地方营销既是对地方的拯救，也是对地方进行分析之后做出新的定位的过程。

京津冀地区是由首都经济圈的概念发展而来的，然而现在看来京津冀本身就是一个发展极不平衡的怪胎。北京与天津两个特大城市的区域生产总值占整个京津冀区域的50%，固定资产投资占60%，财政收入占70%，而作为三巨头之一的河北省则面临大量中小城市的发展困境。地方人才与资源的过分集中使得北京变得过于臃肿，同时也压榨了地区内其余城市的生存发展空间。然而在地方的整体发展中，中小城市是不可或缺的一环，国家当然要从制度的角度去解决这些问题。当地方困境来临之际，地方政府进行积极的自救，通过有效的地方营销手段尽可能地缓解自身的危机，以配合国家宏观层面的调节，这在当下的中国是十分有必要的。

地方困境不仅来源于物质资源的消耗，也来源于文化资源的缺失，在全国乃至全世界范围内，地方的文化危机都是普遍存在的。

中国“长三角”城市群作为世界第六大城市群，在经济高速发展的同时，也面临着“个性危机”。曾经“江南”这个意象在文人雅士的纸扇回眸间，传诵千年而依然典雅。然而在如今席卷全国的城市化建设浪潮中，江南城市的整体形象已变得越来越模糊，城市建设正在面临“个性危机”，除了苏州与扬州等个别城市以外，城市规划的趋同、城市建筑的同质、城市文化的缺失等，都暴露出“长三角”地区在发展过程中的不足，亟待城市发展的决策者们予以高度重视。或许相对自由的经济发展模式使地方的资源得到了合理的开发与配置，但在文化上，中小城市习惯性向大型城市靠拢，一味模仿上海的现代化风格，反而丢失了自己的文化之魂。这种地方的发展模式或许在短期内不会对经济产生影响，但文化特质的缺失将阻碍地方整体的进一步发展，这也是将来中国地方营销所需要注意的方面。

三、地方的形象

在科特勒看来，一个地方的形象可以定义为人们对这个地方的信念、观点和印象的总和。形象是对与地方相关的联想和大量信息的简化，它们都出于一个朴素的想法，即把对这个地方大量的信息归纳为一个简单的想法。[①] 换言之，就是能引起公众感知，并且由地方内与地方外的公众作出评价，形成一定观念的地方因素的总和。地方形象是一个综合范畴，它涵盖政治、经济、社会、科技、教育、文化、生态以及历史文明、社会秩序、城市风貌、公民素质等各方面，涉及发展水平、发展规模、发展速度和发展质量等诸多内容。

地方形象具有三大特性。

一是客观性。不管人们承认不承认，也不管人们是否主动去塑造，地方形象总是客观存在的。

二是系统性。地方形象是一个复杂的、多元的、动态的系统，涉及地区的经济、文化、政治、生态、风尚等方面。

三是可塑性。人们可以根据需要对地方形象进行设计和塑造，以改变人们对该地方的看法和评价。

地方发展的重要前提始终是地方独有的、良好的形象，地方形象同时是进入市场最好的“通行证”，以及最大、最有号召力的“招商广告”。一个地方形象良好，就能对内产生凝聚力、

---

① 科特勒，等．地方营销．上海：上海财经大学出版社，2008：131.

鼓舞力和驱动力，对外产生影响力、吸引力和竞争力，持续性地吸引发展所需的资金、技术和人才等重要资源。地方形象的重要性主要体现在以下方面。

第一，地方形象是声誉。人们进入一个地方（或通过其他渠道认识一个地方），会产生对该地的印象，形成该地的名声和口碑。这种名声和口碑，就是地方形象好坏的一种反映，是地方的一种形象声誉。在现代通信如此发达的社会，声誉的传播性极其突出，不管是好的声誉还是坏的声誉都很容易被传播。好的地方声誉传播出去，对地方的成绩是一种无形的奖励和回报；不好的地方声誉传播出去，对地方则是一种无形的惩罚。

第二，地方形象是形象力。形象力指的是形象产生的作用和力量，其作用的对象是能感知到地方形象客体的人（包括该地的人和该地之外的人）。作用的过程是：形象客体进入人们的感觉→人们对形象客体产生看法、评价等思想活动→思想活动的结果形成一种思维定式，影响人们今后的行动。这种形象力是在人们感知地方过程中形成的一种思想力，它有大有小，有可能是正面的积极的，也有可能是负面的消极的，而且这种思想力往往会转化为一定的行动，引发人们对该地方的向往或者不向往。

第三，地方形象是资源。地方形象表现为一种无形资源，它具有强烈的人文色彩和心理特点，它为地方的竞争和发展提供一种心理的支持或者不支持。一个地方的形象好，意味着这个地区的形象资源丰厚而且质量高，对地方竞争和发展的心理支持就大，心理成本（说服交易方的难度）就低，心理利润（说服人心理倾向的收获）及其转化为经济、社会的利润就高。反之，如果一个地区的形象不好，就意味着这个地区的形象资源缺乏且质量低，对地区竞争和发展的心理支持小，心理成本高，心理利润及其转化为经济、社会的利润低。

对“声誉”“形象力”“资源”的概括，从不同的角度强调了地方形象的重要性。地方形象的重要性首先是由“声誉”引发的，“形象力”“资源”是在“声誉”的基础上形成的。

好的地方形象是地方发展活力的源泉，塑造地方形象是为了更好地促进地方的全面发展。在经济快速发展的今天，应当越来越强调地方形象。

第一，塑造地方形象有利于提高地方魅力和吸引力。没有形象的地方是没有魅力的地方，也是不会有长久生命力的地方。好的地方形象能有效地提高地方魅力和吸引力，在发展旅游、吸引企业及投资方面起到关键作用。优美的地方环境、优良的人文环境将大大提高地方的口碑和声誉，有利于开展旅游活动和吸引外来资金投资，这将为地方的持续发展提供强有力的保障。此外，具有魅力的宜居地方能聚集人气，吸引各种人才和流动人口，能使地方土地和物业实现应有的价值，带动各行业快速发展。因此，可以说塑造地方形象，是地方健康长久发展的必由之路。

第二，塑造地方形象有利于提升居民的人文素养和爱护意识。地方要发展，不仅要生存环境，还要情感世界。构建地方形象的理念的提出，正是为了满足提高居民文化水平等现代居民所应当具备的基本素质的要求。提高地方民众文化生活品质和环境品质，能积极有效地带动居民参与公众活动，促进居民之间的情感交流，营造和谐的社会人文环境，而且能够改善和提高公共环境的文化品质，推动社会公众艺术和审美文化的普及，激发居民对环境的满意度和认可度，从而主动爱护地方环境。

第三，塑造地方形象有利于保护地方文化。自然的地缘地理资源既是地方形象形成的基础和源泉，也是塑造地方形象的依据和前提。强调地方的地缘识别，将使得地方形象富于个性。每个地方的形成和发展都与其所处的地理环境有着密切的关系，地方适时、适地地生存和发展，必然会无意识地带有浓厚的地方特色，这将成为地方特色文化生存的土壤和环境，使其在地方建设中找到自己的立足之地，能在新时代里继续传承创新，焕发光芒。

地方形象作为地方的一种资源，是取之不尽的。拥有良好形象的地方，具备强有力的核心竞争力，地方形象是地方可持续发展的可靠保障。全球化时代，地方形象不仅牵引着某一地区发展区域性经济文化的动脉，而且体现着人们深层次的社会心理需求——在这个天际不断延伸、边界不断消融的世界，人们需要借助地方形象找到家园的感觉。这同时也是地方营销内部的意义所在——同质化的世界趋势中，一点点的差异性，一点点的文化特色，足以使人们回忆起曾经的美好。

第二节　地方营销的对象

地方文化产业的发展需要秉持“四生”理念：具有地方特色的文化产品的“生产”理念，结合当地居民风俗习惯的“生活”理念，人与人之间、人与自然环境之间和谐共生的“生态”理念，深化地方文化价值、让地方特质能落地生根及永续经营的“生命”理念。不管是品牌城市、特色小镇，还是记忆场所，都需要以“四生”理念作为营销原则。

一、品牌城市

卡尔维诺在《看不见的城市》中，借由马可·波罗之口描述了一座不存在的城市，这座不存在的城市由所有不完美的城市的不同优点组合而成。睿智的忽必烈知道，这样的城市根本不会被建造出来，但这并不妨碍人们对美好城市的想象。

时至今日，城市的竞争已经超越国家竞争，城市品牌的界定、升级与营销，已经成为创意时代来临的显学。品牌是维系城市长久魅力的关键。每个城市有自己的利基所在，必须发展独特生活内涵所孕育的优质产业，而且要有国际视角，连接全球资源，区隔出自己的比较优势。一个别具品牌识别度的城市，就观光来说，它吸引的是认同当地生活价值的“候鸟型居民”；就产业来说，它提供的是满足独特生活价值的人群生活所需。这里以文化脉络、生活风格、产业发展、城市景观等元素为考量，从创新、生态、品位、艺术、宜居五个未来社会发展的主要动力来描述城市的品牌经营。

（一）创新城市

蒙特利尔这个位于加拿大法语区的城市，自豪着它是当年法国人第一个发现北美大陆的地方，不但要争取独立，更要走得独特。作为全球创新城市龙头的蒙特利尔，它的创新，有别于大家熟悉的硅谷路线。

蒙特利尔的创新并非源于大家熟悉的科技领域，而是源于娱乐产业。或许人们对蒙特利尔有些陌生，但一定耳闻或看过太阳马戏团完美结合剧场艺术与马戏表演的壮阔演出。太阳马戏团是当今世界发展最快、收益最高、最受欢迎的文艺团体，被誉为加拿大的“国宝”，也是加拿大最大的文化产业出口项目。该团是两位街头艺人盖·拉利伯特与吉列斯·克洛伊克斯为了梦想于1984年创立的，刚开始时，其仅仅是一家供表演艺术家住宿的名为“绿茵阳台”的青年旅馆。1979年夏，看着一群充满各类才艺的青年同聚屋檐下，盖·拉利伯特与吉列斯·克洛伊克斯突发奇想要为这些人才组织一个表演团体。街头艺术出身的两位，哪来的钱养活一个剧团，更别说制作后来炫目的表演了——聪明的蒙特利尔人的创新就体现于此。

他们没有钱，但有着一身令人瞠目结舌的技艺，于是克洛伊克斯脚踏一层楼高的高跷，从拜圣保罗一路走到魁北克，路程长达九十公里。这奇想式的做法奏效了，不仅造就万人空巷的盛况，而且使当地政府对他们潜在的票房吸引力充满信心，在创立初期就给予甘霖般的赞助。

成立剧团仅是第一步，太阳剧团要的是创造马戏团界的唯一。在这愿景的驱动下，每次拿到资金，他们就投入到表演呈现的创新上。尤其获得第二笔资金之后，拉利伯特便雇用来自国家马戏团学校的盖伊·卡隆（Guy Caron）建立了全新的马戏团型态。卡隆的创新表现在删除了过去马戏团惯有的动物表演，以创造科幻般戏剧角色与故事情节的演绎，让观众在华丽场景的迷幻氛围中，瞬间坠入梦幻的想象世界中。

谁能料得到，三十多年后的现在，全球除了南极以外，60 多个国家 400 多个城市，都上演着太阳剧团精心雕琢的 19 个剧目。剧团在世界各地不分种族，广纳人才，集聚了来自 40 个国家的5 000名员工，每年创造数亿美元的营收，更在娱乐之都拉斯维加斯建立了永久驻点秀，每晚参与的观众达到了9 000人。

蒙特利尔的创新，让街头艺术为全球马戏团的演出方式所重新定义。它的能量，让一个衰败街区因为马戏学校及总部的进驻而重新振兴。它的精彩，让蒙特利尔的观光从不冷清，更塑造了一个代表创新城市的品牌。

（二）生态城市

美国生态学家阿尔多·李奥帕德（Aldo Leopold）说："除了纯粹经济层面之外，也应该从伦理和美学角度来考虑土地的使用问题。"因此，关于生态与城市的联结，并不是说必须讨论节能效率的绿能技术议题，也不是要创造如纽约中央公园般在城中再造一片森林，做出非绿（自然）即灰（都市建筑）的黑白分明世界。这里的"生态"是公共建设，是城市景观，是城市生活风格的催化剂，是与都市生活交织而成的绿色织线。

阿姆斯特丹是一个全城几乎都低于海平面的首都，水成了它一生的课题。它的名字即得自水，阿姆斯特丹于荷兰文的原意就是"跟着水坝成长的城市"。面对天然环境的挑战，荷兰人比东方人更了解道家与自然"和谐共处"的永续之道。因此，对于潜在的水患，他们不像多数城市以冰冷河堤方式断绝人与自然的联系，而是让它与生活共存。从当今阿姆斯特丹的城市地图，即可窥见一二。

载水的运河与载车、载人的车道在同心扇形内平行而生，没有谁该为谁牺牲。运河这独特的地景下，从 17 世纪开始就孕育着水资源管理的强大技术。一系列的桥与闸门控制了水位的高度，也依清洁所需时而局部关闭，注入净水。可见的水在城内四处渗透，它不单单维持城里人的基本生活，也是市区内处处感官可及的自然元素。一般城市采用走在地上的垃圾车，而阿姆斯特丹从 17 世纪开始就有水上清洁船，用来处理漂流在水上的住家废弃物。风车的功能是在洪泛时把水汲出，再导到需要灌溉的农田里。

运河、堤防、圩田、风车这些设施，在其他城市可能是冰冷的公共工程，在这里却是构成主要城市景观的关键元素。凭此一系列因水而生的城市景观，阿姆斯特丹运河带在 2010 年被联合国教科文组织认证为难能可贵的世界文化遗产。完美整合成半同心圆水道的都市规划，不是急就章的产物，它除了在荷兰黄金时期满足大量移民的生活需求，更是集多种功能于一身。设计时，内部三条运河是为了居住需求而兴建，最外一条则发挥着护城河的功能。

在不同时代里，运河在城市内的角色适时转换。尤其是护城河，在新时代早已成了商务往来的重要通道。其余的运河，除了尚保有水资源管理的跨世纪使命外，如今成了本地、外来游客漫游城市的通道，干净的河水更孕育着多元健康的水中生物。阿姆斯特丹，以不一样的城市动脉，以基础建设带动城市生活的创新。

（三）品位城市

形塑城市品牌，绝不仅是把"I heart NY"（我爱纽约）、巴黎铁塔等符号印在T恤上当作观光纪念品。巴黎的城市品牌，根基于文化，展现在生活上，塑造出别具一格的法国时尚。

代表经典奢华的时尚女王香奈儿（Coco Chanel）女士曾说："时尚不仅存在于衣着上，空气中、街头上都有它的踪迹。时尚绝对跟我们的想法、如何生活、周遭发生的事有关。"关于时尚，不只停留于衣着，而是关于生活态度的全面呈现。巴黎时装周一年只有两次，巴黎人自在展现高水平大众生活的伸展台，不在博物馆，不在百货公司，而是在日常生活的社交场所与餐饮空间。

全世界第一家以"餐厅"为名的供餐场所于1786年成立于巴黎，名为Taverne Anglaise，一开始仅是第一个在寒冬季节提供驱寒精力汤的公共饮食场域，创造了可以在家以外场所用餐的可能。对衣着美学已溶于血液的巴黎人来说，追求公共场所用餐美学的生活风格全面呈现出来。从餐桌摆饰到空间设计，从正式的室内用餐场所到户外野餐，都有专属的美学，没有一个元素可以妥协。画家雷诺阿（Pierre-Auguste Renoir）创作的不少以巴黎为用餐场景的古典画作，可以一一对此印证。用餐这件事，对巴黎人而言，除了是在享受美食，还成了展现个人生活品位及社会经济地位的途径。

提及厨艺教育的殿堂，无人不知法国蓝带厨艺学院。1933年开始，蓝带厨艺学校的学生将这厨艺品牌带到伦敦，目前已在全球五大洲包含悉尼、首尔、渥太华、东京、利马、曼谷等城市设有分校。每年近20 000名学生毕业，把蓝带这个品牌带到全世界。蓝带厨艺学校正是透过美食，将法国人所推崇的生活之美，从口鼻间，推广至全世界。海明威在《巴黎回忆录》中说："如果你够幸运，年轻时在巴黎待过，那么巴黎将永远跟随着你，因为巴黎是一席流动的飨宴。"这场飨宴，从口鼻之间获取感动，在移动的时尚风景中变得深刻，在体验中成为城市记忆。

（四）艺术城市

城市难免经历辉煌与衰败，过去辉煌发达的街区，随着生活模式、产业的改变而改变，全世界的衰败城市处处皆有。然而，集体记忆是城市的重要资产，如何让伴随城市居民重要岁月的环境，在新世代中浴火重生？艺术可以开启一个绝佳的想象世界。

美国总统乔治·华盛顿在1753年来到匹兹堡的金三角旧城区时，感受到它绝佳的战略位置，随即手绘图形，兴建了位居制高点的军事堡垒。后来，这个军事要塞所在城市，于19世纪成了钢铁业大本营。1911年美国一半的钢铁都产于此，可见其生产规模之浩大。所谓"钢都"所创造的工作机会，更是19世纪欧洲移民的梦想境地。

这个工业城市，发展生产力带来富裕，也得了个不太光彩的"烟雾城市"的名号。污染严重时，劳工得带两件衣服上班，因为接近中午时，洁净的衣物已染上一层黑灰；原本环绕三角洲的河流，成了开放的污水处理厂；曾因经济发达而戏院、娱乐场所密布的金三角区，慢慢被孩童止步的成人情色产业取代。

过去大家熟悉的“艺术再生城市”的方法，有两种极端：一种如西班牙的毕尔巴鄂，请建筑大师法兰克·盖瑞（Frank Gehry）在衰败旧工业城区打造明星级的地标建筑；另一种是由当地居民怀抱对家乡的热血，在有多少钱做多少事的模式下，期望新城拔地而起。匹兹堡的故事，产生了第三种可能：与其专注于单一建筑，不如将愿景建立在多个街区，让艺术的活化能量不局限在封闭的“文化中心”建筑体上。同时，经营公共空间，让文化彰显于常民生活。省下拆旧建新的巨额经费，重新分配在旧建筑翻新与公共系统的配套改善上，大幅提升旧街区的永续能量。

阿勒根尼联盟于 1984 年成立匹兹堡文化信托基金，致力于推动情色街区的大翻身。以艺术策展方式来做土地开发，共计 14 个街区的规模，是全美最大的策展计划。该计划没有采取在一栋栋新建筑开始建造后才确认运营内容的开发方式，以免在现实与预期市场之间产生大幅落差，因为低进驻率所形成的空城不仅浪费资源，对街区亦是二度伤害。因此，由文化组织经营，把整个街区当作开放艺术馆进行开发，在既有的都市空间中妥善企划文化活动做串接。人们来后，自然产生享受文化以外的消费可能。这场“文艺复兴”运动，让这个过去人称“打开瓶盖的地狱”之区，成为世界级的人声鼎沸园区，每天 24 小时都充满着艺术能量。曾经的情色产业区，现在是文化、生活、自然共生的迷人街区，每年吸引 200 万名观光客，创造 3 亿多美元的经济效益。《纽约时报》评论家布兰登·雷曼（Brendan Lemon）说：“匹兹堡以前卫、非迪士尼化的模式翻转街区，也彰显了剧院创造城市识别性的可能。”

（五）宜居城市

社会学家齐格蒙特·鲍曼（Zygmunt Bauman）说：“当我们在思考如何让城市变得更好的时候，你必须要把生活在其中的人都纳入考量。”若不把生活作为城市发展的核心，就很容易完全向资本主义靠拢，朝更高效率的城市生活逼近，城市终究会成为将“人性”抽离的生产线。

墨尔本连续五年被经济学人智库评选为全球最宜居的城市。不像纽约，日常生活中常会突如其来被强迫接受赤裸的城市黑暗面；不像东京，上下班人群簇拥着，如沙丁鱼般挤上地铁；不像巴黎，虽名为世界最浪漫的花都，却得担心下一场恐怖袭击事件的发生。墨尔本有一种异于寻常大都市的从容气质——生活便利却不忙乱，坐拥海岸却不偏僻，文化多元却不冲突。事实上，以较科学的方式来说，宜居城市的评比是城市整体发展的综合呈现，仅靠单科超高分无法成为模范生。墨尔本的城市特质，在于重视一般亚洲城市较少关注的“城市公共性”，举凡一年不间断的嘉年华会、多核心的城市发展、水资源管理，都在彰显它的价值观：不让握有资源者独享资源。

多数大城市中，最具点燃城市气氛的节庆活动只属于特定节日。在墨尔本，多面向的城市文化，一点一滴在全年交替的节庆活动中轮番上演。文化不只发生在凛然正经的戏剧院里。当它以节庆的形式展演，它是共享的、户外的、多元的，更重要的是，它不属于特定族群。有了嘉年华会的城市，就像搭建一个公共舞台，不需入场券，全民共享。不管来自何方，走在街上，就能享受一年四季城市所要端给你的剧本。这是一种耳濡目染式的文化感染。

每年年初，艳阳高照的盛夏，为期两周的澳大利亚网球公开赛在墨尔本开打，拉开了一年近六十场能静能动的公共活动序幕。三月的 F1 赛车盛事，让距市中心仅有三千米的阿尔伯特公园赛道成了赛车手的狂欢地。而在澳式足球联盟比赛期间，人人都是足球迷，欢迎你加入他们一起为球赛欢呼。至于墨尔本杯的赛马日，则仿佛是专属城内的国庆日，举办期间全城欢腾。此外，墨尔本是联合国教科文组织认定的文学城市，当然也要有静态的文艺节庆。文学领域，除了知名的墨尔本作家节中一系列的活动，也会颁发重量级的文学奖项，以“墨尔本文学奖”表彰当地卓越的文学创作人才。视觉上，艺术家齐聚于城内后巷，在街头巷尾的外墙上作画，有一般街道艺术的狂放，更有难得的精致与沉稳，部分创作甚至达到艺廊收藏的水准。因此，后巷空间成了城内开放的视觉艺术画廊。

通过节庆活动与优质的公共资源，城内公共空间热度不减，成为全城公民的客厅。对外来者来说，这些地方是最容易认识新朋友的场所；对当地人来说，这里则是与故旧亲朋维系情感的最佳场所。

二、特色小镇

特色小镇并不是一个行政意义上的城镇，而是一个大城市内部或周边的，在空间上相对独立发展的，具有特色产业导向、景观旅游和居住生活功能的项目集合体。特色小镇既可以是大都市周边的小城镇，又可以是较大的村庄，还可以是城市内部相对独立的区块和街区，其中部分服务功能可以和城市共享。

其一，特色小镇的“特色”体现在产业上。特色小镇的产业选择需要立足当地资源禀赋、区位环境以及产业发展历史等基础条件，向新兴产业突起、传统产业升级、历史经典产业回归三个方向发展。值得一提的是，旅游产业具有消费聚集、产业聚集、人口就业带动、生态优化、幸福价值提升的作用，也是引领特色小镇发展的主要动力。

【案例】 云栖小镇

云栖小镇是浙江省首批创建的 37 个特色小镇之一，位于美丽的杭州市西湖区，规划面积 3.5 平方千米。这里是以云计算为核心，以云计算、大数据和智能硬件产业为特点的特色小镇。2016 年实现了涉云产值超过 80 亿元，财政总收入 3.36 亿元，累计引进企业 481 家，其中涉云企业达到 362 家，产业覆盖云计算、大数据、APP 开发、游戏、移动互联网等多个领域，已初步形成较为完善的云计算产业生态。

其二，特色小镇的“特色”体现在功能上。以产业为依托的“生产”或“服务”是特色小镇的核心功能，没有生产与服务就无法形成大量人口的聚集。而文化是特色小镇的内核，形成了每个小镇独有的印象标识。特色小镇不能只以旅游为核心功能，但旅游的“搬运”功能，可以激发小镇内在系统与外部系统的交换融合，也是不可或缺的功能。有特色产业，有旅游，有居住人口，有外来游客，就必然要形成满足这些人口生活与居住的社区功能，否则特色小镇就只是一个“产业园”。所以，一个完美的特色小镇，它的各项功能必须是齐全的。在中国，“一村一品”的特色旅游产业发展模式，极大地提高了农民的生产生活水平，促进了地方经济的活跃和产业化发展。比如，云南鹤庆的新华村是一个白族聚居村落①，全村 1 295 户，5 875 人，

---

① 王佳. 2012 年新型城镇化进程中民族地区乡村的产业转型//中国少数民族文化发展报告（2014—2015）. 北京：社会科学文献出版社，2015：151-152.

其中有 901 户从事手工艺加工，1 427 人属于长期从事手工艺品加工（只包含能够制作银器工艺品的工匠技师等，不包含从事市场开拓和专管售卖的人）。全村拥有耕地 2 965 亩，人均 0.56 亩。新华村以银饰这一传统特色手工艺为卖点，辅以良好的生态环境，大力发展特色体验旅游，获得了极大的成功（见图 15－1）。2012 年，新华村总收入 10 852 万元，其中个体收入 8 845 万元（不含公司），人均纯收入 100 900 元。与西部地区很多民族乡村相比，新华村已经实现了主要生计模式从传统种植业向手工艺业甚至服务业的转变。2011 年，到新华村旅游的游客达 240 万人次，景区旅游收入达 3.5 亿元。

图 15－1　新华村自然景观和银饰作坊体验现场

其三，特色小镇的“特色”体现在形态上。特色小镇的“特色”在于其必须形成独特的风格、风貌和风情。小镇的风格是小镇的性格和个性，其风貌要与文化传承结合，与生态及自然环境一致。在确定小镇风貌时，需在遵循生态原则的基础上，以小镇的“功能定位”为出发点，以小镇的“历史文化”为导向，以小镇的“地形地貌”为根据，形成个性化、艺术化、传承化的景观与建筑风貌，塑造“小而美”的小镇形态。如台湾云林虎尾的顶溪社区，自从 2013 年出现八幅由小区居民与虎尾科技大学师生携手创作、以猫咪为主题的彩绘壁画以来，人气始终旺盛，不分平时和节假日，都可在作品最集中的猫屋公园周边发现游人穿梭。这座猫村可说是不断地改版，从刚开始仅有彩绘，到陆续出现立体雕塑，如今更增设猫咪小学等景观；小区内的路标、告示牌等也都转换为猫咪版，营造出更浓厚的猫咪村气息（见图 15－2）。

图 15－2　云林县虎尾镇顶溪社区外墙彩绘

特色小镇的营销关键在于，一要有特色，二要靠人才。有特色就是要找准差异定位，寻求差异定位的过程就是发掘自身独特价值和优势的过程，这是一个非常重要的步骤。基金小镇、智慧小镇、梦想小镇等，每个都是某种唯一性的“单打冠军”。或注重互联网，或注重地方文化，或强调人才群体，其产业差异化定位十分明显。以浙江南湖基金小镇为例，它将自身定位为“中国首个基金小镇”，力争发展成为“长三角”地区汇集高端元素的金融创新示范区，从而抢占中国第一基金小镇的位置，实现价值再造和优势重塑的目的。

靠人才就是需要靠有魄力的经理人。与品牌城市营销中看重政府的作用不同，特色小镇营销更加强调实力“操盘手”的打造。“操盘手”既要对文化有着充分的理解、对资本运作驾轻就熟、对运营推广得心应手，还要“接地气”。“操盘手”不仅能够尊重小镇建设的规则，还要拥有足够的能力和魄力去打破旧有的规则。每个成功的特色小镇背后，都会有一个强有力的经理人。比如陕西袁家村的郭战武，在袁家村还未成名之前，街上商户生产的产品销售不出去，销路打不开，他和村委会人员当机立断决定，商户只管生产，村里负责发工资，生产出来的商品免费送给其他客户，并且要运往西安送给城里的客人。正是借助这样的气魄和胆识，袁家村渡过最初的困难期，逐步积累口碑，荣获“中国十大美丽乡村”称号，并成为全国村干部考察的必到站点。

【案例】 鹿港小镇

台湾彰化县鹿港镇因1982年歌手罗大佑发行《鹿港小镇》专辑，吸引了大批大陆游客。鹿港镇公所自2006年开始于鹿港旅游淡季的冬季办理长达三个月的“鹿港冬游季”活动。2007年，宏碁集团创始人施振荣先生为建立鹿港品牌免费设计鹿港CI（企业识别系统）作为树立及营销鹿港形象的标志。镇公所自该年起和统一超商合作推出LuLu-iCash卡，邀请施振荣先生为该卡的代言人。之后制作观光、文艺、寺庙等多国语言导览手册以及观光文化信息网站，出版与鹿港文化产业有关的书，改善景点及道路指示系统，2007年、2008年分别成立全年无休的北区、南区游客中心，在重要路口制作CI大型观光宣传板，2008年获得美利达公司捐赠自行车提供给游客悠游鹿港，游说当地住户无偿提供闲置的空地做公共绿地使用。改善鹿港老街等旧市街景观，重塑鹿港小镇风貌，重新分配观光资源。2008年将第二市场的摊商解约，改建为文化艺术长廊。2009年，历史建筑鹿港公会堂由彰化县文化局修缮为艺文展示馆，将艺术村、鹿港老街串联起来，使其成为鹿港文化艺术长廊及文化产业的重要创作地。2009年，彰滨工业区的河滨公园改造成龙舟赛场及风车公园，成为台湾地区十二大庆典活动之一鹿港庆端阳活动龙舟赛的赛场。纵观这十余年，鹿港整体环境与风貌大为改善，商机再现。每年约有600万的观光人次，假日的鹿港老街等旧市区人潮如织，五处产业博物馆成为每年参观游客超过200万人次的热门观光景点。2010年，简陋的日式宿舍群改建成全台湾第一座由工艺家进驻的桂花巷艺术村。2011年，经镇公所辅导后可刷卡购物的商店已由2007年的14家增至百余家，营业额高于以往二成。2012年2月，台湾灯会在鹿港镇举办，灯会期间游客近1 200万人，创下台湾灯会20多年来参观人数的最高纪录。2012年3月14日，鹿港镇被评为“台湾十大观光小城”。

三、记忆场所

记忆场所的概念最初来自历史学，是由法国历史学家皮埃尔·诺哈于1978年在《新史学》中提出来的。诺哈在研究集体记忆的过程中发现，历史遗留的地方空间对于地域文化认同的建构有非常大的贡献，因此主张通过研究碎化的记忆场所来拯救残存的民族记忆与集体记忆，找回群体的认同感与归属感。他在 1984—1992 年编辑了《记忆场所·共和国》《记忆场所·民族》和《记忆场所·统一多元的法兰西》三部宏大著作，使得记忆场所这一概念在欧洲广为传播，衍生了“统一欧洲的记忆场所”“德国的记忆场所”等概念。[①] 上海交通大学建筑系的陆邵明教授一直在进行国家社会科学基金重大项目“我国城镇化进程中记忆场所的保护与活化创新研究”的相关研究，他提出“记忆场所主要是指能够保留并能繁衍集体记忆的特色场所”“是普通市民赖以生活、工作、休闲之处，是乡愁的重要物质载体”，从主题来看可以分为五类，“第一类是学校、文化宫等文化类场所；第二类是大礼堂、会馆、集市等生活休憩类场所；第三类是老码头、旧车站、粮油站等生产性场所；第四类是教堂、公墓、祠堂等宗教纪念性场所；第五类是风貌街巷、亲水边界、自然风景与其最佳观赏点等特色场所”；并且指出“不仅要关注公共性建筑，还要关注公共空间，如小巷、街角、骑楼等；不仅要关注场所语境，也要关注一些记忆片断，一段情人墙、一座风雨桥、一棵具有独特意义的树木等”[②]。

伊塔罗·卡尔维诺在《看不见的城市》一书中写道：“城市不会诉说它的过去，而是像手纹一样包容着过去，写在街角，在窗户的栅栏，在阶梯的扶手，在避雷针的天线和旗杆上，每个小地方，都一一铭记了刻痕、缺口和卷曲的边缘。”[③] 记忆场所都是来自已经逝去的某一个时代，于是即便没有历史文物那种厚重的时间沉淀，也同样被时间刻下了独特的印记。这种内涵是只有真实度过的时间可以带来的，这正是各地大肆建造中的那些所谓古建筑、古街、古城所缺乏的，也是大量遭到建设性破坏的记忆场所无可挽回地失去了的重要财富。同时，这些建筑、空间、物品都曾经参与过某些人的某一段生活。C. 亚历山大在《建筑的永恒之道》中说：“一个地方的特征是由发生在那里的事件赋予的。……是这些时刻的活动，参与其中的人，以及特殊的情境，给我们的生活留下了记忆。住房、城市的生活不是由建筑的形状或装饰和平面直接给予的，而是由我们在那儿遇见的时间和情境的特质所赋予的。总是情境让我们成为我们自己。……建筑和城市要紧的不只是其外表形状、物理几何形状，而是发生在那里的事件。”[④] 因此这些记忆场所最深刻也最重要的内涵就在于其中承载的每个人独一无二的一段段记忆，正是这些记忆向这些场所投射了太丰厚太深沉的情感，从而让这些场所在时间长河中拥有了生命力。

“在个体层面，记忆场所可以让每一个主体在时空变迁中构建社会身份及其精神慰藉；在社区层面，记忆场所有助于建构邻里文化的认同性与社会纽带；在地方区域层面，记忆场所的图谱将是地方城镇的风貌特色、地域文化、风土人情与其环境品质构成的重要部分；在民族与国家层面，记忆场所网络将极大地丰富与传承民族传统基因。”[⑤] 在城镇化建设和城市更新的过程中，为了达到商业化、现代化的目的，大规模的“造城运动”“造村运动”在进行着，虽然对历史文物、文化遗产进行了一定程度的有效保护，但是大量记忆场所无可挽回地遭到铲除。城市里越来越多整齐划一的商务大厦、居民社区、购物广场取代了过去各具特色的建筑和空间，或许有一些经过了精心设计在未来会成为新的记忆场所，但是它们已经大大改变了城市的面貌，改变了居民的生活，让居民丧失了对生于斯长于斯的城市的熟悉感和亲切感。城市建设和更新中出现的“千城一面”现象则剥夺了居民的归属感和认同感，造成乡愁无处安放的状况。

---

① 陆绍明．拯救记忆场所　构建文化认同．人民日报，2012-04-12（23）．

② 陆绍明．留住“乡愁”需保护活化“记忆场所”．文汇报，2015-06-17（5）．

③ 卡尔维诺．看不见的城市．台北：时报文化出版社，1993.

④ 亚历山大．建筑的永恒之道．北京：知识产权出版社，2002.

⑤ 同②.

一座城的重生有很多种方式，可以全部推倒了重建，用林立的大楼垄断蓝天；也可以保留历史的精华，以更温暖的方式改造，让往昔的风物焕发出新的荣光。城市更新既要出于城市经济结构转型的刚性需求，也要考虑城市记忆和市民情感的价值评估；既要注重现实的经济收益，也要权衡未来的文化收益。去工业化导致的老城区大量工业遗迹废墟化，却迎来了文化产业的成长性机会。巴黎左岸、伦敦南岸和上海西岸，提供了大致相同的空间实践和文化实践。

(一) 巴黎左岸

“巴黎左岸”原本只是一个地理概念，泛指位于塞纳河南岸地区的圣日耳曼大街、蒙巴纳斯大街和圣米歇尔大街。索邦大学（巴黎大学文学院）、三语大学（法兰西大学）、四国学院（法兰西学院）三所大学的存在为营造左岸地区的文化氛围提供了良好的基础，又因为师生学习和使用拉丁语而被称作拉丁区，这一区域成了左岸最早形成的文化核心区域。14 世纪法国国王查理五世将王宫迁至塞纳河右岸，商业经济也随着政治中心的转移而在右岸蓬勃发展；17 世纪路易十四将王宫迁入凡尔赛宫，作为巴黎前往凡尔赛宫的必经之路，左岸地区入住了众多达官显贵、社会名流。与右岸繁忙的商业经济氛围不同，左岸的知识分子、社会名流们有着更缓慢的生活节奏和对文化享受的追求。1686 年巴黎第一家咖啡馆普罗科普咖啡馆在圣日耳曼大街开启了咖啡与艺术的邂逅，此后各种书店、画廊、咖啡馆、电影院、唱片公司开始入驻左岸，为艺术家、知识分子等提供了更多的消费空间和休闲空间，吸引了大量艺术家的驻足，从而让左岸日渐发展为世界级的文化艺术重地。

另一方面，在 19 世纪巴黎东部沿塞纳河两岸地区工业化程度就比较高，从 19 世纪中叶奥斯特里茨火车站和托尔比亚克火车站综合楼建成开始，整个左岸地区逐渐成为铁路、工厂、仓储用地。二战之后，随着工业技术进步和现代化发展，大量的工厂失去了原有的功能而被废弃，再加上法国国营铁路公司针对私有铁路的合理化组合和现代化建设，奥斯特里茨火车站周边的这片工业区逐渐衰落，成为废弃地。20 世纪 80 年代，在举办世博会和奥运会的背景下，人们开始意识到左岸的衰落和地区发展的失衡，1990 年正式着手制定巴黎左岸改造规划，利用两大火车站之间的工业和铁路废弃用地，逐步进行改造更新，在保护左岸历史风貌的同时打造文化、教育、办公、居住等多功能融合的综合区。① 在巴黎城市规划学院制定的规划中，左岸被分为三个片区，根据不同的资源环境实行分段治理，针对不同的功能定位进行整体区域更新。“A 段为旅游区，位于中心区域，汇集了巴黎许多宏伟的古典建筑，集聚了世界艺术之都的精华，如小凯旋门、荣军院、卢浮宫、埃菲尔铁塔等，主要发展旅游业；B 段为旅游和商业混合区，其功能既包括发展旅游业，也包括兴建商业建筑，发展商业；C 段为工业区，将 B 段原有工厂迁至此，实现统一规划和管理。”② 在改造更新中，一方面对承载着左岸历史记忆的工业遗存进行了保护和修复，例如对奥斯特里茨火车站内部加建的商业店面进行了清理，恢复了建筑的原貌；另一方面对工业遗存进行改造，开发新的空间功能，例如著名的建于1919—1924 年的巴黎面粉厂厂房改造后成了大学的教学楼等。

总体来说，巴黎左岸有着悠久的历史，从而拥有了丰富的历史文化遗产资源，为旅游业的发展打下基础；长久以来孕育出的文化艺术氛围和生生不息的文化艺术生命力使“巴黎左岸”

---

① 任国岩．巴黎塞纳河左岸地区改造规划与建设．国外城市规划，2004（5）．

② 孙静毅．徐汇滨江地区功能定位与产业规划研究．上海：华东理工大学，2011．

成为世界闻名的文化艺术品牌；合理的规划、准确的定位既保留了城市记忆、历史风貌，传承了左岸的魅力，又利用工业遗存激发出左岸新的活力。

（二）伦敦南岸

“伦敦南岸”即伦敦泰晤士河南岸地区，比肩于久负盛名的“巴黎左岸”，同样是世界闻名的文化艺术中心，也同样是经过城市更新焕发了新的生机。受地理环境的客观因素影响，泰晤士河北岸的发展一直优先于南岸，南岸在早期主要为北岸的开发提供支持和服务，处于次要地位。随着北岸的不断开发，人口密度迅速增长，于是在 18 世纪南岸成为上流阶级私人享有的娱乐休闲花园所在。同时，南岸作为大英帝国曾经的码头仓储区，大多数货物在此进行中转，到 19 世纪，泰晤士河沿岸布满了仓库和码头。英国的城市化和工业化速度与规模在 19 世纪都处于空前的发展之中，泰晤士河沿岸地区因其滨水区位优势而开始形成工业的集聚，相对于北岸来说尚有更多开发空间的南岸地区诞生了大量工厂。二战之后，随着大英帝国的衰弱和远洋运输、工业生产技术上的革新，南岸的货运仓储和工业生产功能逐渐消退，遗留下大片的废弃码头仓储区和工业废弃地。

1980 年英国政府通过了旨在以建筑遗产再利用为核心、推动衰败地区再生的《地方政府规划和土地法》。为了治理工业污染、重新激活泰晤士南岸地区、推动伦敦整体城市更新，1993 年英国政府在南岸投资了上亿英镑进行基础设施、旅游产业建设，通过对码头、仓库、工厂等工业遗存的风貌保护与功能更新，逐渐形成了如今作为伦敦最具活力艺术集聚区、欧洲最大艺术中心、世界现代艺术圣地之一的泰晤士南岸艺术区。

英国是世界上最早提出“创意产业”一词的，英国政府从 1991 年开始就重视创意产业的发展。2003 年，伦敦市长凯恩·利文斯东提出伦敦市的文化战略目标是维护和增强伦敦作为“世界卓越的创意和文化中心”的声誉，打造世界级的文化城市，提出了“创意城市”理念。伦敦作为世界创意之都的整体背景环境和英国政府对文化创意产业的重视，使得南岸地区在进行城区更新之时重点推进了文化创意产业的发展，在南岸艺术区的建设中将文化创意融入记忆场所之中，为这些记忆场所增添新的文化艺术魅力。

如今的南岸集现代文化、旅游、休闲、商业功能于一体，场所记忆、历史风貌、现代设计、文化创意等众多元素互相交织，拥有世界三大现代艺术展览馆之一的泰特现代美术馆、英国艺术节中心、莎士比亚环球剧场、世界上最负盛名的剧院之一英国国家剧院、英国最知名的两大剧院新维克和老维克、皇家节日音乐厅、英国国家博物馆、被誉为“伦敦最完整的美术馆”的海沃美术馆等丰富多样的文化艺术场所，每年吸引着 300 万参观者前来享受文化艺术盛宴。其中，泰特现代美术馆是由建于 1947 年的班克赛德（Bankside）发电站改造而成，是专门展示 20 世纪艺术品的专题美术馆，在对发电站建筑遗存进行最大限度利用的同时，加入符合伦敦创意城市定位的创意设计元素，让传统与现代、工业与艺术在此融合碰撞，成为南岸艺术区的灵魂。①

（三）上海西岸

巴黎有左岸，伦敦有南岸，而上海徐汇有西岸。徐汇区位于黄浦江西岸，有长达 11.4 千米的滨水岸线，与巴黎左岸、伦敦南岸从很多方面来看都非常相似，同样有着悠久的历史、丰富的记忆场所、沉睡的工业遗存，都需要通过城市更新中对记忆场所的开发再利用唤醒城区活

---

① 苏秉公．城市的复活——全球范围内旧城区的更新与再生．上海：文汇出版社，2011.

力。2011年末徐汇区第九次党代会提出打造“西岸文化走廊”品牌工程战略后，“上海西岸”成为徐汇滨江地区的新称谓被广泛使用。徐汇西岸一直以巴黎左岸、伦敦南岸为目标，希望能够发展为具有同样世界知名度的文化艺术品牌，同时也并非对已有的左岸、南岸模式进行模仿复制，而是根据自身的资源进行发展规划，制定了与左岸、南岸不同的核心功能定位，打造自身品牌特色。

西岸所在的滨江地区曾是中国近代民族工业的摇篮之一，曾集聚了包括龙华机场、上海铁路南浦站、北票煤炭码头、上海水泥厂、上海飞机制造厂等众多工业设施和重要的民族企业，是当时上海最重要的交通运输、物流仓储和生产加工基地，承载了中华百年民族工业历史。2010年，上海市启动“黄浦江两岸综合开发计划”，徐汇滨江成为上海市“十二五”规划六大重点建设功能区之一。2012年，经上海市徐汇区人民政府授权，注册资金6.6亿元的国有独资企业集团上海西岸开发（集团）有限公司（简称“西岸集团”）成立，全面承担徐汇滨江地区9.4平方千米范围内土地储备与前期开发、基础设施投资建设、功能开发与招商引资、整体运营与综合管理等职能。一方面，参照世界各国的棕地复兴成功经验，徐汇滨江创造性地运用“上海 CORNICHE”（海滨大道）的设计理念，针对滨江空间和工业遗存实施保护性开发和亲水公共开放空间打造；另一方面，遵循“规划引领、文化先导、产业主导”的总体开发思路，上海西岸围绕“西岸文化走廊”品牌工程、“西岸传媒港”等核心项目，着力打造汇集国内外顶尖文化艺术、信息传媒、时尚设计、创新金融等业界领袖的国际级滨水文化金融集聚区，目标是成为与巴黎左岸、伦敦南岸比肩的、独具魅力与活力的世界级滨水新城区。

就滨江记忆场所中的建筑载体的保护性开发来说，西岸已经有了一些成绩。2014年建成开馆的龙美术馆西岸馆选址原北票煤炭码头，对北票码头遗留下来的构筑物“煤漏斗”进行了保留，作为“斗廊”在“伞拱”结构的美术馆主体建筑中间与清水混凝土质地的主体建筑形成视觉呼应。细腻的清水混凝土质地让新建的龙美术馆有了与北票码头相符的工业感，与北票码头的历史风貌和记忆情感相互呼应，大胆的伞拱结构设计又具有现代艺术美感和创意设计元素，楼顶的江景平台让黄浦江景一览无遗，是龙美术馆与北票码头气质的完美融合。余德耀美术馆同样于2014年开放，其原身是上海飞机制造厂机库。在改造过程中，余德耀美术馆保留了机库原有的结构和外观，在最大限度保持机库风貌的基础上，重新进行空间设计。老机库的历史沧桑感和新建的玻璃大厅的现代设计感互相交织，再加上内部的现代艺术作品，让余德耀美术馆成为西岸又一颗明珠。2015年正式对外开放的西岸艺术中心同样是上海飞机制造厂的遗存，保留原250号厂房的大跨度空间，将空间震撼力延续下来，东、西立面山墙的打通处理则展示出了开放的姿态。这些记忆空间激活项目不仅激活了各自依附的载体空间，更带动了西岸整体的文化艺术发展，成为西岸美术馆大道的初始力量。

除了已建成使用的项目，西岸还继续推进对滨江地区工业遗存资源的更新激活。计划于2018年投入使用的油罐艺术公园选址原中航油油罐，保留作为工业遗存的五个不同大小的油罐，利用油罐内特殊的空间结构开发综合性艺术展示功能，同时对周边环境景观进行改造，打造以公共艺术为主题的开放性公共绿地公园。已经于2017年开放的另一个公共空间跑道公园位于原龙华机场跑道所在地，全长1.6千米，宽80米，是一个富有航空历史文化印记的带状公园，在沿袭龙华机场的历史记忆的同时创造属于跑道公园新的公共空间记忆。原龙华机场航站综合楼也将改造为龙华航空文化中心，在保留原龙华机场航站综合楼的基础上增建部分展示用房，用以展示龙华机场航空历史文化，宣传航空科普知识，与龙华直升机场、航空服务业集聚区项目形成组群，共同发展通用航空服务平台。

对于滨江地区整体空间的更新改造，西岸充分利用了黄浦江岸线，优选国际征集方案，以“上海 CORNICHE”为设计理念。“CORNICHE”的概念源于欧洲，是指法国、意大利、西班牙等国在海滨休闲旅游城市建造的既可散步观景又可驾车欣赏的滨水大道，也指其周边聚集的文化、商业、住宅共同组成的品质生活、精神享受。西岸开放空间充分利用了滨江空间的记忆场所遗存，利用原南浦站 2.5 千米保留铁轨打造“谷地花溪”，利用 4 万平方米码头改建亲水平台，保留轨道道岔、信号灯、蒸汽火车，对场地原址石材进行再利用，将原煤炭传送带改造为高架步道，创造性地融合了南浦站站台、塔吊、海事塔等记忆元素，在原有空间肌理的基础上建设滑板广场、攀岩墙、户外跑步道、篮球场、公共绿地等公共开放场所，吸引居民和游客的到来和逗留，提高居民生活质量。

此外，西岸始终坚持文化载体建设与文化活动举办同步，利用重生的、新生的载体和滨江开放空间，不断引入国际性品牌文化艺术项目，通过各种艺术展、音乐节活化西岸空间和载体资源，丰富西岸文化艺术魅力。例如震撼滨江绿地的风暴电音节、中国首个融合顶尖当代艺术与设计的国际性大型博览会西岸艺术与设计博览会、上海首个本土大型户外音乐节西岸音乐节、全球唯一的以建筑与当代艺术为固定主题的国际双年展西岸建筑与当代艺术双年展、2015 年于余德耀美术馆举办亚洲首展的大型互动艺术装置作品《雨屋》、2016 年开年于西岸艺术中心举办的“2016 上海艺术设计展”等。2016 年初，2015 年中国人居环境范例奖获奖名单公布，徐汇滨江公共开放空间作为历史文化遗产保护主题范例项目获此殊荣。徐汇区在记忆场所与城市更新上的创新探索已经开始受到瞩目和认可，未来以西岸传媒港为核心的项目建设将推动徐汇区逐渐发展为上海新的文化艺术中心。

第三节　地方营销的策略

以发展地方文化产业的策略来营销地方，通过在地方上经营文化产业获得盈余，并期望能将盈余转作当地居民的福祉，具有以下几个功能：第一，对内方面，以地方文化的产业发展之相关议题，在操作过程中可以逐渐凝聚居民的文化认同和向心力；第二，对外方面，能以这些产业来增加居民收入，发展地方经济；第三，向下方面，地方文化的产业化，可逐渐产生地方文化向下扎根的效果；第四，向上方面，能提升地方居民文化素养及生活品质。

一、影视综艺

地方借助影视综艺等娱乐性活动的方式进行推广，利用人类必不可少的情感因素，通过娱乐明星、艺术明星的名人效应，吸引这些明星的崇拜者和消费者的兴趣，从而达到推广的目的。

影视综艺节目对拍摄地的介绍与传播使地方为更多人所了解熟知。2013 年红遍大江南北的电视综艺节目《爸爸去哪儿》中的灵水村、普者黑、雪乡等以往很少出现在旅游市场的取景地，一跃成为当年旅游目的地的黑马，知名度大为提高。电视综艺节目《奔跑吧兄弟》让历史名城西安、洛阳等重回旅游者视野，也让大家欣赏到塞班岛、澳大利亚等海外旅游地，掀起一股“奔跑旅游热”。影视综艺营销地方似乎成为一种新风尚，正如《罗马假日》之于罗马、《非诚勿扰 2》之于北海道、《庐山恋》之于庐山的意义，风尚背后是营销地方的共同诉求。

具有良好影响力的影视综艺节目能够推广地区形象，拉动当地经济，传播地方文化习俗，是一种非常有效的营销方式。以《爸爸去哪儿》为例，该节目前三季所选取的拍摄站点共22个：北至呼伦贝尔大草原伊利牧场，南至台湾花莲，西至新疆吐鲁番，东至黑龙江牡丹江雪乡。《爸爸去哪儿》节目的火爆，带动了全国人民对拍摄地的关注，同时也说明了影视综艺之于地方营销的宣传推广作用不可小觑。总体说来，借助影视综艺的地方营销一般具有以下特点。

（一）明星效应

影视综艺节目的明星效应，为地方增加情感附加值，拉近地方与观众之间的心理距离，使地方亲和力得以提升。现代人的消费观念在不同程度上都带有形象消费或者情感消费的特点，一个具有亲和力和感召力的地方，更容易被大众接受。《爸爸去哪儿》选择嘉宾除了对于孩子们年纪的考量外，对父亲们也都均经过地域、知名度、领域等综合考虑，他们并不是展示自己的才艺，而是展示与孩子们的亲情互动。地点也选择每一个普通观众都能去的地方，使得节目贴近实际、贴近生活、贴近观众。这些都很好地激发了观众的旅游动机，使观众期待体验节目中旅游景区的活动，参观明星父子（女）住过的民居，感受节目中的情境和氛围。

（二）地方特色

地方在节目中作为拍摄背景，与节目内容是相互依赖、相辅相成的。地方自然风光的特色，地方景观的展现，都会影响节目的精彩程度，而节目中的环节设计又都会影响到对地方的有效传播。《爸爸去哪儿》深度挖掘地方景观，展现了地方与众不同的风景，并且地方景观与节目进程的贴合度较高，在潜移默化中对地方进行了营销传播。

（三）文化体验

对于地方来说，体验生活和旅游地项目的结合，是一个绝佳的树立形象、传播自我的机会。用户体验中最具号召力的就是明星体验，采用明星体验的方式，能够深入展现地方的文化，传播地方文化价值，增强观众对于地方的认知。《爸爸去哪儿》中有些地方是国家非物质文化遗产保护地，具有极高的文化价值。比如湖南怀化靖州的地笋苗寨就是国家级非物质文化遗产苗族歌鼟发源地之一，节目中嘉宾刚进寨门遇到“拦门酒”时听到的拦门酒歌就是苗寨特有的享有中国原生态多声部民歌活化石和深山瑰宝美誉的歌曲。

（四）衍生产品

影视综艺节目为地方开发出新的旅游衍生产品，提高了当地的旅游吸引力。《爸爸去哪儿》第一季第二站中，嘉宾来到宁夏回族自治区的腾格里拉沙漠进行亲子滑沙游戏，新奇刺激的游戏引起了观众的兴趣，为地方开发了一个新的旅游产品，让沙漠旅游不单单有骑骆驼、看风景。

类似《爸爸去哪儿》的影视综艺节目的推广无疑是对拍摄地的成功营销和有效宣传，其短期传播效果令人满意。不过，随着节目的结束，拍摄地如何面对关注度下降、游客减少的问题呢？这是值得深思的问题。

二、旅游演艺

旅游演艺是指在旅游景区内有专门的演出人员和特定的演出场所，开展各种文化表演活动，演绎景区所在地的历史文化或民俗风情以吸引异地观众。旅游演艺大致可以分为三类：山水实景表演、综合性歌舞表演、原生态民俗风情表演（见表15-1）。

表 15-1 国内旅游演艺代表性项目

业态类型	业态特征	代表性项目	项目地点	推出时间
山水实景表演	大型山水情景演出	梦幻漓江	桂林	2001
	大型山水传说实景演出	印象·刘三姐	桂林阳朔	2004
	大型民族风情山水实景演出	印象·丽江	丽江	2006
	大型实景演出	盛世峡江	宜昌	2006
	大型山水实景演出	印象·西湖	杭州	2007
	大型原生态水乡实景演出	四季周庄	苏州	2007
	大型水上实景演出	夜泊秦淮	南京	2007
	大型实景演出	天下峨眉	峨眉山	2007
	大型革命红色圣地实景演出	印象·井冈山	井冈山	2007
	大型嵩山少林峡谷实景演出	禅宗少林·音乐大典	登封	2007
	大型实景历史舞剧	长恨歌	西安	2007
	大型水上实景演出	大宋·东京梦华	开封	2008
	大型实景演出	印象·海南岛	海口	2009
	大型草原实景演出	天骄·成吉思汗	呼伦贝尔	2009
	大型高山峡谷实景演出	天门狐仙·新刘海砍樵	张家界	2009
	大型实景演出	中华泰山·封禅大典	泰安	2009
	大型实景演出	印象·普陀	舟山普陀	2010
	大型实景演出	印象·大红袍	武夷山	2010
	大型实景演出	天下山海关	秦皇岛	2010
	大型实景演出	印象·武隆	武隆	2011
	大型实景演出	鼎盛王朝·康熙盛典	承德	2011
	大型实景演出	放水大典·道解都江堰	都江堰	2012
	大型实景演出	菩提·东行	兖州	2012
	大型实景演出	文成公主	拉萨	2013
	大型实景演出	中国出了个毛泽东	韶山	2014
综合性歌舞表演	大型歌舞	宋城千古情	杭州	1997
	大型孔子文化广场演出	杏坛圣梦	曲阜	2001
	大型动作舞台剧	功夫传奇	北京	2004
	大型原创功夫舞剧	风中少林	郑州	2004
	大型诗乐舞剧	梦回大唐	西安	2006
	大型情景式晚宴乐舞	龙舞京城	北京	2006
	大型音乐舞蹈史诗	千古风流	深圳	2006

续前表

业态类型	业态特征	代表性项目	项目地点	推出时间
综合性歌舞表演	大型音乐舞蹈	走进延安	延安	2006
	大型原创音乐舞蹈诗	紫塞风华	承德	2007
	大型佛教文化禅宗歌舞	盛世佛韵	五台山	2007
	大型海南民俗文化歌舞诗	浪漫天涯	三亚	2008
	大型音乐史诗情景剧	灵山吉祥颂	无锡	2009
原生态民俗风情表演	大型歌舞伴餐	吉鑫宴舞	昆明	2000
	大型旅游歌舞晚会	丽水金沙	丽江	2002
	大型原生态歌舞集	云南印象	昆明	2003
	歌舞宴	藏王宴舞	九寨沟	2004
	超级歌舞秀	勐巴拉娜西	西双版纳	2004
	大型民俗歌舞	土风苗韵	张家界	2005
	情景歌舞剧	香巴拉印象	香格里拉	2006
	大型民族歌舞诗	多彩贵州风	贵阳	2006
	大型原生态歌舞剧	藏迷	九寨沟	2007
	大型湘西民俗音乐舞蹈史诗	魅力湘西	张家界	2008
	大型民俗传说歌舞史诗	希夷之大理	大理	2010

《印象·刘三姐》《宋城千古情》和《ERA—时空之旅》三个表演形式恰恰代表着当今旅游演艺行业三种最独特的旅游演艺模式：《印象·刘三姐》是实景派，《宋城千古情》是主题公园派，而《ERA—时空之旅》则是独立剧场派。但三者有一个共同的特点，就是基本选择在有充足人流的旅游观光市场进行演出。三者也有共同的营销手段：一是演出标准化。演出标准化的要点，在于弱化明星的概念。从根本上讲，旅游演艺对演员的依赖度并不高，主要靠服装和科技设备，这样的演员结构可以降低复制到各地的难度。二是绑定旅行社。和旅行社的关系是大多数旅游演艺的渠道命脉，因为游客大都来自旅行社。由于自费景点和购物点是当地旅行社增加收入的主要来源，因此导游都会卖力推荐自费景点，并根据游客的报名情况预订一定量的座位。旅行社很乐意给旅游演艺公司带人，因为观看演出可以提高游客的满意度。从这个角度讲，很难说旅游演艺与旅行社谁养活了谁。

三、节庆活动

文化节庆是由一连串的活动组成、具有有限的时效、大多会重复发生，且时常带有庆祝性质的事件。文化节庆一般具有以下特质：（1）文化内容。一场文化节庆须有一个文化焦点，虽然它也可能包含其他元素。所有的文化节庆都包含某种形式的企划，不管发起节庆的是艺术家、文化组织还是市民个体，企划都是决定节庆形貌与特色的重要过程。（2）时间地点。节庆会在特别的时间、特定的地点举行。虽然“节庆市集”以及其他拥有永久娱乐性活动的设施可以活化城市，但文化节庆仍有有限的起点、终点。多数节庆企划常把不同节庆的举办空间相互联结，这些联结会较注重营销利益，而非文化企划中的节目整体性。(3) 相关人群。不管是被吸引还是被邀请来参加节庆，大众必是见证节庆发生的人。观众需要被吸引亲自参加节庆，或者如近年来的网络节庆一般，观众以虚拟的方式参与。除了直接参与节庆企划的人，文化节庆也有范围广大的利益关系人，这些人以某些方式被节庆影响，也对节庆产生影响。利益关系人可以是有直接利益关系的，可以是投资于文化、资金、政治或其他节庆项目的个人或团体。

要创造节庆，且与城市的文化、认同以及实体空间联结，方法有很多。单纯举办各个节庆，并不足以将一座城市从“有节庆的城市”转变成“节庆化的城市”。这样的转化，需要通过一种整合性的策略，建立城市与节庆的关系，使节庆企划的效益可以达到最大。这意味着需要将一些关键议题纳入考量，包括：

(1) 发展有效的利益关系人网络；

(2) 建立策略性的节庆愿景；

(3) 规范节庆化城市；

(4) 向大众营销节庆；

(5) 监控成效；

(6) 确保连续性。

假如某个城市开始全面思考节庆内涵，且有效地规划与管理自身节庆企划，就有可能从有节庆的城市转变为节庆化的城市。这两者的差异见表 15-2。

表 15-2　有节庆的城市与节庆化的城市的区别

有节庆的城市	节庆化的城市
部门的	全面的
战术	战略
反应的	前瞻的
节庆的容器	节庆的产生器
特别为特定节庆做规划	整体配合协调
竞争	合作
生拉硬拽式的宣传	激发大众兴趣
左脑思考	右脑思考
节庆政策	节庆作为政策工具
被市场引导	引领市场
城市营销	城市塑造
奇观	参与

节庆有许多不同的创办策略（见表 15-3）①，其中有很多可以一起为同一座城市所采用。

① Greg Richards，Robert Palmer. 文化节庆管理．台北：桂鲁专业书店，2012：32.

表 15-3 节庆活动的创办策略

一般策略	特殊策略
培养节庆	有机养成 利用城市的创意生命力
创造节庆	创造新节庆 变艺术创作活动为节庆
“返老还童”	更新现有节庆 更新传统
争取主办节庆	不受地方限制的周期性节庆 从他处“挖角”
效法与模仿	“加盟”现有节庆
履行政治目标	受政治利益决定

现代节庆活动的影响力和轰动效应能够迅速提高地方知名度，带动地方品位升级，培育地方良好形象，带动地方经济的迅速发展，促进各地区物质文化与精神文化的交流与沟通。创始于 1991 年的青岛国际啤酒节，每年在青岛的黄金旅游季节 8 月的第二个周末开幕，为期 16 天，是集旅游、文化、体育、经贸于一体的国家级大型节庆活动，被誉为亚洲最大的啤酒盛会。成功的现代节庆活动是地方的一张“闪亮名片”，它在展示地方文化的同时也带来地方文化的融合与创新，而独具特色的地方文化又为现代节庆活动注入了活力和动力。因此，现代节庆活动要以本地文化为精神内核，在充分挖掘其内涵的基础上推陈出新。

越后妻有包括日本新潟县南部的十日町市和津南町 760 平方千米的地方，距离东京大约 2 小时的车程。在这里，冬季吹来的海风被山丘阻隔，常常会下起异乎寻常的大雪。这片被雪水滋润的土地，保留着日本传统的农耕生产方式。200 多个村庄散布于 760 平方千米的土地上。随着日本城市化进程发展，这里逐渐变得人口稀少，老龄化现象严重。2000 年开始，越后妻有大地艺术祭每三年举办一次，通过鼓励艺术家进入社区，融合当地环境，与农村里的老人以及来自世界各地的年轻义工，创造出数百件与大自然及社区共生的艺术作品。与其他展会不同的是，这一艺术祭每届都会留下一些优秀且易于保存的作品（见图 15-3），成为当地环境的组成部分。据称，此前五届有超过百万人次观看，为新潟县带来超过 35 亿日元的经济效益。

图 15-3 越后妻有艺术祭经典之作——梯田

流行于我国台湾的客家桐花祭，设立于2002年，一年一主题，它从简单的一项祭祀祈福活动，发展为集文化体验、生态旅游、休闲娱乐、产业发展于一体的系列活动，已经成为台湾最具知名度、最具活力、最具品牌效应的文化旅游经济活动，实现了经济效益（发展地方经济，增加观光收益、工作机会和商品销售）与社会效益（提升地方知名度、保存文化传统、凝聚地方共识与教育倡导）的双丰收。客家桐花祭以雪白桐花为意象，传递客家人敬天地、重山林之传统，更以桐花、山林之美为表，以客家文化、历史人文为核心，展现客家绝代风华。该节庆活动在政府（客委会）、企业（西湖度假村）、民间（三义乡各社团协会、地方产业商家）和媒体（民视）四方合作之下，通过大型节庆活动"客家桐花祭"的整合串联，有效提升苗栗县三义乡的知名度与游客到访率，体现"官、产、民、媒合作，发挥共创效益"的精神。"官、产、民、媒"在三义乡客家桐花祭活动中各自扮演不同的角色：西湖度假村担任领头羊，以大型观光场域发挥集客作用，带动当地观光产业发展；政府负责整合资源与经费补助，提供实质活动经费的支持；地方协会与社团主要是辅导产业，提升竞争力；地方产业商家是将客家文化利用故事营销的方式进行销售；媒体的角色则是活动的宣传营销。

结语

地方发展到一定程度后，或因内部资源耗尽、人员迁移等，或因外部经济的、环境的因素变化，大多呈现惰性发展。面对地方发展困境，地方营销作为一种行之有效的策略日益重要。地方的概念是相对于空间而言的，空间被赋予文化意义的过程就是空间变为地方的过程，即"人化"的过程。地方指的是一方有温度、有意义的领域，因承载集体记忆而被人们识别。因此，地方与地方营销本身就具有耦合性。常见的地方营销对象分为三类：品牌城市、特色小镇及记忆场所。无论在哪类地方营销中，都必须坚持"资源禀赋"原则进行开发和更新。在资源丰沃的地方，需结合定位，有序、有所取舍开发；在资源相对贫瘠的地方，则需要借助创意、艺术、文化等要素赋能发展。值得一提的是，发展地方文化产业是实现地方营销的最具价值的手段之一，地方文化产业在依托地方文化资源的前提下，还应该与现代化产业业态相融合，譬如互联网＋、影视综艺、旅游演艺及节庆活动等。

推荐阅读资料

1. Tim Creswell. 地方：记忆、想象与认同. 台北：群学出版有限公司，2006.
2. 卡尔维诺. 看不见的城市. 上海：译林出版社，2012.
3. Greg Richards，Robert Palmer. 文化节庆管理. 台北：桂鲁专业书店，2012.
4. 段义学. 空间与地方：经验的视角. 北京：中国人民大学出版社，2017.

后记

1966年，哈佛商学院成立艺术经营管理研究所；1993年，上海交通大学人文学院开设文化艺术事业管理专业。哈佛大学和上海交通大学分别是全球和中国最早开设文化管理类专业的高校。过去的半个多世纪，文化管理类专业在全球各高校如雨后春笋般生长，目前包括中国在内已有2000多所高校开设诸如艺术管理、文化产业管理等专业。

文化管理类专业的课程设置，全球各高校并不完全相同，有的甚至差别巨大，但一般都会开设“市场营销”科目。比如美国艺术管理教育工作者协会（AAAE）早期确定的艺术教育本科核心课程清单中，就包含“市场营销和传媒”（marketing and communications），在2012年调整后的清单中，仍然包含“市场营销和受众拓展（marketing and audience development）”。2013年，西蒙娜·瓦雷拉（Ximena Varela）对美国艺术管理课程中15门核心科目（核心的两大特征：一是必修科目，二是为50%以上的课程共同开设）出现的频率做了调查，有2/3以上的美国艺术管理课程共同开设的科目包括四大领域11门课，排在第一的就是“市场营销”。

文化产业管理专业在中国属于新兴交叉学科，这从该专业在教育部的专业目录位置即可看出：既作为二级学科放在工商管理名下，又可以授予艺术学学位。事实上，全国开设文化产业管理专业的高校，分别将其设置于人文学院、传媒学院、艺术学院、历史文化学院、公共管理学院、工商管理学院等，可见其学科归属迄今尚未定型。尽管如此，文化产业管理专业的人才培养目标大体上是一致的，那就是：文史基础、创意灵感、管理智慧、操作技能。而要达成这样的目标，“市场营销”课程显然不可或缺。

对于关注哲学与文化领域价值问题的人们来说，市场营销往往是一个遭到忽视或者非议的概念，其背后的关键原因就在于这二者之间立场的差异。人文领域的研究者追求的目标是实现社会及其成员的全面发展，不仅是经济意义上的，更是文化与社会意义上的进步；而市场营销，从根本的意义上看，其更多关注的是为生产者带来市场和消费者，从而创造出更多符合生产者期望的效益。简单来说，对人文价值的追求是一种非功利性的行为，而市场营销活动则更多地服务于一种单向度的经济效益追逐。然而，这种终极目的方面的差异并不必然造成二者之间不可逾越的鸿沟，尤其是在逐步走向后工业化社会的今天，市场营销活动不再是简单地销售商品，而是要通过发现消费者的潜在需要，提供更为丰富和美好的体验与价值，从而以创造并维持与消费者的和谐关系的方式实现自身的效益追求，正如菲利普·科特勒所说的那样，“营销包含了建立并管理与客户之间的盈利性的交换关系”，其定义就是“公司为顾客创造价值，通过建立强有力的客户关系从消费者那里获得价值的过程”。

我编写《文化市场营销学》教材迄今已逾十年。十余年来，我自己编写的《文化市场营销学》已有三个版本（上海文艺出版社 2005 年版、书海出版社 2006 年版、清华大学出版社 2015 年版）。这主要是因为技术进步很快，市场变化很大，教材必须跟上时代发展，不断迭代。这次是在清华大学出版社 2015 年版的基础上进行修订，内容略有增删。

特别感谢中国人民大学出版社刘静编辑的辛勤付出。

李康化

2018 年 1 月

于新加坡南洋理工大学

图书在版编目（CIP）数据

文化市场营销学 / 李康化著. —北京：中国人民大学出版社，2018.1
21 世纪文化产业管理系列教材
ISBN 978-7-300-25359-6

Ⅰ.①文… Ⅱ.①李… Ⅲ.①文化市场-市场营销学-高等学校-教材 Ⅳ.①G114

中国版本图书馆 CIP 数据核字（2018）第 002599 号

21 世纪文化产业管理系列教材
总主编　何勇
文化市场营销学
李康化　著
Wenhua Shichang Yingxiaoxue

出版发行	中国人民大学出版社		
社　　址	北京中关村大街 31 号	**邮政编码**	100080
电　　话	010－62511242（总编室）		010－62511770（质管部）
	010－82501766（邮购部）		010－62514148（门市部）
	010－62511173（发行公司）		010－62515275（盗版举报）
网　　址	http://www.crup.com.cn		
经　　销	新华书店		
印　　刷	北京宏伟双华印刷有限公司		
开　　本	787 mm×1092 mm　1/16	**版　　次**	2018 年 1 月第 1 版
印　　张	18.25	**印　　次**	2025 年 7 月第 5 次印刷
字　　数	449 000	**定　　价**	39.80 元

关联课程教材推荐

ISBN	书名	作者	单价（元）
978-7-300-22580-7	文化产业管理学	何群	30.00
978-7-300-22243-1	文化经济学	昝胜锋	38.00
978-7-300-26900-9	文化传播学	张朝霞 黄昭文	28.00
978-7-300-12110-9	城市文化经济学	［英］艾伦·J·斯科特	48.00
978-7-300-16829-6	文化理论与现代性问题	［英］阿兰·斯威伍德	38.00
978-7-300-22950-8	文化产业（第三版）	［英］大卫·赫斯蒙德夫	75.00
978-7-300-08534-0	知本营销——21 世纪竞争之刃	［英］伊恩·查斯顿	45.00

配套教学资源支持

尊敬的老师：

衷心感谢您选择人大版教材！相关的配套教学资源，请到中国人民大学出版社官网（www.crup.com.cn）下载。部分教学资源需要验证您的教师身份后，才可以下载。请您登录出版社官网后，点右上角“注册”，填写“会员中心”的“我的教师认证”项目，等待后台审核。我们将尽快为您开通下载权限。

如您急需教学资源或教材样书，也可以直接与我们的编辑联系。

联系人：龚洪训　　电话：010-62515637　　电子邮箱：6130616@qq.com

欢迎加入全国文管专业教师 QQ 群（群号：235191020），开展学术讨论，交流教学心得。

俯仰天地　心系人文

www.crup.com.cn

中国人民大学出版社

欢迎登录浏览，了解图书信息，下载教学资源